道教文学十讲

孙昌武 著

中华书局
ZHONGHUA BOOK COMPANY

图书在版编目(CIP)数据

道教文学十讲/孙昌武著. —北京：中华书局，
2014.10

ISBN 978 - 7 - 101- 10092 - 1

Ⅰ.道…　Ⅱ.孙…　Ⅲ.道教—宗教文学—文学
研究—中国　Ⅳ.I207.99

中国版本图书馆 CIP数据核字(2014)第 066368 号

书　　名	道教文学十讲	
著　　者	孙昌武	
责任编辑	郭　妍	
出版发行	中华书局	
	（北京市丰台区太平桥西里 38 号　100073）	
	http://www.zhbc.com.cn	
	E-mail:zhbc@zhbc.com.cn	
印　　刷	北京天来印务有限公司	
版　　次	2014 年 10 月北京第 1 版	
	2014 年 10 月北京第 1 次印刷	
规　　格	开本 /700×1000 毫米　1/16	
	印张 26　插页 2　字数 395 千字	
印　　数	1–5000 册	
国际书号	ISBN 978 - 7 - 101- 10092–1	
定　　价	52.00 元	

目　录

—— *1—9*

开讲的话:关于道教与道教文学 / 1

—— *1—36*

第一讲　"道教文学"的源头

从神仙幻想到神仙信仰 / 3

《庄子》的理想人格——神仙形象的滥觞 / 7

骚人的神仙世界 / 10

司马相如的《大人赋》/ 16

司马迁的理性批判 / 20

【作品释例】

《庄子》(节选) / 22

《山海经》(节选) / 23

屈原《离骚》(节选) / 24

《楚辞·远游》/ 26

司马相如《大人赋》/ 31

司马迁《史记·封禅书》(节选) / 34

—— 37 —80

第二讲　仙传——传记文学的瑰宝

作为传记文学作品的仙传 / 39

《列仙传》/ 42

《神仙传》/ 46

《汉武帝内传》/ 53

【作品释例】

《列仙传》（三传）/ 56

《神仙传》（五传）/ 57

《汉武帝内传》（有节略）/ 68

—— 81 —112

第三讲　仙道类志怪与传奇

仙道题材在中国小说发展中的地位与意义 / 83

六朝仙道志怪 / 85

仙道题材的唐传奇 / 89

【作品释例】

张华《博物志》（一则）/ 96

干宝《搜神记》（一则）/ 97

陶渊明《搜神后记》（一则）/ 97

刘义庆《幽明录》（一则，附异文）/ 98

沈既济《枕中记》/ 100

牛僧孺《玄怪录》（一则）/ 103

不明撰人《虬髯客传》/ 107

不明撰人《罗公远》/ 111

杜光庭《道教灵验记》（一则）/ 111

—— 113－148

第四讲　女仙与谪仙传说

道教中的女仙 / 115

西王母传说 / 117

志怪里以女仙为题材的作品 / 122

唐传奇里的女仙形象 / 126

【作品释例】

干宝《搜神记》（二则） / 131

陶渊明《搜神后记》（二则） / 134

沈亚之《湘中怨辞》 / 136

裴铏《传奇》（二则） / 138

康骈《剧谈录》（一则） / 146

—— 149－194

第五讲　仙歌

道教诗歌——仙歌 / 151

《真诰》里的仙歌 / 156

"老子化胡"歌 / 163

步虚词 / 165

【作品释例】

《三皇经》（节选） / 172

《汉武帝内传》（节选） / 173

《云笈七签》（二则） / 174

《真诰》（节选） / 179

《洞玄步虚吟》（十首） / 187

庾信《道士步虚词》（十首选六） / 190

顾况《步虚词太清宫作》 / 192

陈羽《步虚词二首》 / 192

苏郁《步虚词》 / 193

目
录

—— 195 —228

第六讲　游仙诗

道教的游仙幻想与文人游仙诗 / 197

郭璞的《游仙诗》/ 201

曹唐的《游仙诗》/ 206

多种多样的游仙诗创作 / 211

【作品释例】

曹操《陌上桑》/ 217

曹丕《游仙诗》/ 217

曹植诗(二首)/ 218

嵇康《游仙诗》/ 219

何劭《游仙诗》/ 219

郭璞《游仙诗》(七首)/ 220

沈约《和竟陵王游仙诗二首王融、范云同赋》/ 223

庾信《奉和赵王游仙诗》/ 224

曹唐诗(十首)/ 224

虞集《客有好仙者持唐人小游仙诗求予书之恶
　　其淫鄙别为赋五首》/ 226

汪琬《山中游仙诗四十首有小序》(二首)/ 227

—— 229 —278

第七讲　道士诗文创作

道士的诗文创作 / 231

葛洪 / 233

陶弘景 / 237

吴筠 / 241

杜光庭 / 245

李季兰和鱼玄机 / 249

【作品释例】

  葛洪《抱朴子内篇·论仙》(节选) / 253

  陶弘景诗(三首) / 258

  陶弘景文(二篇) / 259

  陶弘景《寻山志》(节选) / 262

  《真诰》(节选) / 265

  吴筠诗(四首) / 267

  吴筠文(一篇) / 270

  杜光庭诗(四首) / 273

  杜光庭《中元众修金箓斋词》/ 274

  李季兰诗(二首) / 277

  鱼玄机诗(三首) / 278

—— 279—318

第八讲　文人的"仙歌"

  古代文人与道教 / 281

  汉乐府和"三曹"的仙道诗 / 284

  李白 / 289

  李贺 / 294

  李商隐 / 298

【作品释例】

  汉乐府(三首) / 304

  曹植诗(二首) / 305

  李白诗(七首) / 307

  李贺诗(六首) / 310

  李商隐诗(十二首) / 314

—— 319—358

第九讲　宋、金新道教诗词

  道教新发展——内丹道教兴盛 / 321

张伯端 / 324

白玉蟾 / 327

王重阳 / 330

马钰 / 333

丘处机和李志常 / 335

【作品释例】

张伯端《悟真篇》(五首) / 339

白玉蟾(诗七首、文一篇) / 340

王重阳(诗五首、词三阕) / 346

丘处机(诗三首、词二阕) / 349

李志常《长春真人西游记》(节选) / 350

附录

署吕岩诗(六首) / 355

署陈抟诗(三首) / 356

第十讲　神仙道化剧

仙道作为戏曲重要题材 / 361

神仙度脱主题 / 363

仙隐主题 / 369

【作品释例】

马致远《邯郸道省悟黄粱梦》第一折 / 374

马致远《西华山陈抟高卧》第三折 / 379

岳伯川《吕洞宾度铁拐李岳》第一折 / 384

结束的话 / 393

开讲的话：关于道教与道教文学

本书是中华书局前已出版的《佛教文学十讲》的姊妹篇。如该书《开讲的话》说明的，两本书都是根据在香港中文大学的授课讲义修订而成的。两书体例相同，前一本介绍佛教文学，这一本介绍道教文学。

　　道教和佛教是中国历史上两大主要宗教，是中国传统文化的重要构成部分，都对文学发挥重大影响。而道教作为本土形成的宗教，与外来宗教佛教相比较，又显现突出的特点和优长（当然佛教也有另外的特点和优长），这些又大都与文学密切相关联。它们主要表现在：

　　道教是在上古以来传统的本土宗教信仰和精神生活基础上逐步形成的，鲜明地体现华夏民族重现世、重人生的精神。原始道教经典《太平经》（西汉齐人甘中可造《包元太平经》，东汉于吉造《太平清领书》，均已散佚。今传《太平经》是东汉末期纂辑而成的，原一百七十卷，《道藏》本残存五十七卷，今人王明辑校补遗，成《太平经合校》）已经提出"人命最重"，"寿最为善"，"我命在我不在天"等观念。道教所追求的通过养炼实践以达到长生久视、飞升成仙的目标，历来关于"三教"有所谓"儒以治世，佛以治心，道以治身"等说法，都表明道教具有强烈的生命意识和执着现实的性格。这一点与追求解脱、向往来世的佛教相比较，内涵的积极意义显然是十分突出的。因而著名道教学者傅勤家说："道教独欲长生不老，变化飞升，其不信天命，不信业果，力抗自然，勇猛何如耶！"（《中国道教史》，这部书与许地山《道教史》，是我国最早的两部道教史著作）

　　道教内容丰富。刘勰在《灭惑论》里曾说"道家立法，厥有三品：上标老子，次述神仙，下袭张陵"。这里所说的"道家"指道教，他提出其内容包含三个大的范畴："老子"指以《老子道德经》为代表的道家一派著作，这是道教教理体系的基本内容；"神仙"指道教的神仙信仰和神仙术，这是道教养炼所追求的终极目标及实现这一目标的手段；"张陵"是汉末民间道教教派"五斗米道"的领袖，以他代表道教"杂而多端"的养炼法术和民间信仰。这后一方面包含化学、医药学、冶金学等诸多科学成果，乃是中国古代科学创获的重要部分。刘勰的说法大体符合道教内容的实际状况，表明道教从理论思想到具体实践的众多层面内容极其庞杂丰富。

道教又是具有丰厚艺术内涵的宗教。道教的许多经典表述生动，语言精美，具有文学价值；它的符箓（符是一种笔画屈曲、似字非字的符号，箓是记录在诸符间的天神名讳的秘文。道教师徒授受符箓，用以召神劾鬼、降妖镇魔、治病消灾等）、斋词、醮词（"斋醮"是道教祭祀仪式。本来"斋"指斋戒，清心洁身，以礼神明；"醮"指筑坛上供，祈祷神灵。唐代以后二者联称"斋醮"，形成具有复杂科仪、多种形态的仪式。举行斋醮的场所俗称"道场"）作为宗教文体，语言和表现都具有特色，有些达到相当高的艺术水准；它的诵经、斋醮等科仪伴随有特色鲜明的乐舞；它的宫观建筑、道场布置、法服冠饰等也都体现一定的艺术性，等等。这样，道教养炼实践包含丰富多彩的文学、艺术活动。从另一个角度说，文学、艺术乃是道教活动的一个具体领域。

与前面三点相关联，道教派系纷杂。道教近两千年的发展历史中从来没有形成统一的教团组织和教理体系，不同时期、不同地域、不同社会阶层接受、信仰的道教呈现纷杂多样的内容和面貌：从精致的哲学思辨到粗俗的鬼神迷信，从庄严的祭祀、华丽的斋醮到神秘的方术、诡异的巫术，无所不有。这样，它就能够跨越社会不同阶层，取得从皇室贵戚到平民百姓社会地位不同的人们的信重，满足不同阶层人的精神需求。道教这种庞杂分歧的发展形态也决定它能够在历史上发挥复杂多样的作用。

作为民族宗教的中国道教的上述特征，直接影响它与文学的关系，也决定这种影响内容的复杂与深刻和渠道的多种多样。道教的信仰、教义、教理给文学创作提供了新鲜、独特、丰富的思想内容；道教的思维方式启发作家大胆玄想的构思；道教经典给文学创作的体裁、语言、表现方法和艺术技巧等等提供了诸多借鉴；道团、宫观以及信徒的活动为创作提供了主题、题材、灵感、意象，等等，道教从而对世俗文人的生活、思想、创作造成广泛、深入的影响。

"道教文学"，和其他某某宗教文学一样，是个模糊、笼统的概念。有些道教经典采取文学形式，它们本质上是宗教文献，又可算作是严格意义的"道教文学"作品；更多的道教典籍具有程度不同的文学价值，有的也可作为文学作品来欣赏；道士和在家信徒创作大量宣扬道教、表达信仰的各种体裁的作品；历代世俗作家创作的包含道教内容的作品更多。这些都可算作广义的"道教文学"。正如给一切社会现象下定义一样,在严格的和广义的范畴之间,必然有形态模糊的领域。这也是"道教文学"的定义会言人人殊,判断一些具体作品难下定论的原因。按之作品实际,道教内容的作品大体有三类。

道教经典里采取文学形式、具有文学价值的作品是"道教文学"的核心部分。汇总道教经典,结集成《道藏》,由三洞四辅构成(这是对全部道教经藏加以整理形成的一个体系,是南北朝刘宋时期道士陆修静完成的。唐开元年间结集成第一部形态完整的道藏《三洞琼纲》,宋、金、元历代增修,均已散逸。今存为明正统年间编辑、刊刻的,俗称《正统道藏》,后有续补):洞神部以《太清经》为辅;洞玄部以《太平经》为辅;洞真部以《太玄经》为辅;又有《正一经》贯通三洞、三太。三洞划分为十二部类:本文、神符、玉诀、灵图、谱录、戒律、威仪、方法、众术、记传、赞颂、表奏(十二部类的划分,最初出于陆修静对当时所传灵宝经的分类,后来应用于系统划分、著录全部道经经典。十二部类的名目在不同记载中略有差异);四辅不分类。这当中,记传类是神仙、道士传记和宫观洞山志书;赞颂类是赞咏歌颂圣真的词章;表奏类是请谒斋醮的章表。狭义的"道教文学"作品基本包含在这几类里。另一些类别里也有些具有一定文学价值的作品,如本文类里的有些经典,威仪类里某些记述斋醮科仪的文字,等等。另外应当注意,如今流通的《正统道藏》是明正统年间编纂的,六朝以来道经由于各种机缘而多有损毁,分类状况随之混淆,以后陆续发现的佚失经典不少(如在敦煌写本里发现的;明万历年间曾编辑《续道藏》;今人发现、整理、编辑藏外道典),还有后人所出经本,等等,这是在考察道教文献时应当注意的。

历代道士里有不少文化素养很高的人。他们写诗作文,创作成就颇为可观,不少人留有文集,可看作是道教文学家。他们的作品有些收录在《道藏》里,更多的见于各种总、别集中。他们身为道士,具有独特的思想观念、生活体验、文化素养和艺术趣味,他们的作品成为古典文学遗产中具有特色和价值的部分,在当世、对后代的文学创作都造成一定影响。

历代文人创作不少道教内容或涉及道教的作品。在中国历史上"三教"并立的社会环境中,大多数文人的思想、生活必然与道教(还有佛教)产生各种各样的纠葛,进而影响他们的创作。不过具体作者、具体作品所表现的"道教内容"情况十分复杂:有些是宣扬、鼓吹信仰或抒写慕道、羡仙情怀的;更多的则是不同程度地对道教的思想观念、人生态度等等表达同情、理解以至赞赏;还有些则只是取材结交道士、游览宫观等经历、情境或单纯借鉴、利用道教题材、意象、事典、语言等等的。在中国历史上,对宗教抱有诚挚信仰的文人是少数。有些人即使受菩萨戒、受道箓也很难说是真正的信徒。道教与佛教一样,对文人的影响相当普遍,情况又是十分复杂的。

以上讨论的三类作品,第一、二两类无疑问应算做是"道教文学",第三类文人创作则需要具体分析。"道教文学"概念之模糊特别体现在这一类创作中。不过总括起来看,历代道教活动积累起来的属于"道教文学"的作品数量是相当可观的,其中优秀作品不少,在文学史上占有重要位置。概括其成就与贡献,主要可以提出以下几个方面。

道教文学是道教活动在文学领域拓展出的一个相当开阔的新领域,它自身作品丰富,成绩巨大,乃是对于整个文学和文化发展的贡献。闻一多说:"神仙是随灵魂不死观念逐渐具体化而产生的一种想象的或半想象的人物","乃是一种宗教的理想"(《神仙考》)。先秦以来形成的中国文学传统重现实、重人事,宗教则追求玄想的境界。不过和佛教幻想的佛国、净土相比较,道教的仙界、仙人更贴近生活,也更为丰富多样,在文学创作中加以表现也有更多构想、发挥的余地。值得注意的是,道教幻想的仙人里有"地仙"(道教把仙人划分为天仙、地仙、尸解仙等几类,地仙活动在人间)、"谪仙"(指被贬谪到人世的仙人,实际也是地仙一类)两类。他们本是超越的仙人,但又基本活动在人间,形貌、言动、情感等都同于常人,围绕他们也就能够构想出奇妙诡异又富于生活情趣和现实意义的故事。仙传类经典如《列仙传》、《神仙传》等记载一大批仙人传说,塑造出众多诡异超凡、生动鲜明的形象。这些传说给后来教内和世俗创作提供了丰富的资源。随着道教发展,仙人的队伍不断扩大。除了不断结集的新道经里创造更多新的神仙,另外还有三类"人物"陆续被纳入到神仙谱系之中:一类是历史上或传说中有影响的著名人物,包括帝王将相、名流闻人等,他们中有些人确与道教有关,有些则完全是被附会的,从远古传说的黄帝,诸子百家的庄、列、鬼谷,直到后来的葛洪、孙思邈等;一类是各种民间信仰俗神如城隍、灶王、妈祖等,行业神鲁班、华佗等;再一类是有影响的高道,特别是新派系的创立者,如张道陵、魏华存、陆修静、杜光庭等。这不断涌现出来的各种各样、不计其数的仙人,每一位都有相应的故事传说,被纳入到文学创作所塑造的人物形象的行列之中。值得特别注意的是,在中国传统文学舞台上,女性角色所占地位狭小,可是在道教文学里,各类女仙及相关联的水神、龙女、雨女等女性神明,还有真实的或虚构的女道士却得到更多的表现。

闻一多论庄子的文学价值,特别称赞其"谐趣与想象两点",说这两种素质"尤其在中国文学中,更是那样凤毛麟角似的珍贵";他又举例引述《庄子》里对"藐姑射山""神人"的描写,称赞体现了健全的美,说"单看'肌肤若冰雪'一句,我们现在对于最高超也是最健全的美的观念,何尝不也是两千年前庄子给定下的标准"(《庄子》)。闻一多所赞赏的"藐姑射山"的"神人"是《庄子》一书里描写的,是出自幻想的优美形象,实乃后世道教仙人的滥觞。《庄子》一书可以说是道教文学的启蒙者、开拓者。它在艺术表现上的"谐趣与想象两点"也是后来道教文学的主要特征与价值所在。就"想象"说,道教文学表现的仙界本是出自玄想的神秘境界;对仙人形象的描写有些有现实依据,基本内容则纯粹出自想象;道教修行注重精神的养炼,所谓"守一"、"存想"等,都要求发挥人的主观想象能力;道教的法术,如斋戒祈禳、禁咒厌劾、隐沦变化、登涉乘蹻、坐在立亡、移形易貌、点石成金、服气避谷、越海陵波、入火不灼、入水不濡,等等,更是出自悬想、高度夸张的。这些作为道教文学创作独具特色的内容,体现独特的构思方式,极大地拓展了文学表现空间。古代文学中《庄》、《骚》以来的所谓浪漫文学富于"想象"的传统,后世得以延续与发展,道教文学的支撑与推动起了相当大的作用。再说"谐趣"。中国文化传统讲究"雅正",追求"实录",所谓"诗无邪",所谓"不语怪、力、乱、神",限制了艺术表现对于新与奇的追求。仙传里描写葛仙翁"吐饭成蜂"、麻姑"掷米成珠"、栾巴"吐酒灭火"、左慈"盘中钓鱼",等等,本来是幻术,奇思异想,诡异超常;《汉武帝内传》讥刺汉武帝在西王母和众女仙面前表现得颠顸可笑,造成的谐趣也是一般文学作品难以见到的。谐趣作为创作风格,想象作为艺术手法,具有独特的艺术魅力。道教文学在这两方面发挥特长,极大地丰富、充实了中国固有的文学传统。

道教文学利用各种传统文体,又创造出一批新的文体。例如仙传之于传统的史传文学、步虚词和游仙诗之于一般的诗歌等,都不只是内容,在形式、语言和表现手法等方面都有所创新。又如属于散文体裁的记述岳渎名山、宫观洞府的方志碑记等，内容和形式也都具有鲜明特点。地志、山志体裁如《洞冥记》、《十洲记》等带有传奇性质，后来陆续创作的《南岳总胜记》（宋陈田夫）、《梅仙观记》（宋杨智远）、《龙虎山志》（元元明善）、《茅山志》（元刘大彬）、《仙都志》（元陈性定）、《天台山志》（佚名）、《武夷山志》（明裘仲孺）、《庐山志》（清毛德琦）等，广泛记述仙真事迹、传说、与地方风物相关的道教故实，又包罗许多记述道教胜迹的诗文，发展了地志、山志、宫观志等一系列体裁。道教还创造一批特殊文体，例如道教经典里的神咒、符箓是道教内部相传的秘文。神咒是召神劾鬼、消灾解难的文书；符是神明所授避难求福的天文；箓纪录诸天曹官属佐吏的名讳，是师弟子授受道法的佐证。这些文章虽然文学价值有限，但作为独具特色的宗教文书，对文人创作也造成相当影响。又如道教科仪里使用的赞颂词章，当初用朱笔写在青藤纸上，称为"青词"，这类作品不但教内人创作，有些出自名家如李白、李贺、白居易、苏东坡、龚自珍等人笔下，词藻雅丽丰赡，使典用事精切，文采灿然，是十分精致的骈俪文。

道教文学在语言的创造和运用上具有鲜明特点。按道教内部说法，经典出自仙真的启示、传授。这些"神授"的文字在表达上必然不同于世俗著作。为了突出教法的神秘和灵异，道教作品的语言就要有意识地与世俗语言，包括词语、句法、修辞手段等相区别，从而创造出一大批"仙语"（词语）、"仙言"（文字）。这些表达神仙和神仙世界的语言一方面力求生僻诡异，另一方面又往往刻意追求华艳瑰丽。这些突出表现在字面的构造上，又体现在词语的运用上：除了大量使用"阴阳"、"幽冥"、"吉凶"、"灾厄"、"罪福"、"承负"等体现一定宗教观念的词语，又多用"天"、"真"、"神"、"气"（炁）、"精"、"灵"、"玄"、"妙"、"魔"等有宗教含义的词；"松"、"鹤"、"龙虎"、"麟凤"、"青鸟"、"紫鸾"、"云霓"、"烟霞"、"紫气"等具有象征意义的词；"金"、"玉"、"琼"、"瑶"、"玄霞"、"绛雪"、"琼瑛"、"玉液"、"瑶草"、"苻苓"、"兰蕙"、"菖蒲"、"琼林玉树"、"瑶台云阙"之类表现珍稀事物的词；"丹"、"赤"、"青"、"翠"、"绛"、"紫"等具有浓重色彩感的词；"洞天"、"泰山"（太山）、"昆仑"、"蓬壶"、"清都"、"崆峒"和"幢幡"、"斋堂"、"鼎炉"、"祠灶"之类表现幻想仙境和修道环境的词；另有道教著名传说人物如"萧史"、"壶公"、"白石先生"、"浮丘公"等，由道教传说形成大批成语，如"白日飞升"、"吹箫引凤"、"误入桃源"、"高卧云林"、"琴心三叠"等等。这大批的所谓"仙语"、"仙言",是为表现道教内容创造出来的。道教文学语言运用的另一特点是大量使用隐喻、象征、夸张、联想等修辞手段。道典中说:"隐语之中有四:一者隐名,二者隐讳,三者隐事,四者隐义也。"(《洞玄灵宝度人经大梵隐语义疏》)这样,隐喻包括从词语到事义各层面。例如词语,炼丹术语基本用隐语代替,如用龙、金乌、木母、长男代替"汞",用虎、玉兔、金公、少女代替"铅",用婴儿比喻"金丹",用黄婆或青娥比喻"意念"等。仙界的描绘,神仙形象的塑造,更极尽想象、夸饰之能事。又神仙传说形成一批事典,如仙风道骨、修真养性、沧海桑田、鸡犬升天、黄粱一梦、终南捷径、枯骨更生、玉液琼浆等,已经普及到汉语一般词语或成语之中,丰富了汉语词汇。这种特色鲜明的语汇构成道教文学作品,形成神秘诡异、光怪陆离、繁缛富丽的风格,具有独特的艺术魅力。

还应当注意到,道教文学是随着道教的发展衍生的,又成为道教实践活动的重要构成部分。由于文学乃是人类社会活动和人的精神生活的重要内容,道教文学在整个道教发展中所占据的地位、所发挥的作用也就十分巨大。人们往往通过道教文学作品认识、了解乃至亲近、信仰道教,也利用文学作品来表达信仰、幻想、意愿、需求等等。这样,道教借助文学推动其传播、发展,从而充实、丰富其活动内容,乃至影响、调整其发展方向;而道教文学作为整个社会文学活动的一部分,与世俗文学、其他宗教文学相互交流、相互借鉴,推进了整个文学的发展与创新。就如此多重的意义来说,对于一般读者,对道教文学有些了解,作为自身教养是必要的;如果研习文学或宗教,道教文学更是不可忽略的。

下面对"道教文学"做简要介绍,分为十讲,选取的是创作成就突出、影响巨大而又历来受到重视的部分。依《佛教文学十讲》例,所讲加必要的解释、说明,随文括注。每一讲附录作为释例的具有代表意义的作品,长篇则只能选录片断。释例作品著明所据文本,并加简单注释,以方便参阅。"道教文学"无论作为宗教文献还是作为古代文学遗产的一部分,都还是有待开拓的研究领域,本书所述有待讨论和批评之处一定很多,期待得到指正。

【第一讲】

「道教文学」的源头

从神仙幻想到神仙信仰

中国教团道教形成于东汉末期。它的构成情形十分复杂：教理多借重先秦老庄思想和后来的道家、黄老之学，还汲取阴阳五行学说的某些内容；信仰主要取自上古流传下来的先民宗教信仰、民间的巫鬼信仰和秦汉之际大兴的方仙道；"方法"则多取春秋战国以来兴盛的方术、方技和原始医学、养生学等；发展中对当时正在传播起来的佛教也多有借鉴，等等。综合这庞杂的成分，逐渐形成以神仙信仰、神仙思想为核心的教理体系。道教可说是教人成仙的宗教。而就神仙观念的发展说，由朦胧的神仙幻想发展为明确的神仙信仰，经过了战国后期到秦汉数百年时间。这一过程在这一时期的文学创作里有相当充分的体现。而文学作品中的表现又有力地推进了神仙信仰的发展，进而对于道教的形成与发展也起了重要作用。

一般所谓"神仙"，指"仙"、"仙人"。仙人形迹神秘，具有神通变化能力，带有某种"神性"，因此在"仙"的前面加个"神"字。从人类蒙昧时期的原始思维到如今兴盛的各种宗教，创造出无数的神，如上帝、佛陀、真主等，还有土地爷、灶王、妈祖、无生老母等等，但"仙"不是一般意义的"神"，乃是中国古人创造的、出自想象的特殊一类"人"——"仙人"。

"仙"字原作"僊"。汉代字书《说文解字》上说："僊，长生僊去，从人从䙴，䙴亦声。"后来写作如今通用的"仙"。同是汉代的刘熙《释名》说："老而不死曰仙。仙，迁也，迁入山也。故其制字，人旁作山也。"这样，"仙"的基本义是长生不死。长生不死的仙人又可分为两大类：一类是老子所说的"长生久视"，即长生不死，"视"是"活"的意思；另一类是飞升成仙，则进入了另一个超然永恒的神仙世界。

"仙"这个观念是中国特有的。人类关于"它界"的想象，在人世之外，一般设想作为人世延伸的有天堂和地狱(不同语言里名称当然不同)，构成"三界"。而在中国，还有外来佛教的"净土"，又创造了不死的"仙界"。中国古人的"它界"观念特别丰富。

强烈的生命意识是中国传统思维的重要特征。自古以来长生不老就是人的理想。东周初年铜器铭文里多有"用祈眉寿,灵命难老"之类的话。《老子》书上宣扬贵生重己、全生葆真,主张"重积德则无不克,无不克则莫知其极……是谓深根固柢、长生久视之道"。注重养生保命、追求生命延续是后来道家的传统。长生不死对于向往延续现世享乐的历代统治阶层显然更有吸引力。《左传》上记载鲁昭公说:"古而无死,其乐若何?"晏子对答说:"古而无死,则古之乐也,君何得焉?"晏婴所表达的是有生必有死的理性看法,而鲁昭公则道出了人的一种幻想。

基于神仙幻想,形成神仙信仰。在这个过程中统治阶层的精神需求起了重要作用。《山海经》是上古地理书,也是辑录神话传说、反映宗教观念的书。其中的《山经》和《海经》在内容和写法上各成体系。一般认为《山经》形成于战国初期到中期,《海经》则在其后,是迟至秦到西汉初年的作品。《海外西经》的记载里有"轩辕之国……八百岁","白民之国……寿二千岁"等说法,是出自幻想的长生观念,《海外南经》更说到"不死民",《大荒南经》记载"有不死之国",《海内西经》里还有"不死之药"的设想。这就把"不死"的幻想落实了,并进而设想让人不死的办法。这样,不死的幻想就有信仰意味了。

把神仙幻想发展为神仙信仰,方士起了重要作用。方士阶层形成于战国末期,活跃于秦、汉,早期主要在燕、齐(大体相当于今河北、山东一带)地区。他们可看作是后来道士的先驱。方士眩惑帝王,主要靠"方术"。"方",指方法,方技,法术;掌握"方术",所以称为"方士"。古代方术内涵极其丰富。广义的方术包括方技类,即属于原始科学的技艺,如呼吸、吐纳、导引、避谷、食饵、胎息、丹药、房中、堪舆、风角等等,这些是属于原始科学的医学、药物、养生、天算等领域的内容;另有降神、招魂、驱鬼、镇邪、符箓、禁咒、占卜、行跷、变化、隐形、易貌、尸解等巫术,存神、养心、守一、内观等养炼技术,后两类属于宗教性的法术。方士们把这些统统当做实现不老不死的手段。这些对于追求延续世间享乐的统治者必然具有诱惑力,掌握方术的方士们也必然被他们信重,从而得以大肆活跃。

战国末期,在方士们的推动下,神仙信仰逐渐兴盛起来。《史记·封禅书》记载：

> 自（齐）威、（齐）宣、燕昭使人入海求蓬莱、方丈、瀛洲。此三神山者，其传在勃海中，去人不远，患且至，则船风引而去。盖尝有至者，诸仙人及不死之药皆在焉。其物禽兽尽白，而黄金银为宫阙。未至，望之如云，及到，三神山反居水下。临之，风辄引去，终莫能至云。世主莫不甘心焉。及至秦始皇并天下，至海上，则方士言之不可胜数。始皇自以为至海上而恐不及矣，使人乃赍童男女入海求之。船交海中，皆以风为解，曰未能至，望见之焉。

这一段文字简括地记述了战国末期到秦王朝君主们的求仙活动，表明他们已相信神仙和仙界实有，即已经确立神仙信仰。这是中国神仙思想的一大进展。具体分析这段话，有以下三方面内容值得重视。第一，最初形成对于仙人和仙界的信仰在滨海地区。在古代，广阔渺茫的大海本是令人畏惧的神秘世界，虚幻奇丽的海市蜃楼更激发起人们的想象。正因此，《山海经》里描述的"不死"的人、"不死之药"都在辽远、渺茫的海外。第二，当时主持求仙活动的主要是统治阶层的代表人物君主。他们享尽人世荣华富贵，幻想把生命延续到永久，因此企图到汪洋大海里去寻求另外的仙界。当时也只有这些人才有这样的能力。这就决定了早期神仙术的御用性质。第三，具体操作求仙活动的是宫廷里的方士。他们由上古的巫演化而来。巫是通神的，方士是通仙的。和巫相比较，方士有了新的能力和技术。他们的能力和技术包括知道神仙在哪里，并有识别仙人和交通仙界的能力，又有成仙的具体办法，等等，他们的法术概称"方仙道"。活跃在当时的著名方士多被后人列入仙传，被当做仙人崇拜。

秦始皇的求仙活动留下了较详细的记载。当时的方士有宋毋忌、正伯侨、充尚、羡门子高等，都是燕人。秦始皇二十二年（前225）东登琅邪（在今山东诸城市东南海滨），"即已，齐人徐市等上书，言海中有三神山，名曰蓬莱、方丈、瀛洲，仙人居之。请得斋戒，与童男女求之。于是遣徐市发童男女数千人，入海求仙人"。这应当是秦始皇初次得到三仙山的信息。随着他年龄老迈，求仙更加迫切。"三十二年（前215），始皇之碣石（碣石山，在今河北昌黎县北），使燕人卢生求羡门、高誓……因使韩终、侯公、石生求仙人不死之药……"当时大批方士在他周围从事求仙活动，最后当然都无功而终。

另一位热衷求仙的帝王是汉武帝（前140—前87在位）。他即位之初，"尤敬鬼神之祀"。他相信各种"鬼神方"，敬养、崇信方士，经营祀祷无虚日。具体情形下面还将说到。在积极求仙方面他重蹈秦始皇的覆辙。当时炼丹术已经流行，淮南王刘安（前179—前122）蓄养方士著《淮南子》，讲到化丹砂为黄金的金丹术。这也显示神仙信仰发生又一重大转变——更加注重人为的技术即神仙术，从而开辟了注重养炼技术的新方向与新潮流。

"方仙道"基本是为帝王服务的，所求仙境在虚无飘渺、远隔人世的东海，所求神仙、仙岛是神秘、超然的存在。汉代还有另外一处幻想的仙境——昆仑山，传说那里由西王母所主宰。从今存画像石（古代墓室、祠堂等装饰石刻图画，集中分布在今山东、河南、陕西、山西、湖北、内蒙古、四川等地区，其中以山东嘉祥县武梁祠和沂南、南阳的最有名）可以知道，在西汉，与东海三仙山的信仰相比较，昆仑山和西王母信仰在广大民众间更为流行。即是说，当时神仙信仰在民众间形成另外的潮流。这是不同于帝王神仙术的信仰活动，具有更广泛的群众基础，也有更强大的生命力。

神仙幻想、神仙信仰、神仙术当然都是幻想的产物，但是它们在思想史发展中的意义与价值是不可否定的。马克斯·韦伯（Max Weber）论及道教的长生术说：

> 中国人对一切事物的"评价"（Wertung）都具有一种普遍的倾向，即重视自然生命本身，故而重视长寿，以及相信死是一种绝对的罪恶。因为对一个真正完美的人来说，死亡应该是可以避免的。（《儒教与道教》）

中华民族传统上重视现世、重视生命、重视人生的积极精神，在神仙信仰里得到曲折的、却又相当充分的体现。战国、秦、汉时期的神仙幻想、神仙信仰、神仙术是前道教的，它们为后来道教的形成和发展提供了内容，打下了基础。在这一时期的文学创作里也出现许多表现神仙观念的作品，它们形象地反映了神仙幻想逐渐发展为神仙信仰的实态，又成为道教文学的源头。后来的道教以神仙信仰为核心，形成系统的教理体系，发展出庞大的神仙谱系，创造出繁富纷杂的符箓、金丹等法术和华丽奇异的斋醮科仪等等，为文学艺术提供了十分广阔的表现领域；而历代以道教为题材创作出大量文学艺术作品，则成为古代文化遗产中富有特色、卓有成就的部分，又推动了道教的普及和发展。

《庄子》的理想人格——神仙形象的滥觞

后来的道教把《老子》、《庄子》等道家著作当做经典，老子（老子其人，一般作名耳，字聃，或字伯阳，楚国苦县人，生存年代早于孔子。他的完整传记最早见于司马迁《史记》，当时其生平情况已有异说）、庄子（前369？—前295？，字子休，宋国蒙［今河南商丘市东北］人，《庄子》书中已较多记载他的形迹，经后人考辨，其生平状况比较清晰、完整）等则被当做仙真，老子更被尊为教主。关于《老子》一书的性质和内容，关于道家与道教的关系等等，是学术史和宗教史研究中的重大课题，异议颇多，莫衷一是（《老子》被当做道教的基本经典，称《道德经》。在马王堆汉墓、郭店楚简等出土文物里发现与传本内容不同的多种竹简或帛书《老子》。《老子》成书情况和老子学说的面貌十分复杂）。不过《老子》一书中的"道"具有明显的"玄之又玄"的性格；对"道"的具体阐释又被赋予一定的人格特征；书中提出的"长生久视"、"死而不亡"等观念可看作是后来神仙观念的滥觞；其文字表现又具有浓厚的悬想、神秘色彩，如此等等，后来道教把它作为基本经典，并从宗教信仰角度加以阐扬、发挥、利用，是有缘由的。《庄子》（《庄子》三十三篇，其中内篇七篇一般认为是庄周本人所作，其余外篇、杂篇则出于庄周后学。这部书可看作是庄周学派的作品集）一书则更富艺术情趣和想象与虚构，更多"谬悠之说，荒唐之言，无端崖之辞"（《庄子·天下》），内容则更注重现实人生课题。特别是其中着力阐发人生所处种种困境，追寻造成困境的缘由，探讨摆脱困境的出路，并在"神人"、"至人"、"德人"、"大人"、"全人"等名目之下，设想、描绘出一种超脱困境的理想人格。这些"人"作为幻想的产物，在中国神仙思想的形成史上占有重要地位。

下面是《庄子》内篇对于这种理想人格的描写：

藐姑射之山，有神人居焉，肌肤若冰雪，淖约若处子，不食五谷，吸风饮露，乘云气，御飞龙，而游乎四海之外。其神凝，使物不疵疠而年谷熟。（《逍遥游》）

圣人……入于不死不生。（《大宗师》）

至人神矣。大泽焚而不能热，河汉沍而不能寒，疾雷破山、风振海而不能惊。若能者，乘云气，骑日月，而游乎四海之外。（《齐物论》）

夫至人者，上窥青天，下潜黄泉，挥斥八极，神气不变。（《田子方》）

《庄子》外篇也有类似描述。如：

夫圣人，鹑居而鷇食，鸟行而无彰。天下有道，则与物皆昌；天下无道，则修德就闲。千岁厌世，去而上仙，乘彼白云，至于帝乡。（《天地》）

大人之教，若形之于影，声之于响，有问而应之，尽其所怀，为天下配。处乎无响，行乎无方。挈汝适复之挠挠，以游无端。出入无旁，与日无始，颂论形躯，合乎大同，大同而无己。（《在宥》）

庄子及其后学一派本是一群有才华、有抱负、对于现实矛盾和人生疾困感受敏锐的知识精英。他们生当战国后期的乱世，不能不对现世和人生怀抱深刻的悲观意识。《庄子》书里多层面、反复地对于人生困境作了十分深刻和痛切的分析与描述，正得自他们的切身遭遇和体验。《德充符》里指出："仲尼曰：'死生存亡，穷达贫富，贤与不肖，毁誉饥渴寒暑，是事之变，命之行也。'"这是说，世事和人生的一切都是命定的，是不以个人意志为转移的。《知北游》里又强调人生的飘忽不定和生死大限："人生天地之间，若白驹之过隙，忽然而已。注然勃然，莫不出焉，油然漻然，莫不入焉。已化而生，又化而死。生物哀之，人类悲之。"《大宗师》里更明确地说："死生，命也；其有夜旦之常，天也。人之有所不得与，皆物之情也。"这样，每个人都不由自主地、不可改变地被命运所限制、所支配而无可逃避。这造成人生困境的外在的客观原因。人还受到自身主观方面的限制，即人的不可遏止的情和欲。《庚桑楚》篇说："贵富显严名利六者，勃志也；容动色理气意六者，谬心也；恶欲喜怒哀乐六者，累德也；去就取与知能六者，塞道也。此四六者不荡，胸中则正，正则静，静则明，明则虚，虚则无为而无不为也。"这样，在主、客观两方面形成的、非人力所可操持的限制之下，如《至乐》篇所说："人之生也，与忧俱生。"这是对人世、人生相当深刻的悲观结论。而对人生抱悲观态度、寻求解脱的出路乃是宗教信仰形成的根源。

《庄子》对于人生困境的观察与得出的结论和佛教所说"苦谛"有类似之处。佛教所谓"苦"有逼迫义，即不得不然，不由自主，也即是一种客观存在的限制。佛教说八"苦"：前四生老病死之苦，第五怨憎会苦，第六爱别离苦，第七所求不得之苦，归根结底，缘于第八五取蕴苦：人的本质是五蕴和合而成（五蕴，又称"五阴"，"蕴"和"阴"是聚集义，即色、受、想、行、识五类聚集。"色"属于物质层面，后四者属于精神层面，这五者因缘集合成为人身，五者解散则"人我空"）。所有与生俱来的"苦"乃是人的这种本质决定的。佛教设想离苦得乐，追求解脱轮回，证得涅槃（梵文音译，亦作"泥洹"等，意译为"寂灭"、"灭度"、"圆寂"等，指超脱生死轮回的绝对境界，是佛教修习所要达到的终极目标），达到"无生"的绝对境界，通俗地讲就是成佛。而在中国重现世、重人生的传统中，庄子学派所设计的摆脱困境的道路和方法截然不同，而是设想出生存在现世的"神人"、"至人"、"德人"、"大人"、"全人"等等，这些"人"能够超越客观的时空限制、又不受主观情欲的干扰，从而摆脱人生忧患与困苦而达到超然的境界。这是出自悬想的理想人格，也是体现强烈生命意识的乐观遐想。

关于庄子所说"神人"等等概念有没有区别等差，注释家们意见不一。不过总体说来，这些是摆脱了人生困境的、理想的"人"是没有疑问的。值得注意的是，从内篇到外篇，有关"神人"等等的描写明显地在发展。在内篇的《大宗师》里说到"圣人""入于不死不生"，即超越时间限制；《逍遥游》里说"神人""乘云气，御飞龙"，《田子方》里说"至人""上窥青天，下潜黄泉"，即不受空间限制。《逍遥游》的"神人""不食五谷"，《齐物论》里的至人不惧寒暑，《大宗师》里的"至人""不知说生，不知恶死"，等等，这都是超越外在限制和主观烦扰的绝对自由的境界，而到外篇的《天地》篇里，则有"圣人""千岁厌世，去而上仙，乘彼白云，至于帝乡"的描写了。这里"上仙"是飞升的意思，"帝乡"则是神秘的"天界"。如果说《庄子》内篇里的"神人"等还是理想的人格，那么这"上仙"到"帝乡"的则是长生不死的仙人，这已经是宗教悬想的境界了。

庄子及其后学不是宗教家，《庄子》一书也不是宗教典籍。《齐物论》里提出"天地与我并生，而万物与我为一"；《田子方》篇里说："夫天下也者，万物之所一也。得其所一而同焉，则四肢百体将为尘垢，而死生终始将为昼夜，而莫之能滑，而况得丧祸福之所介乎！"这讲的是哲理，是主张个人的生命不过是永恒宇宙的一部分，因而生死祸福不必经其怀。这是一种宇宙观，是具有深刻内涵的哲学思想。《庄子》书里对人生困境的描述乃是一种寓言，是为阐释这种思想作铺垫的。但其中描绘"神人"等人物形象，反映了解脱现世压迫与羁束的幻想，作为一种理想"人物"，成为思想史上神仙观念的滥觞。这些"神人"、"圣人"等等形象后来成为确立神仙观念的资源，在道教的形成、发展以至整个中国宗教思想的发展中发挥了作用。这样，《庄子》一书确实又在神仙思想的发展中迈出了重要一步，也就有理由被纳入到道教经典之中了。

另一方面，《庄子》在子书中以讲究文采见长：构思恢诡无端，意出尘外，语言汪洋恣肆，新奇瑰丽，文学趣味特别浓郁，成为历代文人教养的必读书。例如前引《逍遥游》"藐姑射之山"一段，闻一多曾称赞它的健全的美；又例如《天地》篇描写"圣人"的"千岁厌世"十六个字，简练生动，表达超脱龌龊现世的意愿，夸饰的意境极其悠远。这些段落所体现的人生理想、生活方式、处世态度等，对于历代知识阶层的思想、生活与创作造成相当大的影响，也给文学创作的情节构想、人物描绘和艺术手法等方面提供了一类范本。

骚人的神仙世界

屈原是骚体辞赋创作的开创者。他的《离骚》、《九歌》、《天问》等作品是南方楚文化环境中的产物。楚文化包含浓厚的巫觋信仰成分。体现在屈原作品中，内容更多有对于"它界"的描写，构思也更多大胆的夸饰和悬想。在屈原生存的时代，真正的神仙信仰还没有形成，不过他所描写的天界以及其中活动的"人物"已具有后来仙界和仙人的某些特征。从这样的意义说,他也可被视为中国文学中表现神仙题材传统的开拓者。许地山曾指出:

> ……神仙说初行底时候,也有一派只以神仙、仙山或帝乡来寄托自己底情怀,不必信其为必有,或可求底。这派可以称为骚人派。骚人思想实际说来也从神仙思想流出,而与道家底遐想更相近。(《道教史》)

屈原(前339—?),战国后期楚国进步政治家和卓越思想家,更作为伟大文学家而以辞赋名世。他活动时期的楚国已经衰败,对外面临北方秦国强敌,内部楚怀王昏庸,群小用事。他忠而获谴,才不得施,前被怀王疏忌而浪迹汉北,后顷襄王在位时又被谗毁而流放江湘,终于自投汨罗以明志。他的代表作《离骚》是一首长篇抒情诗。诗的前半部分历叙家世、理想、政见和被群小谗毁的经历,表白兴盛宗国的忠爱之志和九死未悔的坚贞情操。诗人面对"世溷浊而嫉贤兮,好蔽美而称恶。闺中既以邃远兮,哲王又不悟",遂上下求索,生发出漫游天界的幻想:

> ……跪敷衽以陈辞兮,耿吾既得此中正。驷玉虬以乘鹥兮,溘埃风余上征。朝发轫于苍梧兮,夕余至乎县圃。欲少留此灵琐兮,日忽忽其将暮。吾令羲和弭节兮,望崦嵫而勿迫。路漫漫其修远兮,吾将上下而求索。饮余马于咸池兮,总余辔乎扶桑。折若木以拂日兮,聊逍遥以相羊。前望舒使先驱兮,后飞廉使奔属。鸾皇为余先戒兮,雷师告余以未具。吾令凤鸟飞腾兮,继之以日夜。飘风屯其相离兮,率云霓而来御。纷总总其离合兮,斑陆离其上下。吾令帝阍开关兮,倚阊阖而望予。时暧暧其将罢兮,结幽兰而延伫。世溷浊而不分兮,好蔽美而嫉妒……

诗人扣天关而不得入,又幻想西上昆仑,渡过白水,登上阆风(阆风巅,昆仑上的山名),求宓妃(传说中的洛水女神)之所在,见有娀之佚女(有娀是古氏族名,据传有娀氏有女简,嫁帝喾为次妃),又想聘娶有虞氏之二姚(相传夏少康失国,流亡到有虞氏,有虞氏把二女嫁给他)。但他所追求的理想境界再度破灭,不得不回归到现实土地上,请灵氛占卜,托巫咸(传说中殷中宗时的神巫)降神。诗人面对楚国的衰朽没落,已经绝望,本打算远走高飞,但回观故土,终于不忍离去。这样,后半大幅天界游行叙写,把自己关爱国家、同情民隐、矢志不懈地为理想而奋斗的情怀宣泄得淋漓尽致。

《九章》是屈原感慨陈词、批判现实、抒写愤懑的又一组长歌,各篇非一时所作。其中亦频频抒写巡游天界的构想,成为作品中独具创意、生动感人的部分。例如《悲回风》,创作时间不可确考,所写是秋令,推测应作于再次流放江南的某年秋季,他当时年已五十多岁。其中抒写升天幻想:

> 上高岩之峭岸兮,处雌霓之标颠。据青冥而摅虹兮,遂倏忽而扪天。吸湛露之浮凉兮,漱凝霜之氛氛。

《庄子》书里是从客观角度描写想象中的"神人"等,而屈原则幻想自己上清冥、摅长虹、扪青天,到另外一个无所羁束、无限自由的天地中去,则自己就成为"神人"了。又如《涉江》,从其中写到的地名和时令看,当作在入于湖湘的临终之前。其中说:

> 世溷浊而莫余知兮,吾方高驰而不顾。驾青虬兮骖白螭,吾与重华游兮瑶之圃。登昆仑兮食玉英,与天地兮比寿,与日月兮同光。

这里"重华"是虞舜的美称,"瑶之圃"指昆仑仙境。诗人明确表示自己面对溷浊腐败的现实,感受到无人体谅、无可告语的孤独与悲哀,因而要到另一个幻想的世界中去,与往古先圣相交游,"与天地兮比寿,与日月兮齐光",这则是不死的幻想,具有后世仙人的能力了。

屈赋描写的"它界"内容十分广阔:有天界,源自殷周以来的天帝信仰,其中活动着天帝及其仆从,还有日、月、风、雨、雷、电等神明;有源自神话传说的内容,如宓妃、"有娀之佚女"、"有虞氏之二姚"等人物,昆仑、悬圃、扶桑、咸池等地方;有替他"吉占"、降"百神"的神巫,包括巫咸那样著名的巫师;还有历代先王,他"上称帝喾,下道齐桓,中述汤武,以刺世事"(《史记》本传引刘安《离骚传》);另外还有飞龙、凤凰、青虬、白螭等想象的名物作为点缀。这十分丰富庞杂、出自悬想的内容,被他纳入到构想和描摹之中,创造出奇妙诡异、光怪陆离的"它界"景象,传达出热烈、激愤的感情。

屈原的辞赋是楚文化的产物。荆楚地方本尚巫鬼,这是原始民间宗教。巫觋通神,能够与鬼神相交通。屈赋游历"它界"的构想显然有取于巫觋通神的思维方式:他自己仿佛变成通神的巫觋了。又荆楚流行巫祭活动,屈原相当熟悉。他作《九歌》,按汉代王逸说法:

> 《九歌》者,屈原之所作也。昔楚国南郢之邑,沅、湘之间,其俗信鬼而好祀,其祠必作歌乐,鼓舞以乐诸神。屈原放逐,窜伏其域,怀忧苦毒,愁思怫郁,出见俗人祭祀之礼,歌舞之乐,其词鄙陋,因为作九歌之曲,上陈事神之敬,下以见己之冤结,托之以风谏……(王逸《楚辞章句》卷二)

这个说法被后世一般所认可,即屈原是根据楚地祭神的乐歌创作出《九歌》的。这类乐歌也成为他写作辞赋、描写"它界"所借鉴的渊源。

屈原所写的天界、"它界"有些内容见于后来的道教,包括"与天地比寿"的永生观念,还有如巫咸、宓妃、昆仑、悬圃等,或被纳入仙谱,或被当做仙界景物。但是屈原还没有清晰的神仙和仙界观念。更重要的是,他写"它界",写游历天界,并不是表达、宣扬信仰。他是借这些描写来反映现实、抒写愤懑的。就如他在辞赋里描绘美人香草一样,这些乃是广义的隐喻和象征。实则如许地山所说,他是以"神仙、仙山或帝乡来寄托自己底情怀,不必信其为必有,或可求底"。

这样,屈原的辞赋描绘"它界",在观念上和庄子学派有共同之处:他们都还没有确立神仙信仰,他们叙写、描绘神仙幻想意在寄托对于现世的看法,抒写现实人生的意愿,表达一种宇宙观、人生观。庄子学派基本采用理性的、说理的方式,屈原则成功地使用形象的、艺术的方式。

另一篇辞赋《远游》反映了神仙思想的进一步发展。传统上这一篇被归入据传屈原所作二十五篇作品之中。它的形式、语言和表现风格也确实貌似屈赋，全篇又明显有利用屈赋词句加以拼凑的痕迹。但是其中有些观念显然非屈原时代所能有，近人考订乃是后出的拟作。这篇作品把游历天界作为主题来抒写，已具有后世游仙文学的规模。朱熹评论说："此篇思欲制炼形魂，排空御气，浮游八极，后天而终，以尽反复无穷之世变。虽曰寓言，然其所设王子之词，苟能充之，实长生久视之要谱也。"他看到这篇作品已把"长生久视"即长生不死的追求作为主要内容。这实际是后来道教的养炼目标。

《远游》与《离骚》一样，开篇点题。诗人取与现世对立的姿态，直接抒写上游天界的幻想：

> 悲时俗之迫厄兮，愿轻举而远游。质菲薄而无因兮，焉托乘而上浮。遭沉浊而污秽兮，独郁结其谁语。夜耿耿而不寐兮，魂茕茕而至曙。

这是表白轻举远游是由于不谐于时俗，观念是与《离骚》相关描写大体一致的。不过接下来托配仙人、周历天地的构思所表现的宗教意识显然更加明确也更为系统了。从神仙思想发展的角度看，这是从幻想向信仰发展前进的一大步。

《远游》和《离骚》一样描写天界巡游：驾六龙，载云旗，丰隆先导，飞廉启路，上天下地，自由翱翔；他也曾上升天宫，"命天阍其开关兮，排阊阖而望余"；也曾"迎宓妃"、"二女（尧女、舜妃娥皇、女英）御"。而他又说：

> 春秋忽其不淹兮，奚久留此故居。轩辕不可攀援兮，吾将从王乔而娱戏。餐六气而饮沆瀣兮，漱正阳而含朝霞。保神明之清澄兮，精气入而粗秽除。顺凯风以从游兮，至南巢而壹息。见王子而宿之兮，审壹气之和德。曰：道可受兮而不可传，其小无内兮其大无垠。无滑而魂兮彼将自然，壹气孔神兮于中夜存。虚以待之兮无为之先，庶类以成兮此德之门。

《离骚》里"余"在天界所见到古先圣王、贤臣或神话传说中的古人如"宓妃"、"巫咸"等，而这里出现了"王乔"，是后来大名鼎鼎的神仙；接着下面又写到"仍羽人于丹丘兮，留不死之旧乡"，明确抒写不死升仙的观念。他又幻想说：

> ……闻赤松之轻尘兮，愿承风乎遗则。贵真人之休德兮，美往世之登仙。与化去而不见兮，声名著而日延。奇傅说之托星辰兮，羡韩众之得一。形穆穆以浸远兮，离人群而遁逸。因气变而遂曾举兮，忽神奔而鬼怪。时仿佛以遥见兮，精皎皎以往来。超氛埃而淑尤兮，终不返其故都……

这里不仅出现了"登仙"概念，又列举出赤松、傅说、韩众等更多仙人名字。从后来的仙传看，这些仙人都伴随有相关传说，乃是神仙信仰新发展的产物。《远游》作者把这些人物纳入作品之中，表明作者已经有更明确的神仙观念，也在有意识地宣扬神仙信仰了。

《离骚》的结尾，诗人表示不能离别故国；而《远游》说：

> 经营四荒兮周流六漠，上至列缺兮降望大壑。下峥嵘而无地兮，上廖廓而无天。视儵忽而无见兮，听惝恍而无闻。超无为以至清兮，与泰初而为邻。

《庄子·天地》篇说："泰初有无，无有无名。"是指天地初始、元气未萌的混沌状态，《远游》的作者在游历天地四方后，表示要以它为归宿。这又与方仙道的观念有相通之处。又前面"春秋忽其不掩"一段写到服气、保精和自然之道、虚无之理，同样是方士的方术。这样，《远游》在艺术上虽然没有大的特色，却描绘了真正的仙人与仙界，这是文学创作中反映神仙思想的新内容，也体现了神仙信仰的新发展。

以屈原为代表的先秦辞赋描写"它界"，基本是抒写神仙幻想。这是诗人内心的创造，是艺术想象的产物，也是抒写情志的艺术手段。而从道教发展看，神仙幻想乃是形成神仙信仰进程的重要一步；从道教文学的形成和发展看，先秦辞赋抒写的神仙幻想则开创了文学作品表现仙境和仙人的端倪。先秦辞赋创作在艺术上取得相当高的成就,给后世道教文学的形成与发展奠定了基础,使道教文学创作自草创就有一个高度艺术水平的起点。

司马相如的《大人赋》

秦皇、汉武是历史上帝王求仙的代表。他们召集方士,迷恋方仙道,并亲自参与求仙活动,鼓动起迷信神仙的潮流。汉武帝即位,汉王朝已建立近七十年,正发展到鼎盛时期。国家政治稳固,经济繁荣,声威远被四方,统治者对于现实和未来都确立起牢固的信心。如果说秦始皇时的方士徐市、韩终、侯生、石生、卢生等更多地带有宗师性格,是访仙山、求仙药的"导师",那么汉武朝召集的则主要是操持方仙道的技师,是为自己服务的臣仆,宫廷中的方士们被俳优处之,帝王利用他们来谋取现世和来世的福利,特别是企图借重方仙道活到"百余岁得与神通"。著名方士前后有李少君、栾大、公孙卿等人。尽管他们求仙屡屡失败,但汉武帝仍不断地派遣方士求神怪,采芝药,又派人入海求蓬莱。直至晚年,由于神仙之说未有验者,"天子益怠厌方士之怪迂语矣,然羁縻不绝,冀遇其真。自此之后,方士言神祠者弥众"。这些成为文学作品中描绘神仙潮流的社会背景,而这类作品中具有代表性的则包括汉大赋。

汉代大赋是这一代具有代表性的文学样式,是屈、宋骚体辞赋的变体。二者间有着渊源关系,但二者的思想内容和艺术价值却不可同日而语。汉大赋有一类是以抒情为主的,名篇如贾谊的《吊屈原赋》、东方朔的《七发》、王褒的《九怀》等,尚能够保持惆怅述情、从容讽谏的精神,有较大的思想意义。作为汉赋主流的是咏物大赋,描绘都城、宫殿,记述祭祀、畋猎等,歌功颂德,粉饰太平,表达方式则铺采摛文,铺张扬厉,大量使用铺排夸张手法进行藻饰刻画,具有严重的形式主义倾向,基本是体现统治阶级意志的产物,被看做是庙堂文学的典型。不过从更开阔的视野看,它们所刻画的都市繁华、宫阙壮丽、物产丰盛、商贸繁荣,所描写的祭祀、狩猎、歌舞以及奇禽异兽等,又反映当时经济繁荣、国家富强、社会充满活力的一面。神仙世界也是一些作品着重描写的内容。这类作品显然对骚人辞赋的"它界"描写和神仙幻想有所继承。但是两者的意义同样存在很大差异。如前所述，骚人辞赋里"它界"幻想的描写主要是一种象征和讽喻，是作者情志所寄托，而大赋里神仙世界的描写则主要是表达统治者的希冀与愿望。当然，这后一类描写的意义也不全然是负面的，李泽厚曾指出：

> 你看那神仙世界。它很不同于后代六朝时期的佛教迷狂。这里没有苦难的呻吟，而是愉快的渴望，是对生前死后都有永恒幸福的祈求。他所企慕的是长生不死、羽化登仙。从秦皇汉武多次派人寻仙和求不死之药以来，这个历史时期的人们并没有舍弃或否定现实人生的观念（如后代佛教）。相反，而是希求这个人生能够永恒延续，是对它的全面肯定和爱恋。所以，这里的神仙世界就不是与现实苦难相对峙的难及的彼岸，而是好像就存在于与现实人间相距不远的此岸之中……这是一个古代风味的浪漫王国。（《美的历程》）

这是从美学角度所作的分析，可以帮助我们理解和评价汉赋里所表现的神仙内容具有积极内涵和艺术价值的一面。

汉代大赋的代表作家有司马相如（前179？—前118）。他以大赋创作得到汉武帝器重，是一朝具有典型性的御用文人。他的《子虚赋》、《上林赋》是大赋的代表作，构想架虚行危，表现恢宏华丽，其主旨在歌颂大汉帝国的繁盛与声威，颂扬统治者的强大和威力，虽然其中不无委婉讽喻的意味，却如扬雄所谓"靡丽之赋，劝百而讽一"。他对神仙世界的描写，也和骚人寄托情志或向往"彼岸"不同，乃是他所歌颂的大汉帝国繁荣富强的补充和投影，体现鲜明的肯定当世的精神。司马迁记述他晚年写作和进献《大人赋》的动机说：

> ……相如见上好仙道，因曰："上林之事未足美也，尚有靡者。臣尝为《大人赋》，未就，请具而奏之。"相如以为列仙之传居山泽间，形容甚癯，此非帝王之仙意也，乃遂就《大人赋》。

这表明，司马相如描写"大人"，意在向汉武帝表达不同于那些避世山居的

"列仙"的另一种仙意,以邀荣宠。司马迁是窥见了他的真实意图的,又指出:"《子虚》之事,《大人》赋说,靡丽多夸,然其指风谏,归于无为。"规劝帝王端居无为,也显然全是为其统治着想。

《大人赋》的构思有意模仿楚骚《远游》,行文也采取骚体。作品的开头说:"世有大人兮,在于中州,宅弥万里兮,曾不足以少留。悲世俗之迫隘兮,朅轻举而远游。"前面介绍《庄子》,里面已有"大人"概念,司马相如借用来描绘的大人形象乃是现世帝王与道家所理想的超越人格的结合:作为现世统治者的"大人"已经领有天下,但他仍感到生存的世界太狭小,不能满足精神需求,因而希望超然轻举而成仙。这样的意旨有庄子逍遥、齐物哲学的意味,表现的观念则是和后来曹植痛感"人生不满百,戚戚少欢娱"因而"思欲奋六翮,排雾陵紫虚"(《游仙》)截然不同的。后者是不满于现实压迫而求解脱,前者则是要追求比现世更满足、更持久的理想境界。同样,《大人赋》里所描写的神仙世界也和屈原上下求索而难以进入的天界全然不同。在屈原的《离骚》等作品里,诗人由于理想不得实现而幻想游历"它界",他叩帝阍,求佚女,终无所遇,茫然无归。而在司马相如笔下,神仙已失去神圣、超然的性格,众多的仙人被帝王所驱遣,仙界被描绘为富丽繁华的人世的延伸。在写到大人驾应龙、乘象舆、以赤螭、青虬参乘、遨游天上以后,接着写道:

> 邪绝少阳而登太阴兮,与真人乎相求。互折窈窕以右转兮,横厉飞泉以正东。悉征灵圉而选之兮,部乘众神于瑶光。使五帝先导兮,反太一而从陵阳。左玄冥而右含雷兮,前陆离而后潏湟。厮征伯侨而役羡门兮,属岐伯使尚方。祝融警而跸御兮,清氛气而后行。屯余车其万乘兮,绰云盖而树华旗。使句芒其将行兮,吾欲往乎南嬉。

这里写大人从东极(少阳)来到北极(太阴),又西上昆仑山("飞泉"在昆仑西南方);他征发仙人灵圉,又在北斗("摇光"指北斗勺头第一星)部署众神,接下来是太一、陵阳(陵阳子明,仙人)、玄冥(水神)、含雷(司造化神)、潏湟(仙人)、征伯侨(仙人)、羡门(羡门高,仙人)、岐伯(医神,传为黄帝时太医)、祝融(火神)、句芒(木神)等各种各样的众多仙人,有些是他的陪侍,有些作他的仆从,"大人"

被这浩浩荡荡的仙人队伍围绕、侍从着，又向南极进发。这样，仙人不再是敬仰、膜拜、追求的神圣对象，而是被大人的世俗权威所支配，所驱使。从而屈原《离骚》开创的巡游天外的"游"的主旨发生了根本变化：前者是超然物外到仙界漫游，"游"的根源是与现世统治体制相矛盾；而大人则是与仙人同"游"，意在颂扬现世帝王的崇高威望，讴歌他的声威。

作者接着继续把现实世界和仙界景象交融起来加以描写：大人到崇山访问帝尧，到九疑访问虞舜，遍览八纮，观望四海，渡九江，越五河，浮弱水，涉流沙，然后到昆仑访问西王母：

> 奄息总极氾滥水嬉兮，使灵娲鼓琴而舞冯夷。时若薆薆将混浊兮，召屏翳诛风伯而刑雨师。西望昆仑之轧沕洸忽兮，直径驰乎三危。排阊阖而入帝宫兮，载玉女而与之归。登阆风而遥集兮，亢鸟腾而一止。低徊阴山翔以纡曲兮，吾乃今日睹西王母。曤然白首戴胜而穴处兮，亦幸有三足乌为之使。必长生若此而不死兮，虽济万世不足以喜。

这里有女娲鼓琴，冯夷（河伯）起舞，命令天神处罚服务不周的风伯、雨师，直上三危山（传说中的仙山）。当年屈原是"吾令帝阍开关兮，倚阊阖而望予……朝吾将济于白水兮，登阆风而绁马"（《离骚》），这里却是直入帝宫，带回玉女，看到西王母苍老而寂寞，又表示神仙不死是不值得羡慕的。最后，总结游历神仙世界的感受说：

> ……下峥嵘而无地兮，上寥廓而无天。视眩眠而无见兮，听敞恍而无闻。乘虚无以上假兮，超无友而独存。

这又把超越的神仙世界描写得荒凉而枯寂，肯定当代帝王所统治的世界，所谓"讽一而劝百"的旨意，就这样表现出来。

司马相如的《大人赋》以排比夸饰的手法，生动地描绘帝王所支配、所享受的神仙世界。据说汉武帝读后"大悦，飘飘有凌云之气，似游天地之间意"。作品里表现的仙界世界显然能够迎合帝王志得意满的心态和超越现世的追求。从文学创作角度看，他的"虚而无征"的构思和描述，是把神仙世界的表现扩展了;艺术手法则全篇设想奇突,漫衍无际,夸饰形容,繁富靡丽,创造出想象奇突、恢宏壮丽的画面,多方面给后世提供了借鉴。

司马迁的理性批判

司马迁(前145—?)是伟大的历史家,兼具卓越思想家和优秀文学家的品格。他活动在汉初统一、兴盛的时代环境下,博学多闻,驰骋古今,贯穿经史,精研诸子百家之书,从而能够驾轻就熟地从事全面总结上古以来历史发展的工作。他治学继承和发展了先秦以来形成的理性和人本传统,反对阴阳灾异、巫祝禨祥之说,著述讲求"其文直,其事核,不虚美,不隐恶,故谓之实录"。其所著《史记》不仅是彪炳千古的信史,又是总结上古以来思想、学术成果的百科全书式的巨著。涉及本书课题,其中对战国、秦、汉时期神仙信仰的发展状况,秦皇、汉武的求仙活动等记述真切、详密,提供了后人了解和研究古代宗教及其相关情况的基本资料。

《史记》详细记载了秦皇、汉武的求仙活动,对于当朝皇帝汉武帝崇信方士、迷恋求仙的记述尤其详尽,具有强烈的讽谏的现实意义,前面已经引述。他写汉武帝即位之初即"尤敬鬼神之祀",相信各种"鬼神方",经营祀祷无虚日,又敬养、信重方士。即位不久,又被方士李少君所迷惑:

> ……是时李少君亦以祠灶、谷道、却老方见上,上尊之。少君者,故深泽侯舍人,主方。匿其年及其生长,常自谓七十,能使物,却老。其游以方遍诸侯。无妻子。人闻其能使物及不死,更馈遗之,常余金钱衣食。人皆以为不治生业而饶给,又不知其何所人,愈信,争事之……少君言上曰:"祠灶能致物,致物而丹砂可化为黄金,黄金成以为饮食器则益寿,益寿而海中蓬莱仙者乃可见,见之以封禅则不死,黄帝是也。臣尝游海上,见安期生,安期生食巨枣,大如瓜。安期生仙者,通蓬莱中,合则见人,不合则隐。"于是天子始亲祠灶,遣方士入海求蓬莱安期生之属,而事化丹砂诸药齐为黄金矣。居久之,李少君病死。天子以为化去不死,而使黄锤史宽舒受其方。求蓬莱安期生莫能得,而海上燕齐怪迂之方士多更来言神事矣。

接着蛊惑他求仙的有栾大：

> 栾大，胶东宫人，故尝与文成将军同师，已而为胶东王上方……天子……及见栾大，大说。大为人长美，言多方略，而敢为大言，处之不疑。大言曰："臣常往来海中，见安期、羡门之属。顾以臣为贱，不信臣。又以为康王诸侯耳，不足与方。臣数言康王，康王又不用臣。臣之师曰：'黄金可成，而河决可塞，不死之药可得，仙人可致也。'臣恐效文成，则方士皆奄口，恶敢言方哉！"……大见数月，佩六印，贵振天下，而海上燕齐之间，莫不扼腕而自言有禁方，能神仙矣。

这样，掀起了秦始皇之后入东海、求蓬莱的又一次热潮。当然又都是无功而返。但是汉武帝并无反悔之意。第三个诱导他求仙的是齐人公孙卿。元封元年（前110）东封泰山，将行，"既闻公孙卿及方士之言，黄帝以上封禅，皆致怪物与神通，欲放黄帝以尝接神仙人蓬莱士，高世比德于九皇"，封禅后，"东巡海上，行礼祠八神。齐人之上书言神怪奇方者以万数，然无验者。乃益发船，令言海中神山者数千人求蓬莱神人"。尽管屡屡发现方士骗局，汉武帝仍不断遣人入海求蓬莱，直至晚年，执迷不悟。汉武帝统治时期向来被看做是西汉王朝的盛世，他本人又被看作历史上具有雄才大略的英主，但迷信神仙，庸腐如此。

作为史书，司马迁忠实于史实的"实录"，但并不是作纯客观记述。记述中他的批判态度是十分明显的：狡诈方士们设下骗局，汉武帝面对诱惑颠顸固执，朝廷里乌烟瘴气迷信成风，在他如椽的笔下都被生动地描绘出来，从而证明仙界、仙人的虚无缥缈、子虚乌有，也表现出他本人十分彻底的理性态度。而他能够使用无情的笔墨对当朝皇帝加以揭露、讥刺，表现出坚持真理、无所畏惧的精神，在人格上更做出了榜样。他从而成为发扬信史传统的伟大的史学家，也是中国文化理性精神和人本思想的代表和传人。

对于中国古代宗教与宗教学术、宗教文学的发展，司马迁及其《史记》所发挥的作用相当重要、明显。《史记》在中国传统史学乃至一般学术中占有重要地位，他对秦皇、汉武为代表的帝王受惑方士、迷信仙术的揭露和批判，对后世学者、文人的影响是十分巨大、深远的。《史记》描绘的秦皇、汉武执迷求仙、幻想长生，历代相传，成为统治者愚妄迷信的典型，成为神仙虚妄、求仙无益的象征、符号，成为作者们用来影射、批判、讥嘲的对象。又在后世文学创作中，有很多作品以神仙内容为题材，却被作为艺术构思和美学欣赏的对象来处理，而并没有宣扬信仰的意味。这类作品构成道教文学的重要部分。包括司马迁在内自古形成和发展的理性传统对于这类作品的创作是发挥了重要影响的。

作品释例

《庄子》（节选，王先谦《庄子集解》）

《逍遥游》

藐姑射之山，有神人居焉，肌肤若冰雪，淖约若处子①，不食五谷，吸风饮露，乘云气，御飞龙，而游乎四海之外。其神凝，使物不疵疠而年谷熟②。

《大宗师》

圣人……入于不死不生。

《齐物论》

至人神矣。大泽焚而不能热，河汉沍而不能寒③，疾雷破山、风振海而不能惊。若能者，乘云气，骑日月，而游乎四海之外。

《田子方》

夫至人者，上窥青天，下潜黄泉，挥斥八极④，神气不变。

---

① 淖约：淖，通"绰"（chuò）；姿态柔美的样子。
② 疵疠：亦作"疵厉"，疫病，灾变。成玄英疏："疵疠，疾病也。"
③ 沍：通"涣"，水盛貌。《诗·郑风·溱洧》："溱与洧，方涣涣。"马瑞辰《通释》："《释文》：'涣'，《韩诗》作'沍'……《太平御览》引《韩诗传》曰：沍沍，盛貌。"
④ 八极：八方极远之地。《淮南子·原道训》："夫道者，覆天载地，廓四方，柝八极，高不可际，深不可测。"高诱注："八极，八方之极。"

《山海经》(节选,袁珂《山海经校译》)

卷六《海外南经》

交胫国在其东,其为人交胫①。一曰在穿匈东。不死民在其东。其为人黑色,寿,不死。

卷七《海外西经》

轩辕之国在此穷山之际,其不寿者八百岁……白民之国在龙鱼北,白身披发,有乘黄,其状如狐,其背上有角。乘之寿二千岁。

卷一一《海内西经》

开明东有巫彭、巫抵、巫阳、巫履、巫凡、巫相,夹窫窳之尸②,皆操不死之药以距之。窫窳者,蛇身人面,贰负臣所杀也。

卷一二《海内北经》

犬封国曰犬戎国,状如犬。有一女子,方跪进杯食。有文马,缟身朱鬣③,目若黄金,名曰吉量,乘之寿千岁。

卷一六《大荒南经》

大荒之中,有山名曰丰沮玉门,日月所入。有灵山,巫咸、巫即、巫盼、巫彭、巫姑、巫真、巫礼、巫抵、巫谢、巫罗十巫,从此升降,百药爰在④……

有桃山,有虻山,有桂山,有于土山。有丈夫之国。有夵州之山,五彩之鸟仰天,名曰鸣鸟。爰有百乐歌舞之风。有轩辕之国,江山之南栖为吉,不寿者乃八百岁。

大荒之中,有山名曰大荒之山,日月所入。有人焉三面,是颛顼之子⑤,三面一臂。三面之人不死。

---

① 交胫:小腿相交。
② 窫窳(yà yǔ):传说中的一种吃人怪兽。
③ 缟(gǎo)身:白色身体;缟,白色丝织品。
④ 爰:助词,无义。
⑤ 颛顼(zhuān xū):"五帝"之一,号高阳氏。相传为黄帝之孙、昌意之子。

屈原《离骚》(节选,王逸章句、洪兴祖补注《楚辞》)

……驷玉虬以乘鹥兮①,溘埃风余上征②。朝发轫于苍梧兮③,夕余至乎县圃④。欲少留此灵琐兮⑤,日忽忽其将暮。吾令羲和弭节兮⑥,望崦嵫而勿迫⑦。路曼曼其修远兮,吾将上下以求索。饮余马于咸池兮⑧,总余辔乎扶桑⑨。折若木以拂日兮⑩,聊逍遥以相羊⑪。前望舒使先驱兮⑫,后飞廉使奔属⑬。鸾鸟为余先戒兮⑭,雷师告余以未具⑮。吾令凤鸟飞腾兮,继之以日夜。飘风屯其相离兮⑯,帅云霓而来御⑰。纷总总其离合兮⑱,斑陆离其上下⑲。吾令帝阍开关兮⑳,倚阊阖而望予㉑。时暧暧其将罢兮㉒,结

---

① "驷玉虬"句:洪兴祖《楚辞补注》:"言以鹥为车,而驾以玉虬也。"驷,驾驭,乘;虬(qiú),王逸注:"有角曰龙,无角曰虬。"鹥(yī):《诗·大雅·凫鹥》:"凫鹥在泾。"孔颖达疏引《苍颉解诂》:"鹥,鸥也。一名水鸮。"或以为五彩鸟,凤属。

② "溘埃风"句:谓驾着尘土飞扬的风上天;溘(kè),掩盖;埃风:携带尘埃的风。

③ 发轫:出发;轫,用来阻止车轮滚动的木块。苍梧,即九疑山,在今湖南宁远县南,相传是舜葬之地。

④ 县圃:县,通"悬";神山,相传在昆仑上。

⑤ 灵琐:指神灵之门;琐,门上装饰的镂纹。

⑥ "吾令"句:谓让太阳的车子缓行;羲和,神话中以六龙为太阳驾车的神;弭节,停车;弭(mǐ),止息;节,车行的节度。

⑦ 崦嵫(yān zī):神话里太阳落入的山。勿迫:不急迫。

⑧ 咸池:神话中日浴之处;《淮南子·天文训》:"日出于旸谷,浴于咸池。"

⑨ "总余辔"句:谓把我的马栓在扶桑上;总,系;辔,驾驭马的缰绳;扶桑,神树名,《山海经·海外东经》:"汤谷上有扶桑,十日所浴,在黑齿北。"

⑩ 若木:神树名;《山海经·大荒北经》:"大荒之中,有衡石山、九阴山、洞野之山,上有赤树,青叶,赤华,名曰若木。"

⑪ 相羊:亦作"相佯"、"相徉",徘徊,盘桓;洪兴祖《楚辞补注》:"相羊,犹徘徊也。"

⑫ 望舒:神话中为月亮驾车的神;王逸注:"望舒,月御也。"

⑬ 飞廉:风神,一说能致风的神禽名;王逸注:"飞廉,风伯也。"洪兴祖《楚辞补注》:"《吕氏春秋》曰:'风师曰飞廉。'应劭曰:'飞廉,神禽,能致风气。'"奔属:跟随奔走;属(zhǔ),通"嘱",跟随。

⑭ 鸾鸟:传说中的神鸟、瑞鸟;《山海经·西山经》:"(女床之山)有鸟焉,其状如翟而五采文,名曰鸾鸟,见则天下安宁。"先戒:先行,戒,出发。

⑮ 雷师:雷神。未具:没有准备好。

⑯ 屯:聚合。离:通"罹",遭遇。

⑰ 帅:率领。御:通"迓"(yà),迎接。

⑱ 总总:聚合貌。

⑲ 斑:纷乱。陆离:色彩纷杂。

⑳ 帝阍:天帝的守门人;阍(hūn),守门者。开关,开门;关,门栓。

㉑ 阊阖(chāng hé):天门。

㉒ 暧暧:昏暗貌。将罢:即将终了。

幽兰以延伫①。世溷浊而不分兮②，好蔽美而嫉妒。朝吾将济于白水兮③，登阆风而绁马④。忽反顾以流涕兮，哀高丘之无女⑤。溘吾游此春宫兮⑥，折琼枝以继佩⑦。及荣华之未落兮，相下女之可诒⑧。吾令丰隆乘云兮⑨，求宓妃之所在⑩。解佩纕以结言兮⑪，吾令蹇修以为理⑫。纷总总其离合兮，忽纬繣其难迁⑬。夕归次于穷石兮⑭，朝濯发乎洧盘⑮。保厥美以骄傲兮⑯，日康娱以淫游⑰。虽信美而无礼兮，来违弃而改求⑱。览相观于四极兮，周流乎天余乃下。望瑶台之偃蹇兮⑲，见有娀之佚女⑳。吾令鸩为媒兮㉑，鸩告余以不好。雄鸩之鸣逝兮，余犹恶其佻巧㉒。心犹豫而狐疑兮，欲自适而不可。凤皇既受诒兮㉓，恐高辛之先我㉔。欲远集而无所止兮㉕，

---

① 延伫：久留。
② 溷浊：污浊。不分：指无是非。
③ 白水：神话里的水名，据说发源昆仑山。
④ 阆（lǎng）风：阆风巅，神话里昆仑山上的山峰。绁马，系马；绁（xiè），系。
⑤ 无女：谓没有志同道合者；女，《文选》五臣注："女，神女，喻忠臣也。"洪兴祖《楚辞补注》："《离骚》多以女喻臣，不必指神女。"
⑥ 溘（kè）：忽然。春宫：神话里春天青帝所居宫殿。
⑦ 琼：美玉。继佩：接续玉佩。
⑧ 下女：下界女子。诒（yí）：通"贻"，赠与。
⑨ 丰隆：云神，一说雷神。
⑩ 宓（fú）妃：神话中伏羲氏女儿，溺死于洛水，遂为洛神。
⑪ 佩纕（xiāng）：佩带。结言：定下约言。
⑫ 蹇（jiǎn）修：传说中伏羲氏的臣子。理：使者。
⑬ 纬繣（huà）：乖戾不合。难迁：难以改变，指宓妃。
⑭ 穷石：山名，相传在今甘肃张掖市。
⑮ 洧（wěi）盘：神话里的水名，在崦嵫山。
⑯ 保：依仗。
⑰ 康娱：逸乐。
⑱ 违弃：抛弃。改求：谓改求他人。
⑲ 瑶台：玉砌高台。偃蹇：高耸的样子。
⑳ 有娀（sōng）：古国名。佚女：美女；相传有娀氏有二女，一名简狄，嫁帝喾（高辛氏），生契。
㉑ 鸩：鸟名；羽有毒。
㉒ 佻巧：轻佻机巧。
㉓ 受诒：指接受委托。
㉔ "恐高辛"句：谓怕高辛氏先我娶有娀氏的女儿。
㉕ 远集：到远处栖止；集，鸟栖树木。

聊浮游以逍遥。及少康之未家兮，留有虞之二姚①。理弱而媒拙兮，恐导言之不固②。世溷浊而嫉贤兮，好蔽善而称恶。闺中既已邃远兮③，哲王又不寤。怀朕情而不发兮，余焉能忍与此终古④……

《楚辞·远游》（王逸章句、洪兴祖补注《楚辞》）

悲时俗之迫阨兮⑤，愿轻举而远游。质菲薄而无因兮⑥，焉托乘而上浮。遭沉浊而污秽兮，独郁结其谁语⑦。夜炯炯而不寐兮⑧，魂茕茕而至曙⑨。惟天地之无穷兮，哀人生之长勤。往者余弗及兮，来者吾不闻。步徙倚而遥思兮⑩，怊惝恍而永怀⑪。意荒忽而流荡兮，心愁凄而增悲。神儵忽而不返兮⑫，形枯槁而独留。内惟省以端操兮⑬，求正气之所由。漠虚静以恬愉兮，澹无为而自得。闻赤松之轻尘兮⑭，愿承风乎遗则。贵真人之休德兮⑮，美往世之登仙。与化去而不见兮，声名著而日延。奇傅说之托辰星

---

① "及少康"二句：传说寒浞使浇杀夏侯相，相后缗有娠，逃归有仍，生少康。少康逃到有虞，有虞氏把两个女儿嫁给他，后来夏旧臣靡收集旧部，灭浞而立少康；这里是说要比少康先行一步，娶有虞氏的两个女儿。

② 导言：指媒人通达之言。不固：无力。

③ 闺中：闺房；闺，宫中小门。

④ 终古：永远。

⑤ 迫阨：逼迫。

⑥ 无因：谓无所依托；因，凭借，依托。

⑦ 郁结：忧思纠结。

⑧ 夜炯炯（jiǒng jiǒng）：王逸《楚辞章句》："炯炯，犹儆儆，不寐貌也。"洪兴祖《楚辞补注》校作"耿耿"："耿、炯，并古茗切。一云'耿耿'，不安也。"

⑨ 茕茕（qióng qióng）：孤单貌。

⑩ 徙倚：徘徊不进貌。

⑪ "怊惝恍"句：谓精神恍惚，忧思不绝；怊，悲伤失意；惝恍：精神恍惚；永怀，忧思不绝。

⑫ 神儵忽：形容思绪迅捷；儵（shū）忽，同"倏忽"，迅速。

⑬ 端操：操守正直。

⑭ 赤松：亦称"赤诵子"、"赤松子舆"，相传为上古时神仙，各家所载，其事互有异同。《列仙传》："神农时雨师也。"《汉书·古今人表》："赤松子，帝喾师。"

⑮ 真人：仙人。

兮①，羡韩众之得一②。形穆穆以浸远兮③，离人群而遁逸。因气变而遂曾举兮，忽神奔而鬼怪。时仿佛以遥见兮，精皎皎以往来④。超氛埃而淑尤兮⑤，终不返其故都。免众患而不惧兮，世莫知其所如。恐天时之代序兮，耀灵晔而西征⑥。微霜降而下沦兮，悼芳草之先零。聊仿佯而逍遥兮⑦，永历年而无成。谁可与玩斯遗芳兮，晨向风而舒情。高阳邈以远兮⑧，余将焉所程。

重曰⑨：春秋忽其不淹兮，奚久留此故居。轩辕不可攀援兮⑩，吾将从王乔而娱戏⑪。餐六气而饮沆瀣兮⑫，漱正阳而含朝霞⑬。保神明之清澄兮，精气入而粗秽除。顺凯风以从游兮⑭，至南巢而壹息⑮。见王子而宿之兮⑯，审壹气之和德⑰。曰：道可受兮而不可传，其小无内兮其大无垠。无

① "傅说(yuè)"句：傅说，殷相，传说曾筑于傅岩之野，武丁访得，举以为相，助殷中兴；辰星，房宿，古代认识星辰和观测天象，把若干颗恒星多少不等地组合起来，称为星官，划分天空群星为三垣二十八宿，房宿为二十八宿之一。《庄子·大宗师》论"道"，谓"傅说得之，以相武丁，奄有天下，乘东维骑箕尾(箕，二十八宿之一，共四星)而比于列星"，是说傅说死后，上升为辰星。

② 韩众：一作"韩终"，传说中古仙人。洪兴祖《楚辞补注》引《列仙传》："齐人韩终为王采药，王不肯服，终自服之，遂得仙也。"得一：谓得道；《老子》："昔之得一者：天得一以清；地得一以宁；神得一以灵；谷得一以盈；万物得一以生；侯王得一以为天下贞。"王弼注："一，数之始而物之极也，各是一物之生，所以为主也。物皆各得此一以成。"

③ 穆穆：宁静貌。陶潜《时运》："迈迈时运，穆穆良朝。"

④ 皎皎：明亮貌《古诗十九首·迢迢牵牛星》："迢迢牵牛星，皎皎河汉女。"

⑤ 淑尤：美善。

⑥ 灵晔：指太阳；晔，闪光。

⑦ 仿佯：遨游。

⑧ 高阳：颛顼，或谓即楚人远祖祝融；《楚辞·离骚》："帝高阳之苗裔兮，朕皇考曰伯庸。"王逸注："高阳，颛顼有天下之号也。"《史记·五帝本纪》："帝颛顼高阳者，黄帝之孙而昌意之子也。"

⑨ 重曰：再度陈辞；辞赋文体重宣例语。

⑩ 轩辕：即黄帝，传说姓公孙，居轩辕之丘，故名轩辕。攀缘：谓追随。

⑪ 王乔：王子乔，仙人，见《列仙传》："王子乔，周灵王太子晋也。好吹笙，作凤凰鸣，游伊、洛之间，道士浮丘公接以上嵩高山。三十余年后，求之于山上，见桓良，曰：'告我家，七月七日待我于缑氏山巅。'至时果乘白鹄驻山头。望之不得到，举手谢时人，数日而去。"

⑫ 餐六气：善生服气之术；《庄子·逍遥游》："若夫乘天地之正，而御六气之辩。"成玄英疏引李颐曰："平旦朝霞，日午正阳，日入飞泉，夜半沆瀣，并天地二气为六气也。"沆瀣(hàng xiè)：露水，仙人所饮。

⑬ 漱正阳：吞食日午正阳之气。含朝霞：呼吸平旦朝霞之气。

⑭ 凯风：南风，和暖的风。

⑮ 南巢：相传在遥远南方的国度。

⑯ 王子：指王子乔。

⑰ 壹气：即元气。

涽滑而魂兮彼将自然①。壹气孔神兮于中夜存。虚以待之兮无为之先②。庶类以成兮此德之门③。闻至贵而遂徂兮④，忽乎吾将行。仍羽人于丹丘兮⑤，留不死之旧乡。朝濯发于汤谷兮⑥，夕晞余身兮九阳⑦。吸飞泉之微液兮，怀琬琰之华英⑧。玉色頩以脕颜兮⑨，精醇粹而始壮。质销铄以汋约兮⑩，神要眇以淫放⑪。嘉南州之炎德兮⑫，丽桂树之冬荣。山萧条而无兽兮，野寂寞其无人。载营魄而登霞兮⑬，掩浮云而上征。命天阍其开关兮⑭，排阊阖而望予⑮。召丰隆使先导兮⑯，问大微之所居⑰。集重阳入帝宫兮⑱，造旬始而观清都⑲。朝发轫于太仪兮⑳，夕始临乎于微间㉑。屯余车之万乘兮，纷溶与而并驰㉒。驾八龙之婉婉兮，载云旗之逶蛇㉓。建雄虹

---

① 涽(gǔ)滑而魂：扰乱你的精神；涽滑，浊乱。
② 虚以待之：谓内心清净；《庄子·人间世》："（颜）回曰：'敢问心斋（斋）。'仲尼曰：'若一志，无听之以耳而听之以心，无听之以心而听之以气，听止于耳，心止于符气也者，虚而待物者也。唯道集虚。虚者，心斋（斋）也。'"无为之先：谓不去争先。
③ 庶类：万物；《国语·郑语》："夏禹能单平水土，以品处庶类者也。"韦昭注："禹除水灾，使万物高下各得其所。"
④ 徂(cú)：往。
⑤ 仍：就，往。羽人：飞仙。丹丘：仙人居住之地。
⑥ 汤(yáng)谷：即"旸谷"，日出之处；《楚辞·天问》："出自汤谷，次于蒙汜，自明及晦，所行几里？"王逸注："言日出东方汤谷之中，暮入西极蒙水之涯也。"
⑦ 晞余身：曝晒自身；晞(xī)：干燥。九阳：谓天地边缘。
⑧ 琬琰(wǎn yǎn)：皆是美玉名。
⑨ 玉色頩：脸色红润；頩(pīng)，面色光润。脕颜：脸色有光泽；脕(wàn)，光泽。
⑩ 汋(zhuó)约：柔弱貌。
⑪ 要眇：深幽微妙。淫放：任性游放。
⑫ 炎德：指阳气；炎，炎阳。
⑬ 营魄：魂魄；《老子》："载营魄抱一，能无离乎？"河上公注："营魄，魂魄也。"登遐：升天。
⑭ 天阍：同"帝阍"，天帝的守门人。
⑮ 排：推。
⑯ 先导：谓清道。
⑰ 大微：同"太微"，古代星官名，太微垣，二十八宿之一，为五帝座中枢，位于北斗之南，有星十颗，相当于天文学上室女座和狮子座的部分星。
⑱ 集重阳：谓升天；重阳，指天，天有九重。
⑲ 旬始：星名；洪兴祖《楚辞补注》："旬始，星名。《春秋考异邮》曰：太白，名旬始，如雄鸡也。"清都：指仙境。
⑳ 太仪：天帝宫廷。
㉑ 微间：王逸注："东方之玉山。"
㉒ 溶与：迟缓不进貌。
㉓ 逶蛇：同"逶迤"，曲折蜿蜒貌。

之采旄兮①，五色杂而炫燿。服偃蹇以低昂兮②，骖连蜷以骄骜③。骑胶葛以杂乱兮④，斑漫衍而方行⑤。撰余辔而正策兮⑥，吾将过乎句芒⑦。历太皓以右转兮⑧，前飞廉以启路⑨。阳杲杲其未光兮，凌天地以径度。风伯为余先驱兮，辟氛埃而清凉。凤凰翼其承旂兮，遇蓐收乎西皇⑩。揽彗星以为旌兮⑪，举斗柄以为麾⑫。叛陆离其上下兮⑬，游惊雾之流波。时暗瞹其曭莽兮⑭，召玄武而犇属⑮。后文昌使掌行兮⑯，选署众神以并毂⑰。路曼曼其悠远兮，徐弭节而高厉⑱。左雨师使径待兮，右雷公以为卫。欲远度世以亡归兮⑲，意恣睢以担挢⑳。内欣欣而自美兮，聊愉娱以自乐。涉青云以汎滥游兮，忽临睨夫旧乡㉑。仆夫怀余心悲兮，边马顾而不行。思旧故以想像兮，长太息而掩涕。泛容与而退举兮㉒，聊抑志而自弭㉓。指炎神而直驰

---

① 采旄：彩旗；采，同"彩"；旄，用牦牛尾做竿饰的旗子。
② 服偃蹇：服马高昂；服，古代一车驾四马，居中的两匹称服；《诗·郑风·大叔於田》："两服上襄，两骖雁行。"偃蹇，高傲貌。
③ 骖：车驾四马两边的两匹。连蜷：屈曲貌。骄骜：骄慢。
④ 胶葛：交杂纷乱貌。
⑤ 斑：指杂色马。漫衍：不受约束。方行：旁行，遍行；方，通"旁"；《易·系辞上》："旁行而不流，乐天知命，故不忧。"
⑥ 撰余辔：把握我的辔头；撰，握。正策：谓拿正缰绳。
⑦ 句芒：同"钩芒"，木神；《礼记·月令》："(孟春之月)其帝大皞，其神句芒。"郑玄注："句芒，少皞氏之子曰重，为木官。"
⑧ 太皓：即"太皞"；传说中古帝名。
⑨ 飞廉：风伯，风神。启路：清道。
⑩ 蓐收：西方神名，司秋；《礼记·月令》："孟秋之月，日在翼，昏建星中，旦毕中。其日庚辛，其帝少皞，其神蓐收。"郑玄注："蓐收，少皞氏之子，曰该，为金官。"西皇：西方神名，少皞金天氏。
⑪ 旌：同"旌"，旗帜。
⑫ 斗柄：北斗星的第五至第七星，古称衡、开泰、摇光。麾：旗帜。
⑬ 叛：分散。陆离：参差不齐。
⑭ 暗瞹(yǎn yì)：晦暗无光。曭莽：晦暗朦胧；曭(tǎng)，日不明。
⑮ 玄武：北方之神。犇属(zhǔ)：犇同"奔"，追随。
⑯ 文昌：古代星官名，属三垣中的紫微垣，六星，旧说主文运；相当于大熊座的部分星。
⑰ 并毂：车子并驾齐驱；毂(gǔ)，车轮的中轴，引申指车。
⑱ 高厉：高高腾起。
⑲ 度世：谓出世成仙。亡归：无归，不再归来；亡，通"忘"。
⑳ 担挢(jiǎo)：纵心肆志貌。
㉑ 临睨：俯瞰。
㉒ 容与：迟回不进貌。
㉓ 自弭：自息，自止。

兮①，吾将往乎南疑②。览方外之荒忽兮，沛罔象而自浮③。祝融戒而跸御兮④，腾告鸾鸟迎宓妃。张乐《咸池》奏《承云》兮⑤，二女御《九韶》歌⑥。使湘灵鼓瑟兮⑦，令海若舞冯夷⑧。玄螭虫象并出进兮⑨，形蟉虬而逶蛇⑩。雌蜺便娟以增挠兮⑪，鸾鸟轩翥而翔飞⑫。音乐博衍无终极兮⑬，焉乃逝以徘徊。舒并节以驰骛兮⑭，逴绝垠乎寒门⑮。轶迅风于清源兮⑯，从颛顼乎增冰⑰。历玄冥以邪径兮⑱，乘间维以反顾⑲。召黔嬴而见之兮⑳，为余先乎平路。经营四荒兮周流六漠㉑，上至列缺兮降望大壑㉒。下峥嵘而无地兮，上寥廓而无天。视倏忽而无见兮，听惝恍而无闻。超无为以至清兮，与太初而为邻㉓。

---

① 炎神：火神，指祝融。

② 南疑：指九疑山，在南方。

③ 沛罔象：大水弥漫貌；沛，水盛貌。罔象，亦水盛貌。

④ 戒：敕令。跸御：禁止行人车马通行，清道。

⑤ 咸池：古乐曲，相传为尧乐，或以为黄帝之乐。《周礼·春官·大司乐》："乃奏大簇，歌应钟，舞《咸池》，以祭地示。"承云：黄帝乐曲。《竹书纪年》卷上："二十一年，作《承云》之乐。"

⑥ 二女：尧之二女，即"二姚"，助成舜治国。九韶(sháo)：亦作"九招"，舜时乐曲名。《周礼·春官·大司乐》："《九德》之歌，《九韶》之舞。"

⑦ 湘灵：湘水之神。

⑧ 海若：海神。冯夷：黄河之神，河伯。

⑨ 玄螭：想象的龙一类生物。虫象：即"罔象"，此指传说中的水怪。

⑩ 蟉(liú)虬：曲折盘绕貌。

⑪ 便娟：轻盈美好貌。增挠：缠绕。

⑫ 轩翥：高举。

⑬ 博衍：广远。

⑭ 舒并节：放松缰绳；并节，缰绳。

⑮ 逴(chuō)绝垠：谓远到天边；逴，远；绝垠，极远之处。寒门：北极之门，北方极冷的地方。

⑯ 轶：通"逸"，奔驰。

⑰ 增冰：犹层冰；《楚辞·招魂》："增冰峨峨，飞雪千里些。"王逸注："言北方常寒，其冰重累，峨峨如山。"

⑱ 玄冥：北方黑帝。《左传·昭公十八年》："禳火于玄冥、回禄。"杜预注："玄冥，水神。"

⑲ 乘间维：谓利用机会。间，缝隙；维，角落。

⑳ 黔嬴(léi)：又作"黔雷"，造化之神。

㉑ 六漠：犹"六幕"，六合，天地四方。

㉒ 列缺：闪电。

㉓ 太初：亦作"大初"，天地未分之前的混沌状态；魏曹植《魏德论》："在昔太初，玄黄混并，浑沌濛鸿，兆朕未形。"

司马相如《大人赋》(《史记》卷一一七《司马相如列传》)

世有大人兮,在于中州。宅弥万里兮①,曾不足以少留。悲世俗之迫隘兮②,揭轻举而远游③。垂绛幡之素蜺兮④,载云气而上浮。建格泽之长竿兮⑤,总光燿之采旄。垂旬始以为幓兮⑥,抴彗星而为髾⑦。掉指桥以偃蹇兮⑧,又猗旎以招摇⑨。揽欃枪以为旌兮⑩,靡屈虹而为绸⑪。红杳渺以眩湣兮⑫,猋风涌而云浮⑬。驾应龙象舆之蠖略逶丽兮⑭,骖赤螭青虬之蚴蟉蜿蜒⑮。低卬夭蟜据以骄骜兮⑯,诎折隆穷蠼以连卷⑰。沛艾赳螑仡以怡儗兮⑱,放散畔岸骧以孱颜⑲。跮踱輵螛容以委丽兮⑳,绸缪偃蹇怵奂以梁倚㉑。纠蓼叫奡踏以艐路兮㉒,蔑蒙踊跃腾而狂趡㉓。莅飒卉翕熛至电过兮㉔,焕然雾除,霍然云消。

---

① 宅弥:住宅宽广;弥,遍,广。
② 迫隘:狭小。
③ 揭(qiè)去;《汉书·司马相如传》颜师古注:"揭,去意也。"
④ "垂绛幡"句:谓以彩虹为旗幡。绛幡:红色旗帜。素蜺:白色副虹。
⑤ "建格泽"句:谓以格泽星作长杆,格泽,星名;《史记·天官书》:"格泽星者,如炎火之状。黄白,起地而上。下大,上兑。其见也,不种而获,不有土功,必有大害。"
⑥ 幓(shān):旌旗的飘带。
⑦ 抴:同"曳",拉。髾(shāo):旌旗垂下的羽毛。
⑧ 指桥:柔弱貌。偃蹇:屈曲貌。
⑨ 猗旎(yǐ nǐ):同"旖旎",婀娜多姿貌。
⑩ 欃(chān)枪:彗星。
⑪ 绸:通"韬",射礼中指挥进退的旗帜。
⑫ 杳渺:渺茫。眩湣:昏暗无光貌。
⑬ 猋(biāo):旋风,风暴。
⑭ 应龙:传说一种有翼的龙;《楚辞·天问》:"河海应龙,何画何历? 鲧何所营? 禹何所存?"是说禹治洪水,有应龙以尾画地成江河,使水入海。蠖(huò)略逶丽:行步进止貌。
⑮ 赤螭:黄色无角的龙。青虬:青色无角的龙。蚴蟉(yǒu liú)蜿蜒:屈曲行进貌。
⑯ 低卬:忽高忽低;卬,同"昂"。夭蟜:同"夭矫"。据:通"倨",傲慢。骄骜:放纵。
⑰ 诎(qū)折:曲折。隆穷:高曲貌。蠼(jué):屈曲盘绕。连卷:同"连蜷",长而曲貌。
⑱ 沛艾:昂首摇动貌。赳螑(xiù):伸颈低昂貌。仡(yì):抬头。怡儗(yǐ yí):停顿貌。
⑲ 畔岸:放纵任性。骧:上举。孱颜:参差不齐貌。
⑳ 跮踱(chì duó):走路忽进忽退。輵螛(hé hé):同"輵辖",摇目吐舌貌。委丽:曲折蜿蜒貌。
㉑ 绸缪(chóu móu):缠绵貌。怵奂(chuò):奔走。梁倚:相倚相靠。
㉒ 纠蓼:相互牵缠;蓼,通"缭"。叫奡(áo):喧呼。艐路:到达,艐(jiè),到。
㉓ 蔑蒙:飞扬貌。狂趡(cuǐ):狂奔。
㉔ 莅飒:飞行迅捷。卉翕(huì xī):奔跑相追。熛至:大火疾至;熛(biāo),大火。

邪绝少阳而登太阴兮①，与真人乎相求。互折窈窕以右转兮，横厉飞泉以正东②。悉征灵圉而选之兮③，部乘众神于摇光④。使五帝先导兮⑤，反太一而从陵阳⑥。左玄冥而右含雷兮⑦，前陆离而后潏湟⑧。厮征伯侨而役羡门兮⑨，属岐伯使尚方⑩。祝融警而跸御兮⑪，清氛气而后行。屯余车其万乘兮，绰云盖而树华旗⑫。使句芒其将行兮⑬，吾欲往乎南嬉。

历唐尧于崇山兮，过虞舜于九疑。纷湛湛其差错兮，杂逻胶葛以方驰⑭。骚扰冲苁其相纷挐兮⑮，滂濞泱轧洒以林离⑯。攒罗列聚丛以茏茸兮⑰，衍曼流烂坛以陆离⑱。径入雷室之砰磷郁律兮⑲，洞出鬼谷之堀礨嵬碟⑳。遍览八纮而观四海兮㉑，揭渡九江越五河。经营炎火而浮弱水兮㉒，

---

① 邪绝：斜行度过；绝，越过。少阳：东方。太阴：北方。
② 横厉：横渡；厉，疾驰。飞泉：即"飞谷"，传说在昆仑山西。
③ 灵圉：指众仙。
④ 部乘：部署。摇光：北斗星斗柄上的第一颗星，属大熊座。
⑤ 五帝：此指五方天帝。《周礼·春官·小宗伯》："兆五帝于四郊。"郑玄注："五帝，苍曰灵威仰，太昊食焉；赤曰赤熛怒，炎帝食焉；黄曰含枢纽，黄帝食焉；白曰白招拒，少昊食焉；黑曰汁光纪，颛顼食焉。"
⑥ 太一：即"太乙"，天神。《史记·封禅书》："天神贵者太一。"司马贞索隐引宋均云："天一、太一，北极之别名。"陵阳：陵阳子明，仙人，见《列仙传》。
⑦ 含雷：即"黔嬴"。
⑧ 陆离：神名。潏(yù)湟：神名。
⑨ 厮征：役使。伯侨：王子乔。羡门：即羡门子高。
⑩ 岐伯：相传为黄帝时名医，《汉书·艺文志》："太古有岐伯、俞拊，中世有扁鹊、秦和，盖论病以及国，原诊以知政。"尚方：此指掌管方药。
⑪ 祝融：传为帝喾时火官，火神。跸御：帝王出行途中清道。
⑫ 绰(cuì)：五彩杂合。
⑬ 将行：率领行进。
⑭ 胶葛：错杂纷乱貌。
⑮ 冲苁：冲撞；苁，"从"古今字。纷挐：即"纷拿"，混乱貌。
⑯ 滂濞(pì)：同"滂沛"，盛大貌。泱轧：漫无边际貌。林离：同"淋漓"，水流不间断。
⑰ 茏茸：聚集貌。
⑱ 流烂：散布。坛：通"疢"，瘫软。陆离：分散参差貌。
⑲ 雷室：雷神所居之室。砰磷郁律：深峻貌；一说形容雷声。
⑳ 鬼谷：此谓众鬼聚集之地。堀礨：起伏不平，堀(kū)，通"窟"。嵬碟(wéi huái)：高峻不平。
㉑ 八纮：八方极远之地，《淮南子·墜形训》："九州之外，乃有八殥……八殥之外，而有八纮，亦方千里。"高诱注："纮，维也。维落天地而为之表，故曰纮也。"四荒：四方极远之地。
㉒ 经营：此谓往来。弱水：以水弱不能载舟，故称，典籍上称弱水处甚多；如《尚书·禹贡》："黑水西河惟雍州，弱水既西。"又："导弱水至于合黎，余波入于流沙。"等等。

杭绝浮渚而涉流沙①。奄息总极泛滥水嬉兮②,使灵娲鼓琴而舞冯夷③。时若蒙蒙将混浊兮④,召屏翳诛风伯而刑雨师⑤。西望昆仑之轧沕洸忽兮⑥,直径驰乎三危⑦。排阊阖而入帝宫兮,载玉女而与之归。登阆风而摇集兮,亢乌腾而一止⑧。低徊阴山翔以纡曲兮⑨,吾乃今目睹西王母曤然白首⑩。戴胜而穴处兮⑪,亦幸有三足乌为之使。必长生若此而不死兮,虽济万世不足以喜。

回车揭来兮,绝道不周⑫,会食幽都。呼吸沆瀣(兮)餐朝霞,噍咀芝英兮嚌琼华⑬。嫙侵浔而高纵兮⑭,纷鸿涌而上厉⑮。贯列缺之倒景兮,涉丰隆之滂沛⑯。骋游道而修降兮,骛遗雾而远逝⑰。迫区中之隘狭兮,舒节出乎北垠⑱。遗屯骑于玄阙兮⑲,轶先驱于寒门⑳。下峥嵘而无地兮,上寥廓而无天。视眩泯而无见兮㉑,听敞恍而无闻。乘虚无而上假兮㉒,超无友而独存。

---

① 杭绝:乘船度过;杭,船。浮渚:水中小洲。
② 总极:指葱岭,西方极远之地。
③ 灵娲:女娲。冯夷:传说中黄河之神,即河伯,亦泛指水神。《庄子·大宗师》:"冯夷得之,以游大川。"
④ 蒙蒙:同"曚曚",昏暗不清。
⑤ 屏翳:神名,所指不一,此当为云神。
⑥ 轧沕(wù):致密。
⑦ 直径:一直。三危:西方山名;《书·禹贡》:"三危既宅。"孔传:"三危为西裔之山也。"
⑧ 亢乌腾:亢然高飞,如乌之腾。
⑨ 阴山:此指传说中西王母所居的山,在昆仑山西。
⑩ 曤然:白色;曤(hè),白。
⑪ 戴胜:佩戴华胜;胜,花形首饰。
⑫ 不周:不周山,传说在昆仑山西南。
⑬ 噍(jiào)咀:咀嚼。嚌(jì):少吃。
⑭ 嫙(yín):仰首貌。侵浔:渐进。
⑮ 鸿涌:高高跳起。上厉:向上奋起。
⑯ 滂沛:浪声相击,此谓声音洪亮。
⑰ 骛:驰骋。遗雾:拨开云雾。
⑱ 舒节:缓行。
⑲ 屯骑(jì):聚集的马匹。玄阙:北极之山。
⑳ 轶(yì):超过。寒门:指天的北门。
㉑ 眩泯:视力模糊不清。
㉒ 上假:谓升天;假,通"遐",远。

「道教文学」的源头

司马迁《史记·封禅书》(节选)

　　自(齐)威①、(齐)宣②、燕昭使人入海求蓬莱、方丈、瀛洲③。此三神山者,其传在勃海中,去人不远,患且至,则船风引而去。盖尝有至者,诸仙人及不死之药皆在焉。其物禽兽尽白,而黄金银为宫阙。未至,望之如云,及到,三神山反居水下。临之,风辄引去,终莫能至云。世主莫不甘心焉④。及至秦始皇并天下,至海上,则方士言之不可胜数。始皇自以为至海上而恐不及矣,使人乃赍童男女入海求之⑤。船交海中,皆以风为解⑥,曰未能至,望见之焉。

　　是时李少君亦以祠灶、谷道、却老方见上⑦,上尊之。少君者,故深泽侯舍人⑧,主方⑨。匿其年及其生长,常自谓七十,能使物⑩,却老。其游以方遍诸侯。无妻子。人闻其能使物及不死,更馈遗之,常余金钱衣食。人皆以为不治生业而饶给,又不知其何所人,愈信,争事之……少君言上曰:"祠灶则致物⑪,致物而丹砂可化为黄金,黄金成以为饮食器则益寿,益寿而海中蓬莱仙者乃可见,见之以封禅则不死⑫,黄帝是也。臣尝游海上,见安期生⑬,安期生食巨枣,大如瓜。安期生仙者,通蓬莱中,合则见人,不合则

---

①　齐威王:前356—前321在位。
②　齐宣王:前322—前302在位。
③　燕昭王:前311—前279在位。
④　甘心:羡慕,向慕;司马贞索隐:"甘心,谓心甘羡也。"
⑤　赍(jī):带领。
⑥　以风为解:谓被风吹散。
⑦　祠灶:祭祀灶神,古代五祀之一;《礼记·月令》:"(孟夏之月)其祀灶,祭先肺。"郑玄注:"灶在庙门外之东。祀灶之礼,先席于门之奥,东面设主于灶陉。谷道:辟谷不食以求长生不老的方术。却老:返老还童。方:方术;《庄子·天下》:"惠施多方,其书五车。"成玄英疏:"既多方术,书有五车。"
⑧　深泽侯:汉初,韩信以定赵、齐、楚,击平城等功,高帝八年(前199)封深泽侯。舍人:官名,此指韩信私门官职。
⑨　主方:谓掌握方术。
⑩　使物:此指变化物体的方术。
⑪　致物:感召事物。
⑫　封禅:古代帝王祭天地的大典;在泰山上筑土为坛,报天之功,称封;在泰山下的梁父山上辟场祭地,报地之德,称禅;《史记·封禅书》:"自古受命帝王,曷尝不封禅。"
⑬　安期生:传说中先秦方士。

隐。"于是天子始亲祠灶，遣方士入海求蓬莱安期生之属，而事化丹砂诸药齐为黄金矣①。居久之，李少君病死。天子以为化去不死，而使黄锤史宽舒受其方。求蓬莱安期生莫能得，而海上燕齐怪迂之方士多更来言神事矣②。

栾大，胶东宫人③，故尝与文成将军同师④，已而为胶东王上方⑤……天子……及见栾大，大说。大为人长美，言多方略，而敢为大言，处之不疑。大言曰："臣常往来海中，见安期、羡门之属。顾以臣为贱，不信臣。又以为康王诸侯耳，不足与方。臣数言康王⑥，康王又不用臣。臣之师曰：'黄金可成，而河绝可塞⑦，不死之药可得，仙人可致也。'然臣恐效文成，则方士皆奄口⑧，恶敢言方哉！"……大见数月，佩六印⑨，贵振天下，而海上燕齐之间，莫不扼腕而自言有禁方，能神仙矣⑩。

---

① 药齐：同"药剂"，按方配制的药物。

② 怪迂：怪异迂阔。

③ 胶东宫人：胶东王宫中的侍从；胶东王，刘熊渠，齐王刘肥子，前164—前153在位。

④ 文成将军：齐方士李少翁，封文成将军，事败被诛。

⑤ 上方：同"尚方"，官署名，主管膳食、方药。

⑥ 康王：西汉胶东王刘寄，景帝第十二子，淮南王谋反，连及，发病死，谥号"康"。

⑦ 河绝：黄河决口。

⑧ 奄口：奄，同"掩"，闭口不言。

⑨ 六印：六将军印；《史记》司马贞索隐："谓五利将军、天士将军、地士将军、大通将军为四也。更加乐通侯及天道将军印，为六印也。"

⑩ 扼腕：此为振奋貌。禁方：私秘的药方或其他配方；《史记·扁鹊仓公列传》："我有禁方，年老，欲传与公，公毋泄。"

【第二讲】

仙传——传记文学的瑰宝

作为传记文学作品的仙传

前面介绍先秦神仙观念发展情形，说到在《楚辞·远游》篇里已出现王乔、赤松、傅说、韩众等仙人名字；《山海经》里那些操"不死之药"的"巫彭"之类的"巫"也具有神仙性格；秦始皇派遣燕人卢生寻找的羡门、高誓也是仙人。《汉书·郊祀志》记载汉成帝（前 32—前 7 在位）末年谷永上疏，对秦汉以来的造仙情形有一段概括说明：

> 秦始皇初并天下，甘心于神仙之道，遣徐福、韩终之属多赍童男童女入海求神采药，因逃不还，天下怨恨。汉兴，新垣平、齐人少翁、公孙卿、栾大等，皆以仙人黄冶祭祠事鬼使物入海求神采药贵幸，赏赐累千金。大尤尊盛，至妻公主，爵位重累，震动海内。元鼎（前 116—前 111）、元封（前 110—前 105）之际，燕齐之间方士瞋目扼掔，言有神仙祭祀致福之术者以万数。其后，平等皆以术穷诈得，诛夷伏辜。至初元（前 104—前 101）中，有天渊玉女、钜鹿神人、辕阳侯师张宗之奸，纷纷复起……

这样，战国后期至秦汉成为造仙活动的兴盛期，许多有名有姓的仙人就这样不断地被创造出来。这显示神仙思想的新发展，对于神仙幻想向神仙信仰的演进起了关键作用。出现有名有姓的仙人，必然创作、流传出有关他们的传说，是为后来仙传的滥觞。

仙人是如闻一多所说的想象的或半想象的人物，其队伍构成与佛教的佛、菩萨等全部作为超然存在的神明有所不同。即以两部重要仙传《列仙传》、《神仙传》所记录为例，除了众多被陆续创造出来的仙人，还有许多本是见诸史籍的真实人物，大体包括这样几类：一类是历史上的名人如吕尚、范蠡、务光、东方朔、刘安等；一类是古代传说人物如黄帝、江妃二女、巫咸、彭祖、介子推等;一类本来是方士、道士之类具有宗教性格的人如老子、关令尹、墨子、张道陵、葛玄、左慈等,被附会以神秘行径,等等。这几类人大多在史书上有记载,本来富于传说色彩,被"改造"成神仙。这些"人"与全然出自幻想的神灵不同,无论是行为还是形象都保持相当浓厚的现实品格。

对于推动仙传文学创作发挥重大作用的还有被称为"地仙"的一类人。前面说到,"仙"字的本义是飞升,东汉刘熙《释名》写作"僊",表示"老而不死曰仙。仙,迁也,迁入山也"。这个人旁的"仙"字体现了观念上的重要演变:仙人不只是居住在虚无飘渺的东海仙岛或遥不可及的西极昆仑,而是在九州大地的名山上;进而形成道教的"洞天福地"说,其中活跃着一大批"地仙"。《抱朴子内篇·论仙》和《金丹》分别说:

> 按《仙经》云:上士举形升虚,谓之天仙;中士游于名山,谓之地仙;下士先死后蜕,谓之尸解仙。
>
> 其经曰:上士得道,升为天官;中士得道,栖集昆仑;下士得道,长生世间。

所谓"天仙"、"天官",当然是超越人世间的;而"地仙"则"长生世间";又有所谓"尸解仙"(尸解是道教宣扬的一种成仙方式,即死后遗其肉体仙去。王充《论衡·道虚》上说:"所谓尸解者,何等也?谓身死精神去乎,谓身不死得免去皮肤也……如谓不死免去皮肤乎,诸学道死者骨肉俱在,与恒死之尸无以异也。"如被诛杀或战死,则称为"兵解")则被说成是成仙的一种具体形态。"尸解仙"也属于地仙之类。此外还有"谪仙",即"天仙"获罪,被谪罚降临到人间。如此等等,就有许多仙人如凡人一样,活动在人间,形貌、言动与凡人无异。这实际在观念上体现了道教关注人生的现实性格,也反映神仙信仰"现实化"和"人生化"的总体趋势。陆续创造出来的大量活动在人世间的仙人为撰作相关故事提供了的良好素材。他们有生缘来历,生平事迹,其中包括许多神奇故事。他们的传记即仙传就这样被创作出来。仙传里有形象而生动的人物描写,有奇妙而神秘的故事情节,成为一种特殊类型的传记文学作品。作为宗教文书,它们是通俗感人的宣教材料;作为富于情趣的故事传说,又可当做文学作品欣赏。在仙传编撰过程中,宗教宣传与文学创作二者得以相互交流与促进。

东晋葛洪说到东晋时期见于记载的仙人已近千,可见战国以来"造仙"活动声势之浩大、成果之丰富。这近千人中相当一批人有他们的事迹或"传记"。在《隋书·经籍志》里,记述佛、道人物的著作归在《史部·杂传类》,即当做史书的一类,其中属于仙传的二十余种。古代宗教典籍,特别是流传在民间的,多数旋见旋失。早期仙传作品多数已经散佚,只有少数流传至今。另一些相关内容或在其他文献里存有片断,或内容可据其他作品考见。现存这类作品中具有代表性的主要是两部,署名汉刘向的《列仙传》和东晋葛洪的《神仙传》,都是集传体。两部书可看作是东汉、魏、晋时期神仙传说的总结性著作,也是仙传文学奠基性的代表著作。又晋宋时期结集一批上清派仙真传记,如《太元真人东岳上卿司命真君传》、《清虚真人王君内传》、《紫阳真人周君内传》、《吴猛真人传》、《许逊真人传》、《许迈真人传》、《杨羲真人传》(以上均见《云笈七签》)等。直到唐宋及其以后,新的仙传仍被陆续创作出来,但其价值已不可与前期作品同日而语。其中今有传本、比较重要的有《洞仙传》、《续仙传》(五代沈汾)、《三洞群仙录》(陈葆光)、《历代真仙体道通鉴》及其《续编》、《后集》(元赵道一)等,属集传体;《华阳陶隐居内传》(唐贾嵩)、《太华西夷志》(张辂)等,是个人专传;杜光庭的《神仙感遇传》专门辑录仙人感遇故事,《墉城集仙录》辑录女仙传记;还有教主老子"传记",本来对老子的"仙化"从西汉已经开始,道教形成后附会更多相关传说,后来出现《老子变化经》(敦煌写本,一般认为形成于汉末,六朝时增饰)、唐尹文操《玄元皇帝圣纪》、宋贾善翔《犹龙传》、谢守灏《混元圣纪》等,都是道教徒创作的教主老子传记。这林林总总的仙传大都被当做道教经典归入后来编辑的《道藏》之中。

就仙传的性质说,首先是宗教圣书,是道教经书的一类。而作为传记文学创作,其特征又十分突出。从其内容看,基本是出于悬想的虚构;即使那些真实历史人物的传记,作为"仙人"、"仙事"的基本框架也是虚构的。这是和一般史传不同的,也和佛教的僧传不同。佛教的僧传记载高僧、名僧,是真实人物(有个别例外),当然记述中有神秘、想象成分,但基本是作为现实人物来叙写的。仙传则基本是想象的产物。在具体写法上,仙传的构想往往又被置于现实生活的结构之中,即把出自构想的仙人、仙事当做事实来记载,从而形成仙传内容悬想与真实相交杂的特征。这样,在中国古代文学重写实、重教化的传统中,仙传创作在内容、构思、人物塑造和表现手法等方面体现鲜明的特点,作为特殊一类传记文学作品,取得一定的艺术成就,也造成相当的影响。

仙传兴盛的魏晋南北朝正是中国小说体裁的草创时期。在文学史上,这一时期的叙事作品被归纳为志怪(例如干宝的《搜神记》)和志人(例如刘义庆的《世说新语》)两大类。记载佛、道奇闻异事的笔记杂说被归入志怪类。鲁迅在《中国小说史略》里曾利用专章讨论"释氏辅教之书"。而如前指出,在传统典籍著录分类里,佛、道的僧传、仙传被归入到史书中的史传类。实际它们的内容更多出自作者的悬想,即体现突出的文艺创作性质。数量相当多的佛、道传记理应在文学史上占据一定位置。而从文学创作角度看,比较起来,仙传所塑造的神异诡秘的人物形象,它们高度悬想的构思方式,它们创造的独特的意象、事典,它们的修辞、语汇、表现手法等等,都具有十分鲜明的特点,取得了相当大的艺术成就,对于后世各种体裁的文学创作造成的影响也是相当广泛、深远的,因而值得从文学创作角度加以认识,给予评价。

《列仙传》

《列仙传》,旧题西汉刘向(前77—前6,西汉学者,散文家,辞赋家;刘向撰《列仙传》见葛洪《神仙传序》)撰,但从宋代就有人疑为伪托,关于制作年代的看法有认为迟至六朝的。书中的有些内容,如提到老子"化胡",已是后来佛、道斗争激烈的产物;《朱璜》章里提到道教经典《黄庭经》,其名目最早见于晋代,等等,内容都非西汉时期所能有。一般推断该书出于东汉,经魏、晋人附益。

《列仙传》是今存仙传的第一部。汉代王逸《楚辞章句》已经引用;后来刘孝标注《世说新语》、郦道元《水经注》、《文选》李善注、五臣注等重要典籍都多经征引。它提供了仙传类作品的基本构思方式和表现方法,无论是体制上还是写法上,也无论是其宗教意义还是文学价值,都对后世造成很大的影响。

《列仙传》取集传体,共辑录七十一篇仙人传记。其中史籍中有记录的人物如黄帝(实际是传说人物)、老子、关令尹、吕尚、务光、介子推、范蠡、东方朔、钩翼夫人等共九人,占总人数百分之十三弱。就是说,该书所述基本是出于传闻或完全虚构的人物,是"造仙运动"的产物。这些"人物"又多是道教还没有形成之前创造出来的,不可能体现更深刻的宗教内涵,加之篇幅又相对简短,还属于仙传草创期的原始形态。但是作为创始成果,从发展角度看,奠定了仙传的基本规模,意义与价值是相当重大的。

《列仙传》里的仙人多出身低微,这也体现早期道教的民间性格。如宁丰子是"黄帝陶正"即陶工,马师皇是"黄帝时马医",赤将子舆"尧帝时为木工",仇生"殷汤时为木正"即木工等,这些还不算是一般的工匠。偓佺是"槐山采药父",啸父"少在西周市上补履",葛由"周成王时,好刻木羊卖之",寇先"以钓鱼为业",酒客为"梁市上酒家人",任光"善饵丹,卖于都市里间",祝鸡翁"养鸡百余年",朱仲"常于会稽市上贩珠",鹿皮公"少为府小吏木工",阴生是"长安中渭桥下乞儿",子英"善入水捕鱼",文宾以"卖草履为业",商丘子胥"好牧豕",子主"自言宁先生雇我作客"即是雇工,陶安公为"六安铸冶师",负局先生"常负磨镜"即是制镜工,女丸是"陈市上沽酒妇人",木羽乃"巨鹿南和平乡人也,母贫贱,主助产",这些则都是出身低微之辈了。其中阴生:

> 阴生者,长安中渭桥下乞儿也。常止于市中乞,市人厌苦,以粪洒之。旋复在里中,衣不见污如故。长吏知之,械收系著桎梏,而续在市中乞。又械欲杀之,乃去。酒者之家室自坏,杀十余人。故长安中谣曰:"见乞儿,与美酒,以免破产之咎。"

如此描写乞儿原来是仙人,意味着表面看最低贱的原来是最超越的。这种构想显然出自不同于帝王神仙术的另外的来源,体现民间意识的价值观,具有向特权者的神仙信仰挑战的意味。又如园客:

> 园客者,济阴人也。姿貌好而性良,邑人多以女妻之,客终不娶。

常种五色香草,积数十年,食其实。一旦有五色蛾,止其香树末,客收而荐之以布,生桑蚕焉。至蚕时,有好女夜至,自称客妻,道蚕状。客与俱收蚕,得百二十头,茧皆如瓮大。缫一茧,六十日始尽。讫则俱去,莫知所在。故济阴人世祠桑蚕,设祠室焉。或云,陈留济阳氏。

这是设想仙人帮助蚕农种桑养蚕,反映劳苦民众的幻想。另有些仙人本是世间小吏,如琴高"以鼓琴为宋康王舍人",赤斧"为碧鸡祠主簿",平常生"为华阴门卒",酒客"来为梁丞"等,则属于统治阶级下层人物;还有不少仙人以卖药为业,如安期先生"卖药于东海边",瑕邱仲"卖药于宁百余年",崔文子、玄俗均"卖药都市",鹿皮公"后百余年,下卖药于市"等,显然又和早期神仙术注重药饵有关;再如呼子先为"汉中关下卜师",稷邱君为"泰山下道士",黄阮邱为"睢山上道士",这类方术之士更容易被描写成神仙。后来许多仙人出自这几个阶层,这几类"人物"在后来道教的发展中也都起了特殊作用,是后来的仙传作品经常描绘的。

《列仙传》利用高度悬想的情节、极力夸饰的手法描绘、赞颂仙人神奇的行径和超然的品格。如《修羊公》条:

> ……以道干景帝,帝礼之,使止王邸中。数岁,道不可得,有诏问修羊公:"能何日发?"语未讫,床上化为白羊,题其肋曰:"修羊公谢天子。"后置石羊于灵台上,羊后复去,不知所在。

这段是说汉景帝虽以帝王之尊却也难以成仙,透露出民间的神仙信仰与秦汉时期帝王的神仙追求相对立的一面。又如《商丘子胥》条:

> 商丘子胥者,高邑人也。好牧豕、吹竽,年七十,不娶妇,而不老,邑人多奇之,从受道,问其要,言但食术、菖蒲根、饮水,不饥不老。如此传世,见之三百余年。贵戚富室闻之,取而服之,不能终岁辄止堕慢矣。谓将复有匿术也。

这里特别突出仙术的寂寞、枯淡,是"贵戚富室"不能接受、难以实行的,观念上同样具有鲜明的民间色彩。

《列仙传》宣扬服饵、导引、服气、房中等方术。如偓佺"以松子遗尧,尧不暇服也。松者,简松也。时人受服者,皆至二三百岁焉";关令尹"服苣胜实,莫知其所终";涓子"好饵术,接食其精,至三百年乃见于齐";务光"服蒲韭根";仇生"常食松脂";彭祖"常食桂枝,善导引行气";邛疏"能行气练形,煮石髓而服之,谓之石钟乳,至数百年";陆通即楚狂接舆"好养生,食橐卢木实及芜青子";容成公"能善补导之事。取精于玄牝,其要,谷神不死,守生养气者也";女丸本是沽酒妇人,遇仙人过其家饮酒,以养性交接的素书为质,行文书法三十年,颜色更如二十时,后与仙人弃家而去,莫知所之,等等。有些篇章特别表扬治病防灾能力,如黄帝时的马医马师皇能给龙治病;方回"练食云母,亦与民人有病者";安期先生"卖药于东海边,时人皆言千岁翁";玄俗"饵巴豆,卖药都市,七丸一钱,治百病";范蠡"后弃之兰陵卖药";瑕丘仲"卖药于宁百余年,人以为寿矣",特别是酒客"来为梁丞,使民益种芋菜,曰:'三年当大饥。'卒如其言,梁民不死";又《崔文子》:

> 崔文子者,太山人也。文子世好黄、老事,居潜山下。后作黄散赤丸。成石父祠,卖药都市,自言三百岁。后有疫气,民死者万计。长吏之文所请救,文拥朱幡,系黄散,以徇人门,饮散者即愈,所活者万计。后去在蜀,卖黄散,故世宝崔文赤黄散,实近于神焉。

这个故事取民间传说体裁的"地方风物传说"形态,构思意在说明"崔文赤黄散"的来由,崔文子则被颂扬为以药物救济民众的仙人。这些都反映了民众的心理、愿望,也鲜明地表现出这一时期神仙观念的民间性质。又《列仙传》里已经有关于丹药和炼丹的记载,如任光"善饵丹","晋人常服其丹";主柱取丹砂,邑令得神沙飞雪服之,五年能飞行,与柱俱去;赤斧"能作水澒,炼丹,与消石服之,三十年反如童子,毛发生皆赤。后数十年,上华山取禹余粮,铒卖之于苍梧、湘江间,累世传之"。不过这类记载不多,反映炼丹术还处在草创时期,实际在民间也难于普及。

《列仙传》里记述升仙经历往往并没有说明具体因缘。如子英善入水捕鱼,得赤鲤,爱其色好,养之,一年长丈余,生角,有翅翼,遂得骑鱼飞升;

服间只是偶然在海边遇到三仙人,"令担黄白瓜数十头,教令瞑目。及觉,乃在方丈山";又如陶安公本是铸冶师,铸火一旦上行冲天,须臾,有朱雀止冶上,预言七月七日有赤龙来迎,至期果然,安公骑龙飞升;呼子先为汉中关下卜师,老寿百余岁,夜有仙人持二茅狗来迎,子仙呼酒家妪骑之而去,乃龙也;朱璜病瘕,就睢山道士阮邱,邱怜之,与药物并《老君》、《黄庭》等经典,俱入浮阳山成仙,如此等等,把成仙归结为偶然机遇,突出的是事件的奇异,与道教强调修道、养炼的观念无关。如此注重传奇记异,创作神异故事,颇能凸显文学创作的意图与意味。

《列仙传》创造出这样一批更多反映民众愿望、具有反体制性格的仙人形象,体现民间信仰中与特权阶层的神仙追求相悖离的潮流。这是与汉末、魏晋时期民间道教教派的信仰、思想相一致的。从文学角度看,创作出这一批具有民众性格、民间特色的人物,是古代著述中少见的,因而也就弥足珍贵。就艺术表现层面说,《列仙传》篇幅简短,结构单纯,情节还没有充分展开,但善于使用奇妙的构思、诡异的情节来塑造人物,不乏生动的形容刻画和典型细节的描写,往往取得以少少许胜多多许的艺术效果。这部书奠定了后来仙传创作的基本规模,也给后来道教文学的发展提供了宝贵资源。和下面介绍的《神仙传》一起,《列仙传》的人物、故事、语汇、写作手法等等,被后来的一般文人创作广泛借鉴、利用,产生深远的影响。

《神仙传》

葛洪(283—363,字稚川,号抱朴子,晋思想家、散文家、诗人;著述宏富,所著《抱朴子外篇》,论古证今,旨尽儒家;《内篇》言神仙、金丹、方药、养生之术,为道教经典)是代表一代教理发展水平的道教思想家,其《抱朴子内篇》是道教史上的里程碑著作。东汉末年道教形成,神仙信仰与道家思想相结合,构成道教在实践和理论上两个重要层面,宣扬神仙事迹的仙传遂被创作并广为流传开来,《列仙传》是重要一部。葛洪信仰道教,其《抱朴子内篇》继承和发展古神仙家思想,所述多涉及神仙传说;他结集成原本《神仙传》,应当是事实。但如魏晋以前的许多典籍一样,这部书后世亦有增删改写的部分。

今本《神仙传》应大体保持已佚原本的规模。与《列仙传》相比较,这部书内容更丰富,记述更详悉,作为总结性的仙传著作,反映了神仙思想、神仙信仰的新发展,在道教史和文学史上都占有重要地位。

《神仙传序》的开头就提出"古之得仙者""昔秦大夫阮仓所记有数百人,刘向所撰又七十一人",接着概括举出"宁子入火而陵烟,马皇见迎以获龙……"等三十位仙人事迹,然后说:

> 余今复抄集古之仙者,见于《仙经》、服食方及百家之书,先师所说,耆儒所论,以为十卷,以传知真识远之士。其系俗之徒、思不经微者,亦不强以示之矣。则知刘向所述,殊甚简要,美事不举。此传虽深妙奇异,不可尽载,犹存大体。窃谓有愈于向多所遗弃也。

这清楚表明葛洪是有意继承《列仙传》的写法、根据所掌握的资料编撰《神仙传》;他显然又对《列仙传》的记述多有不满,认为有必要加以补充和发挥。

葛洪"博闻深洽,江左绝伦,著述篇章,富于班、马。有精辩玄赜,析理入微"(《晋书·葛洪传》)。他学养有成,文笔极佳,这在所著《抱朴子》里充分表现出来。《神仙传》作为传记体作品,更凸显出他的文学才能,为古代仙传文学树立了又一范本。而就历史发展说,《神仙传》更强调宗教的拯济功能和"自力"成仙的作用,即《神仙传序》里所谓"仙化可得,不死可学",体现了道教形成以后神仙观念的新发展。

今本《神仙传》存两个系统的文本:一种明何允中辑《广汉魏丛书》本(万历二十年〔1592〕刊,入"别史"类),收录九十二人,其中两个人与《列仙传》相重复(彭祖和广成子,后者即《列仙传》里的容成公);另一种明毛晋(1599—1659)辑本,收八十四人(四库所收即此本,今人胡守为作《校释》。本书引文除另注出者外,均据此本)。就收录人物身份加以对比就会发现,如前述《列仙传》所录基本是出于悬想的人物,《神仙传》里则基本是现实的或假托为现实的人物:如老子、墨子是诸子百家里的两家,刘安、孔安国、孙登、郭璞等是历史上的名人,张道陵、葛玄、茅君(盈)是道教祖师,李少君、左慈、蓟子训、灵(冷)寿光、甘始、宫嵩(崇)、封衡、鲁女生、东郭延(延年)、焦先、王烈等则是著名方士,魏伯阳、河上公是道家或道教学者,等等。这些人物多被正史记载,表明《神仙传》鲜明的现实性和"世俗性",也意味着具有更浓厚的"文学性"。

比起《列仙传》里的简单描摹来,《神仙传》里对仙人的神秘能力和神通变化做了更为夸张、详密的描绘。如《刘安》章里记载八公自述(此章引据《广汉魏丛书》本):

> 吾一人能坐致风雨,立起云雾,画地为江河,撮土为山岳;一人能崩高山,塞深泉,收束虎豹,召致蛟龙,使役鬼神;一人能分形易貌,坐存立亡,隐蔽六军,白日为暝;一人能乘云步虚,越海陵波,出入无间,呼吸千里;一人能入火不灼,入水不濡,刃射不中,冬冻不寒,夏曝不汗;一人能千变万化,恣意所为,禽兽草木,万物立成,移山驻流,行宫易室;一人能煎泥成金,凝铅为银,承炼八石,飞腾流珠,乘云驾龙,浮于太清之上。

如此夸饰地对仙人性格及其神通变化的描绘是前此著述所未见的。表达观念更为离奇、情节更为曲折生动的有《王远》和《麻姑》两章所述这两位仙人降临蔡经家故事,例如写到王远乘羽车、驾五龙、幡旗导从、威仪赫赫地降临之后,他又招请麻姑:

> 须臾,引见(蔡)经父母兄弟,因遣人召麻姑相问,亦莫知麻姑是何神也。言:"王方平敬报,久不在民间,今集在此,想姑能暂来语否?"有顷,信还,但闻其语,不见所使人也。答言:"麻姑再拜,比不相见,忽已五百余年,尊卑有序,修敬无阶,思念,烦信承来,在彼,登当倾倒,而先被记,当按行蓬莱,今便暂往,如是当还。还便亲觐,愿未即去。"如此两时间,麻姑来,来时亦先闻人马之声,既至,从官当半于方平也。麻姑至,蔡经亦举家见之,是好女子,年可十八九许,于顶中作髻,余发散垂至腰。其衣有文章而非锦绮,光彩耀日,不可名字,皆世之所无有也。入拜方平,方平为之起立。坐定,召进行厨,皆金玉杯盘,无限也。肴膳多是诸花果,而香气达于内外。擘脯而行之,如松柏炙,云是麟脯也。麻姑自说:"接待以来,已见东海三为桑田,向到蓬莱,水又浅于往

昔,会时略半也,岂将复还为陵陆乎?"方平笑曰:"圣人皆言,海中行复扬尘也。"

以下又描写麻姑、王远"狡猾变化"等情事。在这段出于大胆悬想的极富风趣的描写里,利用往来蓬莱、沧海桑田等情节,把仙界不受时空限制的无限自由观念表现得极其生动、风趣;与之相对比,人间的窘狭、拘束就显得十分可悲、可怜了。还有《伯山甫》章里的一段:

> 汉遣使者经见西河城东有一女子笞一老翁,其老翁头发皓白,长跪而受杖,使者怪而问之。女子曰:"此是妾儿,昔妾舅氏伯山甫,以神方教妾,妾教使服之,不肯,而致今日衰老,不及于妾,妾恚怒,故与之杖耳。"使者问女及儿今各年几。女子答云:"妾年二百三十岁矣,儿今年七十。"此女后入华山得仙而去。

这样的情节离奇而又风趣:女子服了伯山甫的药,竟得到如此神效,奇谲恢诡的设想凸现出神仙无所不能的神秘能力。

《神仙传》里的仙人大多不再是远离人间烟火的虚无飘渺的存在,而是活跃在现实世界的真实人物。幻想的仙人转移到人间,仙界与人间的界限被沟通了,一般人修道成仙的可能性从而也大为提高了。《彭祖》篇里彭祖回答采女问话说,"得道"、"不死"还不是仙人:

> 仙人者,或竦身入云,无翅而飞。或驾龙乘云,上造太阶。或化为鸟兽,浮游青云。或潜行江海,翱翔名山。或食元气,或茹芝草,或出入人间,则不可识,或隐其身草野之间。面生异骨,体有奇毛,恋好深僻,不交流俗。然有此等虽有不亡之寿,皆去人情,离荣乐,有若雀之化蛤,雉之为蜃,失其本真,更守异器。今之愚心,未之愿也。人道当食甘旨,服轻丽,通阴阳,处官秩耳。目聪明,骨节坚强,颜色和泽,老而不衰,延年久视,长在世间,寒温风湿不能伤,鬼神众精莫敢犯,五兵百虫不能近,忧喜毁誉不为累,乃可贵耳。

就是说,神仙的可贵之处,不单单在其超越性,还在能够自由地"出入人间"、"常在世间","延年久视",既超脱人世一切患难,又不失人情的"本真"和"荣乐"。《抱朴子内篇》的《对俗》篇里说:"闻之先师云,仙人或升天,或住地,要于俱长生,去留各从其所好耳。"这是既能够长生不死,又得以享受人间的快乐。《白石生》篇里的一个情节:彭祖问他"何以不服药升天乎",他回答说:"天上无复能乐于此间耶!但莫能使老死耳。天上多有至尊相奉事,更苦人间耳。"《对俗》篇里接着也说到:"又服还丹金液之法,若且欲留在世间者,但服半剂而录其半。若后求升天,便尽服之。不死之事已定,无复奄忽之虑。正欲且游地上,或入名山,亦何所复忧乎。"这充分体现了神仙追求的现实品格。这样,白石生被呼"为隐遁仙人,以其不汲汲于升天为仙官,而不求闻达故也"。这是所谓"仙隐"观念:在极力夸肆仙人的超凡和仙界的超越的同时,又把仙人与仙界拉回到现世和人生之中。

《神仙传》大力鼓吹神仙可学和仙道可成,这也是新神仙思想的重要内容。比起《列仙传》来,《神仙传》有关成仙技术的描写更加丰富也更加多样了。这和道教发展形势直接相关联。如上所述,《列仙传》里多写仙人的服饵之术,显示早期神仙术脱胎自先秦方术的特征。而道教发展出更多一般人可行的养炼"方法"与技术,包括特别受到重视的炼丹术。与之相关则是"神仙可学"观念发展起来。葛洪曾一再指出"神仙可以学致"。他说:"若夫仙人,以药物养身,以术数延命,使内疾不生,外患不入,虽久视不死,而旧身不改,苟有其道,无以为难也。"《神仙传》里写了许多经过虔诚学仙、终于得道的具体例子。如《魏伯阳》章描写魏伯阳带领三个弟子入山作神丹,丹成,以犬试之,食即死:

> 伯阳乃问弟子曰:"作丹唯恐不成,丹既成,而犬食之即死,恐未合神明之意,服之恐复如犬,为之奈何?"弟子曰:"先生当服之否?"伯阳曰:"吾背违世俗,委家入山,不得仙道,亦不复归,死之与生,吾当服之耳。"伯阳乃服丹,丹入口即死,弟子顾相谓曰:"作丹欲长生,而服之即死,当奈何?"独有一弟子曰:"吾师非凡人也,服丹而死,将无有意耶?"亦乃服丹,即复死,余二弟子乃相谓曰:"所以作丹者,欲求长生,今服即死,焉用此为!若不服此,自可数十年在世间活也。"遂不服,乃共出

道教文学十讲

山……

结果是服丹的弟子升仙而去，不敢服丹的两个弟子懊悔不迭。葛洪说："夫求长生，修至道，诀在于志。"这个故事正表明个人的志向决定修道的前途，也就意味着能否成仙取决于"自力"。《张道陵》章里描写对赵升的"七试"同样具有典型意义。道陵"七度试升"，所设境况都是难以忍受的，如第七试(此据《广汉魏丛书》本)：

> 陵将诸弟子登云台绝岩之上，下有一桃树如人臂，旁生石壁，下临不测之渊，桃大有实。陵谓诸弟子曰："有人能得此桃实，当告以道要。"于时伏而窥之者二百余人，股战流汗，无敢久临。视之者莫不却退而还。(赵)升一人乃曰："神之所护，何险之有？圣师在此，终不使吾死于谷中耳。师有教者，必是此桃有可得之理故耳。"乃自上自掷投树上……

这样，个人立"志"乃是成仙的先决条件，即是说，是否成仙不是先天或客观条件决定的。《神仙传》里如此塑造众多学仙成功的人物，给修道者提供了模仿的典范。如马鸣生，本是"县吏"，受伤暂死，遇仙人救得活，遂"弃职随师"，"勤苦备尝"，得成"地仙"；阴长生，本是"汉阴皇后之属"，从马鸣生学道，"执奴仆之役，亲运履之劳"，"治生佃农之业"，十余年坚持不懈，终于得传丹经；刘根，"举孝廉，除郎中"，后来遇到仙人韩众，授以"神方五篇"，终于仙去；太山老父已经八十五岁，垂老将死，遇仙人教导，转老为少，三百余年后仙去，等等。

如上所述，秦皇、汉武宠信的方士们掌握的是帝王的神仙术，是为帝王服务的。而《神仙传》里的仙人却如河上公那样"上不至天，中不累人，下不居地，何民之有焉"？他们不再受世俗权势的约束。《刘安》章写淮南王刘安受八公教，白日升天，结尾引录《左吴记》(此据《广汉魏丛书》本)：

> ……安未得上天，遇诸仙伯。安少习尊贵，稀为卑下之礼，坐起不恭，语声高亮，或误称寡人。于是仙伯主者奏安云不敬，应斥遣去。八

公为之谢过，乃见赦，谪守都厕三年。后为散仙人，不得处职，但得不死而已。武帝闻左吴等随王仙去更还，乃诏之，亲问其由。吴具以对。帝大懊恨，乃叹曰："使朕得为淮南王者，视天下如脱屣耳。"遂便招募贤士，亦冀遇八公，不能得，而为公孙卿、栾大等所欺，意犹未已，庶获其真者，以安仙去分明，方知天下实有神仙也。时人传八公、安临去时，余药器置在中庭，鸡犬舐啄之，尽得升天，故鸡鸣天上、犬吠云中也。

这里明显在贬抑世间的权威：刘安自恃尊贵，却被处罚管理"都厕"；而武帝对他的地位却又只能羡慕，甚至连跟随升天的鸡犬都不如。魏叔卿的故事也同样：魏叔卿服云母得仙，降临武帝处，帝惊问之为谁，曰："吾中山魏叔卿也。"帝曰："中山非我臣乎？"叔卿不应，即失所在。帝甚悔恨，即使使者梁伯之到中山推求，遇到叔卿子度世，知道他已入太华山，武帝即派梁伯之和度世到华山寻觅。度世斋戒上山：

　　望见其父与数人于石上嬉戏，度世即到，见父上有紫云，覆荫郁郁，白玉为床，有数仙童持幢节立其后。度世望而再拜。叔卿问曰："汝来何为？"度世具说天子悔恨不得与父共语，故遣使者与度世共来。叔卿曰："吾前为太上所遣，欲戒帝以灾厄之期，及救危厄之法，国祚可延，而帝强梁自贵，不识真道，反欲臣我，不足告语，是以弃去。今当与中黄太一共定天元九五之纪，吾不得复往也。"

魏叔卿还告诫度世"不须复为汉臣"。现世的君臣关系就这样被否定、颠倒了，鲜明地表现与现实统治体制相抗衡的观念。又《王兴》章写到汉武帝上嵩山，有"九疑仙人"教以服"菖蒲一寸九节"，遂采而服之，"且二年。而帝性好热食，服菖蒲每热者，辄烦闷不快，乃止。时从官多皆服之，然莫能持久。唯王兴闻仙人使武帝服菖蒲，乃采服之不息，遂得长生"。王兴是"凡民"，却能学仙成功，而威仪赫赫的汉武帝及其从官却不能，两者形成鲜明对照。《神仙传》里涉及汉武帝的故事颇多。汉武帝雄才大略，文治武功彪炳史册，又是求仙帝王的典型，利用他来说事，更能够表达讽喻意义。

《神仙传》里对丹药、服气、导引、房中等众多方术有极尽夸饰的描写，宣扬这些方术神秘、特异的功能和效验，当然意在诱导、指示求仙的途径，而更重要的还在于表明凡人可以得救、得救全靠自身。这是魏晋以来神仙思想和神仙信仰发展所取得的具有积极意义的新成果，也决定了《神仙传》与《列仙传》比较，体现出更浓厚的民间性格和现实品格。

就艺术表现说，在《神仙传》里，学仙（神仙可学）、遇仙（仙凡婚配）、遇师、考验等主题，仙（女仙、谪仙）、仙界（仙山、洞府）、仙凡两界相交通（往来仙界、游历仙境）的构想，妆点和表现仙人、仙境的仙物、仙事、仙言、仙典之类的描写，叙事中放诞无稽的幻想与现实真实情境巧妙结合的结构方式，等等，这些后来道教文学的基本内容和表现模式已经确立起来。又就其构想的恢诡奇异、人物刻画的生动鲜明、情节结构的曲折繁富等具体写作技巧说，与同时期的志怪、志人小说相比较，《神仙传》不仅特色鲜明，也做出多方面的创新。这样，这部书不仅作为优秀的仙传，树立起道教文学的一个范本，也给后世这一体的撰作以至一般文学创作提供了资源与借鉴。其中重要一点是，在中国文学重视现实、重视人生的传统中，这是真正出于虚构的文学作品，特别对于后世小说、戏曲创作的形成与发展造成相当大的影响。

《汉武帝内传》

鲁迅《阿Q正传》开头说："倘用'内传'，阿Q又绝不是神仙"，这是说"内传"是神仙传记的一种体裁。晋宋以来，随着道教发展，编撰出许多内传。见于著录的有《太元真人茅君内传》、《太极左仙公葛君内传》、《紫阳真人内传》等。最为著名、写作水准最高的当属原题班固所撰《汉武帝内传》。关于这部书的撰作年代，异说很多，可以确定题署班固为伪托，应是东晋以后根据有关传说编撰起来的。

汉武帝迷信神仙、热衷求仙见诸史籍，前一讲已经介绍，他本人遂成为神仙传说的好材料；又女仙西王母及其掌握长生不老的仙术为汉代以来所盛传；而神仙降临、诱导凡俗又是道教传说中流行的情节，在这种种材料的基础上，形成许多西王母降临汉武帝宫廷故事（除下面将讲到的《汉武故事》，还有今存《西京杂记》佚文、汉郭宪《洞冥记》、晋张华《博物志》等著作里,都有相关传说记载)。现存最早记录这一故事的有另一种旧题班固撰《汉武故事》。这部被归入杂史类的著述,《四库提要》说它是"六朝旧帙","所言亦多与《史记》、《汉书》相出入,而杂以妖妄之语"。据考这部书或早出于汉代,后经增饰,传世诸本详略差别很大,内容重点之一是神化东方朔(前154?—前93?,西汉辞赋家,在武帝朝常以诙谐滑稽进谏,好事者以为乃仙人)的道术。《汉武帝内传》则是更明确地宣扬道教的,结构也更为复杂,作为叙事体作品,采取、利用道教上清派流行的女仙降临构想,综合当时流传的有关西王母和汉武帝交往传说,又糅入中土传统神话(如《穆天子传》周穆王西行会见西王母事)和翻译佛教经典中佛传(如下面将提到的汉支谦所译《太子瑞应本起经》)的某些因素,搬演出西王母等众女仙降临汉武帝宫廷的神奇华丽的故事,包括汉武求仙、西王母降临、众仙真传授经戒、指示仙道以及所使用的经典、符箓、仪轨等曲折丰富的情节;写法上则摆脱一般史传以史事为基本线索的结构框架,又不同于《列仙传》、《神仙传》的粗陈梗概,情节跌宕起伏,场面恢宏壮丽,描写人物个性鲜明,加上辞彩华丽繁富,艺术上达到相当高的水准。从小说文体的历史发展看,如果说短篇小说记录生活片断,长篇小说描绘历史场景,短篇述说事件,长篇塑造性格,《内传》则远超越当时流行的短篇志怪作品,已具有雏形的长篇小说的规模。

　　《内传》开头,首先记述武帝未生前一件事:父亲景帝梦一赤彘从空中降下,直入崇芳阁,景帝觉,发现果有赤龙蔽户牖间,召占者姚翁问之,答曰:"吉祥也,此阁必生命世之人,攘狄夷而获嘉瑞,为刘宗盛祖也,然亦大妖。"因此,武帝出生,景帝以占者以为吉而名之为吉。这个情节显然是借鉴了翻译佛传里所述太子乘六牙白象降生、父王占卜故事(这样的故事情节已见于三国时期支谦所译佛传《太子瑞应本起经》)。接着写武帝儿时聪明过人,及即位,好长生之术,常祭名山大泽。这就给主人公的活动,也给全书情节提供了"历史"背景。这个开端又正呼应结尾部分所写武帝既见西王母及上元夫人,遂相信有神仙之事,但不能戒绝淫色,恣性杀伐,上元夫人不复来,天火降,烧柏梁宫所藏从授《五岳真形图》和"五帝六甲灵飞等十二事",后元二年武帝崩,数有灵异。这在整体上就创造一个"真实"的框架来展开虚构的传说,乃是志怪小说的一般写法,又使作品有了前面所说长篇小说的规模;另一方面,这又显示编撰者的"历史"视野,突显出作品的现实批判意义。

《内传》主体分两部分:第一部分在前述"历史"背景之后,写西王母降临,向汉武帝传授修道"要言",第二部分写西王母召请上元夫人,上元夫人降临,教诲汉武帝,然后王母向武帝授《五岳真形图》,上元夫人命青真小童授"五帝六甲灵飞等十二事",传授毕,夫人奏乐作歌,王母命侍女答歌,明旦,王母与夫人通乘而去,至此,降临故事结束,再转入"历史"叙述,说明汉武帝杀伐之性至死不改,王母、上元不复来,求仙不成等。

《内传》十分明确地宣扬上清派的神仙清修观念,批判帝王的神仙术,反映道教神仙信仰向下层知识分子和民众倾斜的趋势。在《史记》等史书里,汉武帝以帝王之尊驱遣方士为自己的求仙活动服务,而在《内传》里,他不再是雄才大略、权势赫奕的帝王,而是"上圣"西王母面前的"臣下",自斥自责为小丑贱生、不肖之躯、枯骨之余,对自己"死于钻仰之难,取笑于世俗之夫"的命运充满恐惧,不得已而哀请西王母"垂哀诰赐",拯救自己;相对比之下,西王母和上元夫人则无比尊贵,她们衣饰华贵,仆从云集,降临场面极其隆重壮观,特别是她们对待汉武帝采取的那种训喻口吻、安详姿态,把至高无上的权威表现得淋漓尽致。故事以汉武帝终于不能戒除淫逸残暴之性、求仙活动归于失败结束,表明成就仙道不仅和人间的权势地位无关,而且现世统治者的"暴、奢、淫、酷、贪五性"更成为他们修道路上不可逾越的障碍。就这样,《内传》一方面宣扬上清派不重丹药符箓、主张清修无为、恬淡寡欲的神仙思想,体现道教的革新潮流;另一方面客观上对于专制帝王的残暴以及求仙的愚妄作了具有相当思想深度的揭露与批判。

作为叙事作品,《内传》的场面描绘和人物刻画都达到相当高的水平。这本是衡量叙事艺术水平的两个主要方面。《内传》里借鉴辞赋体铺张扬厉的排比写法,描写了分别以西王母和上元夫人为主要角色的前后两个场面,藻绘形容,描摹得极其壮观华丽,造成强烈的感官效果;又借助对于人物的侍从、车舆、衣饰、饮食的细致刻画,渲染烘托;在这样的背景下,几个主要人物性格鲜明,西王母和上元夫人同是神圣、崇高的女仙,而性格、作风、言语、姿态又截然不同:西王母显得温厚宽容,是谆谆长者,更多体现仙界领袖的权威与尊贵;上元夫人则年轻貌美,言辞机智,活泼风趣,显得个性凌厉,志得意满;而对比之下,以雄才大略、文治武功著称的汉武帝却显得那样颟顸愚昧,卑微可怜。这就造成十分强烈的讽刺效果,从而显示出叙述故事和刻画人物的高度技巧。

《内传》的文体杂糅散文和骈体,又借鉴辞赋铺采摛文、排比形容的写法,穿插如诗如颂的仙歌,如此把诸多文体有机地融为一体,形成丰赡细密、繁富华丽的风格。其中仙真歌唱的诗篇,像是玄言诗,与散文叙事相配合,体制与佛典里长行与偈颂配合类似,而更为流丽顺畅。如此韵散间杂,使行文曲折多变,又给叙事和描写增添了诗情。

《内传》的语言极富特色:汲取道教经典的仙语、仙典来修饰形容,又多巧妙使用象征、比喻、联想、夸张等手法,极力刻画仙人、仙界的奇异、瑰丽,形成的空灵、华艳、神秘、诡异的文风。

《内传》创造了仙传文学的一个高峰,以其独特的魅力吸引一代代读者。它的题材处理、表现方法、语言运用及其独特的风格特征也给后世创作提供了一个范本,被后世道教文学和一般文学创作所借鉴以至模拟,持续地发挥长远的影响。

作品释例

《列仙传》(三传,王叔岷《列仙传校笺》)

《王子乔》

王子乔者,周灵王太子晋也①。好吹笙作凤凰鸣。游伊、洛之间②,道士浮邱公接以上嵩高山③。三十余年后,求之于山上,见桓良,曰:"告我家,七月七日待我于缑氏山巅④。"至时,果乘白鹤驻山头。望之不得到,举手谢时人,数日而去。亦立祠于缑氏山下,及嵩山首焉。

---

① 周灵王:名泄心,前571—前545在位。
② 伊、洛之间:伊河和洛河在今河南偃师市合流。
③ 嵩高山:嵩山,在今河南登封市北,"五岳"中的中岳。
④ 缑(gōu)氏山:在今河南偃师市境内。

《萧史》

萧史者,秦穆公时人也①。善吹箫,能致孔雀、白鹤于庭。穆公有女字弄玉好之,公遂以女妻焉。日教弄玉作凤鸣,居数年,吹似凤声,凤凰来止其屋。公为作凤台,夫妇止其上,不下数年。一日,皆随凤凰飞去。故秦人为作凤女祠于雍宫中②,时有箫声而已。

《负局先生》

负局先生者,不知何许人也。语似燕、代间人③。常负磨镜。局徇吴市中④,炫磨镜,一钱因磨之。辄问主人,得无有疾苦者,辄出紫丸药以与之,得者莫不愈,如此数十年。后大疫病,家至户到与药,活者万计,不取一钱。吴人乃知其真人也⑤。后止吴山绝崖头,悬药下与人,将欲去时,语下人曰:"各还蓬莱山,为汝曹下神水。"崖头一旦有水,白色流从石间来下,服之多愈疾,立祠十余处。

《神仙传》(五传,胡守为《神仙传校释》)

《卫叔卿》

卫叔卿者,中山人也⑥。服云母得仙⑦。汉元凤二年八月壬辰⑧,武帝闲居殿上⑨,忽有一人乘浮云驾白鹿,集于殿前,帝惊问之为谁,曰:"我中山卫叔卿也。"帝曰:"中山非我臣乎?"叔卿不应,即失所在。帝甚悔恨,即使使者梁伯之往中山推求⑩,遂得叔卿子,名度世,即将还见。帝问焉,度世答

---

① 秦穆公:嬴姓,名任好,前659—前621在位。
② 雍宫:旧注,长安(今陕西西安市)西岐山雍县有宫馆百余所,又凤台在凤翔县南十五里。
③ 燕、代:古国名,今河北北部、北京市一带。吴:指今江苏苏州市。
④ 徇:通"巡",巡游。
⑤ 真人:仙人。
⑥ 中山:东周国名,在今河北正定东北;古人籍贯例称古郡国名。
⑦ 云母:造岩矿物,被用做养生药物。
⑧ 元凤二年:元凤是西汉昭帝刘弗陵年号,二年当公元前79年;此处记载武帝事,"元凤"当为"元封"之讹;元封二年,公元前109年。壬辰:此处是纪日干支,元封二年八月无壬辰。
⑨ 武帝:汉武帝刘彻,前140—前87在位。
⑩ 推求:寻求。

曰:"臣父少好仙道,服药治身八十余年,体转少壮,一旦委臣去①,言当入华山耳,今四十余年未尝还也。"帝即遣梁伯之与度世往华山觅之。度世与梁伯之俱上山,辄雨,积数日,度世乃曰:"吾父岂不欲吾与人俱往乎?"更斋戒独上,望见其父与数人于石上嬉戏。度世既到,见父上有紫云,覆荫郁郁,白玉为床,有数仙童执幢节立其后②。度世望而再拜。叔卿问曰:"汝来何为?"度世具说天子悔恨不得与父共语,故遣使者与度世共来。叔卿曰:"吾前为太上所遣③,欲戒帝以灾厄之期④,及救危厄之法⑤,国祚可延⑥,而帝强梁自贵⑦,不识道真,反欲臣我,不足告语,是以弃去。今当与中黄太一共定天元九五之纪⑧,吾不得复往也。"度世因曰:"向与父博者为谁?"叔卿曰:"洪崖先生、许由、巢父、王子晋、薛容也⑨。今世向大乱⑩,天下无聊⑪,后数百年间,土灭金亡⑫,天君来出,乃在壬辰耳⑬。我有仙方,在家西北柱下,归取,按之合药服饵,令人长生不死,能乘云而行,道成来就吾于此,不须复为汉臣也。"度世拜辞而归,掘得玉函,封以飞仙之香,取而按之饵服,乃五色云母,并以教梁伯之,遂俱仙去,不以告武帝也。

道教文学十讲

① 委:舍弃。
② 幢节:旌旗和符节;节,杖节,古代将帅或使臣所持以为凭证;《左传·文公八年》:"司马握节以死,故书以官。"杜预注:"节,国之符信也。握之以死,示不废命。"
③ 太上:太上天皇,道教最高神。
④ 灾厄之期:灾祸降临的时间;灾厄,苦难;《汉书·谷永传》:"遭无妄之卦运,直百六之灾厄,三难异科,杂焉同会。"
⑤ 危厄:危急灾祸。
⑥ 国祚:国运,旧指命定的国家享年。
⑦ 强梁自贵:刚愎自用,骄横自得。
⑧ "今当与"句:谓与中黄太一一起确定汉武帝在位时间;中黄太一,道教神号;天元,岁时运行之理;九五之纪,预约帝位;"九五"是《易》卦爻位名,指帝位,典出《易·乾》:"九五,飞龙在天,利见大人。"孔颖达疏:"言九五,阳气盛至于天,故云'飞龙在天'。此自然之象,犹若圣人有龙德,飞腾而居天位。"
⑨ "洪崖先生"等:并古仙人;其中薛容不详,古传说中有仙人"太容",或即其人。
⑩ 向:面临;《后汉书·段颎传》:"余寇残烬,将向殄灭。"
⑪ 无聊:困顿艰难。
⑫ 土灭金亡:指汉、晋两朝灭亡;按朝代所代表的五行相克原理,汉是土德,晋是金德。从这种说法,可知《神仙传》经后世增饰。
⑬ 壬辰:此为纪年干支,具体所指年份不明。

《王远》

　　王远，字方平，东海人也①。举孝廉②，除郎中③，稍加至中散大夫④。博学五经，尤明天文图谶⑤，《河》《洛》之要⑥，逆知天下盛衰之期，九州吉凶⑦，观诸掌握⑧。后弃官入山修道。道成，汉孝桓帝闻之⑨，连征不出，使郡牧逼载以诣京师⑩。远低头闭口，不肯答诏，乃题宫门扇板四百余字，皆说方来之事。帝恶之，使人削之。外字始去，内字复见，字墨皆彻入板里⑪。

　　方平无复，子孙乡里人累世相传共事之。同郡故太尉公陈耽为方平架道室⑫，旦夕朝拜之，但乞福消灾，不从学道。方平在耽家四十余年，耽家无疾病死丧，奴婢皆然，六畜繁息，田蚕万倍，仕宦高迁。后语耽曰："吾期运将近⑬，当去，不得复停，明日日中当发也。"至时，方平死。耽知其化去，不敢下著地，但悲涕叹息，曰："先兰舍我去耶？我将何如！"具棺器烧香，就床上衣装之。至三日三夜，忽失其尸，衣带不解，如蛇蜕耳。方平去后百余日，耽亦死，或谓耽得方平之道化去，或谓方平知耽将终，委之而去也。

　　其后方平欲东之括苍山⑭，过吴，往胥门蔡经家⑮。经者，小民也，骨相当仙，方平知之，故住其家，遂语经曰："汝生命应得度世⑯，故欲取汝以补仙官。然汝少不知道，今气少肉多，不得上升，当为尸解耳。尸解一剧⑰，须臾

---

①　东海：秦郡名，治所在郯，今山东郯城县北。
②　孝廉：汉代郡国选举科目，善事父母、清廉自守者。
③　郎中：朝廷近侍之臣，司宿卫。
④　加：升迁。中散大夫：官名，掌论议。
⑤　图谶：讲述帝王符命征验一类书，下文的《河（图）》、《洛（书）》即是。
⑥　《河》《洛》：《河图》、《洛书》；典出《易·系辞》："河出图，洛出书，圣人则之。"儒家以为所出图书载明天道。
⑦　九州：据《尚书·禹贡》：大禹平水土，划分天下为冀、兖、青、徐、扬、荆、豫、梁、雍九州。具体名目另有他说。
⑧　观诸掌握：喻如见在手掌上。
⑨　汉孝桓帝：汉桓帝刘志，公元147—167年在位。
⑩　郡牧：东汉时州的长官，先后有刺史或太守不同称呼。
⑪　彻：透过。
⑫　太尉：汉朝廷军政首脑，与丞相、御史大夫并称三公。《汉书》卷八《灵帝纪》记载陈耽于熹平三年(174)官太尉，五年罢职。
⑬　期运：命运的定数。
⑭　括苍山：在浙江省东南部，主峰在今仙居县；按道教说法，此山为东岳之佐命。
⑮　胥门：江苏苏州市西门。
⑯　生命：命定。度世：长生不死。
⑰　一剧：谓一瞬间。

如从狗窦中过耳。"告以要言①，乃委经去。后经忽身体发热如火，欲得水灌，举家汲水以灌之，如沃燋石②，似此三日中，消耗骨立，乃入室，以被自覆，忽然失其所在，视其被中，惟有皮头足具，如今蝉蜕也。去十余年，忽然还家，去时已老，还更少壮，头发还黑，语其家云："七月七日王君当来过，到其日，可多作数百斛饮食以供从官。"乃去。

到期日，其家假借盆瓮，作饮食数百斛，罗列覆置庭中，其日，方平果来。未至经家，则闻金鼓箫管人马之声，比近皆惊，不知何所在。及至经家，举家皆见，方平著远游冠③，朱服，虎头鞶囊④，五色绶⑤，带剑，少须黄色，长短中形人也。乘羽车，驾五龙，龙各异色，麾节幡旗⑥，前后导从，威仪奕奕⑦，如大将军也。有十二玉壶，皆以腊蜜封其口。鼓吹皆乘麟，从天上下悬集⑧，不从道行也。既至，从官皆隐，不知所在，惟见方平坐耳。须臾，引见经父母兄弟，因遣人召麻姑相问⑨，亦莫知麻姑是何神也。言："王方平敬报，久不在民间，今集在此，想姑能暂来语否？"有顷，信还⑩，但闻其语，不见所使人也。答言："麻姑再拜，比不相见⑪，忽已五百余年，尊卑有序，修敬无阶，思念，烦信承来，在彼，登当倾倒⑫，而先被记，当案行蓬莱⑬，今便暂

---

① 要言：指传道口诀。

② 沃：灌。燋石：火烧的石头；燋，通"焦"。

③ 远游冠：古代冠名；《后汉书·舆服志下》："远游冠，制如通天，有展筩（同"筒"）横之于前，无山述（冠上突起装饰），诸王所服也。"亦为道士所戴。

④ 虎头鞶囊："裳"为"囊"之讹；鞶囊，革制，古代职官用以盛印绶，北魏后，以其不同绣饰表示官阶；《隋书·礼仪志七》："鞶囊，二品已上金缕，三品金银缕，四品及开国男银缕，五品彩缕，官无印者则不合佩。"

⑤ 绶：古人用以系官印、佩玉等物的丝带；绶带的颜色常用以标志不同的身份与等级；《礼记·玉藻》："天子佩白玉而玄组绶，公侯佩山玄玉而朱组绶……"郑玄注："绶者，所以贯佩玉相承受者也。"

⑥ 麾节：旗帜和符节。

⑦ 奕奕：盛貌，众多貌；左思《吴都赋》："缔交翩翩，傧从奕奕。"吕向注："奕奕，盛貌。"

⑧ 悬：无所依傍貌。

⑨ 麻姑：女仙，本为王方平侍从，或以为方平之妹；后世传为建昌（今江西南城县）人，于牟州（今山东烟台市牟平区）升仙。

⑩ 信：通消息的人。

⑪ 比：近来。

⑫ 此处有讹误。"登当倾倒"应为"登当颠倒"之讹，忙乱貌；颠倒：颠倒衣裳之谓，急促惶遽中不暇整衣；《诗·齐风·东方未明》："东方未明，颠倒衣裳。颠之倒之，自公召之。"毛传："上曰衣，下曰裳。"

⑬ 案行：巡行，巡视。

往,如是当还。还便亲觐,愿未即去。"如此两时间①,麻姑来。来时亦先闻人马之声,既至,从官当半于方平也。

麻姑至,蔡经亦举家见之,是好女子,年十八九许,于顶中作髻,余发散垂至腰。其衣有文章而非锦绮②,光彩耀日,不可名字,皆世所无有也。入拜方平,方平为之起立。坐定,召进行厨③,皆金玉杯盘,无限也。肴膳多是诸花菓,而香气达于内外。擘脯而行之④,如松柏炙,云是麟脯也。麻姑自说:"接待以来⑤,已见东海三为桑田,向到蓬莱,水又浅于往昔,会时略半也⑥,岂将复还为陵陆乎?"方平笑曰:"圣人皆言,海中行复扬尘也⑦。"

麻姑欲见蔡经母及妇姪,时经弟妇新产数十日,麻姑望见,乃知之,曰:"噫! 且止勿前。"即求少许米,至得米,便以撒地,谓以米祛其秽也⑧,视米皆成真珠。方平笑曰:"姑故少年也,吾老矣,不喜复作此曹辈狡狯变化也。"方平语经家人曰:"吾欲赐汝辈酒,此酒乃出天厨,其味醇醲⑨,非俗人所宜饮,饮之或能烂肠。今当以水和之,汝辈勿怪也。"乃以一升酒,合水一斗搅之,以赐经家人,人饮一升许,皆醉。良久酒尽。方平语左右曰:"不足复还取也。"以千钱与余杭姥⑩,相闻求其酤酒。须臾信还,得一油囊酒,五斗许,信传余杭姥答言:"恐地上酒不中尊者饮耳。"

又麻姑手爪不如人爪,形皆似鸟爪,蔡经中心私言:"若背大痒时,得此爪以爬背⑪,当佳也。"方平已知经心中所言,即使人牵经鞭之,曰:"麻姑神人也,汝何忽谓其爪可以爬背耶!"便见鞭著经背,亦不见有人持鞭者。方平告经曰:"吾鞭不可妄得也。"

———

① 时间:时辰,每昼夜十二时辰。
② 文章:错杂的色彩或花纹;《墨子·非乐上》:"是故子墨子之所以非乐者,非以大钟鸣鼓琴瑟竽笙之声以为不乐也;非以刻镂华文章之色以为不美也。"
③ 行厨:本义为外带饮食;设厨饮宴是道教的一种仪式,修道功深者能享;曹唐《小游仙诗》之五八:"行厨侍女炊何物,满灶无烟玉炭红。"
④ 擘脯:剖开肉食;脯,肉干。行:此谓递送。
⑤ 接待:谓相互接纳。
⑥ 会时:将然之词;会,值,当。
⑦ 行复:又将。
⑧ 祛(qū):禳,驱除妖邪。
⑨ 醇醲:此谓酒味甘美;或以为"酿"为"醲"之讹。
⑩ 余杭姥:道教仙人。
⑪ 爬背:搔背。

经比舍有姓陈①，失其名字，尝罢尉，闻经家有神人，乃诣门扣头，求乞拜见。于是方平引前与语，此人便乞得驱使②，比于蔡经。方平曰："君且起，可向日立。"方平从后视之，曰："噫！君心不正，影不端，终不可教以仙道也，当授君地上主者之职。"临去，以一符并一传③，著小箱中以与陈尉，告言："此不能令君度世，止能令君竟本寿，寿自出百岁也。可以消灾治病，病者命未终及无罪犯者，以符到其家便愈矣。若有邪鬼血食作祸者④，带此传以勅社吏⑤，当收送其鬼，君心中亦当知其轻重，临时以意治之。"陈尉以此符治病，有效，事之者数百家。陈尉寿一百一十一岁而死。死后，其子孙行其符，不复效矣。

方平去后，经家所作饮食数百斛在庭中者，悉尽，亦不见人饮食之也。经父母私问经曰："王君是何神人？复居何处？"经答曰："常治昆仑山，往来罗浮山、括苍山⑥，此三山上，皆有宫殿，宫殿一如王宫。王君常任天曹事，一日之中，与天上相反覆者数遍，地上五岳生死之事，悉关王君⑦。王君出时，或不尽将百官，惟乘一黄麟，将士数十人侍。每行，常见山林在下，去地常数百丈，所到，山海之神皆来奉迎拜谒，或有千道者⑧。"

后数年，经复暂归家，方平有书与陈尉，真书廓落⑨，大而不工。先是无人知方平名远者，起此，乃因陈尉书知之。其家于今，世世存录王君手书及其符传于小箱中，祕之也。

《樊夫人》

樊夫人者，刘纲之妻也。纲字伯鸾，仕为上虞令⑩，亦有道术，能檄召鬼

---

① 比舍：邻居。
② 驱使：谓作仆从。
③ 传(zhuàn)：传召的文书。
④ 血食：杀牲取血以祭。
⑤ 社吏：管理地方的小吏；此指土地神属吏。
⑥ 罗浮山：在今广东惠州市博罗县境内，为道教洞天福地之一。
⑦ 关：禀告。
⑧ 千道："千"当为"干"之讹；干道，干犯行路上言。
⑨ 真书：楷书。廓落：指笔画结构开阔。
⑩ 上虞：古县，今浙江上虞市。

神①，禁制变化之道②。亦潜修密证，人莫能知。为理尚清净简易③，而政令宣行，民受其惠。无旱暵漂垫之害④，无疫毒鸷暴之伤⑤，岁岁大丰，远近所仰。暇日与夫人较其术，用俱坐堂上，纲作火烧客碓舍⑥，从东而起，夫人禁之，火即便灭。庭中两株桃，夫妻各咒一株，使之相斗击，良久，纲所咒者不胜，数走出于篱外。纲唾盘中即成鲫鱼，夫人唾盘中成獭，食其鱼。纲与夫人入四明山⑦，路值虎，以面向地，不敢仰视。夫人以绳缚虎，牵归系于床脚下。纲每共试术，事事不胜。将升天，县厅侧先有大皂荚树，纲升树数丈，力能飞举。夫人即平坐床上，冉冉如云炁之举，同升天而去矣。

《左慈》

左慈者，字元放，卢江人也⑧。少明五经，兼通星纬⑨，见汉祚将尽，天下乱起，乃叹曰："值此衰运，官高者危，财多者死，当世荣华，不足贪也。"乃学道术，尤明六甲⑩，能役使鬼神，坐致行厨⑪，精思于天柱山中⑫，得石室内《九丹金液经》，能变化万端，不可胜纪。

曹公闻而召之⑬，闭一室中，使人守视，断其谷食，日与二升水，朞年乃出之⑭，颜色如故。曹公曰："吾自谓天下无不食之人。"曹公乃欲从学道，慈

---

① 檄召：谓用符箓召请；檄，檄文。
② 禁制：控制外物的法术。
③ 为理：谓治理县事。
④ 旱暵：旱灾；暵（hàn），干旱。漂垫：浮沉，指水灾。
⑤ 鸷暴：凶灾。
⑥ 客碓舍：佣工舂米的房屋。
⑦ 四明山：今在浙江宁波市西南，为道教洞天之一，又名丹山赤水洞天。
⑧ 卢江：应作"庐江"；今安徽庐江县。
⑨ 星纬：星象，以星象占验吉凶祸福的方术。
⑩ 六甲：道教神名（甲子，甲寅，甲辰，甲午，甲申，甲戌），供天帝驱使的阳神，道士用符箓招请以祈禳驱鬼。
⑪ 坐致：谓轻易获得；《孟子·离娄下》："天之高也，星辰之远也，苟求其故，千岁之日至，可坐而致也。"
⑫ 精思：又称"内观"，道教控制思维的方术。天柱山：在安徽潜山县境，为道教第十四洞天。
⑬ 曹公：指曹操；曹植《辩道论》："世有方士，吾王悉所招致。甘陵有甘始，庐江有左慈，阳城有郄俭，始能行气导引。慈晓房中之玄术，俭善辟谷，悉号数百岁。所以集之魏国者，诚恐此人之徒接奸诡以欺众，行妖恶以惑民……"
⑭ 朞（jī）年：朞，同"期"，一整年。

曰："学道当得清净无为，非尊贵所宜。"曹公怒，乃谋杀之，慈已知之，求乞骸骨①。曹公曰："何忽去耳？"慈曰："公欲杀慈，慈故求去耳。"曹公曰："无有此意，君欲高尚其志者②，亦不久留也。"乃为设酒，慈曰："今当远适，愿乞分杯饮酒。"公曰："善！"是时天寒，温酒尚未热，慈解剑以搅酒，须臾，剑都尽，如人磨墨状。初曹公闻慈求分杯饮酒，谓慈当使公先饮，以余与慈耳。而慈拔簪以画杯酒，酒即中断，分为两向。慈即饮其半，送半与公。公不喜之，未即为饮，慈乞自饮之，饮毕，以杯掷屋栋，杯悬着栋动摇，似飞鸟之俯仰，若欲落而不落，一座莫不瞩目视杯，既而，已失慈矣，寻问之，慈已还所住处。曹公遂益欲杀慈，乃敕内外收捕慈。慈走群羊中，追者视慈入群羊中，而奄忽失之③，疑其化为羊也，然不能分别之。捕吏乃语羊曰："人主意欲得见先生，暂还无苦。"于是群羊中有一大者，跪而言，吏乃相谓曰："此跪羊是慈也。"复欲擒之，羊无大小悉长跪，追者亦不知慈所在，乃止。后有知慈处者以告曹公，公遣吏收之，得慈，慈非不得隐，故欲令人知其神化耳。于是受执入狱，狱吏欲考讯之④，户中有一慈，户外亦有一慈，不知孰是。曹公闻而愈恶之，使引出市杀之⑤，须臾，有七慈相似，官收得六慈，失一慈。有顷，六慈皆失。寻又见慈走入市，乃闭市四门而索之，或不识者，问慈形貌何似，传言慈眇一目，青葛巾单衣，见有似此人者便收之。及尔，一市中人皆眇一目，葛巾单衣，竟不能分。曹公令所在普逐之，如见便杀。后有人见慈，便断其头以献曹公，公大喜，及至视之，乃一束茅耳。

有从荆州来者⑥，见慈在荆州，荆州牧刘表以为惑众⑦，复欲杀慈，慈意已知。表出耀兵⑧，乃欲见其道术，乃徐去诣表，说有薄礼愿以饷军。表曰：

---

① 乞骸骨：谓要求辞退职务，得以保全性命；《晏子春秋·外篇上二十》："臣愚不能复治东阿，愿乞骸骨，避贤者之路。"
② 高尚其志：为自恃志向高远，不乐俗务。
③ 奄忽：突然间。
④ 考讯：刑讯；考，同"拷"；《后汉书·梁节王畅传》："豫州刺史梁相举奏畅不道，考讯，辞不服。"
⑤ 市：古代城市的商贸区，四围封闭，有门通行；例刑人于市。
⑥ 荆州：今湖北荆州市荆州区。
⑦ 刘表（142—208）：字景升，汉宗室，汉末群雄之一，宪帝朝凉州军阀入据长安，被任命为镇南将军、荆州牧，后死于荆州；牧，州牧，州郡长官。
⑧ 耀兵：阅兵。

"道人单侨①，吾军人众，非道人所能饷也。"慈重道之，表使人取之，有酒一器，脯一束，而十余人共舁之不起②。慈乃自取之，以一刀削脯投地，请百人运酒及脯以赐兵士，人各酒三杯，脯一片，食之如常酒脯味，凡万余人皆周足，而器中酒如故，脯亦不减。座中又有宾客数十人，皆得大醉。表乃大惊，无复害慈之意。

慈数日委表，东去入吴。吴有徐随者，亦有道术，居丹徒③。慈过随门，门下有客车六七乘，客诈慈云："徐公不在。"慈便即去，宿客见其牛皆在杨柳树杪行，适上树即不见，下即复见牛行树上。又车毂中皆生荆棘，长一尺，斫之不断，摇之不动。宿客大惧，入报徐公说："有一眇目老公至门，吾欺之，言公不在，此人去后，须臾使车牛皆如此，不知何意。"徐公曰："咄咄！此是左公过我，汝曹那得欺之。"急追之，诸客分布逐之，及慈，罗列叩头谢之。慈意解，即遣还去。及至，见车牛如故，系在车毂中，无复荆木也。

慈见吴先主孙权④，权素知慈有道，颇礼重之，权侍臣谢送知曹公刘表皆忌慈惑众，复谮于权⑤，欲使杀之。后出游，请慈俱行，令慈行于马前，欲自后刺杀之。慈著木屐，持青竹杖，徐徐缓步，行常在马前百步，著鞭策马操兵器逐之，终不能及，送知其有道，乃止。慈告葛仙公言⑥，当入霍山中合九转丹⑦，丹成，遂仙去矣。

《壶公》

壶公者，不知其姓名。今世所有《召军符》、《召鬼神治病王府符》凡二

---

① 单侨：只身流寓。

② 舁（yú）：抬，扛。

③ 丹徒：今江苏镇江市丹徒区。

④ 孙权：（182—252），字仲谋，汉末割据江东，公元222年被魏文帝曹丕封为吴王，建立吴国；公元229年称帝；死后谥大皇帝，庙号太祖。

⑤ 谮（zèn）：诋毁，诬陷。

⑥ 葛仙公：葛玄（164—244），字孝先，三国吴道士，又称葛天师、葛仙翁，葛洪从祖父。《抱朴子·金丹篇》称曾从左慈学道，受《太清》、《九鼎》、《金液》等丹经。九转丹：炼丹过程中药物在丹炉中反复提炼而成金丹。

⑦ 霍山：在广东龙川县中部。

十余卷,皆出于壶公,故总名为《壶公符》①。汝南费长房为市掾时②,忽见公从远方来,入市卖药,人莫识之。其卖药口不二价,治百病皆愈,语卖药者曰③:"服此药必吐出某物,某日当愈。"皆如其言。得钱日收数万,而随施与市道贫乏饥冻者,所留者甚少。

常悬一空壶于坐上,日入之后,公辄转足跳入壶中,人莫知所在,唯长房于楼上见之,知其非常人也。长房乃日日自扫除公座前地,及供馔物④,公受而不谢。如此积久,长房不懈,亦不敢有所求,公知长房笃信,谓长房曰:"至暮无人时更来。"长房如其言而往,公语长房曰:"卿见我跳入壶中时⑤,卿便随我跳,自当得入。"长房承公言,为试展足,不觉已入。既入之后,不复见壶,但见楼观五色,重门阁道,见公左右侍者数十人。公语长房曰:"我仙人也。忝天曹职⑥,所统供事不勤,以此见谪,暂还人间耳。卿可教,故得见我。"长房不坐,顿首自陈:"肉人无知⑦,积劫厚⑧,幸谬见哀愍,犹如剖棺布气,生枯起朽⑨,但见臭秽顽弊,不任驱使,若见怜念,百生之厚幸也。"公曰:"审尔大佳⑩,勿语人也。"

公后诣长房于楼上曰:"我有少酒,汝相共饮之,酒在楼下。"长房遣人取之,不能举,益至数十人,莫能得上。长房白公,公乃自下,以一指提上,与长房共饮之。酒器不过如蜱大,饮之至旦不尽。公告长房曰:"我某日当去,卿能去否?"长房曰:"思去之心,不可复言,惟欲令亲属不觉不知,当作何计?"公曰:"易耳。"乃取一青竹杖与长房,戒之曰:"卿以竹归家,使称病,后日即以此竹杖置卧处,默然便来。"长房如公所言,而家人见此竹是长房

---

① 《抱朴子内篇·遐览》记载《壶公符》二十卷。
② 汝南:郡名,汉初置,初治上蔡,东汉移平舆,治所在今河南汝南县。市掾:管理市场的官员;《史记·田单列传》:"愍王时,单为临菑市掾,不见知。"
③ 卖:当为"买"之讹;《太平广记》作"买人"。
④ 馔物:食物;《论语·乡党》:"有盛馔,必变色而作。"
⑤ 卿:对对方的尊称。
⑥ 忝天曹职:谓在天上宫廷担任官职;忝,自谦之词;天曹,道教所称天上官署;《南齐书·高逸传·顾欢》:"今道家称长生不死,名补天曹,大乖老庄立言本理。"
⑦ 肉人:道教称凡俗之人。
⑧ 积劫厚:此处有讹误;另本作"积罪却厚"。
⑨ "剖棺"二句:谓起死回生。
⑩ 审尔:果真如此。

死了,哭泣殡之。长房随公去,恍惚不知何所之。公独留之于群虎中,虎磨牙张口,欲噬长房,长房不惧。明日又内长房石室中,头上有大石,方数丈,茅绳悬之,诸蛇并往啮,绳欲断,而长房自若。公往撰之曰①:"子可教矣。"乃命啖溷②,溷臭恶非常,中有虫长寸许,长房色难之,公乃叹,谢遣之,曰:"子不得仙也,今以子为地上主者,可寿数百余岁。"为传封符一卷,付之曰:"带此可举诸鬼神③。尝称使者,可以治病消灾。"长房忧不能到家,公以竹杖与之曰:"但骑此到家耳。"长房辞去,骑杖忽然如睡,已到家,家人谓之鬼,具述前事,乃发视棺,中惟一竹杖,乃信之。长房以所骑竹杖投葛陂中④,视之乃青龙耳。长房自谓去家一日,推之已一年矣。

长房乃行符收鬼治病⑤,无不愈者。每与人同坐共语,而目嗔诃遣⑥,人问其故,曰:"怒鬼魅之犯法耳。"汝南郡中常有鬼怪,岁辄数来,来时导从威仪如太守⑦,入府打鼓,周行内外,匝乃还去,甚以为患。后长房诣府君,而正值此鬼来到府门前,府君驰入,独留长房。鬼知之,不敢前,欲去。长房厉声呼使捉前来,鬼乃下车,把版伏庭中⑧,叩头乞得自改。长房呵曰:"汝死老鬼,不念温凉⑨,无故导从,唐突官府⑩,君知当死否?"急复令还就人形,以一札符付之,令送与葛陂君。鬼叩头流涕持札去。使以追视之,以札立陂边,以颈绕札而死。东海君来早⑪,长房后到东海,见其民请雨,谓之曰:"东海君有罪,我前系于葛陂,今当赦之,令其作雨。"于是即有大雨。长房曾与人共行,见一书生,黄巾被袆,无鞍骑马,下而叩头。长房曰:"促还他马,赦汝罪。"人问之,长房曰:"此狸耳,盗社公马也⑫。"又尝与客坐,使至

---

① 撰:持,握。
② 啖溷:吃粪便。
③ 举:治理;另本作"主",主使。
④ 葛陂:池名,在今河南新蔡县西北;大陂曰湖。
⑤ 行符:使用符。
⑥ 诃遣:大声斥责;遣,同"谴"。
⑦ 导从威仪:从人仪仗;导从,前驱者称导,后随者称从;威仪,仪仗。
⑧ 把版:拿手版;版,笏,古时大臣朝见时所持指画或记事的长板。
⑨ 温凉:本义为气候冷暖,此指形势变化。
⑩ 唐突:横冲直撞,乱闯;《诗·小雅·渐渐之石》:"有豕白蹢,烝涉波矣。"郑笺:"豕之性能水,又唐突难禁制。"
⑪ 东海君:管理东海的神。
⑫ 社公:土地神。

市市鲊①，顷刻而还。或一日之间，人见在千里之外者数处。

《汉武帝内传》（有节略，钱熙祚校《汉武帝内传》）

……至七月七日，乃修除宫掖之内②，设坐殿上，以紫罗荐地③，燔百和之香，张云锦之帐，然九光之灯，设玉门之枣，酌蒲萄之酒，躬鉴肴物④，为天官之馔⑤。帝乃盛服⑥，立于陛下，敕端门之内⑦，不得妄有窥者，内外寂谧，以俟云驾。至二唱之后⑧，忽天西南如白云起，郁然直来⑨，迳趋宫庭间。须臾转近，闻云中有箫鼓之声，人马之响。复半食顷，王母至也。县投殿前⑩，有似鸟集，或驾龙虎，或乘狮子，或御白虎，或骑白麟⑪，或控白鹤，或乘轩车⑫，或乘天马，群仙数万，光耀庭宇。既至，从官不复知所在，唯见王母乘紫云之辇，驾九色斑龙，别有五十天仙，侧近鸾舆⑬，皆身长一丈，同执彩旄之节⑭，佩金刚灵玺⑮，戴天真之冠，咸住殿前。

王母唯扶二侍女上殿，年可十六七⑯，服青绫之褂，容眸流盼⑰，神姿清发，真美人也。王母上殿，东向坐，著黄锦褕襡⑱，文采鲜明，光仪淑穆⑲，带

---

① 鲊（zhǎ）：海蜇，或谓腌制鱼类。

② 修除：设置。《淮南子·时则训》："立春之日，天子亲率三公九卿大夫以迎岁于东郊，修除祠位，币祷鬼神。"宫掖：指皇宫；掖，掖庭，宫中的旁舍，嫔妃居住的地方。

③ 荐地：铺地；荐，垫席。

④ 躬鉴：亲自察看。肴物：菜肴；肴，熟肉。

⑤ 天官：天府官曹，指神仙。

⑥ 帝：汉武帝，名刘彻，前140—前87在位。

⑦ 端门：宫城正南门。

⑧ 二唱：周官有鸡人，报时以警夜，第二次唱晓；唐王勃《七夕赋》："鸡人唱晓。"

⑨ 郁然：茂盛貌。

⑩ 县投：谓从空中下来；县，"悬"古今字。

⑪ 麟：同"麟"。

⑫ 轩车：有围屏的车子；《庄子·让王》："子贡乘大马，中绀而表素，轩车不容巷，往见原宪。"

⑬ 鸾舆：彩画鸾鸟的车子；鸾，传说中的凤鸟。

⑭ 彩旄之节：彩色牦牛尾装饰的符节。

⑮ 金刚灵玺：金刚石制的神灵印信。

⑯ 可：大约。

⑰ 容眸流盼：容眸，美目；容，装饰；眸，眼睛。流盼，目光流转；战国楚宋玉《登徒子好色赋》："含喜微笑，窃视流盼。"

⑱ 褕襡（shǔ）：同"褕襡"；连腰衣。

⑲ 光仪淑穆：姿态光鲜而肃穆。嵇康《琴赋》："若和平者听之，则怡养悦愉，淑穆玄真；恬虚乐古，弃事遗身。"吕向注："淑，善；穆，和。"

灵飞大绥①，腰分头之剑，头上大华结，戴太真晨婴之冠②，履元瑜凤文之舄③，视之，可年卅许，修短得中，天姿掩蔼④，容颜绝世，真灵人也。下车登床，帝拜跪，问寒温毕，立如也。因呼帝共坐。帝南面向王母。母自设膳，膳精非常。丰珍之肴，芳华百果，紫芝萎蕤⑤，芬若填樏⑥，清香之酒，非地上所有，香气殊绝，帝不能名也。又命侍女索桃。须臾，以盘盛桃七枚，大如鸭子，形圆，色青，以呈王母。母以四枚与帝，自食三桃。桃之甘美，口有盈味。帝食辄录核⑦。母曰："何谓？"帝曰："欲种之耳。"母曰："此桃三千岁一生实耳。中夏地薄，种之不生，如何？"帝乃止，于坐上酒筋数过，王母乃命侍女王子登弹八琅之璈⑧，又命侍女董双成吹云龢之笙，又命侍女石公子击昆庭之钟，又命侍女许飞琼鼓震灵之簧⑨，侍女阮凌华拊五灵之石⑩，侍女范成君击洞庭之磬，侍女段安香作九天之钧⑪。于是众声澈朗，灵音骇空。又命侍女安法婴歌元灵之曲，其词曰：

　　大象虽寥廓⑫，我把天地户⑬。披云沉灵舆⑭，倏忽适下土。空洞

---

① 绥：绥带；古代用以佩印。

② 太真晨婴之冠：装饰日、月、星辰的冠；太真，原始真气，亦指阴阳；晨婴，晨同"辰"，日、月、星三辰。

③ 元瑜凤文之舄：黑玉装饰、彩绘凤纹的鞋；元瑜，黑色美玉；瑜（qióng），通"琼"；凤文，凤凰花纹；舄（xì），鞋。

④ 掩蔼：艳丽超群。

⑤ 萎蕤：草木茂盛貌。

⑥ 芬若：一种香草。樏（lěi）：盛食物的扁盒。

⑦ 录：收藏，收集；《尹文子·大道上》："田父虽疑，犹录以归，置于庑下。"

⑧ 八琅之璈：饰以美玉的弦乐器；琅：琅玕，似珠玉的美石；璈：一种弦乐器。

⑨ 簧：乐器里有弹性的薄片，用竹箬或铜片制成；《诗·小雅·鹿鸣》："吹笙鼓簧，承筐是将。"孔颖达疏："吹笙之时，鼓其笙中之簧以乐之。"

⑩ 拊：拍，击；《左传·襄公二十五年》："公拊楹而歌。"杜预注："拊，拍也。"石：指乐石，一种乐器。

⑪ 九天之钧：上天的乐调；《国语·周语下》："细钧有钟无镈，昭其大也。"韦昭注："钧，调也。"

⑫ 大象：指宇宙；象，形象，现象；《老子》："惚兮恍兮，其中有象。"

⑬ 把：掌握，控制。天地户：登天的门户。

⑭ "披云"句：谓劈开云霞让车子下降。

成元音①，至灵不容冶②。太真嘘中唱③，始知风尘苦。颐神三田中④，纳精六阙下⑤。遂乘万龙辐⑥，驰骋眄九野。

二曲曰：

元圃遏北台⑦，五城焕嵯峨⑧。启彼无涯津，汎此织女河。仰上升绛庭⑨，下游月窟阿⑩。顾眄八落外⑪，指招九云遐。忽已不觉劳，岂窃少与多。抚璈命众女，咏发感中和。妙畅自然乐，为此玄云歌。韶尽至韵存⑫，真音辞无邪⑬。

歌毕，帝乃下地叩头自陈曰："彻受质不才，沉沦流俗，承禅先业，遂羁世累，政事多阙，兆民不和，风雨失节，五谷无实，德泽不建，寇盗四海，黔首劳毙，户口减半，当非其主，积辜丘山⑭。然少好道，仰慕灵仙，未能弃禄委荣⑮，

---

① "空洞"句：谓天空中响彻玄妙音乐；空洞，空灵洞彻，指天空；元音，元，同"玄"，玄音。
② 不容冶：此谓乐调浑朴。
③ "太真"句：谓原始混沌之气形成歌声；太真，原始混沌之气；傅毅《舞赋》："启太贞之否隔兮，超遗物而度俗。"李善注："太贞，太极之气也。"
④ 颐神：保养精神。三田：道家谓两眉间为上丹田，心为中丹田，脐下为下丹田，合称三田或三丹田。
⑤ 纳精：采纳精神。六阙：指颜面；阙本指两眉之间的部位；《灵枢经·五色》："阙者，眉间也。"
⑥ 万龙辐：群龙驾的车子；辐(chūn)，车，本义是古代枢车。
⑦ 元圃：传说中昆仑山顶的神仙居处，中有奇花异石。元，同"玄"，通"悬"。
⑧ 五城：传说昆仑山上有五城。焕嵯峨：谓高峰焕发光彩。
⑨ 绛庭：指天庭；绛，紫红色。
⑩ 月窟阿：月窟旁；月窟是传说月的归宿处。
⑪ 八落：犹"八纮"，八方极远之地；《淮南子·墬形训》："九州之外，乃有八殥……八殥之外，而有八纮，亦方千里。"高诱注："纮，维也。维落天地而为之表，故曰纮也。"
⑫ "韶尽"句：谓美妙乐曲完结后余韵犹存；韶，本虞舜时乐名，此指乐曲；《书·益稷》："《箫韶》九成，凤皇来仪。"孔传："《韶》，舜乐名。"至韵：最美好的余韵。
⑬ 无邪：谓无邪僻，无邪曲；《礼记·乐记》："中正无邪，礼之质也。"
⑭ 辜：同"罪"。
⑮ 弃禄委荣：放弃福运荣华；禄，福运，气运；《仪礼·少牢馈食礼》："使女受禄于天，宜稼于田。"郑玄注："古文'禄'为福。"

栖迹山林，思绝尘饵①，罔知攸向②。且舍世寻真③，钻启无师，岁月见及，恒虑奄忽④。不图天颜顿集⑤，今日下臣有幸，得瞻上圣，是臣宿命合得度世。愿垂哀怜，赐诸不悟，得以奉承切己之教。"王母曰："女能贱荣乐卑，耽虚味道⑥，自复佳耳。然女情恣体欲⑦，淫乱过甚，杀伐非法，奢侈其性。恣则裂身之车，淫为破年之斧，杀则响对⑧，奢则心烂，欲则神陨⑨，聚秽命断。以子蕞尔之身⑩，而宅灭形之残，盈尺之材，攻以百仞之害，欲此解脱三尸⑪，全身永久，难可得也。有似无翅之鹨，愿鼓翼天池⑫，朝生之虫，而乐春秋者哉！若能荡此众乱，拨秽易韵⑬，保神炁于绛府⑭，闭淫宫而开悟⑮，静奢侈于寂室，爱众生而不危，守兹道戒，思乎灵味，务施惠和，炼惜精气，弃却浮丽，令百竞速游⑯。女行若斯之事，将岂无仿佛也⑰。如其不尔，无为抱石而济津矣。"帝跪受圣戒，请事斯语："养生之要，既闻之矣。然体非玉石，而无主于恒，炁非四时，而常生于内，政当承御出入⑱，呼吸中适，和液得循，形神靡错。炁既遂宜则魂魄不滞，若使理合其分，炁甄其适⑲，而形可不枯，宅

---

① 尘饵：尘世的引诱；饵，泛指引诱之物。《淮南子·俶真训》："是故以道为竿，以德为纶，礼乐为钩，仁义为饵。投之于江，浮之于海，万物纷纷，孰非其有。"

② 罔知攸向：不知道方向。攸：助词，无义；王引之《经传释词》："攸，语助也。"

③ 舍世寻真：舍弃世务，寻访仙真。

④ 奄忽：这里指突然死亡。

⑤ 天颜：指西王母等仙真。

⑥ 耽虚味道：沉湎玄虚，体味仙道；汉蔡邕《被州辟辞让申屠蟠》："安贫乐潜，味道守真。"

⑦ 情恣体欲：性情放纵，从溺欲念；恣，放纵，放肆；《吕氏春秋·适威》："骄则恣，恣则极物。"

⑧ 响对：招来祸患；响，同"向"，趋向；对，祸患；《法苑珠林》卷七○："君福报将至，而复对来随之。"

⑨ 神陨：精神衰败；陨，坠落。

⑩ 蕞（zuì）尔：渺小貌。

⑪ 三尸：道教称在人体内作祟的神有三，叫"三尸"或"三尸神"，每于庚申日向天帝呈奏人的过恶。

⑫ 鼓翼天池：煽动翅膀飞越大海；天池，大海；《庄子·逍遥游》："南冥者，天池也。"

⑬ 拨秽：除掉污秽。易韵：改变志趣；韵，情趣；陶潜《归园田居》诗之一："少无适俗韵，性本爱丘山。"

⑭ 绛府：即"绛宫"，指中丹田；吴筠《步虚词》之五："真气溢绛府，自然思无邪。"

⑮ "闭淫宫"句：谓关闭感官而觉悟真道。淫宫，指五官，能接触外界淫逸之象。

⑯ 百竞速游：各种竞争之事迅速弃却。

⑰ "将岂无"句：谓岂不是大体做到了吗？即差不多能够达到修道目标。

⑱ 承御：控制，约束以为用。

⑲ 炁甄其适：神气养炼达到适宜；甄，造就，化育；《后汉书·班固传下》："孕虞育夏，甄殷陶周。"李贤注："甄、陶，谓造成也。"

可不废。昔受道书，具以施业之矣①，遂不获真验，未为巨益，使精神疲于往来，津液劳于出入②，岁减其始，月亏其昔，形亦渐凋，神亦废落，是彻不得所奉口诀，开暗塞于明堂尔③。不审服御可以永久者，吐纳可以延年者，乞赐长生之术，暂悟于行尸之身。若蒙圣诰于即日④，臣伏听丽天之教矣⑤。"王母曰："昔先师元始天王⑥，时及闲居，登于丛霄之台，侍者天皇搏桑大帝君及九珍诸王⑦、十方众神仙官，爰延弟子丹房之内⑧，说元微之言⑨，因问我何为而欲索长存矣。吾因避席叩头，请问长生之术，天王登见遗以要言⑩，辞深旨幽，实天人之元观⑪，上帝之奇祕。女今日愿闻之乎？"帝跪曰："彻小丑贱生，枯骨之余，敢以不肖之躯，而慕龙凤之年，欲以朝华之质，希晦朔之期⑫，虽乐远流，莫知以济，涂路坚塞，所要无寄⑬。常恐一旦死于钻仰之难，取笑于世俗之夫。岂图今日遭遇光会，一睹圣姿，而精神飞扬，恍惚大梦。如以涉世千年，救护死归之日，乞愿垂哀诰，赐彻元元⑭。"王母曰："将告汝要言。我曾闻天王曰：'夫欲长生者，宜先取诸身，但坚守三一⑮，保

---

① 施业：施事立业。

② 津液：人体内液体的总称，包括血液、唾液、泪液、汗液等。

③ "开暗塞"句：谓头脑不能除去愚昧；暗塞：愚昧闭暗；明堂，道教称两眉之间为天门，入内一寸为明堂，此指头脑；李白《汉东紫阳先生碑铭》："明堂平白，长耳广颡。"王琦注：'《黄庭经》：'明堂四达法海源。'梁邱子注：'眉头一寸为明堂。'"

④ 蒙圣诰：接受神圣的告语。

⑤ 丽天之教：升天的教诲；丽天，《易·离》："日月丽乎天。"孔颖达疏："日月丽乎天，百谷草木丽乎土者，此广明附著之义。"

⑥ 元始天王：原始天尊，道教"三清"中最上一位尊神。

⑦ 搏桑大帝君：即扶桑大帝，东王公，道教传说中为原始天尊和太元圣母结合所生。

⑧ 爰：连词，于是。丹房：炼丹房屋。

⑨ 元微之言：玄妙之言，指示仙道的要言。

⑩ "登见遗"句：谓立即以要言相告；登，立即；见遗(wèi)，给予。

⑪ "实天人"句：谓确实是天上人间玄妙的观念。

⑫ 晦朔之期：本义指早晚，旦夕；《庄子·逍遥游》："朝菌不知晦朔，蟪蛄不知春秋。"这里与"朝华之质"相对，指长寿。

⑬ "所要"句：谓所求无所寄托；要，探求，求取；《易·系辞下》："噫亦要存亡吉凶，则居可知矣。"高亨注："要亦求也。"此言用《易经》求人事之存亡吉凶，则安坐可知矣。"

⑭ 元元：庶民，平常人；《战国策·秦策一》："制海内，子元元，臣诸侯，非兵不可！"鲍彪注："元，善也，民之类善故称元。"

⑮ 三一：精、神、气三者混而为一之道，《云笈七签》卷四九："三一者，精、神、气混三为一也。"

尔旅族①(以下指示仙药与宝精炼气部分,从略)……夫始欲修之,先营其气,太上真经所谓行益易之道。益者益精,易者易形。能益能易,名上仙籍;不益不易,不离死厄②。行益易者,谓常思灵宝也。灵者神也,宝者精也。子但爱精握固,闭气吞液,气化血,血化精,精化液,液化骨,行之不倦,神精充溢。为之一年易气,二年易血,三年易脉,四年易宍③,五年易髓,六年易筋,七年易骨,八年易发,九年易形。形易则变化,变化则道成,道成则位为仙人。吐纳六气④,口中甘香,欲食灵芝,存得其味,微息挹吞⑤,从心所适。气者水也,无所不成,至柔之物,通致神精矣。'此元始天王丹房之中所说微言,今敕侍笈玉女李庆孙书出以相付⑥。子善录而修焉。"于是王母言粗毕,啸命灵官,使驾龙严车欲去⑦,帝下席叩头,请留殷勤。王母乃止。

王母乃遣侍女郭密香,与上元夫人相问⑧,云:"王九光母敬谢,但不相见四千余年。天事劳我,致以愆面⑨。刘彻好道,适来视之,见彻了了⑩,似可成进,然形慢神秽⑪,脑血淫漏,五藏不淳,关胃彭勃⑫,骨无津液,浮反外内⑬,宍多精少,瞳子不夷,三尸狡乱,元白失时⑭。语之至道,殆恐非仙才。吾久在人间,实为臭浊,然时复可游,望以写细念⑮。庸主对坐,怏怏不乐,

① 旅族:家族;旅,通"侣",同伴;《诗·周颂·有客》:"敦琢其旅。"马瑞辰《通释》:"旅、吕亦双声。《汉志》:'吕,旅也。'又通作'侣'。"

② 死厄:死亡;厄,灾难。

③ 宍:"肉"俗写。

④ 六气:指大自然阴、阳、风、雨、晦、明六者之气;《左传·昭公元年》:"天有六气,降生五味……六气曰阴、阳、风、雨、晦、明也。"

⑤ 挹吞:吞服,挹(yì),舀取。

⑥ 侍笈玉女:掌管经书的仙女;笈,书籍,经典。

⑦ 啸命:啸声发令;啸,撮口吹出声音;《真诰》:"善啸,啸如百鸟杂鸣,或如风激众林,或如伐鼓之音。"是道教修炼法术之一。严车:准备车辆。

⑧ 上元夫人:道教女仙,名阿环,一说本西王母小女、三天真皇之母,任上元之官,统领十方玉女名录。

⑨ 愆面:久不见面;愆(qiān),违背,违失。

⑩ 了了:透彻,清楚。

⑪ 形慢神秽:形态骄慢,神气污秽。

⑫ 关胃:眼、口、耳和胃肠;《淮南子·主术训》:"夫目妄视则淫,耳妄听则惑,口妄言则乱。夫三关者,不可不慎守也。"彭勃:迅猛不衰貌。

⑬ 浮反外内:谓身体内外虚弱不调。

⑭ 元白:同"玄白",黑白,指真伪、善恶、正反等。

⑮ "望以"句:谓希望得以发抒怀念心情;写,同"泻"。

夫人肯暂来否？若能屈驾,当停相须。"帝不知上元夫人何神人也,又见侍女下殿,俄失所在。须臾,郭侍女返。上元夫人又遣侍女答问云:"阿环再拜,上问起居,远隔绛河①,扰以官事,遂替颜色近五千年②。仰恋光润,情系无违。密香至,奉信,承降尊于刘彻处。闻命之际,登当颠倒③。先被太帝君敕④,使诣玄洲校定天元⑤,正尔暂住。如是当还,还便束带,须臾少留。"帝因问上元夫人由。王母曰:"是三天真皇之母,上元之官,统领十万玉女之名录者也。"

当二时许,上元夫人至,来时亦闻云中箫鼓之声。既至,从官文武千余人,皆女子,年同十八九许,形容明逸⑥,多服青衣,光彩耀日,真灵官也。夫人年可廿余,天姿清辉,灵眸绝朗,服赤霜之袍,云彩乱色,非锦非绣,不可名字;头作三角髻,余发散垂之至腰,戴九灵夜光之冠,带六出火玉之珮⑦,垂凤文琳华之绶⑧,腰流黄挥精之剑,上殿向王母拜。王母坐而止之。呼同坐,北向。夫人设厨,厨之精珍与王母所设者相似。王母敕帝曰:"此真元之母,尊贵之神,女当起拜。"帝拜,问寒温,还坐。夫人笑曰:"五浊之人⑨,耽湎荣利⑩,嗜味淫色,固其常也。且彻以天子之贵,其乱目者倍于常人焉。而复于华丽之墟⑪,拔嗜欲之根,愿无为之事,良有志也。"王母曰:"所谓有心哉!"上元夫人谓帝曰:"女好道乎?闻数招方士,祭山岳,祠灵神,祷河川,亦为勤矣。而不获者,实有由也。女胎性暴⑫,胎性奢,胎性淫,胎性酷,

---

① 绛河:即银河,又称天河、天汉。
② 替颜色:谓没有见面;替,弃,止;颜色,颜面。
③ 登当颠倒:形容喜极的姿态。
④ 太帝:天帝。
⑤ 玄洲:神话中十洲之一;《海内十洲记》:"玄洲,在北海之中,戊亥之地,方七千二百里,去南岸三十六万里,上有太玄都,仙伯真公所治。"校定天元:校正天地运行之理。
⑥ 明逸:亮丽;逸,美丽;《艺文类聚》卷七十引《战国策·齐策一》:"邹忌身体逸丽。"
⑦ 六出:六角,六楞。
⑧ 琳华:玉的纹理;琳,青碧色的玉。
⑨ 五浊:尘世中五种浑浊不净,即劫浊(世界毁灭一次谓"劫")、见浊、烦恼浊、众生浊和命浊;这是佛教概念。
⑩ 耽湎:沉迷。
⑪ 华丽之墟:此指仙界。
⑫ 胎性:先天本性。

道教文学十讲

胎性贼①,五者恒舍于荣卫之中②,五脏之内,虽锋芒良针,固难愈矣。暴则使气奔而神攻,是故神扰而气竭;淫则使精漏而魂疲,是故精竭而魂消;奢则使真离而魄秽③,是故本游而灵臭④;酷则使丧仁而自攻,是故失仁而服乱;贼则使心斗而口干,是故内战而外绝。五者皆是截身之刀锯,刳命之斧钺,虽复疲好于长生,而不能遣兹五难,亦何为损性而自劳乎?然由是得此小益,以自知往尔⑤。若从今已舍尔五性,反诸柔善,明务察下,慈务矜冤,惠务济穷,赈务施劳,念务存孤,�务及身,恒为阴德,救济死厄,恒久孜孜,不泄精液,于是闭诸淫,养尔神,放诸奢,从至俭,勤斋戒,节饮食,绝五谷,去臭腥,鸣天鼓⑥,饮玉浆,荡华池⑦,叩金梁⑧,按而行之,当有冀耳。今阿母迁天尊之重驾,降蟪蛄之窟⑨,屈霄虚之灵鸾,诣孤鸟之俎⑩。且阿母至戒,妙唱元发,验其敬勖节度⑪,明修所奉,比及百年,阿母必能致女于元都之墟⑫,迎女于昆阙之中⑬,位以仙官,游迈十方。吾言之毕矣,子厉之哉!若不能尔,无所言矣。”帝下席跪谢曰:“臣受性凶顽,生长乱浊,面墙不启⑭,无由开达,然贪生畏死,奉灵敬神,今日受教,此乃天也。辄戢圣令⑮,以为身范,是小丑之臣,当获生活,唯垂哀护,愿赐元元⑯。”夫人使帝还坐。王母谓夫人曰:“卿之戒言,言甚急切,更使未解之人,畏于至意。”夫人曰:“若其

---

① 贼:邪辟不正。
② 荣卫:泛指气血;荣,血的循环;卫,气的周流。
③ 真:指元气。
④ 本游:本性游离。灵臭:灵魂腐臭。
⑤ 知往:谓知道方向。
⑥ 鸣天鼓:道教内丹养炼法术,中央牙齿上下相叩,以召众神。
⑦ 荡华池:道教内丹养炼法术;《黄庭外景经·下部经》:“沐浴华池生灵根。”华池,本指舌的下部,泛指口;《太平御览》卷三六七引《养生经》:“口为华池。”
⑧ 扣金梁:道教内丹养炼法术;金梁,鼻。
⑨ 蟪蛄之窟:指凡人所居;蟪蛄,蝉的一种;《庄子·逍遥游》:“朝菌不知晦朔,蟪蛄不知春秋,此小年也。”是说生命短促、微末。
⑩ 孤鸟之俎:譬凡人所处,如孤鸟处刀俎;俎(zǔ)切肉的砧板。
⑪ 敬勖:勉励。节度:态度。
⑫ 元都之墟:玄都,传说中神仙居处;典出《海内十洲记·玄洲》:“上有大玄都,仙伯真公所治。”
⑬ 昆阙:昆仑山。
⑭ 面墙:面墙而立,喻愚昧无所见。不启:未开导。
⑮ 戢:怀藏。
⑯ 元元:玄元,本指道家所称天地万物本源的道,此指仙道。

志道，将以身投饿虎①，忘躯破灭，蹈火履水，固于一志，必无忧也。若其无忠志，则心疑真信，嫌惑之徒。勿畏急言，急言之发，欲成其志耳。阿母既有念，必当赐以尸解之方耳。"王母曰："此子勤心已久，而不遇良师，遂欲毁其正志，当疑天下必无仙人。是故发我阆宫，暂舍尘浊②，既欲坚其仙志，又欲令向化不惑也。今日相见，令人念之。至于尸解下方，吾甚不惜。复三年，吾必欲赐以成丹半剂，石象散一具与之，则彻不得复停。当今匈奴未弥③，边陲有事，何必令其仓卒舍天下之尊，而便入林岫也④。但当问笃向之志必卒何如⑤。如其回改，吾方数来。"王母因抚帝背曰："汝用上元夫人至言，必得长生，可不勖勉！"帝跪曰："彻书之金简⑥，以身模之焉。"

　　帝又见王母巾笈中有卷子小书⑦，盛以紫锦之囊。帝问："此书是仙灵之方耶？不审其目可得瞻眄否⑧？"王母出以示之曰："此《五岳真形图》也⑨。昨青城诸仙就我求请⑩，今当过以付之，乃三天太上所出⑪。其文秘禁极重，岂女秽质所宜佩乎？今且与汝《灵光生经》，可以通神劝志也。"帝下地叩头，固请不已。王母曰："昔上皇清虚元年，三天太上道君下观六合，瞻河海之短长，察邱岳之高卑，立天柱而安于地理⑫，植五岳而拟诸镇辅⑬，

---

　　① 身投饿虎：此处用佛教尸毗王诚心求法、舍身饲虎、接受考验故事，见《六度集经》、《贤愚经》等经典。
　　② 暂舍：暂住。
　　③ 匈奴未弥：指汉武帝时北边匈奴屡有边患。弥：止息。
　　④ 入林岫：指弃世修道。林岫，山林；岫（xiù），山峦。
　　⑤ 笃向之志：专诚向道的志向。
　　⑥ 金简：黄金简册；简，本指竹简，引申为书束。
　　⑦ 巾笈：巾箱，放置随身物品的小箱子。
　　⑧ 瞻眄：察看。
　　⑨ 《五岳真形图》：道教符篆，据称为太上道君所传，有免灾致福之效；葛洪《抱朴子·遐览》："道书之重者，莫过于《三皇内文》、《五岳真形图》也。古人仙官至人尊秘此道，非有仙名者不可授也。"
　　⑩ 青城诸仙：青城山众仙人；青城山在今四川都江堰市西南，为道教洞天福地之一。
　　⑪ 三天：清微天、禹余天、大赤天，仙人所居天界。
　　⑫ 安于地理：谓使大地得以安定。
　　⑬ 拟诸镇辅：谓确定作为"五岳"镇辅的山；古称扬州会稽山、青州沂山、幽州医巫闾山、冀州霍山为四镇，《周礼·春官·大司乐》四镇与五岳并举。

贵昆陵以舍灵仙①，尊蓬邱以馆真人②，安水神乎极阴之源，栖太帝于搏桑之墟③，于是方丈之阜为理命之室，沧浪海岛养九老之堂，祖瀛、元炎、长元、流生、凤麟、聚窟，各为洲名，并在沧流大海元津之中。水则碧黑俱流，波则震荡群精，诸仙玉女，聚于沧溟，其名难测，其实分明。乃因川源之规矩，睹河岳之盘曲，陵回阜转，山高陇长，周旋逶蛇④，形似书字，是故因象制名，定实之号，画形秘于元台⑤，而出为灵真之信。诸仙佩之，皆如传章，道士执之，经行山川，百神群灵，尊奉亲迎。女虽不正，然数访山泽，扣求之志，不忘于道，欣子有心，今以相与，当深奉慎，如事君父，泄示凡夫，必致祸及也。"（以下上元夫人介绍六甲灵飞十二事）……帝下席叩头曰："彻下土浊民，不识清真，今日闻道，是生命会遇圣母。今当赐与《真形》，修以度世。夫人今告彻应须五帝六甲、六丁六戊致灵之术⑥，既蒙启发，宏益无量。唯愿告海，济臣饥渴，得使已枯之木，蒙灵阳之润，焦炎之草，幸甘雨之溉。不敢多陈，愿赐指授。"上元夫人曰："我无此文也。昔曾扶广山见青真小童，有此金书秘字，云求道益命，千端万绪，皆须五帝六甲灵飞之术，六丁六壬名字之号，得以请命延算⑦，长生久视，驱策众灵，役使百神者也。其无六甲要事，唯守《真形》者，于通灵之来，必无阶矣⑧。女有心可念，故相告篇目耳，幸复广加搜访焉。"帝固请不已，叩头流血（以下上元夫人命侍女到扶广山敕青真小童出六甲左右灵飞致神之方十二事赐汉武帝）……王母又命侍女宋灵宾，更取一图与帝。灵宾探怀中得一卷，盛以云锦之囊，形书精明，具如向巾器中者⑨。王母起立，手以付帝。又祝曰："天高地卑，五岳镇形，

---

① 昆陵：昆仑山。舍灵仙：让神仙居住。
② 蓬邱：蓬莱山。
③ 搏桑：即"扶桑"，神树，相传日出于扶桑之下。
④ 逶蛇（wēi yí）：同"委蛇"，绵延屈曲貌；《诗·召南·羔羊》："退食自公，委蛇委蛇。"郑玄笺："委蛇，委曲自得之貌。"
⑤ 元台：同"玄台"，神话中天帝藏书之台。
⑥ 六丁六戊：和"六甲"一样，是神符名号，下文所说的"十二事"即此。致灵：招致神灵。
⑦ 延算：延长寿命；算，寿命。
⑧ 无阶：谓没有门径。
⑨ 向：前面，先前。

元津激氘，沧泽元精，天回九道①，六和长平②，太上八会，飞天之成，真仙节信，由兹通灵，泄坠灭腐③，宝归长生，彻其慎之，敢告刘生。"祝毕授帝，帝拜稽首。王母曰："夫始学道符者，宜别祭五岳诸仙真灵，洁斋而佩之。今亦以六甲杂事须用节度，相与可明，依案之也。若女遂尅明正身④，反恶修善，后三年七月更来告女要道也。"（以下插入东方朔事）……时酒酣周宴⑤，言请粗毕，上元夫人自弹云林之璈，鸣弦骇调⑥，清音灵朗，元风四发，咂歌《步元之曲》，辞曰：

　　　　昔涉元真道⑦，腾步登太霞⑧。负笈造天关⑨，借问太上家⑩。忽过紫微垣⑪，真人列如麻。绿景清飙起，云盖映朱葩⑫。兰宫敞琳阙⑬，碧空启璠沙⑭。丹台结空构，昈昈生光华⑮。飞凤踶薨峛⑯，烛龙倚委蛇⑰。玉胎来绛芝⑱，九色纷相拏⑲。挹景练仙骸⑳，万劫方童牙㉑。谁

---

①　九道：日月运行轨道；汉王充《论衡·说日篇》："日月有九道。"
②　六和：同"六合"，天地四方。
③　泄坠灭腐：如泄露则坠坏，如破灭则朽败。
④　尅明：能够修明；《书·尧典》："克明俊德。"
⑤　周宴：饮宴完了。
⑥　骇调：谓音调高昂急促。
⑦　元真道：仙道；元真，同"玄真"；《黄庭内景经·五行》："能存玄真万事毕。"
⑧　太霞：高空，陶弘景《周氏冥通记》卷二："太霞郁紫盖，景风飘羽轮。"
⑨　负笈：背着书箱，引申为游学四方，这里指求仙。天关：天上的关隘。
⑩　太上：道教奉老子为教祖，尊之为太上老君。
⑪　紫微垣：星官名，三垣之一；紫微垣十五颗星，以北极为中枢，成屏藩状，被看做是大帝之座。
⑫　朱葩：红色的花；葩，通"芭"，花。
⑬　兰宫：木兰建的宫殿。琳阙：美玉筑的宫阙。
⑭　璠：同"琼"，美玉。
⑮　昈昈：光盛貌，曹植《车渠碗赋》："丰玄素之昈昈，带朱荣之葳蕤。"
⑯　"飞凤"句：谓宫殿以飞凤作薨；踶（dì）：踩，踏；左思《魏都赋》："云雀踶薨而矫首，壮翼摛镂于青霄。"薨峛：高耸的屋脊；薨，薨标，屋脊上的装饰。
⑰　"烛龙"句：谓烛龙作屋脊；烛龙，传说中神名，据说其张目（亦有谓其驾日、衔烛或珠）能照耀天下。《山海经·大荒北经》："西北海之外，赤水之北，有章尾山。有神，人面蛇身而赤，直目正乘，其瞑乃晦，其视乃明，不食不寝不息，风雨是谒。是烛九阴，是谓烛龙。"
⑱　"玉胎"句：谓天宫中生长灵芝；玉胎，玉胞，又称绛宫；绛芝，指灵芝。
⑲　纷相拏：纷拏，繁盛貌。
⑳　挹景：景，内景，内神；挹景指精神养炼之术。
㉑　"万劫"句：谓经历万劫仍保持童颜；万劫，佛经称世界从生成到毁灭的过程为一劫，万劫犹万世，形容时间极长；沈约《内典序》："俱处三界，独与神游，包括四天，卷舒万劫。"

道教文学十讲

言寿有终,扶桑不为查①。

王母又命侍女田四妃答歌曰:

晨登太霞宫,挹此八玉兰。夕入玄元阙,采蕊掇琅玕②。濯足匏瓜河③,织女立津盘④。吐纳挹景云⑤,味之当一餐。紫微何济济⑥,璃轮复朱丹⑦。朝发汗漫府⑧,暮宿句陈垣⑨。去去道不同,且如体所安。二仪设犹存⑩,奚疑亿万椿⑪。莫与世人说,行尸言此难。

歌毕,因告武帝仙官从者姓名,及冠带执佩物名,所以得知而纪焉。至明旦,王母别去。上元夫人谓帝曰:"夫李少君者⑫,专念精进,理妙微密,必得道矣。其似未有六甲灵飞之文,女当可以示之。"帝曰:"诺。"于是夫人与王母同乘而去。临发,人马龙虎威仪如初来时,云气勃蔚⑬,尽为香气,极望西南,良久乃绝……

---

① "扶桑"句:谓扶桑树长生不死,以喻有不死的神仙;查:同"楂",树木砍伐后留下的残桩。
② "采蕊"句:谓采花蕊和美玉;掇(duō),采摘;琅玕:似玉的美石。
③ 匏瓜河:指银河;匏瓜,一名"天鸡",天上星名。
④ 津盘:指天河边。
⑤ 景云:祥云;此指呼吸吐纳的元气。
⑥ 济济:美好端庄。
⑦ 璃轮:琼玉的车子。
⑧ 汗漫府:指广大无边的天界;《淮南子·俶真训》:"至德之世,甘暝于溷澜之域而徙倚于汗漫之宇。"
⑨ 句陈垣:句,同"勾",星官名;刘向《说苑·辨物》:"璇玑,谓北辰,勾陈枢星也。"
⑩ 二仪:日月。
⑪ 亿万椿:生长亿万年的椿树;椿,《庄子·逍遥游》:"上古有大椿者,以八千岁为春,八千岁为秋。"
⑫ 李少君:汉武帝朝求仙方士。
⑬ 勃蔚:蓬勃浓郁貌。

【第三讲】

仙道类志怪与传奇

仙道题材在中国小说发展中的地位与意义

道教影响文学早期最为显著的成果之一是仙道题材的志怪小说。鲁迅曾说过：

> 中国之鬼神谈，似至秦汉方士而一变，故鄙意以为当先搜集至六朝（或唐）为止群书，且又析为三期，第一期自上古至周末之书，其根柢在巫，多含古神话，第二期秦汉之书，其根柢亦在巫，但稍变为"鬼道"，又杂有方士之说，第三期六朝之书，则神仙之说多矣，今集神话，自不应杂入神仙谈，但在两可之间者，亦只得存之。（《鲁迅书信集》上册《致傅筑夫、梁绳祎》）

按上述分类统计，二、三时期即秦汉六朝时期记述鬼神怪异之事的志怪作品，如今可知名目者约五六十种，现存与辑存的三十余种。除了前面讨论过的作为道教经典的《列仙传》、《神仙传》、《汉武帝内传》等之外，依内容划分，大体又可分为三大类。一是传闻轶事类，如干宝《搜神记》、题陶潜《搜神后记》、祖冲之《述异记》等；二是博物地理类，如张华《博物志》、无名氏《海内十洲记》等；三是神异灵验类，如刘义庆《宣验记》、《幽明录》、王琰《冥祥记》、颜之推《冤魂志》等。当然具体某书的内容按上述类别划分多是相混杂的。文学史上又习惯把这些作品划分为"志怪"、"志人"小说两大类。但无论如何区分，涉及佛、道二教内容的篇章不少。而其中道教的、主要是神仙题材的作品数量又较多，体裁、风格也多种多样。就作者看，这后一类作品有些出自民间传说，有些是文人创作；从取材看，有些是根据道教文献记述加以生发的，有些则纯属虚构；从创作目的看，有些是宣扬道教信仰的，也有不少是作为奇闻轶事加以记录、作为谈资的。

一般说来，这一时期以《世说新语》为代表的所谓"志人小说"着重记述逸闻轶事,乃是史传的嫡派;以《搜神记》为代表的所谓"志怪小说"纪录神怪奇闻,则是神话传说的支流。而被归入两类之中的佛、道二教故事则另有鲜明特征,从内容说具有宗教内涵,写法上则想象、虚构成分更浓重。周策纵指出:

> 与宗教关系较密切的小说作品,报应观念较强;或预设定命,以图解脱。这种作品,似乎也曾给予中国传统小说较多的"虚构"性。(《传统中国的小说观念与宗教关系》)

虚构是有意识的悬想造作,在先秦以来重现实、重人事的文学传统中,虚构作为构思方式是受到限制的。从这样的角度讲,屈、宋以来的辞赋创作多有虚构,佛、道内容的小说更多出于悬想,在文学发展上取得重要创获,二者均具有特殊的价值。

又如果拿鲁迅所说"释氏辅教之书"里的灵验传说与道教神仙故事相比较,则佛教传说带有鲜明的教义图解性质。例如众多宣扬观音灵验的故事形成固定程式,大体是说有人遇到灾难,由于念观音名号、顶戴观音经像而得救(《法华经》里《观世音普门品》讲观世音菩萨对陷入水、火、牢狱、盗贼等七种灾难的人"闻声往救",今存南北朝时期的三种《观世音应验记》就是按程式记录八十六个观音救济故事);还有一些故事记录善恶报应、六道轮回传闻,是对教理的通俗解说。而道教故事有明显不同,虽然难免概念化、图解化的弊端,由于仙人被设想为各种各样活动在现世的人物,围绕他们就能够构想出更富现实内容和生活情趣的情节,表达上往往注重文采,则会创作出内容更丰富、形式更多样、也更真切感人的作品。这样,道教题材的作品在艺术上往往达到更高水准,作为小说创作也取得更大成绩,对后世发挥更大的影响。

唐传奇的兴盛标志着小说创作步入成熟阶段。鲁迅说"唐人始有意为小说"。所谓"有意"指有意识的创作。这体现艺术观念的自觉,小说写作从而取得关键性的进展。所谓"进展",就佛、道内容的作品说,一方面在内容上,如果说汉魏六朝这类作品体现或浓或淡的宗教观念或宣教意图,唐传奇则往往即使利用宗教材料,也已不以解说教义、宣扬信仰为主旨。就是说,写作这些作品,作者多是抱着娱情悦志、供人欣赏的目的,而不再为了"辅教";从而在写法上,则重在构想情节的真切有趣,刻画人物的形象生动,摆脱了图解概念的程式化作法。这样,唐传奇已是纯粹的小说,已经和宗教宣传脱离了干系。唐传奇当然对六朝志怪、志人小说的艺术成果多所借鉴,但创作出的乃是具有高度欣赏价值的、艺术上更为成熟的作品。而且就唐传奇看,如前所述,仙道题材作品比起佛教内容的作品来艺术上同样达到了更高的水平。

下面介绍仙道题材的志怪和传奇作品,描写女仙和谪仙的作品在思想上和艺术上独具更鲜明的特色,下一讲专门讨论。

六朝仙道志怪

前述仙传类作品基本是道教内部创作(如前所述,早期的《列仙传》形成情况复杂),采取史传体例,以"人"(仙人)为中心,叙述他修道成仙或其神奇不凡的事迹。志怪中的仙道题材作品题材更为广泛:或取自文献记录、民间传闻,或是文人的创作,当然也有根据道教典籍的。它们构想情节来讲述仙道故事,体例已脱离史传格局。仙传被当做"历史"看待,史书里著录于"杂史"一类;志怪作品则被纳入"小说"一类。这类作品写法上往往被当做实事的纪录,但内容更多出于作者的主观悬想,读者(传播者)则基本做为奇闻轶事来接受,宗教意味从而已相当淡薄了。这就给创作提供了发挥想象、进行艺术表现的更大空间。

干宝(? —336,著述宏富,包括《晋纪》、《司徒仪》等,以史学家身份而撰写志怪小说,表明当时人观念中二者的联系)编撰《搜神记》,自述立意在"发明神道之不诬",被誉为"鬼之董狐(春秋时期晋国太史,以直笔著称)",记录许多流行的佛、道故事,但写法已不是为人物立传,而是记述传说以广见闻、资谈助。如葛玄是三国时著名方士,《神仙传》为他立传,从他的姓氏、籍贯、资质、学养写起,写他师事左慈,受道术、仙经,以及致病劾鬼、分形变化之术,直至尸解,是一篇完整的人物传记。而《搜神记》同样写他,写法则截然不同,着重描述他的"变化之事",如"漱口中饭,尽变大蜂数百,皆集客身,亦不螫人。久之,玄乃张口,蜂皆飞入。玄嚼食之,是故饭也"等等,还描写他的求雨等方术,从而塑造一个具有不可思议神奇能力的"异人"、又像是精于幻术的魔术师的形象。

题陶潜撰《搜神后记》(此书或疑为伪托,或以为经后人增益)里的《桃花源》写探访避乱秦世遗民居住的桃源仙洞传说,构思借鉴了道教"洞天"观念,设想一个小国寡民、鸡犬相闻的和平、祥和的仙境,作者实际意在描摹一个理想的社会生活模式,表达对于现实中残暴政治、混浊世事的厌恶和批判,主旨显然与神仙信仰全然无关。作者写芳华鲜美、落英缤纷的桃花,写洞穴里的良田、美池、桑竹,写其中黄发垂髫、怡然自乐的人情世态,等等,利用简练笔墨形容渲染,而整个故事又造成迷离恍惚、神秘莫测的情境,则是借鉴了道教仙道描写的方法。又同书里写传说中的仙人丁令威:

> 丁令威本辽东人,学道于灵虚山,后化鹤归辽,集城门华表柱。时有少年举弓欲射之,鹤乃飞,徘徊空中而言曰:"有鸟有鸟丁令威,去家千年今始归,城郭如故人民非,何不学仙冢累累。"遂高上冲天。今辽东诸丁云其先世有升仙者,但不知名字耳。

这个丁令威化鹤回乡故事,主旨显然也不在宣扬修仙度世。奇妙的构思寄托着作者世事沧桑、人生飘忽的感慨,其中穿插一首意味深长的歌曲,更增加了描写的情趣。

仙、凡交通是志怪的重要题材。这类作品有些情节相当曲折生动,表达丰富多彩的思想内容。如任昉(460—508,南朝齐、梁文人)《述异记》(今本内容所述有任昉身后事,显然并非原作。《四库总目》认为"或后人杂采类书所引《述异记》,益以他书杂记,足成卷帙"。又祖冲之撰《述异记》,非一书,久佚)所述"烂柯"事:

> 信安郡石室山,晋时王质伐木至,见童子数人棋而歌,质因听之。童子以一物与质,如枣核,质含之,不觉饥。俄顷童子谓曰:"何不去?"质起视,斧柯烂尽。既归,无复时人。

据《太平御览》,这个故事已见晋袁山松《郡国志》。构成故事情节的基本是三个因素:仙人下棋,食枣不饥,仙、凡时间的巨大差异。但利用它们来构想情节,则表现更深刻的喻意:仙人下棋是神仙故事常见的情节,让人联想人世变幻如棋局;仙界食枣见西王母等传说,隐喻长生的幻想;"斧柯烂尽"的夸张想象,又寄托着人世的短暂与时间永恒的矛盾。这样的表现就不单纯是搜奇记异,而表现出对于人生的相当深入的思索。因而简短故事中的观念和构想却流传久远,引起后世一代代人的同感与呼应。又如王浮《神异记》(王浮是西晋道士,天师道祭酒,造《老子化胡经》,是历史上佛、道斗争的重要文献。鲁迅在《中国小说史略》里说,方士撰书,大抵托名古人,故称晋宋人作者不多有,惟类书间有引《神异记》者,则为道士王浮作。该书久已散佚)里关于"丹丘茗"来历的传说:

> 余姚人虞洪入山采茗,遇一道士,牵三青牛,引洪至瀑布山,曰:"予,丹丘子也。闻子善具饮,常思见惠。山中有大茗,可以相给,祈子他日有瓯牺之余,乞相遗也。"因立奠祀。后常令家人入山,获大茗焉。

如此进入仙界得到名茶,属于民间传说中地方风物传说一类故事,信仰的意义同样是很淡薄的。

关于仙道类志怪作品的写作技巧与风格,王嘉(十六国前秦人)《拾遗记》(《晋书》王嘉传记载著《拾遗录》十卷,今传本或疑经过南朝梁宗室萧绮整理、增饰)"李夫人"篇是个典型例子。《史记·孝武本纪》记述齐人少翁方术事:

> 齐人少翁以鬼神方见上。上有所幸王夫人,夫人卒,少翁以方术盖夜致王夫人及灶鬼之貌,云:天子自帷中望见焉。于是乃拜少翁为文成将军,赏赐甚多,以客礼礼之。

《汉书·郊祀志》改"王夫人"作"李夫人"。《拾遗记》利用这个简单史实敷衍出生动、复杂的情节:

> 汉武帝思怀往者李夫人,不可复得。时始穿昆灵之池,泛翔禽之舟,帝自造歌曲,使女伶歌之。时日已西倾,凉风激水,女伶歌声甚道,因赋落叶哀蝉之曲曰:"罗袂兮无声,玉墀兮尘生。虚房冷而寂寞,落叶依于重局。望彼美之女兮,安得感余心之未宁。"帝闻唱动心,闷闷

不自支持，命龙膏之灯以照舟内，悲不自止。亲侍者觉帝容色愁怨，乃进洪梁之酒，酌以文螺之卮。卮出波祇之国，酒出洪梁之县，此属右扶风，至哀帝废此邑，南人受此酿法，今言云阳出美酒，两声相乱矣。帝饮三爵，色悦心欢，乃诏女伶出侍。帝息于延凉室，卧梦李夫人授帝蘅芜之香，帝惊起而香气犹着衣枕，历月不歇。帝弥思求，终不复见，涕泣洽席，遂改延凉室为遗芳梦室。初，帝深嬖李夫人，死后常或梦之，思欲见夫人。帝貌憔悴，嫔御不宁，诏李少君，与之语曰："朕思李夫人，其可得乎？"少君曰："可遥见，不可同于帷幄。"帝曰："一见足矣，可致之。"少君曰："黑河之北有暗海之都也，出潜英之石，其色青，质轻如毛羽，寒盛则石温，暑盛则石冷，刻之为人像，神语不异真人。使此石像往，则夫人至矣。此石人能传译人言语，有声无气，故知神异也。"帝曰："此石像可得否？"少君曰："愿得楼船百艘，巨力千人能浮水登木者。"皆使明于道术，赍不死之药，乃至暗海，经十年而还，昔之去人或升云不归，或托形假死，获反者四五人，得此石，即命工人依先图刻作夫人形，刻成置于轻纱幕里，宛若生时。帝大悦，问少君曰："可得近乎？"少君曰："譬如中宵忽梦，而昼可得近观乎？此石毒，宜远望，不可逼也。勿轻万乘之尊，惑此精魅之物。"帝乃从其谏。见夫人毕，少君乃使舂此石人为丸，服之，不复思梦，乃筑灵梦台，岁时祀之。

这一篇的构思基本利用史书上汉武帝迷恋亡殁的李夫人、请方士作法情节。但《史记》等书简单记载齐人少翁招徕鬼魂事，而《拾遗记》大幅地改变为寻求仙界暗海石像，情节更为复杂，也给描写更多发挥的余地。从具体写法看，开头一段写"汉武帝思怀往者李夫人"，描摹一个浮舟作歌的场面，落日风凉，赋《落叶哀蝉之曲》，曲辞如泣如诉，持灯照舟，烘托凄凉的气氛；中间汉武帝卧梦一段，写情感的深切，用笔细致生动；前面的"洪梁之酒"，后来的"潜英之石"，借鉴了当时流行的博物类著作的夸饰技巧；写方士寻访奇石，石像的怪异，又利用道教典籍如《汉武帝内传》等书的构想；全篇藻绘形容，排比对偶，则体现流行的骈俪文风。总之，创作这样的作品，立意显然在讲述一个帝王惑于仙术的神奇故事，有意识的创作意图十分明显；注重人物的刻画、场面的描绘，追求艺术表现、文字修饰的意图相当突出。

这样，就小说艺术发展的层次说，仙道题材的志怪作品虽然没有超出"初陈梗概"的草创规模，但就其整体表现说，已不同于《列仙传》、《神仙传》等宣扬神仙信仰的道教经典。这些作品作为有意识的艺术创作的性质已十分明显。而且在全部魏晋南北朝时期的志怪创作里，就发挥艺术想象、塑造人物形象以及具体的铺排描绘、语言的创新和运用等方面说，这一类仙道题材作品应当算是成就相当突出的部分。它们在小说发展历史上也应是占有一定地位的。

仙道题材的唐传奇

六朝"志怪"作为"变异之谈"，内容还没有脱离神话传说的格局，表达上还利用记述传闻的框架，与真正意义的文学创作还有很大距离。唐人写传奇，虽然观念上仍不离于搜奇记异，但写法已基本出于作者的构想，又更讲究技巧与文采，因而鲁迅说唐人始"有意为小说"。这是创作观念与实践的巨大的、带有根本性质的变化。唐代思想活跃，社会上流行好奇尚异的风气，兼之佛、道二教发达，文人普遍地熟悉、倾心佛、道。特别如前面已经说过，仙道题材富于现实精神与生活内容，给作者提供更广阔的想象空间，成为他们乐于表现的内容。到中、晚唐，传奇创作进入烂熟期，文人创作风气大盛，又是社会上佛、道大肆流行的时候，著名的传奇小说集如戴孚（生卒年不详，至德二载[757]进士，官终饶州录事参军）的《广异记》、牛僧孺（780—848 或 849，穆、敬、文宗宰相，亦善诗文）的《玄怪录》、李复言（据考活跃于文宗大和、开成间[827—840]；一说即李谅[775—833]，贞元十六年[800]进士，官至岭南节度使，曾与白居易、元稹唱和）的《续玄怪录》、裴铏（生卒年不详，咸通[60—874]中为静海军掌书记，乾符五年[878]任成都节度副使）的《传奇》和张读（834 或 835—？字圣用，牛僧孺外孙，大中六年[852]进士，曾任礼部侍郎、权知尚书左丞事，后随僖宗避黄巢之乱奔蜀，回銮后任弘文馆学士）的《宣室志》、皇甫枚（生卒年不详，咸通末为鲁山令，僖宗奔蜀曾招赴梁州行在，唐灭后活动于晋汾间）的《三水小牍》等等，其中表现仙道题材的作品都占一定的比重。而这些都是真正意义的文人小说，基本和信仰或宣教无关。这从另一个角度又正体现了道教对小说创作影响的深入。

唐传奇创造出一批全然不同于传统神仙面貌的新型神仙形象，如戴孚

《广异记》写的刘清真，张读《宣室志》写的孙思邈，薛用弱（生卒年不详，曾任礼部郎中，大和[827—835]初或谓长庆[821—824]中为光州刺史）《集异记》写的叶法善、李清，段成式（？—863，宰相段文昌子，以门荫入仕，曾任处州刺史等，官终太常少卿，善诗文）《酉阳杂俎》写的卢山人，郑处诲（？—867，大和八年[834]进士，曾出镇浙东、西和宣武军）《明皇杂录》写的张果，题李繁（？—829，曾任太常博士等，大和元年[827]出为亳州刺史，后被诬陷下狱赐死）撰《邺侯外传》写父亲李泌，陈翰（生卒年不详，乾符[874—879]年间任库部员外郎，又曾任金部、屯田员外郎）《异闻记》写的仆仆先生，杜光庭《仙传拾遗》写的马周，等等，这些人有的是真实人物（如孙思邈是著名医药学家；叶法善、张果是著名道士；马周、李泌分别是唐太宗朝和玄宗至德宗朝的名臣），有的则是人为的造作；有些是道士，更多的是逸人、官僚、富豪、乞丐、工匠、医生等各种各样的普通人。作为神仙描写这些人物，当然也要写服食、修炼、隐化、飞升、尸解等等灵迹，渲染他们"千变万化"的神秘行径、神奇超凡的道术，描绘神仙美好、仙界快乐等等，但作为文学创作，这些作品分别另有表达的主题，往往能够体现一定的社会批判意义。其中许多作品的内容成为后世小说、戏曲创作的素材，被不同时代的作家们所利用和发挥，创作出一批十分优秀的作品，从而也证明了它们自身的价值。

有一类作品如沈既济（生卒年不详，贞元[785—805]中官终礼部员外郎，精史学，善传奇）的《枕中记》和李公佐（生卒年不详，大约于元和[806—820]初登进士第，为淮南从事，后宦游各地，善传奇）的《南柯太守传》更明显地体现宗教观念的影响。这两位都是富于才情、文笔杰出的作家，两篇作品又都反映文人处理仙道题材的独特立场。特别是前一篇更为典型：主要人物是一位通"神仙书"的道士吕翁和一位热衷仕途而处身困顿的书生卢生，卢生在邸店里遇到吕翁，吕翁给他一个青磁枕，他在上面入睡，梦境中娶清河崔氏女，建功立业，出将入相，又几经得罪，最后一门荣华，直至老死，醒悟后方知原是一梦：

> ……顾吕翁在旁，主人蒸黍未熟，触类如故。生蹶然而兴，曰："岂其梦寐也？"翁谓生曰："人生之适，亦如是矣。"生怃然良久，谢曰："夫宠辱之道，穷达之运，得丧之理，死生之情，尽知之矣。此先生所以窒

吾欲也。敢不受教。"稽首再拜而去。

如此结尾点题,说的是窒欲清心的道教观念,指出仕途险恶,荣华富贵之不足恃,宗教情趣浓厚。但是另一方面,"一枕黄粱梦"对于人世荣华富贵、娇纵豪奢的现实批判喻意也十分明显。《南柯太守传》故事情节大体相同,也是以梦中享尽富贵尊荣、梦回翻然醒悟作为结构框架,描述更为细腻详切,结尾处写主人公淳于生"感南柯之浮虚,悟人世之倏忽,遂栖心道门,弃绝酒色",终于入道了。这个故事对于世间利禄、人情险恶的批判意味同样十分深刻。另如牛僧孺《玄怪录》里《裴谌》主题相仿,情节则更富现实性。故事说裴谌和"方外之友"王敬伯、梁芳入山学道,辛勤修炼十数年;梁芳死,敬伯羡慕世间繁华,出世为官,娶高官女,至大理评事;后奉使淮南,船行过高邮,"时天微雨,忽有一渔舟突过,中有老人,衣蓑戴笠,鼓棹而去",乃是裴谌;敬伯以高官崇位相傲,并对友人的落拓处境表示同情,但裴谌却说:"吾侪野人,心近云鹤,未可以腐鼠吓也。"并告以广陵青园桥东有宅;敬伯遂前往寻访,见楼阁重复,花木锦绣,婢仆满堂,女乐绝代,原来裴谌以友人"俗心已就,须俗妓以乐之",又使法术召士大夫之女已适人者,结果正招来王妻赵氏;宴饮后五日,敬伯再来探访,只见荒凉之地,烟草极目;最后作者感慨说:"神仙之变化,诚如此乎?将幻者鹫术以致惑乎?固非常智之所及。"这篇以"神仙之变化"构造故事,按其中人物的说法,实意在讽刺世人为"俗情所迷",而且作者在篇末又明确表白了对"神仙之变化"的否定,坦露演说奇幻以刺世娱人的意图。传奇中这类利用仙道题材、不同程度地反映道教离世弃俗、离情去欲观念的作品,绝非是鼓吹神仙、鼓动求仙的。这样的作品出于文人之手,表现上又颇见功力,艺术水准已远非早期仙传里那些神仙传说可比了。

唐传奇有不少以真实人物为主人公的仙道故事,立意多在讽刺世事,同样具有一定的批判讽喻意义。如《邺侯外传》,一说李繁撰,写活动于玄、肃、代、德四朝的"畸人"李泌。他在乱世中用事朝堂,运筹帷幄,又善自韬晦,好神仙,故作诡异之行,得以在险恶的政治环境中进退自如,避祸全身。作者把人物的一些真实行迹和无稽传说糅合起来,记叙他应仙灵之命出世:年轻时"游衡山、嵩山,因遇神仙羡门子(高)、安期先生降之,羽车幢节，流云神光，照灼山谷，将曙乃去。因授以长生、羽化、服饵之道，且戒之曰：'太上有命，以国祚中危，朝廷多难，宜以文武之道，佐佑人主，功及生灵，然后可登真脱屣耳。'自是多绝粒咽气，修黄光谷神之要"，以此得神异之术，历朝出世，屡建大功，死后，中使遇之蓝关，他又曾到南岳从张先生受道箓、与懒残和尚（这是禅宗中的人物）交往等。这篇作品情节荒唐诡异，结构又相当杂乱，但其内容的政治意义是相当明显的。晚唐朝廷危机四伏，作者把一个乱世中以智术权谋尽忠保国的忠义之士当成神仙来描写，立意不在表扬李泌这个人，实在寄托解救危局的幻想，也是为挽救衰败中的李唐王朝制造舆论。另如马周、郭子仪、颜真卿等这些不同环境下维护唐王朝的功业卓著的人物，也都被当做"地仙"或神仙加护的对象来描写，用意当然也不只是在表扬这些人，而体现一定的政治态度和政治意图。

有些作品更利用仙道题材直接表现政治喻意。典型的如李复言《续玄怪录》里《辛公平上仙》一篇，以神秘手法写宫廷弑君的秘闻：士人辛公平进京赴调选，路上遇到王臻，对路途所经皆能预知，原来是迎接"天子上仙"的阴吏，在这个"人"的安排下，辛公平晋京目睹了"天子上仙"的经过。作品里对皇帝"兵解"过程作了极其生动而诡异的描绘。有一种看法（章士钊、卞孝萱等人）具体认定这篇作品是影射"永贞革新"政变中唐顺宗遇害经过的，具有重要的史料价值（中唐德宗、顺宗易代之际，一批具有革新意识的朝官王叔文、王伾、柳宗元、刘禹锡等在顺宗在位的短时期执掌朝政，采取一系列政治变革措施，史称"永贞革新"。革新活动在保守势力反击下失败，顺宗禅位，后来死去，主持者旋被贬黜。有推测顺宗被宦官杀害），虽然其说还难以确证，但这篇作品的主旨在影射宫廷政治斗争应当是没有疑问的。又《虬髯客传》，撰人不明（此传宋《太平广记》、《崇文总目》等均不署作者名氏；《容斋随笔》、《宋史·艺文志》等以为杜光庭作；今人所编各种唐宋传奇集均署杜光庭撰），以李靖辅佐唐太宗事为线索，描述所谓"风尘三侠"在隋末群雄逐鹿中的传说，被看做是晚唐政治小说的代表作。后世流行的是道士杜光庭《神仙感遇传》里的改编本，大体情节是李靖以布衣谒见隋司空杨素，得以见到杨的侍妾红拂；红拂一见倾心，夜奔李靖处，二人逃避追讨，拟去李渊所在的太原，路遇虬髯客，后者与红拂结为兄妹；三人预感隋朝将亡，李靖说"太原有异人"，是"州将之子"，为"靖之同姓"，后来经友人刘文静为介，得以见到李世民；与虬髯客同在的道士告之曰：

"此世界非公世界。他方可也。勉之,勿以为念。"后来虬髯客把全部财产赠给李靖夫妇,并告诉他们"持余之赠,以佐真主,赞功业也。勉之哉!此后十年,当东南数千里外有异事,是吾得事之秋也";李靖利用所赠资财,"乃为豪家,得以助文皇缔构之资,遂匡天下";至贞观十年,南蛮入奏,有海船千艘,甲兵十万,入扶余国,杀其主自立。这篇作品情节相当曲折,人物形象鲜明,应是经过长期流传加工的传说。其中写李唐创业,只说太宗而不及李渊,显然有替李世民做鼓吹的意思。而全篇主旨宣扬李唐王朝膺命为天下主,乱世中英雄豪杰的出路,或者如李靖那样辅佐真主,或者如虬髯客去海外称王称霸,显然也是为维护李唐王朝的统治制造舆论。在晚唐割据形势已经形成、李唐王朝岌岌可危的形势下,这样的作品的现实意义是很明显的。又《裴铏传奇》里的《陶尹二君》是陶渊明《桃花源记》以来形成的"避难遇仙"故事形态的变形,更加直截地表达了批判暴政的主题。文中说陶太白和尹子虚相契为友,游嵩、华二峰,采松脂、茯苓为业,有一次到芙蓉峰,寻异境,遇松梢上二人,其中一个是秦代的仆夫,另一个是秦宫女子;仆夫叙述经历说,当初秦始皇好仙术,派遣徐福到海上求不死药,他被选为童子,历惊涛骇浪之险,设计逃脱,后易业为儒,又值坑杀儒生,以出奇计得免于难,改变姓名为板夫,被迫去筑长城,始皇崩,又去修筑骊山陵寝,都是死里逃生;那位宫人本是应陪葬骊山的,二人一起逃难,居住千年,形体改易,遍体毛发,如今飞腾自在,无性无情;陶、尹二人向他们求金丹大药,被告以"食木实之法",并送二人"万岁松脂、千秋柏子";二人后居莲花峰,毛发尽绿,步履轻健,云台观道士往往遇之。文中秦人有诗说:"饵柏轻身叠嶂间,是非无意到尘寰。冠裳暂备论浮世,一响云游碧落间。"宫人也有诗说:"谁知古是与今非,闲蹑青霞远翠微。箫管秦楼应寂寂,彩云空惹薛萝衣。"这种脱离尘寰、逃避世乱的神秘境界乃是乱世中人的幻想,而秦王朝暴政灾难情节"密集",突显出强烈的政治批判意义。皇甫枚的《三水小牍》关于温璋的故事则是批判官府残暴的。温璋"咸通壬辰尹正天府,性黩货敢杀,人亦畏其严残,不犯,由是治有能名"。根据当时制度,京尹出街清道,闭里门,"有笑其前道者,立杖杀之"。一次温璋出行,"呵喝风生,有黄冠老而且伛,弊衣曳杖,将横绝其间",结果被笞背二十,但受刑后这个人却振袖而去;温璋很奇怪,派人跟踪到兰陵里,发现乃是"真君";温璋恐惧,第二天微服前去谢过，不被饶恕，最后只允许恕其家族；"明年，同昌主薨，懿皇伤念不已，忿药石之不征也。医韩宗绍等四家，诏府穷竟，将诛之。而温璋狱缓刑，纳宗绍等金带及余货凡数十万。事觉，饮鸩而死"。温璋两《唐书》有传。根据《旧唐书》，他咸通末为徐泗节度使，诛牙军之恶者五百人，军中畏法；入为京尹后，"持法太深，豪右一时屏迹"。他确是因为同昌公主死后医官一案而自杀，但却是由于他切谏"刑法太深"，惹得懿宗发怒被贬，自叹生不逢时而死。由史书记录看，温璋为政严苛是实，但评价主要是正面的。而皇甫枚记载的传说，关于他的死因已与史书不同，说是因为受贿被刑，也可能更为真实，而写他因为虐待仙人受处罚，则完全出于虚构，是借以对当时的官吏横暴进行批判了。而且由于写的是当朝命官，故事也就更情同"真事"，从而批判意味也就更为显豁和尖锐。

仙道题材的传奇作品中引人兴趣的是那些表现仙、凡交往的。这也是魏晋以来神仙传说常常写到的内容。仙、凡差别、阻隔的矛盾，适于构造神奇情节，描摹奇情异境。牛僧孺《玄怪录》中《张老》一篇的情节是：主人公张老是扬州六合人，本是"园叟"，其邻居韦恕是官宦人家，女儿待嫁，正在托媒人访闻良才；张老前来自荐，受到媒人的讥嘲辱骂，韦氏闻知，更是暴怒不已；韦氏提出如得金五百缗则许嫁女儿，本意在强人所难，而张老却不移时而齐备，韦氏只好将女儿嫁出；张老既娶韦氏女，"园业不废，负秽锄地，鬻蔬不辍"，但韦家却又以灌园叟为婿，被识者讥讽，驱之令去；张老只好携妻子去王屋山；后数年，韦氏思念女儿，命长男义方相访，本以为女儿会"蓬头垢面，不可识也"，却发现所居乃"朱户甲第，楼阁参差，花木繁荣，烟云鲜媚，鸾鹤孔雀，徊翔其间，歌管嘹亮耳目"，是神仙府第；张老夫妇则衣饰鲜洁，华贵无比，原来二人都已成仙。接着，穿插描写了他们在一日间去蓬莱访客的神奇形迹（这是利用了《神仙传》麻姑往蓬莱的情节）。义方离去时，张老夫妇赠以黄金二十镒和席帽一顶，后来韦氏用这顶席帽解救了贫困，"乃信真神仙也。其家又思女，复遣义方往天坛山南寻之，到即千山万水，不复有路"，终于再不见踪迹（这又与《桃花源记》结尾寻访无踪构想相同）。像这样的故事，虽然也是竭力渲染仙人、仙界的神奇，特别是后半细致描写仙界情景，但其基本构思却是一个贫穷灌园人和官宦女子的姻缘。这在唐代重门第的社会风气中本来是难以被人接受的，然而在神仙幻想中却打破了

道教文学十讲

等级名分的阻隔，贫苦人终于得以成就好事，神仙变化的构想从而体现人间美好爱情的愿望。全篇构思奇趣横生，情节波澜起伏，读起来引人入胜。

以上讨论几类仙道题材的唐传奇作品，比起六朝的同类志怪来，显然已经没有传统的"辅教"意义，相应地则其一般的现实讽喻意义、艺术欣赏价值被突出起来。当然，某些作品仍会包含道教的或道家的观念，但总体看，主要是利用仙道素材来构造情节。这种奇思妙想构造出的生动情节，形成独特的艺术魅力。例如《杜阳杂编》写罗浮山轩辕集，年过数百而颜色不老，每采药深山，则有毒龙猛兽护卫，又有分身变化之术，他在皇帝面前炫耀神奇法术：

> ……上遣嫔御取金盆，覆白鹊以试之。集方休于所舍，忽起谓中贵人曰："皇帝安能更令老夫射覆盆乎？"中贵人皆不喻其言。于时上召令速至。而集才及玉阶，谓上曰："盆下白鹊宜早放之。"上笑曰："先生早已知矣。"坐于御榻前，上令宫人侍茶汤。有笑集貌古布素者，而缜发绛唇年方二八，须臾忽变成老妪，鸡皮鲐背，发鬓皤然。宫人悲骇，于上前流涕不已。上知宫人之过，促令谢告先生，而容质却复如故。上……又问曰："朕得几年天子？"即把笔书曰四十年，但十字挑脚。上笑曰："朕安敢望四十年乎？"及晏驾，乃十四年也……

这里的宫廷像是"仙人"表演的舞台，轩辕集掌握世间帝王没有的神通，竟然能够预知皇帝（唐宣宗）的命运，也就意味着他的能力是超越了人世间的任何权威的。如汉武帝在西王母面前一样，帝王在他的面前显得那样渺小和卑微，而他的法术则明显带有娱人性质。这都表明作者是在有意利用所述故事来取得讽刺效果。皇甫枚《三水小牍》"赵知微雨夕登天柱峰玩月"一节，赵知微是九华山道士，他的弟子皇甫玄真居于京城玉芝观上清院，对作者述说赵的变化之术：

> ……去岁中秋，自朔霖霪，至于望夕。玄真谓同门生曰："甚惜良宵而值苦雨。"赵君忽命侍童曰："可备酒果。"遂遍召诸生，谓曰："能升天柱峰玩月不？"诸生虽强应，而窃以为浓阴驳雨如斯，若果行，将有垫

巾角、折屐齿之事。少顷，赵君曳杖而出，诸生景从。既辟荆扉，而长天廓清，皓月如昼，扪萝缘篠。及峰之颠，赵君处玄豹之茵，诸生藉芳草列侍，俄举卮酒，咏郭景纯《游仙诗》数篇。诸生有清啸者、步虚者、鼓琴者。以至寒蟾隐于远岑，方归山舍。既各就榻，而凄风苦雨，暗晦如前……

这样的叙写充分发挥了艺术悬想，只用数语点染，人物神情、景象变化即如在目前。特别是描写一刻间的阴晴转变，神奇莫测，奇情丽景，境界全出，叙写手法很有创意。这都是仙道题材的传奇在艺术表现上有所开拓的例子。在这类作品里，仙界或仙人、仙术的描写已成为广义的"象征"，成了艺术欣赏的对象。

在唐代，文人中几乎已很难看到六朝时期某些人意识中那种宗教信仰——无论是对佛教还是道教——的真挚与狂热了。佛、道二教形势上发展到鼎盛，但信仰却正在蜕化(这种思想发展趋势的重要表现是中唐时期儒家复古思潮兴起，到宋代，终于导致理学即"新儒学"形成与兴盛，相应地佛、道二教均衰落了。当然，二者均蜕变而得以朝另外的方向发展)。宗教信仰的蜕化乃是一代思想潮流的大趋势。正是在这总的形势下，仙道内容升华为文学艺术表现的素材，其中唐传奇创作中出现许多具有独特风格与艺术魅力的作品，这些作品又给后世创作提供了丰富的借鉴，许多篇章成为后来小说、戏曲创作的资源。而归根结底，这也应当算作道教(当然还有佛教)对于文学的一种贡献。

作品释例

张华《博物志》(一则，范宁《博物志校证》)

君山有道与吴包山潜通①，上有美酒数斗，得饮者不死。汉武帝斋七日，遣男女数十人至君山，得酒欲饮之。东方朔曰②："臣识此酒，请视之。"

----

① 君山：又名湘山，在今湖南洞庭湖口。包山：又名苞山，今江苏西南太湖中的西洞庭山。

② 东方朔(前154—前93)：汉武帝朝先后担任常侍郎、太中大夫、给事中等职，善辞赋；道教徒附会为神仙中人。

道教文学十讲

因一饮致尽。帝欲杀之,朔乃曰:"杀朔若死,此为不验。以其有验,杀亦不死。"乃赦之。

干宝《搜神记》(一则,汪绍楹《搜神记校注》)

葛玄字孝先,从左元放受《九丹液仙经》①。与客对食,言及变化之事,客曰:"事毕,先生作一事特戏者。"玄曰:"君得无即欲有所见乎?"②乃漱口中饭,尽变大蜂数百,皆集客身,亦不螫人。久之,玄乃张口,蜂皆飞入。玄嚼食之,是故饭也。又指虾蟆及诸行虫燕雀之属使舞,应节如人③。冬为客设生瓜枣,夏致冰雪。又以数十钱,使人散投井中,玄以一器于井上呼之,钱一一飞从井出。为客设酒,无人传杯,杯自至前;如或不尽,杯不去也。尝与吴主坐楼上④,见作请雨土人。帝曰:"百姓思雨,宁可得乎?"玄曰:"雨易得耳。"乃书符著社中⑤,顷刻间,天地晦冥,大雨流淹。帝曰:"水中有鱼乎?"玄复书符掷水中,须臾,有大鱼数百头。使人治之。

陶渊明《搜神后记》(一则,汪绍楹校注《搜神后记》)

《桃花源》

晋太元中⑥,武林人捕鱼为业⑦。缘溪行,忘路远近,忽逢桃花,夹岸数百步,中无杂树,芳华鲜美,落英缤纷⑧。渔人甚异之(渔人姓黄,名道真)。复前行,欲穷其林。林尽水源,便得一山。山有小口,彷佛若有光。便舍舟,从口入。初极狭,才通人。复行数十步,豁然开朗,土地旷空,屋舍俨然⑨,

---

① 左元放:即左慈,字元放。《九丹液仙经》,应即《太清金液神丹经》,早出丹经之一,所出年代异说颇多,陈国符主张原本出西汉末、东汉初,今传本经后人增补。

② 得无:犹言莫非,岂不是。

③ 应节:按一定节奏。

④ 吴主:指三国吴国主孙权。

⑤ 社:土地神,这里指土地庙。

⑥ 太元:晋孝武帝司马曜年号,公元376—396年。

⑦ 武林:杭州旧称。

⑧ 落英:落花。

⑨ 俨然:整齐有序貌。

有良田、美池、桑、竹之属。阡陌交通①,鸡犬相闻②。男女衣著,悉如外人。黄发垂髫③,并怡然自乐④。见渔人,大惊,问所从来,具答之。便要还家⑤,为设酒杀鸡作食。村中人闻有此人,咸来问讯。自云先世避秦乱,率妻子邑人来此绝境⑥,不复出焉。遂与外隔。问今是何世,乃不知有汉,无论魏、晋。此人一一具言所闻,皆为叹惋。余人各复延至其家,皆出酒食。停数日,辞去。此中人语云:"不足为外人道也。"既出,得其船,便扶向路⑦,处处志之。及郡,乃诣太守,说如此。

太守刘歆,即遣人随之往,寻向所志,不复得焉。

刘义庆《幽明录》(一则,鲁迅《古小说钩沉》,附异文)

《刘晨、阮肇》

汉明帝永平五年⑧,剡县刘晨、阮肇共入天台山取榖皮⑨。迷不得返,经十三日,粮食乏尽,饥馁殆死。遥望山上有一桃树,大有子实,而绝岩邃涧,永无登路。攀缘藤葛,乃得至上。各啖数枚,而饥止体充。复下山,持杯取水,欲盥漱,见芜菁叶从山腹流出⑩,甚鲜新,复一杯流出,有胡麻饭糁⑪,相谓曰:"此知去人径不远。"便共没水,逆流二三里,得度山。出一大溪,溪边有二女子,资质妙绝。见二人持杯出,便笑曰:"刘、阮二郎,捉向所失流杯来。"晨、肇既不识之,缘二女便呼其姓,如似有旧,乃相见忻喜。问:"来何晚邪?"因邀还家。

---

① 阡陌交通:田间道路相互沟通;阡陌,田间小路。
② 鸡犬相闻:《老子》:"甘其食,美其服,安其居,乐其俗。邻国相望,鸡犬之声相闻,民至老死不相往来。"
③ 黄发:指老人;《书·秦誓》:"虽则云然,尚猷询兹黄发,则罔所愆。"垂髫:指儿童;髫,儿童垂下的头发。
④ 怡然:安适自在貌。
⑤ 要:通"邀"。
⑥ 邑人:同乡的人。绝境:与世隔绝的地方。
⑦ 扶:通"旁",依傍,沿着。向路:从前的路。
⑧ 永平:汉明帝刘庄年号,公元58—75年。
⑨ 天台山:在今天台县北,属仙霞岭东支,自古传为仙山;孙绰《游天台山赋》:"天台山者,盖山岳之神秀者也。涉海则有方丈、蓬莱,登陆则有四明、天台,皆玄圣之所游化,灵仙之所窟宅。"榖皮:榖又称"楮",树名,纤维坚韧,皮可制布或造纸,汉魏六朝时常用以制巾帻。
⑩ 芜菁:俗称大头菜;《东观汉记·桓帝纪》:"令所伤郡国,皆种芜菁,以助民食。"
⑪ 胡麻:芝麻。饭糁:煮熟的米粒;胡麻饭传为仙人食物。

其家铜瓦屋，南壁及东壁下各有一大床，皆施绛罗帐，帐角悬铃，金银交错，床头各有十侍婢，敕云①："刘、阮二郎，经涉山岨②，向虽得琼实，犹尚虚弊，可速作食。"食胡麻饭，山羊脯，牛肉，甚甘美。食毕行酒。有一群女来，各持五三桃子，笑而言："贺汝婿来。"酒酣作乐。刘、阮忻怖交并。至暮，令各就一帐宿，女往就之，言声清婉，令人忘忧。

至十日后，欲求还去，女云："君已来是，宿缘所牵③，何复欲还耶？"遂停半年。气候草木是春时，百鸟啼鸣，更怀悲思，求归甚苦。女曰："罪牵君，当可如何？"遂呼前来女子，有三四十人，集会奏乐，共送刘、阮，指示还路。

既出，亲旧零落，邑屋改异，无复相识。问讯得七世孙，传闻上世入山，迷不得归。至晋太元八年④，忽复去，不知何所。

异文

《天台二女》（《太平广记》）

刘晨、阮肇入天台采药，远不得返。经十三日，饥，遥望山上，有桃树子熟，遂跻险援葛，至其下，啖数枚，饥止体充。欲下山，以杯取水，见芜菁叶流下，甚鲜妍。复有一杯流下，有胡麻饭焉。乃相谓曰："此近人矣。"遂渡山，出一大溪。溪边有二女子，色甚美。见二人持杯，便笑曰："刘、阮二郎捉向杯来。"刘、阮惊。二女遂忻然如旧相识，曰："来何晚耶？"因邀还家，西壁、东壁各有绛罗帐，帐角悬铃，上有金银交错。各有数侍婢使令。其馔有胡麻饭、山羊脯、牛肉，甚美。食毕行酒，俄有群女持桃子，笑曰："贺汝婿来。"酒酣作乐，夜后各就一帐宿，婉态殊绝。至十日求还，苦留半年。气候草木，常是春时，百鸟啼鸣。更怀乡，归思甚苦。女遂相送，指示还路。乡邑零落，已十世矣。（出《神仙记》）

---

① 敕：敕令，指使。
② 山岨：山岭；岨（qū）带土的石山。
③ 宿缘：前生因缘。
④ 太元：晋孝武帝司马曜年号，公元 376—396 年。

沈既济《枕中记》(鲁迅《唐宋传奇集》)

开元七年①,道士有吕翁者,得神仙术,经邯郸道中②,息邸舍③,摄帽弛带④,隐囊而坐⑤。俄有旅中少年,乃卢生也。衣短褐⑥,乘青驹,将适于田,亦止于邸中,与翁共席而坐,言笑殊畅。久之,卢生顾其衣装敝亵⑦,乃长叹息曰:"大丈夫生世不谐,困如是也!"翁曰:"观子形体,无苦无恙,谈谐方适⑧,而叹其困者,何也?"生曰:"吾此苟生耳。何适之谓?"翁曰:"此而不适,而何谓适?"生曰:"士之生世,当建功树名,出将入相,列鼎而食,选声而听,使族益昌而家益肥,然后可以言适乎。吾尝志于学,富于游艺,自惟当年,青紫可拾⑨。今已适壮,犹勤畎亩⑩,非困而何?"言讫,而目昏思寐。时主人方蒸黍。翁乃探囊中枕以授之,曰:"子枕吾枕,当令子荣适如志。"

其枕青瓷,而窍其两端。生俛首就之,见其窍渐大,明朗。乃举身而入,遂至其家。数月,娶清河崔氏女⑪。女容甚丽,生资愈厚。生大悦,由是衣装服驭,日益鲜盛。明年,举进士,登第;释褐秘校⑫;应制⑬,转渭南尉⑭;

---

① 开元:唐玄宗李隆基年号,公元713—741年。
② 邯郸:古郡名,故城在今河北邯郸市。
③ 邸舍:客店。
④ 摄帽弛带:拿着帽子,解开衣带,落拓不羁的姿态;摄,持。
⑤ 隐囊:背靠背囊。
⑥ 短褐:粗布短衣,古代贫贱者的衣服;短,通"裋"(shù)。
⑦ 敝亵:破旧肮脏。
⑧ 谈谐:说笑;陶潜《乞食》诗:"谈谐终日夕,觞至辄倾杯。"方适:正快活。
⑨ 青紫可拾:谓可轻易得到高官;青紫,指代高官;汉丞相大尉金印紫绶,御史大夫银印青绶。
⑩ 犹勤畎亩:谓还在辛勤种地;畎(quǎn)亩,田地。
⑪ 清河崔氏:六朝以来望族;清河,古郡名,故治在今河北清河县。唐代婚姻重视氏族出身。
⑫ 释褐秘校:谓授官秘书省校书郎;释褐,脱去粗布衣服,始任官职;秘书省校书郎,宫廷里校勘典籍的官员。
⑬ 应制:应制举;唐代科举取士制度,制举是由皇帝亲自诏试殿廷,以待非常之才。
⑭ 渭南尉:渭南县尉;渭南,今陕西渭南市;唐代渭南县是接近都城长安的畿县,担任那里的官职容易升迁。

俄迁监察御史①，转起居舍人②、知制诰③。三载，出典同州④，迁陕牧⑤。生性好土功，自陕西凿河八十里⑥，以济不通。邦人赖之，刻石纪德。移节汴州⑦，领河南道采访使⑧，征为京兆尹⑨。是岁，神武皇帝方事戎狄⑩，恢弘土宇。会吐蕃悉抹逻及烛龙莽布支攻陷瓜沙⑪，而节度使王君㚟新被杀⑫，河湟震动⑬。帝思将帅之才，遂除生御史中丞、河西道节度⑭。大破戎虏，斩首七千级，开地九百里，筑三大城以遮要害。边人立石于居延山以颂之⑮。归朝册勋⑯，恩礼极盛。转吏部侍郎⑰，迁户部尚书兼御史大夫⑱。时望清重，群情翕习⑲。大为时宰所忌，以飞语中之⑳，贬为端州刺史㉑。三

---

① 监察御史：朝官，负责监察内外官员等职务。

② 起居舍人：朝官，负责记录皇帝语言行事等职务。

③ 知制诰：朝廷里代理皇帝起草制诰诏令的职务。以上所任都是朝廷清要官职，且升迁迅速。

④ 典同州：任同州刺史；典，掌管；同州，今陕西大荔县。

⑤ 迁陕牧：升任陕州刺史；陕州，今陕西三门峡市。

⑥ 凿河：开凿黄河水道。

⑦ 移节：大吏转任或改变驻地；节，朝廷任命所赐符节。汴州：河南采访使驻地，今河南开封市。

⑧ 河南道采访使：开元二十一年分全国为十五道，每道置采访处置使，掌管检查刑狱和监察州县官吏。

⑨ 京兆尹：京城长安长官。

⑩ 神武皇帝：唐玄宗李隆基；李隆基即位后屡上尊号，其中皆有"神武"二字。方事戎狄：正在经营征讨边疆少数民族；戎狄，泛指少数民族。

⑪ 吐蕃：唐时在今西藏的地方政权。悉抹逻：吐蕃将领。烛龙莽布支：吐蕃将领。瓜沙：瓜州，今甘肃玉门市西；沙州，今甘肃敦煌市。据《新唐书·萧嵩传》，开元十四年，吐蕃悉诺逻及烛龙莽布支陷瓜州，执刺史田元献，此处用其事。

⑫ 王君㚟：唐将领，开元十四年击吐蕃有功，后凉州回纥等四部叛，兵尽而死。

⑬ 河湟：黄河与湟水交界流域地区，今甘肃东部、青海西部一带。以上拼凑史事。

⑭ 御史中丞：朝廷监察机关御史台主官，这是虚衔。河西道节度：河西节度使，治凉州（今甘肃武威市），统辖凉州、甘州、肃州、瓜州、沙州、伊州、西州等七州，这是实职。下同。

⑮ 立石：竖碑。居延山：居延是中国西北地区古代军事重镇，故址在今内蒙古自治区额济纳旗东南。

⑯ 册勋：册封勋位。

⑰ 吏部侍郎：吏部是朝廷行政机关"六部"之一，主管中外官员任命升迁等，侍郎是副职。

⑱ 户部尚书：户部是朝廷行政机关"六部"之一，主管户口、财赋等，尚书是主官。

⑲ 翕习：威盛貌；翕（xī)，和顺；蔡邕《释悔》："隆贵翕习，积富无涯。"

⑳ 飞语：流言。

㉑ 端州：今广东高要市。

年,征为常侍①。未几,中书门下平章事②。与萧令嵩、裴侍中光庭同执大政十余年③,嘉谋密命,一日三接,献替启沃④,号为贤相。同列害之,复诬与边将交结,所图不轨。下制狱⑤。府吏引从至其门而急收之⑥。生惶骇不测,谓妻子曰:"吾家山东⑦,有良田五顷,足以御寒馁,何苦求禄?而今及此,思衣短褐,乘青驹,行邯郸道中,不可得也。"引刀自刎。其妻救之,获免。其罹者皆死⑧,独生为中官保之⑨,减罪死,投驩州⑩。数年,帝知冤,复追为中书令,封燕国公,恩旨殊异。生五子,曰俭,曰传,曰位,曰倜,曰倚,皆有才器。俭进士登第,为考功员外⑪;传为侍御史⑫;位为太常丞⑬;倜为万年丞⑭;倚最贤,年二十八,为左襄⑮。其姻媾皆天下族望。有孙十余人。凡两窜荒徼,再登台铉⑯,出入中外,回翔台阁,五十余年,崇盛赫奕⑰。性颇奢荡,甚好佚乐,后庭声色,皆第一绮丽。前后赐良田,甲第,佳人,名马,不可胜数。后年渐衰迈,屡乞骸骨⑱,不许。病,中人候问,相踵于道,名医上药,无不至焉。将殁,上疏曰:"臣本山东诸生,以田圃为娱。偶逢圣运,得列官叙。过蒙殊奖,特秩鸿私,出拥节旄⑲,入升台辅⑳,周旋中外,绵历

---

① 常侍:皇帝侍从近臣。

② 中书门下平章事:宰相职。

③ 萧令嵩(? —749):萧嵩,玄宗朝宰相;任中书令,称萧令。裴侍中光庭(675—732):裴光庭,玄宗朝宰相;侍中,门下省长官。

④ 献替启沃:献替,谓进献可行者,废去不可行者;启沃,谓竭诚开导、辅佐君王;《书·说命上》:"启乃心,沃朕心。"意谓开汝心所有,以灌沃我心。

⑤ 制狱:皇帝特命系治的案件。

⑥ 引从:跟从的人。收:逮捕。

⑦ 山东:此指太行山以东。山东卢姓也是著名望族。

⑧ 罹者:牵涉案件的人;罹,遭逢。

⑨ 中官:宦官。

⑩ 驩(huān)州:古州名,在今越南北部。

⑪ 考功员外:吏部属官,掌管官吏考课。

⑫ 侍御史:唐代称殿中侍御史、监察御史为侍御史,均为皇帝近侍职务。

⑬ 太常丞:太常寺主官,掌管宗庙礼仪。

⑭ 万年丞:万年县丞;万年县是京县,治长安城东部。

⑮ 左襄:左补阙,朝堂上负责供奉讽谏的朝官。

⑯ 台铉:指御史大夫和"三公"之类重臣职位。

⑰ 赫奕:显赫。

⑱ 乞骸骨:自请退职,意谓请求骸骨得归葬故里。

⑲ 节旄:符节和旌旗,此指仪仗。

⑳ 台辅:执政大臣,宰相。

岁时。有忝天恩①，无裨圣化。负乘贻寇②，履薄增忧③，日惧一日，不知老至。今年逾八十，位极三事④，钟漏并歇⑤，筋骸俱耄，弥留沉顿，待时益尽。顾无成效，上答休明，空负深恩，永辞圣代。无任感恋之至。谨奉表陈谢。"诏曰："卿以俊德，作朕元辅⑥。出拥藩翰⑦，入赞缉熙⑧，升平二纪，实卿所赖。比婴疾疹，日谓痊平，岂斯沉痼，良用悯恻。今遣骠骑大将军高力士就第候省⑨。其勉加针石⑩，为予自爱。犹冀无妄⑪，期于有瘳⑫。"是夕，薨。

卢生欠伸而悟，见其身方偃于邸舍，顾吕翁在傍。主人蒸黍未熟，触类如故。生蘧然而兴⑬，曰："岂其梦寐邪？"翁谓生曰："人世之适，亦如是矣。"生怃然良久⑭，谢曰："夫宠辱之道，穷达之运，得丧之理，生死之情，尽知之矣。此先生所以窒吾欲也⑮。敢不受教。"稽首再拜而去。

牛僧孺《玄怪录》（一则，程毅中点校《玄怪录 玄怪续录》）

《张老》

张老者，扬州六合人⑯，园叟也。其邻有韦恕者，梁天监中自扬州曹掾

---

① 有忝：有辱，有愧，谦词。
② 负乘贻寇：谓居非其位，才不称职，招来祸患；《易·解》："六三：负且乘，致寇至，贞吝。《象》曰：'负且乘，亦可丑也。自我致戎，又谁咎也。'"孔颖达疏："乘者，君子之器也。负者，小人之事也。施之于人，即在车骑之上而负于物也，故寇盗知其非己所有，于是竞欲夺之。"
③ 履薄增忧：谓身处险境，心怀畏惧；《诗·小雅·小旻》："战战兢兢，如临深渊，如履薄冰。"
④ 三事：三公。
⑤ 钟漏并歇：以钟漏停止表示已无所作为。
⑥ 元辅：首辅，宰相。
⑦ 出拥藩翰：谓外出做朝廷的强大屏障；藩，屏障；翰，辅翼；《诗·大雅·板》："价人维藩，大师维垣。"毛传："藩，屏也；垣，墙也。"
⑧ 入赞缉熙：谓入朝助朝政清明；缉熙，光明；《诗·大雅·文王》："穆穆文王，于缉熙敬止。"毛传："缉熙，光明也。"
⑨ 骠骑大将军：将军名号。高力士：玄宗朝太监，受玄宗宠信。
⑩ 勉加针石：谓尽力医治；针石，古代针灸所用石针；《韩非子·喻老》："疾在腠理，汤熨之所及；在肌肤，针石之所及。"
⑪ 犹冀无妄：谓希望不至不治；无妄，祸患，灾变。
⑫ 期于有瘳：期望能够病愈；瘳（chōu），病愈。
⑬ 蘧然：突然。
⑭ 怃然：怅然失意貌；《论语·微子》："夫子怃然曰：'鸟兽不可与同群，吾非斯人之徒与而谁与？'"邢昺疏："怃，失意貌。"
⑮ 窒吾欲：遏制我的欲望。
⑯ 六合：古县名，今江苏南京市六合区。

秩满而来①，长女既笄②，召里中媒媪，令访良才。张老闻之，喜而候媒于韦门。媪出，张老固延入，且备酒食。酒阑，谓媪曰："闻韦氏有女将适人，求良才于媪，有之乎？"曰："然。"曰："某诚衰迈，灌园之业，亦可衣食，幸为求之。事成厚谢。"媪大骂而去。他日又邀媪，媪曰："叟何不自度，岂有衣冠子女肯嫁园叟耶？此家诚贫，士大夫家之敌者不少③。顾叟非匹，吾安能为叟一杯酒，乃取辱于韦氏！"叟固曰："强为吾一言之。言不从，即吾命也。"媪不得已，冒责而入言之。韦氏大怒曰："媪以我贫，轻我乃如是！且韦家焉有此事，况园叟何人，敢发此议！叟固不足责，媪何无别之甚耶？"媪曰："诚非所宜言，为叟所逼，不得不达其意。"韦怒曰："为吾报之，今日内得五百缗则可④。"媪出，以告张老，乃曰："诺。"未几，车载纳于韦氏。诸韦大惊曰："前言戏之耳。且此翁为园，何以致此？吾度其必无而言之。今不移时而钱到，当如之何？"乃使人潜候其女⑤，女亦不恨，乃曰："此固命乎！"遂许之。

张老既取韦氏，园业不废，负秽锄地⑥，鬻蔬不辍。其妻躬执爨濯⑦，了无愧色，亲戚恶之，亦不能止。数年，中外之有识者责恕曰⑧："君家诚贫，乡里岂无贫子弟，奈何以女妻园叟？既弃之，何不令远去也！"他日，恕致酒召女及张老，酒酣，微露其意，张老起曰："所以不即去者，恐有留恋，今既相厌，去亦何难。某王屋山下有一小庄⑨，明旦且归耳。"天将晓，来别韦氏："他岁相思，可令大兄往天坛山南相访⑩。"遂令妻骑驴戴笠，张老策杖相随而去⑪，绝无消息。

---

① 天监：梁武帝萧衍年号，公元502—519年。曹掾：分曹治事的属吏。秩满：任期完了。
② 既笄：十五岁，女子把头发绾起来，表示成年；笄(jī)，古代盘头发用的簪；《礼记·内则》："女子十有五年而笄。"郑玄注："谓应年许嫁者。女子许嫁，笄而字之。其未许嫁，二十则笄。"
③ 敌者：谓相匹配者。
④ 缗(mín)：本义是穿钱的绳子，千钱为缗。
⑤ 潜候：私下伺察。
⑥ 负秽：挑粪。
⑦ 爨濯：做饭洗衣；爨(cuàn)，烧火做饭。
⑧ 中外：此指家人和亲属。
⑨ 王屋山：在今山西南部阳城、垣曲两县之间；道教洞天之一。
⑩ 天坛山：王屋山的别名。
⑪ 策杖：拄杖。

后数年，恕念其女，以为蓬头垢面，不可识也。令其男义方访之。到天坛山南，适遇一昆仑奴①，驾黄牛耕田。问曰："此有张老庄否？"昆仑投杖拜曰："大郎子何久不来②？庄去此甚近，某当前引。"遂与俱东去。初上一山，山下有水，过水延绵凡十余处，景色渐异，不与人间同。忽下一山，见水北朱户甲第，楼阁参差，花木繁荣，烟云鲜媚，鸾鹤孔雀，回翔其间，歌管嘹亮耳目。昆仑指曰："此张家庄也。"韦惊骇不测。俄而及门，门有紫衣人吏，拜引入中厅。铺陈之物，目所未睹。异香氤氲，遍满崖谷。忽闻环珮之声渐近，二青衣出曰③："阿郎来④。"次见十数青衣，容色绝代，相对而行，若有所引。俄见一人，戴远游冠，衣朱绡⑤，曳朱履，徐出门。一青衣引韦前拜，仪状伟然，容色芳嫩，细视之，乃张老也。言曰："人世劳苦，若在火中。身未清凉，愁熠又炽，固无斯须泰时。兄久客寄⑥，何以自娱？贤妹略梳头，即当奉见。"因揖令坐。未几，一青衣来曰："娘子已梳头毕。"遂引入，见妹于堂前。其堂沉香为梁⑦，玳瑁占门⑧，碧玉窗，珍珠箔，阶砌皆冷滑碧色，不辨其物。其妹服饰之盛，世间未见。略叙寒暄，问尊长而已，意甚卤莽⑨。有顷，进馔，精美芳馨，不可名状。食讫，馆韦于内厅。明日方晓，张老与韦生坐，忽有一青衣附耳而语，张老笑曰："宅中有客，安得暮归。"因曰："小妹暂欲游蓬莱山，贤妹亦当去，然未暮即归，兄但憩此。"张老揖而入。俄而五云起于中庭，鸾凤飞翔，丝竹并作，张老及妹各乘一凤，余从乘鹤者十数人，渐上空中，正东而去，望之已没，犹隐隐有音乐之声。韦君在后，小青衣供侍甚谨。迨暮，稍闻笙簧之音，倏忽复到，及下于庭。张老与妻见韦曰："独居太寂寞。然此地神仙之府，非俗人得游，以兄宿命合得到此。然亦不可久居，明日当奉别耳。"及时，妹复出别兄，殷勤传语父母而已。张老曰："人

---

① 昆仑奴：南海诸国人奴仆。
② 郎子：对年轻人的美称；《北史·宋显传》："显幼时，见一沙门指之曰：'此郎子好相表，大必为良将，极人臣。'"
③ 青衣：指侍女。
④ 阿郎：古时奴婢对主人称呼。
⑤ 衣朱绡：穿红色轻纱衣。
⑥ 客寄：譬如游客寄居世间。
⑦ 沉香：生长在亚热带的一种香木，心材可制香料。
⑧ 玳瑁（dài mào）：一种海龟科爬行动物；此指其光泽甲壳，黄褐色，有黑斑，为珍贵装饰品。
⑨ 卤莽：轻忽。

世遐远，不及作书。"奉金二十镒①，并与一故席帽②，曰："兄若无钱，可于扬州北邸卖药王老家取一千万贯③，持此为信。"遂别。复令昆仑奴送出，却到天坛，昆仑奴拜别而去。

韦自荷金而归，其家惊讶，问之，或以为神仙，或以为妖妄，不知所谓。五六年间，金尽，欲取王老钱，复疑其妄。或曰："取尔许钱④，不持一字，此帽安足信。"既而困极，其家强逼之，曰："必不得钱，庸何伤⑤。"乃往扬州，入北邸，而王老者方当肆陈药。韦前曰："叟何姓？"曰："姓王。"韦曰："张老令取钱千万，持此席帽为信。"王老曰："钱即实有，帽是乎？"韦曰："叟可验之，岂不识耶？"王老未语，有小女出青布帏中出，曰："张老尝过，令缝帽顶，其时无皂线，以红线缝之。线色手踪皆可自验。"因取看之，果是也。遂得钱，载而归，乃信真神仙也。

其家又思女，复遣义方往天坛山南寻之。到即千山万水，不复有路，时逢樵人，亦无知张老庄者。悲思浩然而归，举家以为仙俗路殊，无相见期。又寻王老，亦去矣。后数年，义方偶游扬州，而行北邸前，忽见张老昆仑奴前拜曰："大郎家中何如？娘子虽不得归⑥，如日侍左右，家中事无巨细，莫不知之。"因出怀中金十斤以奉，曰："娘子令送与大郎君。阿郎与王老会饮于此酒家。大郎且坐。昆仑当入报。"义方坐于酒旗下，日暮不见出，乃入观之。饮者满坐，坐上并无二老，亦无昆仑。取金视之，乃真金也。惊叹而归，又以供数年之食。后不复知张老所在。贞元进士李公者⑦，知盐铁院⑧，闻从事韩准太和初与甥侄语怪⑨，命余纂而录之。

---

① 镒：古重量单位，二十两，另说二十四两。
② 故席帽：破旧席帽；席帽，以藤席为骨架的帽子，形似毡笠，为下层人所戴。
③ 北邸：北面店铺。
④ 尔许：谓如此多。
⑤ 庸何伤：谓有什么害处；庸，连词，而。
⑥ 娘子：此谓主妇。
⑦ 贞元：唐德宗李适年号，公元780—805年。
⑧ 知盐铁院：谓管理盐铁转运使院事；唐代中叶置盐铁转运使，管理食盐专卖，兼掌银铜铁锡采冶。
⑨ 从事：僚属。太和：同"大和"，唐文宗李昂年号，公元827—835年。

不明撰人《虬髯客传》(鲁迅《唐宋传奇集》)

隋炀帝之幸江都也①,命司空杨素守西京②。素骄贵,又以时乱,天下之权重望崇者,莫我若也,奢贵自奉,礼异人臣。每公卿入言,宾客上谒,未尝不踞床而见③,令美人捧出。侍婢罗列,颇僭于上④。末年益甚,无复知所负荷⑤,有扶危持颠之心⑥。一日,卫公李靖以布衣上谒⑦,献奇策。素亦踞见。公前揖曰:"天下方乱,英雄竞起。公为帝室重臣,须以收罗豪杰为心,不宜踞见宾客。"素敛容而起⑧,谢公,与语,大悦,收其策而退。当公之骋辩也,一妓有殊色,执红拂,立于前,独目公。公既去,而执拂者临轩指吏曰:"问去者处士第几⑨? 住何处?"公具以对,妓诵(颔)而去。

公归逆旅。其夜五更初,忽闻扣门而声低者,公起问焉。乃紫衣戴帽人,杖揭一囊⑩。公问谁。曰:"妾,杨家之红拂妓也。"公遽延入。脱衣去帽,乃十八九佳丽人也。素面画衣而拜。靖惊答拜。曰:"妾侍杨司空久,阅天下之人多矣,无如公者。丝萝非独生⑪,愿托乔木,故来奔耳。"公曰:"杨司空权重京师,如何?"曰:"彼尸居余气⑫,不足畏也。诸妓知其无成,去者众矣。彼亦不甚逐也。计之详矣,幸无疑焉。"问其姓。曰:"张。"问其伯仲之次。曰:"最长。"观其肌肤,仪状,言词,气性,真天人也。公不自意获之,愈喜愈惧,瞬息万虑不安。而窥户者无停屦。数日,亦闻追讨之声,意

① 江都:古郡名,隋大业初置,治所在今江苏扬州市;隋炀帝在此大置宫殿,定为行都,自大业元年(605)屡次巡幸。
② 杨素(? —606):隋大臣,助隋炀帝夺取帝位,炀帝立,拜太子太师。西京:隋以长安为西京。今陕西西安市。
③ 踞床:蹲踞在坐床上,是非礼的举动。
④ 僭(jiàn):僭越,超越本分。
⑤ "无复"句:谓不再知道自己身份所应做的;负荷,承担,此指身份所应承担。
⑥ 扶危持颠之心:解救危局、扶持颠坠之心,此指叛逆夺取帝位的野心。
⑦ 李靖(571—649):唐大臣,助唐立国有功,太宗朝封卫国公。布衣:指平民身份。上谒:拜见。
⑧ 敛容:神色变得端庄;《汉书·霍光传》:"光每朝见,上虚己敛容,礼下之已甚。"
⑨ 处士:此称有身份的人。第几:问排行第几,实则问其家族出处。
⑩ 杖揭一囊:拄杖挑一布囊。
⑪ 丝萝:松萝,亦称"女萝"、"女罗",附丽于松树,成丝状下垂;《诗·小雅·頍弁》:"茑与女萝,施于松柏。"毛传:"女萝,菟丝,松萝也。"
⑫ 尸居余气:谓如人之将亡,暮气沉沉,无所作为。

亦非峻。乃雄服乘马①，排闼而去②，将归太原③。行次灵石旅舍④，既设床，炉中烹肉且熟。张氏以发长委地，立梳床前。公方刷马。忽有一人，中形，赤髯而虬⑤，乘蹇驴而来⑥。投革囊于炉前，取枕欹卧⑦，看张梳头。公怒甚，未决，犹刷马。张熟视其面，一手握发，一手映身摇示公⑧，令勿怒。急急梳头毕，敛衽前问其姓⑨。卧客答曰："姓张。"对曰："妾亦姓张。合是妹。"遽拜之。问第几。曰："第三。"因问妹第几。曰："最长。"遂喜曰："今多幸，逢一妹。"张氏遥呼"李郎且来见三兄！"公骤拜之。遂环坐。曰："煮者何肉？"曰："羊肉，计已熟矣。"客曰："饥。"公出市胡饼，客抽腰间匕首，切肉共食。食竟，余肉乱切送驴前食之，甚速。客曰："观李郎之行，贫士也。何以致斯异人？"曰："靖虽贫，亦有心者焉。他人见问，固不言。兄之问，则不隐耳。"具言其由。曰："然则将何之？"曰："将避地太原⑩。"曰："然吾故非君所致也。"曰："有酒乎？"曰："主人西，则酒肆也。"公取酒一斗。既巡，客曰："吾有少下酒物，李郎能同之乎？"曰："不敢。"于是开革囊，取一人头并心肝。却头囊中，以匕首切心肝，共食之。曰："此人天下负心者，衔之十年⑪，今始获之。吾憾释矣。"又曰："观李郎仪形器宇，真丈夫也。亦闻太原有异人乎？"曰："尝识一人，愚谓之真人也⑫。其余，将帅而已。"曰："何姓？"曰："靖之同姓。"曰："年几？"曰："仅二十。"曰："今何为？"曰："州将之子⑬。"曰："似矣。亦须见之。李郎能致吾一见乎？"曰："靖之友刘文静者⑭，与之狎。因文静见之可也。然兄何为？"曰："望气者言太原有奇气，使访之。李

---

① 雄服：谓女扮男装。
② 排闼：撞开门，状其急速。
③ 太原：今山西太原市；隋朝为军事重地，河东慰抚大使驻节地。
④ 灵石：古县名，今山西介休县。
⑤ 虬：此谓蜷曲如虬；虬，无角龙。
⑥ 蹇驴：跛足瘦弱的驴子。
⑦ 欹卧：斜卧；欹(qī)，歪斜。
⑧ 映身：以身遮蔽。
⑨ 敛衽：整饰衣襟，表示恭敬。
⑩ 避地：移居避祸，此谓前往。
⑪ 衔：心中怀恨。
⑫ 真人：此谓真乃堪作帝王之人。
⑬ 州将之子：指李世民；隋末，李渊任山西河东慰抚大使、太原留守，北备突厥。
⑭ 刘文静(568—619)：隋末为晋阳令，与李世民友善，共谋起兵反隋。

郎明发,何时到太原?"靖计之日。曰:"达之明日日方曙,候我于汾阳桥①。"语讫,乘驴而去,其行若飞,回顾已失。

公与张氏且惊且喜,久之,曰:"烈士不欺人②。固无畏。"促鞭而行。及期,入太原。果复相见。大喜,偕诣刘氏。诈谓文静曰:"以善相者思见郎君,请迎之。"文静素奇其人,一旦闻有客善相,遽致使迎之。使回而至,不衫不履,裼裘而来③,神气扬扬,貌与常异。虬髯默居末坐,见之心死④,饮数杯,招靖曰:"真天子也!"公以告刘,刘益喜,自负。既出,而虬髯曰:"吾得十八九矣。然须道兄见。李郎宜与一妹复入京,某日午时,访我于马行东酒楼下。下有此驴及瘦驴,即我与道兄俱在其上矣。到即登焉。"又别而去。公与张氏复应之。及期访焉,宛见二乘。揽衣登楼,虬髯与一道士方对饮,见公惊喜,召坐。围饮十数巡,曰:"楼下柜中有钱十万,择一深隐处驻一妹。某日复会我于汾阳桥。"如期至,即道士与虬髯已到矣。俱谒文静。时方奕棋,揖而话心焉。文静飞书迎文皇看棋⑤。道士对奕,虬髯与公傍侍焉。俄而文皇到来,精彩惊人,长揖而坐。神清气朗,满坐风生,顾盼炜如也⑥。道士一见惨然,下棋子曰:"此局全输矣!于此失却局哉!救无路矣!复奚言⑦!"罢奕而请去。既出,谓虬髯曰:"此世界非公世界。他方可也。勉之,勿以为念。"因共入京。虬髯曰:"计李郎之程,某日方到。到之明日,可与一妹同诣某坊曲小宅相访⑧。李郎相从一妹,悬然如磬。欲令新妇祗谒⑨,兼议从容,无前却也。"言毕,吁嗟而去。公策马而归。即到京,遂与张氏同往。乃一小板门子,扣之,有应者,拜曰:"三郎令候李郎、一娘子久矣。"延入重门,门愈壮。婢四十人,罗列廷前。奴二十人,引公入东厅。厅之陈设,穷极珍异,箱中妆奁冠镜首饰之盛,非人间之物。巾栉妆饰

---

① 汾阳桥:在太原南门外的一座桥。
② 烈士:刚烈之人。
③ 裼裘:祖露里衣,形容不拘礼仪;裼(xī),裼衣,中衣,古行礼时覆加在裘外之衣。
④ 心死:谓死心塌地(信任)。
⑤ 文皇:指唐太宗李世民;李世民死后谥号文皇帝。
⑥ 炜如:有光彩。
⑦ 复奚言:还说什么?奚,何。
⑧ 坊曲:里坊里的小巷。
⑨ 新妇:此指弟妻;《尔雅·释亲》:"女子谓兄之妻为嫂,弟之妻为妇。"祗谒:恭敬进见。

毕①，请更衣，衣又珍异。既毕，传曰："三郎来！"乃虬髯纱帽裼裘而来，亦有龙虎之状，欢然相见。催其妻出拜，盖亦天人也。遂延中堂，陈设盘筵之盛，虽王公家不侔也。四人对馔讫，陈女乐二十人，列奏于前，似从天降，非人间之曲。食毕，行酒。家人自东堂舁出二十床，各以锦绣帕覆之。既陈，尽去其帕，乃文簿钥匙耳。虬髯曰："此尽宝货泉贝之数。吾之所有，悉以充赠。何者？欲于此世界求事，或当龙战三二十载，建少功业。今既有主，住亦何为？太原李氏，真英主也。三五年内，即当太平。李郎以奇特之才，辅清平之主，竭心尽善，必极人臣。一妹以天人之姿，蕴不世之艺，从夫之贵，以盛轩裳②。非一妹不能识李郎，非李郎不能荣一妹。起陆之贵③，际会如期，虎啸风生，龙腾云萃，固非偶然也。持余之赠，以佐真主，赞功业也，勉之哉！此后十年，当东南数千里外有异事，是吾得事之秋也。一妹与李郎可沥酒东南相贺。"因命家童列拜，曰："李郎，一妹，是汝主也。"言讫，与其妻从一奴，乘马而去。数步，遂不复见。公据其宅，乃为豪家，得以助文皇缔构之资④，遂匡天下⑤。

贞观十年⑥，公以左仆射平章事⑦。适南蛮入奏曰："有海船千艘，甲兵十万，入扶余国⑧，杀其主自立。国已定矣。"公心知虬髯得事也。归告张氏，具礼拜贺，沥酒东南祝拜之。乃知真人之兴也，非英雄所冀⑨。况非英雄乎？人臣之谬思乱者，乃螳臂之拒走轮耳。我皇家垂福万叶，岂虚然哉。或曰："卫公之兵法⑩，半是虬髯所传耳。"

---

① 巾栉：巾和梳篦，泛指盥洗用具，此谓梳洗。
② 轩裳：车服，譬官爵禄位。
③ 起陆：腾跃而上，谓大展鸿图。
④ 缔构：经营开创，此谓创业立国。
⑤ 匡天下：整顿天下；匡，正。
⑥ 贞观：唐太宗李世民年号，公元627—649年。
⑦ 左仆射平章事：宰相之职。
⑧ 扶余国：本为南北朝北方国名，此借用假托。
⑨ 非英雄所冀：不是英雄人物所可谋求；冀，非分的谋求；《左传·僖公三十三年》："郑有备矣，不可冀也。"
⑩ 卫公之兵法：李靖著《李卫公兵法》，久佚，今存清人辑本三卷。

不明撰人《罗公远》(《云笈七签》)

罗公远,八月十五日夜,侍明皇于宫中玩月。公远曰:"陛下莫要月宫中看否?"帝唯之。乃以拄杖向空掷之,化为大桥,桥道如银。与明皇升桥,行若十数里,精光夺目,寒气侵人,遂至大城。公远曰:"此月宫也。"见仙女数百,皆素练霓衣,舞于广庭。上问其曲名,曰《霓裳羽衣》也。乃密记其声调。旋为冷气所逼,遂复蹑银桥回。返顾银桥,随步而灭。明日召乐工,依其调作《霓裳羽衣曲》,遂行于世。

明皇欲传隐形之术,公远祕而不说。上怒,乃选善射者十人,伏于壁,召公远与语,众矢俱发,公远致毙。上令瘗于宫内①。月余,中使自蜀回,奏事讫,云:"臣至骆谷②,见罗公远,令附起居③,专于成都望车驾④。"上大惊,问其行李如何⑤。曰:"跣足,携鞋一只。"乃令开棺视之,唯见一草鞋在棺,有箭孔十数。安禄山犯阙⑥,明皇幸蜀,有称维厶延来谒。召之,即不见。思其意,维厶延盖公远字也。上悔恨叹息累日。

杜光庭《道教灵验记》(一则,《正统道藏》)

《王道珂天蓬咒验》

王道珂,成都双流县南笆居住⑦。当僖宗幸蜀之时⑧,恒以卜筮符术为业,行坐常诵《天蓬咒》。每入双流市货符卜得钱,须吃酒,至醉方归。其郭门外有白马将军庙,晓夕有人祈赛⑨,长垂帘,帘内往往有光,及闻吹口之声。以此妖异,人皆竞信。所下酒食,忽忽不见,愚民畏惧,无有辄敢正视

---

① 瘗(yì):埋葬。
② 骆谷:关中与汉中交通要道上的山谷,在今陕西周至县西南。
③ 令附起居:让传达问候;起居,谓饮食寝兴状况,引申为问候。
④ "专于"句:谓特意在成都等候皇帝驾临;车驾,指皇帝;此暗指后来"安史之乱"唐玄宗逃难到蜀中。
⑤ 行李:此指行装。
⑥ 安禄山犯阙:指"安史之乱",唐玄宗天宝十四年(755)冬,北方边将安禄山率众叛乱,占领长安,历时七年方始平定;犯阙,指进占长安;阙,宫阙。
⑦ 成都双流县:古县名,今四川双流县。
⑧ 僖宗幸蜀:广明元年(880),黄巢叛军攻入长安,唐僖宗李儇逃亡成都。
⑨ 祈赛:谢神祭祀。

者。道珂因吃酒回归,入庙内朗诵神咒,则庙堂之上悄然。傍人视之,无不惊骇。道珂即日晨鸡初叫,忽随担蒜村人趁市①,夜行至庙门,忽然倒地。仓惶之间,见野狐数头,眼如火炬,衔拽入庙堂阶之下。闻堂上有人呵责曰:"你何得恃酒入我庙内,念咒惊动我眷属?"道珂心中默持《天蓬神咒》,逡巡却苏。盖缘其时与擎蒜人同行,神兵远其臭秽,而不卫其身,遂被妖狐擒伏。洎擎蒜人去,道珂心中想念神咒,即妖狐便致害不得。既苏息之后,遂归家,沐浴清洁,却来庙内,大诟而责曰:"我是太上弟子,不独只解持《天蓬咒》,常诵道经。经云:'天得一以清,地得一以宁,神得一以灵。'②尔若是神明,只合助道行化,何以恶闻神咒? 我知非白马明神,必是狐狸精怪,傍附神祠,幻惑生灵。今日我决定于此止泊,持咒为民除害。"遂志心朗诵神咒,至夜不歇。庙堂之上,寂然无声,亦无光透帘幕,唯闻自扑呻吟之声。至明,呼唤邻近居人视之,唯见老野狐二头并小野狐五头,皆头破血流满地,已毙。自后寂无妖异,亦绝祭祀,庙宇荒废。是知凡持此咒,勿得食蒜,至甚触秽。天蓬将军是北帝上将,制伏一切鬼神,岂止诛灭狐狸小小妖怪矣!

---

① 趁市:犹赶集。
② 语出《老子》。

【第四讲】

女仙与谪仙传说

道教中的女仙

在志怪和传奇仙道题材作品里,以女仙和谪仙(多为女性)为主人公的占有相当大的比重,其中又以描写仙、凡婚恋故事的为多。这类作品往往写得深情绵邈,生动感人,又体现一定的思想意义,成为仙道题材作品中历代传之众口、影响后世创作相当广泛、深远的部分。

道教神祇里有一大批女仙,有些在神仙谱系里占据十分重要的地位。早期仙传《列仙传》、《神仙传》里已记载许多女仙。陶弘景编撰的《真灵位业图》所列神仙谱系,第二"女真位"(第一等里没有女真)的第一名是"紫微元灵白玉龟台九灵太真元君",即西王母;以下是南岳魏夫人等一大批女真(魏夫人道号"紫虚元君",是道教史上上清派第一代尊师);下面各位次有更多"夫人"、"玉女"等,构成和男性仙人并列的长长的女仙队伍。

法国道教学者戴思博(Catherine Despeux)指出:"在中国儒教、佛教、道教三个基本教义之中,道教在观念上对女性最抱善意。"(这是她的名著《古代中国的女仙——道教与女丹》*Immortelles de la Chine ancienne-Taoïsme et alchimie féminine* 里的一个论断,这部书还没有中译本,有日译本)这一点表现在道教文学创作中十分明显,也体现特殊的意义。儒家和佛教虽然所持理由和表现方式不同,由于同样持基本禁欲的立场,对女性的态度是轻贱的。相对比之下,道教虽然也要求超脱"凡情",修真养性,但根据道教传统上"阴阳相需"(《易·系辞上》:"阴阳不测之谓神。"《礼记·郊特牲》:"乐由阳来者也,礼由阴作者也,阴阳和而万物得。"作为构成宇宙的相互对立的两个方面互渗互透,生化万物。阴阳在人体现为男女)的原理,女性的地位和作用是被肯定的。闻一多又曾做出推测:"我常疑心这哲学或玄学的道家思想必有一个前身,而这个前身很可能是某种富有神秘思想的原始宗教,或更具体点讲,一种巫教。"现在已有许多文献和考古实物证实了这一猜测。而中国古代原始巫教包含女神崇拜内容,乃是氏族社会里女性占主导地位的实际状况的反映。追溯道教的渊源会发现，在中国古代原始信仰中，已包含十分丰富的女神信仰内容。据考后来被道教奉为"女仙"之首的西王母和九天玄女等，都是源自远古农耕社会宗教信仰的女神。道教的另外一个源头是战国、秦汉时期的方术，包括房中术（这本是秦汉方士们提倡的节欲、养生、保气之术，《汉书·艺文志》著录八家一百八十六卷，有关房事作为养炼技术是其中内容的一部分）。房中术体现强烈的生命意识，这种意识乃是后来道教生命哲学的内容，正曲折地体现"阴阳相需"的宇宙观。早期道教把房中术作为重要法术，后来经过陆修静等人"清整"而被禁限了，但其影响却长远地延续下来。在那些人仙结交、相恋成婚的传说背后，正有他们的交往、交接作为养炼成仙法术的观念在起作用。

正是在这样的背景下，在文学创作中，从早期的志怪到后来的明清小说、戏曲，从文人诗文到民间传说，人、仙婚恋成为常见题材。不同时代具体作品的思想意义，不同作者应用、处理这类题材的主观意图当然是不同的，从宣扬信仰、传说神迹到歌颂爱情、批判现实等等，作品的思想内涵和表现方法各种各样。而在艺术手法层面，出于悬想的仙、凡交往故事多涉想奇妙，情节曲折；这类作品的构思一般被置于真实生活的框架里而不失现实感和人生情趣；特别是塑造出一批神奇诡异、美丽多情、能力超凡的颇具魅力的女仙形象；仙、凡两界特别是对于女仙的描写更拓展了艺术表现的空间，如此等等，历代各种体裁的文学创作积累起相当数量描写女仙的极富特色的作品。

前面提到，在神仙思想的发展中形成了"谪仙"观念。这个观念具有一定的宗教意义，而构想出一批被贬谪而活动在人间的仙人，又给沟通仙、凡两界提供一个途径。而且，这种谪仙有男有女，许多都富于个性，有他们的特殊经历；特别是多有女仙，她们美丽非凡，聪慧异常，其中许多又温柔善良，往往是按人间理想的女性形象来描绘的。她们降临人世，与凡人结下情缘，以至结为夫妇，成就了充满奇情异趣的婚恋故事；贬谪的女仙往往又不得不返回仙界，又造成了人世爱情的悲剧。这样，不少谪仙故事就成为表现爱情"永恒的主题"的独具特色的作品，相关题材也给作者提供了发挥艺术想象的广阔余地。

这一讲内容限制在介绍女仙题材从古代到唐传奇作品里的表现。宋元以后小说、戏曲创作中的情形后面会有所论及。这一题目的相关内容十分丰富，包括民间传说里的大量作品，介绍只好从略了。

西王母传说

在道教神仙谱系里，西王母是女仙的"领袖"。这是一位由中国上古传说中的女神，经过长期演变，被道教纳入仙谱的地位极其重要的女仙，表现在各类道教文学以及世俗文学作品里，无论是其形成过程还是作为仙真的性格、属性都代表一种女仙的类型。本书前面介绍的《汉武帝内传》的西王母形象即是一例。

至迟到西汉，有关西王母和她所居住的昆仑山的传说已经广泛流传。但是关于它们的起源、演变及其意义等等，相关资料纷杂、矛盾，一直是引起古往今来无数学人迷惑、探寻的谜团。从文献看，"西王母"这一称呼有神名、王名、族名、国名等种种说法；至于"昆仑"一词的来源及其具体所指，也异说纷纭，莫衷一是；而西王母作为广义的"神"，又具有多种多样的性格和形貌。西王母被道教吸纳，成为其神仙谱系里地位最高的女仙，是古代传统的"神"转化为"仙"的现象的典型一例，也给前述闻一多揣测道家与原始巫教的渊源关系提供了一个例证。

本书前面提到的杜光庭编撰的《墉城集仙录》是辑录女仙传记的集大成之作，今传《道藏》本六卷，记载三十八位女仙"事迹"，据考是后人辑录残本，大约是原著的三分之一。这部书里第一位女仙是"圣母元君"，她是"上帝之师"、太上老君所"寄胞"即本为太上老君"示生于人间"，被安置在宇宙始祖的位置；第二位就是"金母元君"西王母，她是居住在昆仑山的众多女仙的首领。杜光庭所述西王母"传记"是根据道教传说加以总括编纂的。

有确切时代可考的关于西王母的记载首见于《庄子·大宗师》。其中讲到"有情有信，无为无形"的"道"可以"神鬼神帝，生天生帝"，接着举出神话人物"狶韦氏得之，以挈天地；伏戏得之，以袭气母"等等，至"西王母得之，坐乎少广，莫知其始，莫知其终"。这表明，这里西王母是被当作少广山上的神看待的。而"少广山"据考乃是极西的山名，或穴名，或西方空界之名。有关西王母的另一个记载见《山海经·西山经》，其中写到玉山"是西王母所居也。西王母其状如人，豹尾虎齿而善啸，蓬发戴胜，是司天之厉及五残"。而昆仑山西三百七十里是乐游山，再往西水行四百里、沙行二百里是赢母山，"又西三百五十里曰玉山"。这又表明，不同资料所述有关西王母身处所在是不确定的。不过在《山海经》的描写里，她和"陆吾"、"长乘"同属一类，是如人似兽的怪异、恐怖的"神"，管辖"天之厉及五残"。所谓"厉及五残"，应是主灾异和刑罚的怪神。据考《山海经》里的《山经》本是出自巫祝的关于往古传说的记录，形成于战国初期或中期。到战国晚期所出《穆天子传》，描述周穆王西游传说，其中有他往见西王母情节，写得相当详悉、生动，乃是后来许多描写西王母降临帝王宫廷故事的滥觞：

> 癸亥，至于西王母之邦。吉日甲子，天子宾于西王母。乃执白圭玄璧以见西王母。好献锦组百纯，□组三百纯。西王母再拜受之□。乙丑，天子觞西王母于瑶池之上。西王母为天子谣曰："白云在天，山陵自出。道里悠远，山川间之。将子无死，尚能复来。"天子答之曰："予归东土，和治诸夏。万民平均，吾顾见汝。比及三年，将复而野。"西王母又为天子吟曰："徂彼西土，爰居其野。虎豹为群，于鹊与处，嘉命不迁，我惟帝女。彼何世民，又将去予。吹笙鼓簧，中心翔翔。世民之子，惟天之望。"天子遂驱升弇山，乃纪其迹于弇山之后而树之槐，眉曰"西王母之山"。（顾实《穆天子传西征讲疏》）

这是西王母的另外一种形象。这段叙写中穿插西王母与周穆王的诗歌唱和，情韵浓郁，是相当成熟的四言体抒情诗，文体上韵、散巧妙配合，叙写的艺术技巧是颇具创意的。西王母在这里允诺人世间的国王周穆王"将子无死"，而周穆王则从她那里得到"和治诸夏"的启示，这种"不死"观念以及神仙与帝王相互关系的构想，无论作为思想观念，还是作为题材用之文学创作，后世都得到充分的利用和发挥。

关于"不死"观念，有上古后羿射日传说，已见于屈原《天问》所谓"羿焉彃日"（彃，射也）云云，后来在《淮南子·览冥训》里又和西王母联系起来：

> 譬若羿请不死之药于西王母，姮娥窃以奔月，怅然有丧，无以续之。何则？不知不死之药所由生也。

这表明,嫦娥从后羿窃"不死之药"的传说,在撰写《淮南子》的汉初已经形成。就是说,至迟到这一个时期,西王母已被赋予不死之神的性格。在一般推定是秦或西汉初年所出的《山海经·大荒西经》里,又已出现把昆仑山当做西王母所住山的观念:

> 西海之南,流沙之滨,赤水之后,黑水之前,有大山,名曰昆仑之丘。有神人面虎身,有文有尾,皆白处之。其下有弱水之渊环之,其外有炎火之山,投物辄然。有人,戴胜,虎齿,有豹尾,穴处,名曰西王母。此山万物尽有。

不过在这里,西王母仍没有脱卸古老传统的怪异恐怖形态。

西汉末到东汉初,是西王母从可怕的刑罚之神演变为美丽可爱女仙的关键时期。在这一时期的方格规矩镜、画像砖、陶尊等的图像中,戴胜("胜"是头上的装饰物,按日本学者小南一郎的考证,是根据织机部件形状制作的,表明西王母作为原始农耕时期产生的女神的性格)的西王母周围有九尾狐、三足乌、拥臼捣药的玉兔等仙禽神兽。其中少数还在西王母周围描绘出形态绵延的昆仑山。

道教以求长生不死、修道成仙为主要目标,而作为神格西王母信仰又具有长生不死的内容,这位由刑罚、恐怖之神演化为美丽昆仑女神的西王母也就顺理成章地被组织到道教仙谱之中,并辩解说原来传说中的"蓬发虎齿"的形象非其真形。

道教经典《太平经》里已经有"使人寿若西王母"的明确说法。后出的纬书《尚书帝验期》记载:

> 王母之国在西荒。凡得道授书者,皆朝王母于昆仑之阙。王褒字子登,斋戒三月,王母授以琼花宝曜七晨素经。茅盈从西城王君诣白玉龟台,朝谒王母,求长生之道,王母授以玄真之经,又授宝书童散四方。洎周穆王驾鼋鼍鱼鳖为梁,以济弱水而升昆仑玄圃阆苑之野,而会于西王母,歌白云之谣,刻石纪迹于弇山之上而还。(《太平御览》卷

六六一）

这段话后面是《穆天子传》所传周穆王西游往见西王母故事，前面提到的是两位后来有名有姓的道士到昆仑山向西王母求经典、求长生之道的新传说，至此，西王母已经是长生不死又掌握并传授不死的经典和法术的女仙了。

西王母由女神演变成女仙，她本来作为神话中的超然的存在随之也就降落到现实的人间了。神仙信仰和神仙观念本来具有人性化、现实化的特征。作为女仙的西王母也被赋予现实的人的形象与性格特征。伴随着对她的艺术化、美学化，作为女仙的西王母的传说也就成为道教文学的良好题材。

《穆天子传》（六卷，是晋咸宁五年［279］发掘出土的汲冢遗书中的一种，据今人考证，为战国时魏国史官整理成书，内容有一定的史料价值）的主体部分描写的是世间国王周穆王访问西极的西王母，后来人物关系转换，演化为西王母来访世间的降临传说。《大戴礼记》（传统上题为西汉末戴德所撰，今人考定认为成书东汉中期，可能是后学传习《士礼》［即今本《仪礼》前身］的参考文献汇集）里又有"西王母来献白玉琯"的记载。完整的降临故事见于《博物志》、《汉武故事》（仅存辑本）和《汉武帝内传》等诸多典籍之中。特别是《汉武帝内传》，本书前面已经介绍，以华采藻饰的文笔叙绘一个规模十分宏阔的神奇诡异的降临故事，西王母已被表现为道教女仙的首领，她掌握着"养生要诀"、元始天王所授"养生之术"和道教经典《五岳真形图》等，又有召集、指挥上元夫人等众多女仙的能力。西王母从而体现作为女仙领袖的更为完满、充分的形态。《内传》是宣扬道教上清派（东晋时期形成的道教派别。东汉时期的早期民间道教教派具有民众性格和草创性质，东晋时期教团扩大，教理成熟，大量经典陆续结集起来，形成不同派系，上清派是声势盛大的一派，主修《上清经》，注重存思而不重丹药，具有鲜明的文化性格）教理的经典，也是仙传文学创作十分成熟的典范作品。

南北朝到隋唐，上清派一直是道教主要派系之一，也是在知识阶层中广泛传播、对文学艺术创作发挥巨大影响的派系。作为女仙领袖的西王母在文学创作里也一直得到重视。西王母与现世帝王交往的传说进一步世俗化、人性化，演绎出与平常人发生纠葛的故事。如王子年《拾遗记》的记

载,还是关于帝王的:

> 燕昭二年,海人乘霞舟,以雕壶盛数斗膏以献昭王。王坐通云之堂,亦曰通霞台,以龙膏为灯,光耀百里,烟色丹紫。国人望之,咸言瑞光。世人遥拜之。灯以火浣布为缠。山西有照石,去石十里,视人物之影如镜焉。碎石片片,皆能照人,而质方一尺,则重一两。昭王春此石为泥,泥通霞之台,与西王母常游居此台上,常有众鸾凤鼓舞,如琴瑟和鸣,神光照耀,如日月之出。台左右种恒春之树,叶如莲花,芬芳似桂花,随四时之色。

这个传说显然是根据燕昭王求仙事加以附会的。典型地体现西王母形象的人性化、艺术化的还有一些神女降临故事,下面再作介绍。

杜光庭《墉城集仙录》记载的西王母已是道教仙真领袖的终结形态,是总括已有西王母传说加以编纂的。开头部分把她描写为"结气成形,与东王木公共理二气,而育养天地,陶钧万物"的具有创世者性格的女神;接着描写道教创始人茅盈、王褒、张道陵泊九圣七真,接受道经,朝拜王母于昆陵之阙,西王母又被描写为道教经典和仙术的传授者;下面写她降临汉武帝、茅盈、魏华存传说,降临汉武帝部分是节略《汉武帝内传》,降临茅盈、魏华存部分则把她视作上清派的始祖。在这部书里,一个以西王母为首领的奇异瑰丽的女仙世界已最后定型。其中描写的女仙大都是西王母的部属,有些本是仙界高真,还有些是西王母的女儿,如南极王夫人是她的第四女,云华夫人是二十三女,紫微王夫人是二十女,等等。这样,西王母和周围的女仙集体又被赋予宗法上的关联。这不仅更突显出西王母在女仙中的"领导"地位,也使这个女仙世界带上更丰富的人性色彩。西王母作为女仙领袖,又是教理的体现,宗教性格和文学典型就这样圆融地体现在具体形象之中。

如上所述,道教里女仙众多,不少被表现在文学作品里,成为个性鲜明生动的典型人物。如西王母这样出于宗教悬想创造的,著名的还有麻姑,这一讲所选作品《神仙传·王远》篇里有她的"传记";还有一类本来是女性高道,如魏华存(252—334,字贤安,出身士族,自幼好道,相传得清虚真人王褒"神真之道"，传上清经法，最后羽化仙去，被尊为上清派第一代宗师、"紫虚元君上真司命南岳夫人"），是上清派的创始人。这两类"人物"作为道教神格，"仙迹"记录在道教经典里，被作为宗教信仰对象来崇拜，又成为后世作家创作的素材。志怪小说和唐传奇还创造出更多全然出于艺术想象的女仙故事，她们大多不见于道教典籍，她们的故事作为文学创作的产物，往往达到更高的艺术水准，也具有更高的艺术价值。

志怪里以女仙为题材的作品

在仙传里已记载不少降临人世、与凡人交往的女仙，构思各种各样。如《麻姑》降临王远家，和《汉武帝内传》降临汉武帝宫廷类似；《樊夫人》写夫妇斗法，突出仙的神奇灵异；还有如《萧史》，则是以仙、凡交往、婚恋为题材的早期作品。这后一类题材在后出的志怪作品里得到更充分的发挥，结撰许多描写女仙降临凡夫、结成婚配的故事。其中的女仙一般被表现为"谪仙"，即是被贬谪处罚降临人间的。这些传说实则是借神仙题材演绎人间爱情，宗教意味淡薄，已经是供人欣赏的、情趣浓郁的文学作品。神仙幻想构造出新颖诡异的情节，描摹出奇妙超凡的人物，赋予这类作品独特的艺术魅力，成为志怪小说里十分动人的部分。

《搜神记》里的董永，"父亡，无以葬，乃自卖为奴，以供丧事"，缘其至孝，天帝令织女下降为妻，助其偿债。织女本是传统的民间俗神，故事主旨在张扬孝道，这还是女仙降临故事的雏形。更具典型意义的是同在《搜神记》里的天上玉女成公知琼下嫁弦超事，同样取传说形态，情节是：

（一）神女降临：魏济北郡从事掾弦超中夜独宿，梦有神女来从之，自称天上玉女，东郡人，姓成公，字知琼。女仙完全是现世人的形貌。

（二）降临原因：弦超早失父母，天帝哀其孤苦，遣令神女下嫁从夫。仙道同情孤苦的人。

（三）降临情形：超当其梦也，若存若亡，如此三四夕，一旦显然来游。描写神秘恍惚的境界。这部分虽然篇幅不长，但内容已包含以下几方面：

神女容貌、衣着、仆从等：驾辎𫐐车，从八婢，服绫罗绮绣之衣；姿颜容体，状若飞仙；自言年七十，视之如十五六女。

与神女共食：辎轺车上有壶、榼、青白瑠璃五具；饮啗奇异，馔具醴酒，与超共饮食。这是道教的行厨仪式。

说明缘起：知琼谓超曰："我，天上玉女。见遣下嫁，故来从君。不谓君德，宿时感运，宜为夫妇……"云云。表明人事与仙道相呼应。

（四）仙、凡离异：作夫妇七八年，父母为超娶妇之后，玉女求去；饮宴、赠物（织成裙衫两副）、赠诗。赠诗是道教传说中仙人作歌的传统。

（五）故事后续：去后五年，超奉郡使至洛，到济北鱼山下陌上，见知琼，悲喜交切，同乘至洛，遂为室家，克复旧好。

张茂先为作《神女赋》。张茂先（232—300），名华，活跃在魏晋间，位崇望高，是一时文坛领袖，爱好秘异图纬，著《博物志》，本人就是富传说色彩的人物。

这篇作品的女主人公成公知琼自称是"天上玉女，见遣下嫁"，女仙身份是明确的；男主人公弦超是郡从事掾，即下层官吏的州郡僚属。他被表现为勤谨规矩的正面人物。如下面将介绍的，不少女仙降临传说的男主人公是小吏身份。可据以推测这类故事在这一阶层广为流传，反映出自这类身份的人的幻想。他们身居下僚，处境窘迫，以神仙际遇的美好想象来求得精神安慰。知琼"见遣"来降，是所谓"谪仙"。天曹神仙因事见责、贬斥人间的"谪仙"是"地仙"的一种。这种身份使她得以起到沟通仙、凡两界的作用，也给演绎人、仙交往情节提供了条件。前面介绍的董永故事里主人公是孝子。这一篇知琼对玄超说"不谓君德，宿时感运"，是说后者以自己的品行感得仙女下嫁。这类故事又表现出鲜明的世俗伦理意义。

故事的构思以女仙贬谪、回归为主线，其中的具体情节，如降临、车骑、装饰、设食、赠诗等，对于以《汉武帝内传》为代表的仙传显然有所借鉴，但从整体处理手法看，作者的主旨已不在宣扬神仙道术。例如"设食"和"赠诗"在《汉武帝内传》里是起重要作用的情节，都是道教科仪："设厨"有道民联谊和施食救济的意义，又是参与者与群仙共食的象征性的仪式；"赠诗"则是女仙向降临对方传授经戒的手段。但是在玄超和成公智琼的传说里，女仙设食与赠诗都是向对方示爱的表现，又是利用铺张华丽的描写来加强艺术效果。这样，道教的观念、科仪在这样的作品里已演化为构造情节和描写场面的技巧，本来具有强烈宗教意味的女仙降临故事也就被演绎为仙凡姻缘、悲欢离合的爱情传说了。

同书里的《杜兰香》情节较简单，构思也循着同样线索：汉时的杜兰香在建业四年（汉纪元年号无建业，三国蜀后主刘禅建兴四年，公元 226 年）春数诣张传，侍婢传话："阿母所生，遣授配君，可不敬从！"张传又改名张硕。降临后同样备办饮食，同样作诗相赠，又赠送大如鸡子的薯蓣子三枚，谓"食此，令君不畏风波，辟寒温"。又告诉张硕，有药"自可愈疾，淫祀无益"。这个故事里明确表白杜兰香是西王母的女儿，这是西王母传说的一个重要发展；其中送"薯蓣子"，是《汉武帝内传》食枣的变型；说明药饵效用，则是宣扬道教养炼技术；又反对民间"淫祀"，这是道教经过"清整"，与民间"邪术"划清界限的观念。而这些，都被作为塑造杜兰香形象、构造爱情故事的材料。

描写杜兰香故事的还有署名曹毗的《神女杜兰香传》和佚名《杜兰香别传》。据《晋书·曹毗传》："曹毗字辅佐，谯国人也。高祖休，魏大司马；父识，右军将军。毗少好文籍，善属词赋，郡察孝廉，除郎中。蔡谟举为佐著作郎，父忧去职。服阕，迁句章令，征拜太学博士。时桂阳张硕为神女杜兰香所降，毗因以二篇诗嘲之，并续兰香歌诗十篇，甚有文彩。"根据现存《艺文类聚》佚文，相关传说应当有更为丰富的情节。例如《神女杜兰香传》里有一段记载：

> 神女姓杜，字兰香。自云家昔在青草湖，风溺，大小尽没。香时年三岁，西王母接而养之于昆仑之山，于今千岁矣。

在这个传说里，杜兰香本是平常人，她是被西王母营救并培养成神仙的。应当是直到隋唐，有几种记载杜兰香传说的作品流行，这位女仙从而又成为唐人诗作中屡屡出现的人物。

《搜神记》还有"建康小吏曹著为庐山使所迎，配以女婉。著形意不安，屡屡求请退。婉潸然垂涕，赋诗序别，并赠织成裤衫"。这个记载情节更简单，同样包含赠诗、赠物情节。祖台之《志怪》、《幽怪志》、《水经注》转引张华《博物志》里还纪录了另外的不同情节，表明这个传说本来有更丰富的内容。

作为幻想产物的女仙贬谪故事，在道教里被当做传达教理的手段。典型的例子如《真诰》开头部分所写愕绿华事,说她是谪仙,在升平三年(359)夜降羊权,并赠以诗。《真诰》是上清派基本典籍,主要内容记载被上清派立为祖师的魏华存及众仙真降临传授经典,愕绿华事是它的序曲。这是道教内部处理女仙降临传说的典型例子。而形成鲜明对比的是,在文人笔下,女仙降临情节演绎为悲欢离合的爱情故事,代替宗教悬想的是奇妙诡异的构思,道教的经戒、科仪被用来构造故事情节,从而创作出具有现实意义和浪漫色彩的作品。它们基本已经不是宗教宣传品,而主要是文学创作成果、艺术欣赏的对象。

再进一步,优秀作家有意识地借用这类神仙降临题材,从事自觉的艺术创作,作品达到更高的思想和艺术水准。这方面的突出例子,可举出题陶潜所撰《搜神后记》里的《白水素女》。同样是写神女降临,但故事更曲折生动,更富生活情趣,其中已经没有谪降、设厨、赠诗等具有宗教内涵的情节。故事开头说主人公谢端少丧父母,无有亲属,为邻人所养,恭谨自守,夜卧早起,躬耕力作,因为贫困不能娶妻。这个铺垫表明了故事的民间背景;后来他拾到一个大螺,其中寄住一位神女,谢端每早至野,她就出来到灶下燃火为炊。这又进一步使故事带上鲜明的传说色彩。接下来写谢端误会是邻人相帮,因而引发冲突,故事平添一分幽默情趣;结局隐秘暴露,神女不得不离去,留下螺壳以贮米谷,常用不乏,谢端则为立神座,时节祭祀,居常饶足,乡人以女妻之,仕至令长,仙、凡情谊传之永久。这段仙、凡情缘,神女有情有义,两情不得结合,给读者留下遗憾与惆怅;而神思飘缈、优美动人的传说,曲折地表现了由于现实阻隔有情人不得聚合的悲哀,美丽勤劳的神女形象则成为安慰心灵的幻想。

作为女仙贬降情节的变型,还有另一种构思方式,就是凡人误入仙界。这又给构造情节、描摹形容留下更广阔的空间。《列仙传》里有邗子,他深入山穴,见台殿宫府,仙吏侍卫,会见故妇,赠以符、药。这是简单的神仙传说。而后出的文人作品则对人物、情节、环境细致描写、渲染,创作出多种多样的生动故事。如《搜神后记》里的《桃花源记》是这种构思的著名例子。另有一个袁相、根硕故事,说二人打猎,经过深山重岭,跟随一群山羊进入山穴;既入之后,见内甚平敞,草木皆香,有一小屋,二女子住其中,年皆十五六,见二人至,忻然云:"早望汝来。"遂为室家;后二人思归,二女乃以一腕囊与根等，囊如莲花，后开囊，中有小青鸟，飞去蝉蜕。同类故事还有《幽冥录》里的《刘晨阮肇》、《黄原》等。又如晋王嘉《拾遗记》"洞庭山"条：

> ……又有灵洞，入中，常如有烛于前。中有异香芬馥，泉石明朗，采药石之人入中，如行十里，迥然天清霞耀，花芳柳暗，丹楼琼宇，宫观异常。乃见众女霓裳，冰颜艳质，与世人殊别。来邀采药之人，饮以琼浆金液，延入璇室，奏以箫管丝桐。饯令还家，赠之丹醴之诀。虽怀慕恋，且思其子息，却还洞穴。还若灯烛导前，便绝饥渴，而达旧乡，已见邑里人户，各非故乡邻，唯寻得九代孙。问之，云："远祖入洞庭山，采药不还，今经三百年也。"其人说于邻里，亦失所之。

这种夸饰铺排的描写，奇诡艳丽，细腻生动，渲染仙界景象，寄托人们的遐想；所描写的女仙美艳动人，热情豪爽，体现一种女性的理想性格。这类故事普遍表现仙、凡离异的结局，增添了神秘色彩，实际又反映了神仙信仰普遍失落的心态。而这种失落，正是神仙与仙界的信仰转化为艺术构想的主要原因。这些出自有意识的创作的、以女仙为主人公的充满魅力、令人遐想的美好故事也就作为艺术欣赏对象长久流传于世间。

唐传奇里的女仙形象

女仙传说同样是唐传奇的重要题材。作为鲁迅所谓"有意为小说"的创作成果，她们被进一步"世俗化"、"艺术化"了。这类题材本身就容易被叙事婉转、文词华艳的传奇小说文体所容纳。又由于作为成熟的文学创作，传奇作品又已进一步脱卸宗教信仰的内涵，也就取得更高的思想、艺术成就。

唐代文人中利用神仙题材从事传奇创作受到赞赏的首推被李贺称为"吴兴才子"的沈亚之（？—831?，字下贤，工诗善文，尤长传奇小说）。古人评论他"工为情语，有窈窕之思"；鲁迅更推崇他的传奇文《湘中怨辞》、《异梦录》、《秦梦记》等是"以华艳之笔，叙恍惚之情，而好言仙鬼复死，尤与同时文人异趣"。其中《秦梦记》写作者昼梦入秦和秦王小女弄玉的一段情缘，在备极荣华之际,弄玉"忽无疾卒",他则被遣还人世而梦觉,结尾处发抒感慨说:"弄玉既仙矣,恶又死乎?"这是和李贺"几回天上葬神仙"(《官街鼓》)相似的构想,暗示宇宙规律之不可改变,表达了生命不足恃、爱情不能永存的悲哀,正体现鲁迅所说沈亚之创作的"异趣"。关于《湘中怨辞》,作者说"事本怪媚",大致情节是说垂拱(武则天年号,公元685—688年)年间,进士郑生晓月度洛桥,闻桥下有哭声,见有艳女说:"我孤,养于兄。嫂恶,常苦我。今欲赴水,故留哀须臾。"郑生挽之回家,遂同居,名曰氾人;氾人能歌楚人《九歌》、《招魂》、《九辩》,并善拟其调,赋为艳句,其词丽绝,有《光风词》之作,抒写年华易逝的惆怅之思,文辞艳丽;她以郑生居贫,拿轻绡相赠,售得千金;居数年,终于告郑自己本是"湘中蛟宫之婣","谪而从君",已岁满,不得不诀别,二人相持啼泣,竟离去,结局是:

> 后十余年,生之兄为岳州刺史。会上巳日,与家徒登岳阳楼,望鄂渚,张宴。乐酣,生愁思,吟之曰:"情无垠兮荡洋洋,怀佳期兮属三湘。"声未终,有画舻浮漾而来。中为彩楼,高百余尺,其上施纬帐,栏笼画饰。帷褰,有弹弦鼓吹者,皆神仙娥眉,被服烟霓,裙袖皆广长。其中一人起舞,含睇凄怨,形类氾人,舞而歌曰:"溯青山兮江之隅,拖湘波兮褭绿裾。荷拳拳兮未舒,匪同归兮将焉如。"舞毕,敛袖,翔然凝望楼中,纵观方怡,须臾,风涛崩怒,遂迷所往。

这篇作品的情节,从"谪仙降临"、定情成婚、赠诗赠物、仙凡别离到偶然再会,大体与传统的女仙贬谪传说相同,但具体描述有变动:写女仙氾人与主人公郑生相遇,不是神秘的降临、入梦,而是现实生活中的孤露女子受嫂虐待,流落桥下;氾人熟悉的不是道教经典,而是古代辞赋名篇,主要是具有神秘意味的作品;她赠给郑生的诗不是宣说神仙观念的"仙歌",而是深情绵邈的抒情辞章;最后着重加以渲染的十余年后再会场面,是一般谪仙故事没有的,曲终奏雅,迷离惝恍的结局留给读者无限遐想。这样,作品叙说了一个曲折生动、哀婉动人的爱情故事,辞赋体的歌吟与所描绘的情境相配合,抒写出两情阻隔的不尽哀怨。作品前面的序对于创作意图加以说明,结尾处关于故事来源作补充,都是把传说"落实"的"故作狡猾"的手法。

而序里致慨于"淫溺之人，往往不悟"，让人联想到元稹写《莺莺传》表现的士人对于超越等级名分的婚外恋情的态度（元稹《莺莺传》描写张生与崔莺莺的恋情，结尾处记载张生忏悔"予之德不足以胜妖孽，是用忍情"，作者又出面评论说"时人多许张为善补过者矣"）。不过从作品整体描述看，表明这不过是矫情的门面语，字里行间流露出对于有情人团聚的欣羡和终于不得不离异的同情与遗恨。沈亚之显然是巧妙借用神仙降临的传统构想，抱着"作意好奇"的艺术创作态度来写作这篇作品的。

上一讲已经提到，中晚唐是传奇创作的烂熟时期，出现一批传奇作品专集，如牛僧孺《玄怪录》、李复言《续玄怪录》、皇甫枚《三水小牍》、裴铏《传奇》等。这些作品大体是两种写法，两种风格：一类偏重记录琐闻轶事，一类更多记载神怪异闻。它们思想内容和艺术水平不一，总体看思想和艺术水准明显不如前期作品，但不乏优秀篇章，包括一些神仙题材的。这一时期作者写神仙题材，基本是假借神仙幻想来构造故事而另有寓意，上一讲也已讲过，其中表现爱情主题的也是最常见又最为动人的。

裴铏《传奇》中的《裴航》是一篇生动感人的仙、凡爱情故事。故事大致情节是：下第秀才裴航游鄂渚（今湖北武昌黄鹤山上游长江中小洲名，指武昌），回京途中舟行，遇见同载的樊夫人，二人"言词问接，帷帐昵洽"，遂赋诗达意；夫人有诗云："一饮琼浆百感生，玄霜捣尽见云英。蓝桥（在陕西省蓝田县东南蓝溪上）便是神仙窟，何必崎岖上玉清。"抵襄汉（襄阳，今湖北襄樊市），不告而辞；后来裴有机会经过蓝桥驿，见茅屋三四间，有老姬绩麻，遂下马求饮，老姬呼"云英"擎浆；裴见一女子，"露裛琼英，春融雪彩，脸欺碧玉，鬓若浓云"，遂欲纳厚礼而娶之；老姬提出的条件是，百日间得一捣仙药的玉杵臼则许之；裴航到京城，不以举事为意，遍访里市，终于得到药臼；他重回蓝桥，并为老姬捣药百日，才如愿迎娶云英为妻。原来路遇的樊夫人是云英之姊云翘夫人、刘纲仙君之妻（《神仙传》里已有樊夫人传，描写她"有道术，能檄召鬼神，禁制变化"）；裴航本来是清灵裴真人（传为汉初文帝时人，姓裴字玄仁，得《神诀》成仙，为清灵真人，传弟子邓云子撰《清灵真人裴君传》，见《云笈七签》）子孙，业当出世，经过这一因缘，终于神化自在，超为上仙。这篇作品中的人物刘纲、樊夫人、裴真人都是传说中的著名仙人，故事是根据仙传材料构思的；结尾宣扬"得道之理"，说人自有不死之术，但"心多妄想，腹漏精溢"，因而不能成仙,则是把主旨归结到宗教说教上来。但这些显然只是门面语,实则作品是巧妙构想仙、凡交往的离奇曲折、悱恻缠绵的浪漫情节,写一个青年人敢于大胆追求和表露爱情,以及这矢志不渝的爱情如何历经考验而终成眷属的故事。传颂千古的"蓝桥遇仙"掌故让人感受到人世间坚贞爱情的美好和温馨。这篇作品构思相当奇妙,"蓝桥"的预言起到照应前后情节的作用;对男女主人公的刻画繁简得当,主要写裴航、云英着墨不多,空灵传神,而作为陪衬的樊夫人则起到穿针引线作用;叙写中穿插的表达寓意的诗歌,烘托气氛,增添情趣。"蓝桥遇仙"也成为后来小说、戏曲的题材。

《传奇》里的《封陟》也是神仙降临故事。其中"谪居下界"的谪仙是《汉武帝内传》里描绘过的上元夫人,她为度脱男主角、本是青牛道士苗裔的封陟而降临人世。在这篇作品里,上元夫人不再是传授仙道的女真,而被表现为执着追求爱情的多情女子。封陟"貌态洁朗,性颇贞端",愚腐不通情谊,在少室山隐居读书;美丽的女仙前后三次降临,主动、热烈地表白情愫,求结良缘,都遭到坚拒。作品里描写仙女第一次前来会见的情景:

> 时夜将午,忽飘异香酷烈,渐布于庭际。俄有辎𫐐自空而降,画轮轧轧,直凑檐楹。见一仙姝,侍从华丽,玉佩敲磬,罗裙曳云,体欺皓雪之容光,脸夺芙蕖之艳冶,正容敛衽而揖陟曰:"某籍本上仙,谪居下界,或游人间五岳,或止海面三峰。月到瑶阶,愁莫听其凤管;虫吟粉壁,恨不寐于鸳衾。燕浪语而徘徊,莺虚歌而缥缈。宝瑟休泛,虬觥懒斟。红杏艳枝,激含颦于绮殿;碧桃芳蕚,引凝睇于琼楼。既厌晓妆,渐融春思。伏见郎君坤仪浚洁,襟量端明,学聚流萤,文含隐豹。所以慕其真朴,爱以孤标,特谒光容,愿持箕帚,又不知郎君雅旨如何?"陟摄衣朗烛,正色而坐,言曰:"某家本贞廉,性惟孤介,贪古人之糟粕,究前圣之指归。编柳苦辛,燃粕幽暗,布被粝食,烧蒿茹藜,但自固穷,终不斯滥,必不敢当神仙降顾。断意如此,幸早回车。"姝曰:"某乍造门墙,未申恳迫,辄有诗一章奉留,后七日更来。"诗曰:"谪居蓬岛别瑶池,春媚烟花有所思。为爱君心能洁白,愿操箕帚奉屏帏。"陟览之,若不闻。云𫐐既去,窗户遗芳,然陟心中不可转也。

后来又再次、三次降临，谆谆地规劝，热烈地诱导。当然作为仙人，她也说到仙山灵府、长生不死，但实际表现的是纯情少女对于爱情的坦率表白。而对方固执地坚持所谓"操守"，两情不能结合，终于失去偿还宿缘的机会。作者的惋惜与同情显然偏向女仙一边。作品最后写封陟染疾而终，在追赴幽府时，路遇神仙骑从，原来是上元夫人；她仍不能忘情，判他延命一纪，再次表现她的深情与遗憾。这样，这一篇借用道教人物与题材，实际也是借鉴了仙传里名师考验弟子的构想，写出一出爱情悲剧，颂扬仙真热烈大胆的爱情追求，批判固执传统操守的迂腐，思想内涵是相当激进的。就文体说，《裴航》多用骈词俪句，基本是散体；这一篇则是相当规整华丽的骈体。道教文献创造出一套专门语汇，仙道题材作品又惯用华词丽藻和排比骈俪句式，被适当地运用在描写形容之中，造成行文的独特情趣和绮丽色彩。

张荐《灵怪记》里的《郭翰》一篇，也是女仙降临故事。故事说天上织女佳期阻旷，上帝赐命游于人间，降临到郭翰处；每当入夜而来，欲晓辞去，如此二人情好日笃；后将至七夕，女忽不复来，经数夕方至；郭翰问："相见乐乎？"她回答说：

> 天上那比人间！正以感运当尔，非有它故也。君无相忌。

后以"帝命有程"，二人终于诀别，约言明年某日当有书信问讯；至期，果有侍女持书至，书末有诗二首，其中之一：

> 人世将天上，由来不可期。谁知一相顾，交作两相思。

结果郭翰从此戒绝人间丽色。在这个故事里，通过仙女之口，明确地宣告"天上那比人间"。而故事又正是以织女在天上"久对无主"、青春寂寞为背景来展开人间男女的欢会与离别的悲情的。全篇描写所表达的对于天上、人间的态度与传统完全逆转了：对比天上的枯寂，处处表现人间生活和人世感情的美好。尽管作品最后仍宣扬戒绝女色的老套教戒，但全篇实际是歌颂人世爱情、肯定人世情欲的。

唐人演绎女仙降临题材，另有多种多样作品。如中唐时期，长安寺观盛行培养花木。每逢花期，一些寺观成为赏花去处。一日，唐昌观玉蕊花开，有美艳女子来游，观者惊为仙人（唐俗往往比妓女为仙人，来游者可能是妓女）。严休复为作《唐昌观玉蕊花拆有仙人游怅然成二绝》诗，体制是传统的游仙诗，白居易、元稹、刘禹锡续有和作。此事流为传说，康骈写入《剧谈录》，题《玉蕊院真人降》，中谓：

> 上都安业坊唐昌观旧有玉蕊花。其花每发，若琼林瑶树。元和中，春物方盛，车马寻玩者相继。忽一日，有女子年可十七八，衣绿绣衣，乘马，峨髻双鬟，无簪珥之饰，容色婉娩，迥出于众。从以二女冠、三小仆，仆者皆丱头黄衫，端丽无比。既下马，以白角扇障面，直造花所。异香芬馥，闻于数十步之外。观者以为出自宫掖，莫敢逼而视之。伫立良久，令小仆取花数枝而出。将乘马回，谓黄衫者曰："曩有玉峰之约，自此可以行矣。"时观者如堵，咸觉烟霏鹤唳，景物辉焕。举辔百余步，有轻风拥尘，随之而去，须臾尘灭。望之，已在半空，方悟神仙之游。余香不散者经月余日。

以下把严、元、刘、白诗组织其中，成为描写长安赏花风光和文人风气的佳妙小品。这反映神仙降临故事在观念上的"世俗化"，文人从而写出这样具有游戏意味的作品。

唐传奇作为成熟的文人小说创作，艺术上特色鲜明：情节新颖奇妙，矛盾冲突紧凑，人物性格鲜明，语言精粹畅达。传统的仙传著作，前人作品里的仙道题材、构想、形象、语汇等等，给唐人写作传奇提供了丰富的借鉴与资源。后世的小说、戏曲创作又从唐人传奇取材、生发，创作出无数艺术水平高超的作品。这形成仙道题材的创作在文学发展中的一个连续的传统，清楚表明道教对于中国文学发展所发挥的积极的促进作用。

作品释例

干宝《搜神记》（二则，汪绍楹《搜神记校注》）

《董永》

汉董永,千乘人①。少偏孤,与父居。肆力田亩,鹿车载自随②。父亡,无以葬,乃自卖为奴,以供丧事。主人知其贤,与钱一万,遣之。永行三年丧毕③,欲还主人,供其奴职。道逢一妇人曰:"愿为子妻。"遂与之俱。主人谓永曰:"以钱与君矣。"永曰:"蒙君之惠,父丧收藏。永虽小人,必欲服勤致力,以报厚德。"主曰:"妇人何能?"永曰:"能织。"主曰:"必尔者,但令君妇为我织缣百匹④。"于是永妻为主人家织,十日而毕。女出门,谓永曰:"我,天之织女也。缘君至孝,天帝令我助君偿债耳。"语毕,凌空而去,不知所在。

《弦超》

魏济北郡从事掾弦超⑤,字义起。以嘉平中夜独宿⑥,梦有神女来从之。自称天上玉女⑦,东郡人⑧,姓成公,字知琼⑨。早失父母,天帝哀其孤苦,遣令下嫁从夫。超当其梦也,精爽感悟⑩,嘉其美异,非常人之容,觉寤钦想⑪,若存若亡。如此三四夕。一旦,显然来游,驾辎軿车⑫,从八婢,服绫罗绮绣之衣,姿颜容体,状若飞仙。自言年七十,视之如十五六女。车上

① 千乘:汉郡名,今山东高青县。
② 鹿车:小车,意谓狭窄仅容一鹿。
③ 三年丧:服丧最重的一种;古制,臣为君、子为父、妻为夫等服丧三年。
④ 缣:浅黄色细绢。
⑤ 魏济北郡:辖境约当今之山东济南市西南一带。从事掾:官府中佐助官吏;从事,官名;汉以后三公及州郡长官皆自辟僚属,多以从事为称。《汉书·丙吉传》:"坐法失官,归为州从事。"
⑥ 嘉平:魏齐王曹芳年号,公元249—254年。
⑦ 玉女:此谓仙女;《抱朴子内篇·仙药》:"玉女常以黄玉为志,大如黍米,在鼻上,是真玉女也。无此志者,鬼试人也。"
⑧ 东郡:郡名,秦置,汉因之,约当今河南省东北部和山东省西部部分地区,东汉以后废置无常。
⑨ 知:或做"智"。
⑩ 精爽:谓精神爽朗;《左传·昭公七年》:"用物精多,则魂魄强,是以有精爽至于神明。"
⑪ 觉寤:同"觉悟",觉醒。
⑫ 辎軿(zī píng)车:有屏蔽的车子;《汉书·张敞传》:"礼,君母出门则乘辎軿。"颜师古注:"辎軿,衣车也。"

有壶、榼、青白瑠璃五具①。饮啗奇异②，馔具醴酒③，与超共饮食。谓超曰：“我，天上玉女。见遣下嫁，故来从君。不谓君德，宿时感运④，宜为夫妇。不能有益，亦不能为损。然往来常可得驾轻车，乘肥马，饮食常可得远味异膳，缯素常可得充用不乏⑤。然我神人，不为君生子，亦无妒忌之性，不害君婚姻之义。”遂为夫妇。赠诗一篇，其文曰：“飘浮勃逢⑥，敖曹云石滋⑦。芝英一不须润⑧，至德与时期。神仙岂虚感，应运来相之⑨。纳我荣五族⑩，逆我致祸灾。”此其诗之大较。其文二百余言，不能悉录。兼注《易》七卷，有卦有象⑪，以象为属⑫。故其文言，既有义理，又可以占吉凶，犹扬子之《太玄》，薛氏之《中经》也⑬。超皆能通其旨意，用之占候⑭。

作夫妇经七八年，父母为超娶妇之后，分日而燕⑮，分夕而寝，夜来晨去，倏忽若飞，唯超见之，他人不见。虽居暗室，辄闻人声，常见踪迹，然不睹其形。后人怪问，漏泄其事。玉女遂求去，云：“我，神人也。虽与君交，不愿人知。而君性疏漏⑯，我今本末已露，不复与君通接。积年交结，恩义

---

① 榼(kē)：古代盛酒或贮水的器皿。
② 饮啗：同“饮啖”，吃喝；《汉书·霍光传》：“发长安厨三太牢具祠阁室中，祀已，与从官饮啗。”
③ 馔具醴酒：饮食备有美酒；醴酒，甜酒；《礼记·丧大记》：“始食肉者，先食干肉；始饮酒者，先饮醴酒。”
④ 宿时感运：谓前世命定；宿时，犹“宿世”，前事；感运，感应所定的命运。
⑤ 缯素：丝绸；缯，古代丝织品的总称；素，白色生绢。
⑥ “飘浮”句：据诸本“飘”下脱“飙”字，谓自渤海蓬莱仙岛漂浮而来；勃，同“渤”；逢，通“蓬”。
⑦ 敖曹：庞杂貌。云石：高耸入云的大石。
⑧ “芝英”句：衍“一”字；《艺文类聚》无“一”字。
⑨ 应运：顺应运气；干宝《晋纪总论》：“昔高祖宣皇帝以雄才硕量，应运而仕。”相：表示一方对另一方有所施为，相助。
⑩ 五族：指五服（斩衰、齐衰、大功、小功、缌麻；是按尊亲关系服丧所穿丧服的五个等级）内亲族；《后汉书·党锢传序》：“而今党人锢及五族，既乖典训之文，有谬经常之法。”
⑪ 象：《周易》专用语，释卦之辞称“象”。
⑫ 象：《周易》专用语，断卦之辞称“象”。
⑬ “犹扬子”二句：《法苑珠林》无此十二字，为后人增补。扬子，扬雄，著《太玄》；薛氏《中经》，不详；三国时魏秘书郎郑默将宫中所藏经籍整理编目，称为“中经”。
⑭ 占候：此谓视卦象变化以附会人事，预言吉凶；《后汉书·郎颛传》：“能望气占候吉凶。”
⑮ 燕：通“宴”，安息，闲居；《晏子春秋·谏下》：“日晏矣，君不若脱服就燕。”吴则虞集释：“《御览》……‘燕’作‘晏’。晏，息也。”
⑯ 疏漏：疏忽错漏；《南齐书·王晏传》：“晏每以疏漏被上呵责，连称疾久之。”

不轻，一旦分别，岂不怆恨①。势不得不尔，各自努力。"又呼侍御②，下酒饮啖。发簏③，取织成裙衫两副遗超，又赠诗一首。把臂告辞，涕泣流离④，肃然升车，去若飞迅。超忧感积日，殆至委顿⑤。

去后五年，超奉郡使至洛，到济北鱼山下陌上⑥，西行遥望，曲道头有一马车⑦，似知琼。驱驰前至，果是也。遂披帷相见，悲喜交切。控左援绥⑧，同乘至洛，遂为室家，克复旧好。至太康中犹在⑨，但不日日往来，每于三月三日、五月五日、七月七日、九月九日、旦、十五日辄下往来，经宿而去。张茂先为之作《神女赋》⑩。

陶渊明《搜神后记》（二则，汪绍楹校注《搜神后记》）

《剡县赤城》

会稽剡县民袁相、根硕二人猎⑪，经深山，重岭甚多，见一群山羊六七头，逐之。经一石桥，甚狭而峻。羊去，根等亦随渡，向绝崖。崖正赤，壁立，名曰赤城⑫。上有水流下，广狭如匹布。剡人谓之瀑布⑬。羊径有山穴如门，豁然而过。既入，内甚平敞，草木皆香。有一小屋，二女子住其中，年皆十五六，容色甚美，著青衣。一名莹珠，一名□□。见二人至，忻然云：

---

① 怆恨：悲痛；旧题苏武《别李陵》诗："怆恨切中怀，不觉泪沾裳。"
② 侍御：侍奉君王的人，引申指婢妾。
③ 簏：竹编的盛器；刘向《九叹·愍命》："莞苎弃于泽洲兮，爬蟊蠹于筐簏。"王逸注："方为筐，圆为簏。"
④ 流离：犹"淋漓"；司马相如《长门赋》："左右悲而垂泪兮，涕流离而从横。"
⑤ 委顿：困弱不起。
⑥ 鱼山：山名，在今山东东阿县；《太平寰宇记》卷一三："东阿县鱼山，一名吾山。"
⑦ 有一马车：《法苑珠林》作"有一车马"。
⑧ 控左：指挥御者；左，本指古代将车上的御者，帅在中，御在其左；《诗·郑风·清人》："左旋右轴，中军作好。"援绥：把着缰绳；绥，本指挽以登车的绳索；《仪礼·士昏礼》："婿御妇车授绥，姆辞不受。"郑玄注："绥，所以引升车者。"
⑨ 太康：西晋武帝司马炎年号，公元280—289年。
⑩ 张茂先：张华；此为"张敏"之讹。《艺文类聚》卷七九有张敏《神女赋》，序曰："世之言神仙者多矣，然未之或验也。至如弦氏之妇，则近信而有证者。夫鬼魅之下人也，无不羸病损瘦。今义起平安无恙，而与神女饮宴欢处，纵情极意，岂不异哉。余览其歌诗，辞旨清伟，故为之作赋。"张敏字号、生卒年不详，又作《仙女成公智琼传》，见《太平广记》卷六一，严可均辑得三句。
⑪ 会稽剡县：剡县，西汉置，属会稽郡，今浙江嵊州市。
⑫ 赤城：赤城山，在今浙江天台县北。
⑬ 谓之瀑布：称它为瀑布山，天台山的西南峰。

"早望汝来。"遂为室家。

忽二女出行,云复有得婿者,往庆之。曳履于绝岩上行①,琅琅然②。二人思归,潜去归路。二女追还已知,乃谓曰:"自可去。"乃以一腕囊与根等,语曰:"慎勿开也。"于是乃归。

后出行,家人开视其囊。囊如莲花,一重去,一重复,至五盖,中有小青鸟,飞去。根还知此,怅然而已。后根于田中耕,家依常饷之,见在田中不动,就视,但有壳如蝉蜕也③。

《白水素女》

晋安帝时,侯官人谢端④,少丧父母,无有亲属,为邻人所养。至年十七八,恭谨自守,不履非法⑤。始出居⑥,未有妻,邻人共愍念之,规为娶妇,未得。端夜卧早起,躬耕力作,不舍昼夜。

后于邑下得一大螺,如三升壶。以为异物。取以归,贮瓮中。畜之十数日,端每早至野还,见其户中有饭饮汤火,如有人为者。端谓邻人为之惠也。数日如此,便往谢邻人。邻人曰:"吾初不为是,何见谢也?"端又以邻人不喻其意,然数尔如此⑦,后更实问。邻人笑曰:"卿已自娶妇,密著室中炊爨⑧,而言吾为之炊耶?"端默然心疑,不知其故。

后以鸡鸣出去,平早潜归,于篱外窃窥其家中,见一少女,从瓮中出,至灶下燃火。端便入门,径至瓮所视螺,但见女。乃到灶下问之曰:"新妇从何所来⑨,而相为炊?"女大惶惑,欲还瓮中,不能得去,答曰:"我天汉中白水

---

① 曳履:拖着鞋子,形容姿态从容。履,从下文看,应是木屐。
② 琅琅然:形容声音清脆响亮。
③ 蝉蜕:蝉的幼虫脱壳变为成虫。
④ 晋安侯官:侯官,古县,属晋安郡,今福建福州市。
⑤ 不履非法:不做不合法度的事。
⑥ 出居:离家分居。
⑦ 数尔:屡屡;数(shuò),屡次。
⑧ 炊爨:烧火煮饭。
⑨ 新妇:此称妇人。

素女也①。天帝哀卿少孤②,恭慎自守,故使我权为守舍炊烹③。十年之中,使卿居富得妇,自当还去。而卿无故窃相窥掩。吾形已见,不宜复留,当相委去④。虽然,尔后自当少差。勤于田作,渔采治生。留此壳去,以贮米谷,常可不乏。"端请留,终不肯。时天忽风雨,翕然而去⑤。

端为立神座,时节祭祀。居常饶足,不致大富耳。于是乡人以女妻之。后仕至令长云⑥。今道中素女祠是也。

沈亚之《湘中怨辞》(鲁迅校理《沈下贤文集》)

湘中怨者,事本怪媚⑦,为学者未尝有述。然而淫溺之人⑧,往往不寤,今欲概其论,以著诚而已。从生韦敖,善撰乐府⑨,故牵而广之,以应其咏。

垂拱年中⑩,驾在上阳宫⑪,太学进士郑生晨发铜驼里⑫,乘晓月渡洛桥⑬,闻桥下有哭声。甚哀。生下马,循声索之,见有艳女,翳然蒙袖曰⑭:"我孤,养于兄。嫂恶,常苦我。今欲赴水,故留哀须臾。"生曰:"能逐我归之乎?"应曰:"婢御无悔⑮!"遂与居,号曰氾人,所诵楚人《九歌》《招魂》《九辩》之书⑯,亦常拟其调,赋为怨句,其词丽绝,世莫有属者⑰。因撰《光风词》曰:

① 天汉:天河。白水:《楚辞·离骚》:"朝吾将济于白水兮,登阆风而绁马。"王逸注引《淮南子》:"白水,出昆仑之山,饮之不死。"
② 卿:古代对男子的敬称。
③ 权:暂且。
④ 委去:委弃而离去。
⑤ 翕然:忽然;翕(xī),快速。
⑥ 令长:地方官;秦汉治万户以上县者为令,不足万户者为长。
⑦ 怪媚:诡丽。
⑧ 淫溺:迷恋沉溺。
⑨ 乐府:此指歌词。
⑩ 垂拱:唐武则天年号,公元685—688年。
⑪ 上阳宫:唐宫殿,唐高宗建于东都洛阳(今河南洛阳市)。
⑫ 铜驼里:洛阳里坊名,傍洛水北。
⑬ 洛桥:又称天津桥,在洛水上。
⑭ 翳然:隐没、遮掩貌。
⑮ 御:作婢侍奉。
⑯ 《九歌》《招魂》《九辩》之书:指《楚辞》中《九歌》、《招魂》,屈原作;《九辩》,宋玉作。
⑰ 世莫有属者:谓世人没有人能和作者;属,和,唱和。

隆佳秀兮昭盛时①，播薰绿兮淑华归②。顾室荑与处萼兮③，潜重房以饰姿④。见稚态之韶羞兮⑤，蒙长霭以为帏⑥。醉融光兮渺弥⑦，迷千里兮涵湮湄⑧。晨陶陶兮暮熙熙，舞嗳娜之秾条兮⑨，骋盈盈以披迟⑩。酡游颜兮倡蔓卉⑪，縠流电兮石发髓旎⑫。

　　生居贫，氾人尝解箧，出轻缯一端，与卖胡人⑬，酬之千金。居数岁，生游长安。是夕，谓生曰："我湘中蛟宫之娣也⑭，谪而从君。今岁满，无以久留君所，欲为诀耳。"即相持啼泣。生留之，不能，竟去。后十余年，生之兄为岳州刺史⑮。会上巳日⑯，与家徒登岳阳楼，望鄂渚⑰，张宴。乐酣，生愁吟曰："情无垠兮荡洋洋⑱，怀佳期兮属三湘⑲。"声未终，有画舻浮漾而来⑳。中为彩楼，高百余尺，其上施纬帐，栏笼画饰。帷搴㉑，有弹弦鼓吹者，皆神仙娥眉，被服烟霓，裙袖皆广长。其中一人起舞，含嚬凄怨㉒，形类氾人，舞

　　① 隆佳秀：谓鲜花盛放；秀，禾类开花抽穗。昭盛时：正当（花开）兴旺时候；昭，显扬。此下写鲜花盛开景象，以喻年轻美丽女子风姿。
　　② 播薰绿：绽放浓绿；薰，绛色。淑华归：显现清湛美丽的姿态。
　　③ 室荑：形容嫩芽含露；荑（yí），茅草嫩芽。处萼：在花萼之中。
　　④ 潜重房：隐藏在重重花冠之中；房，花冠。饰姿：装饰姿容。
　　⑤ 稚态：稚嫩的姿态。韶羞：娇美；韶，美好。
　　⑥ 蒙长霭：谓在缭绕云气之中。
　　⑦ 醉融光：沉醉在明亮光辉之中。渺弥：无限旷远貌。
　　⑧ 迷千里：沉迷在千里之遥。涵湮湄：涵容在水岸边；湮（yān），阻塞；湄，水边。
　　⑨ 嗳娜（wō nuó）：犹"婀娜"。秾条：茂密的枝条。
　　⑩ 骋盈盈：展现丰满姿态。披迟：谓披露迟缓。
　　⑪ 酡游颜：此形容红花；酡，酒醉脸红。倡蔓卉：草木纷披貌。
　　⑫ 縠流电：谓流光溢彩。石发髓旎：石上苔藻；髓旎（ní），柔和美丽貌。
　　⑬ 胡人：此指中亚粟特人，唐时多有旅居中国善经商者。
　　⑭ 蛟宫之娣：指龙王的妹妹；蛟宫，龙宫；娣，犹"妹"。
　　⑮ 岳州：今湖南岳阳市。
　　⑯ 上巳日：节日名，汉以前以三月上旬巳日，魏晋以后定在三月三日，絜于水上，袚除不祥。
　　⑰ 鄂渚：在今湖北武昌黄鹤山上游长江中；《楚辞·九章·涉江》："乘鄂渚而反顾兮，欸秋冬之绪风。"
　　⑱ 无垠：无限。荡洋洋：缠绵悱恻貌。
　　⑲ 属，同"瞩"，望。三湘：今湖南湘乡、湘潭、湘阴合称三湘，古诗文中多泛指湘江流域及洞庭湖地区。
　　⑳ 画舻：彩画的船；舻（lú），船头。
　　㉑ 帷搴：帷帐揭起；搴（qiān），通"褰"。
　　㉒ 含嚬：皱眉，愁苦的样子；嚬，同"颦"。

而歌曰：

　　泝青山兮江之隈①，拖湘波兮袅绿裾②。荷拳拳兮未舒③，匪同归兮将焉如！

　　舞毕，敛袖④，翔然凝望楼中⑤，纵观方怡，须臾，风涛崩怒，遂迷所往。元和十三年⑥，余闻之于朋中，因悉补其词，题之曰"湘中怨"，盖欲使南昭嗣《烟中》之志，为偶倡也⑦。

裴铏《传奇》（二则，周楞伽辑注《裴铏传奇》）

《裴航》

　　唐长庆中⑧，有裴航秀才，因下第，游于鄂渚，谒故旧友人崔相国⑨。值相国，赠钱二十万，远挈归于京⑩，因佣巨舟，载于湘汉，同载有樊夫人⑪，乃国色也。言词问接，帏帐昵洽⑫。航虽亲切，无计道达而会面焉。因赂侍妾袅烟。而求达诗一章，曰：

　　同为胡越犹怀想⑬，况遇天仙隔锦屏。倘若玉京朝会去⑭，愿随鸾

---

①　泝：逆水而上。江之隈：江水弯曲处。
②　袅：微风吹拂貌。裾：衣服前后襟，此指裙子。
③　荷拳拳：心中爱恋不已；荷，担负；拳拳，诚挚眷恋貌。
④　敛袖：收敛衣袖。
⑤　翔然：姿态安详貌。
⑥　元和：唐宪宗李纯年号，公元 806—820 年。
⑦　南昭嗣：名卓，沈下贤友人。《烟中》之志：南卓所作的一篇文字，内容应当和沈下贤这一篇相仿，或以为题目应做《烟中怨辞》，《类说》卷二九《丽情集》节本有《烟中仙》或与有关。偶唱：谓姊妹篇。
⑧　长庆：唐穆宗李恒年号，公元 821—824 年。
⑨　崔相国：此指崔群，字敦诗，宪、穆两朝宰相，因称"相国"。
⑩　挈（qiè）：携带。
⑪　樊夫人：仙传里有樊云翘，仙人刘钢之妻，有关她的传说唐时在湘、鄂流传颇广。参前《神仙传·樊夫人》条。
⑫　帏帐：幔帐。昵洽：亲切融洽。这里是说隔着帏帐接触。
⑬　胡越：胡地在北，越在南，比喻两人本来疏远隔绝。
⑭　玉京：道教称天帝所居之处；晋葛洪《枕中书》引《真记》："元都玉京，七宝山，周回九万里，在大罗之上。"朝会：指朝拜天帝。

鹤入青云①。

诗往，久而无答。航数诘袅烟，烟曰："娘子见时若不闻，如何？"航无计，因在道求名醖珍果而献之②。夫人乃使袅烟召航相识。及褰帷③，而玉莹光寒，花明丽景，云低鬟鬓，月淡修眉，举止烟霞外人④，肯与尘俗为偶？航再拜揖，愕眙良久之⑤。夫人曰："妾有夫在汉南⑥，将欲弃官而幽栖岩谷，召某一诀耳。深哀草扰⑦，虑不及期，岂更有情留盼他人？的不然耶⑧？但喜与郎君同舟共济，无以谐谑为意耳⑨。"航曰："不敢！"饮讫而归。操比冰霜，不可干冒。夫人后使袅烟持诗一章，曰：

　　　一饮琼浆百感生⑩，玄霜捣尽见云英⑪。蓝桥便是神仙窟⑫，何必崎岖上玉清⑬。

航览之，空愧佩而已，然亦不能洞达诗之旨趣。后更不复见，但使袅烟达寒暄而已。遂抵襄汉⑭，与使婢挈妆奁，不告辞而去。人不能知其所造⑮。航遍求访之，灭迹匿形，竟无踪兆。遂饰妆归辇下⑯。

经蓝桥驿侧近，因渴甚，遂下道求浆而饮。见茅屋三四间，低而复隘，

①　鸾鹤：鸾鸟与仙鹤，相传为仙人所乘；汤惠休《楚明妃曲》："骖驾鸾鹤，往来仙灵。"
②　名醖：名酒。
③　褰帷：撩起帷幔；《南史·后妃传上·潘淑妃》："帝好乘羊车经诸房，淑妃每庄饰褰帷以候。"
④　烟霞外人：身处烟霞、超脱尘俗的人。
⑤　愕眙(yí)：亦作"愕怡"，惊视；班固《西都赋》："轶云雨于太半，虹霓回带于棼楣；虽轻迅与僄狡，犹愕眙而不能阶。"
⑥　汉南：唐县，今湖北宜城县。
⑦　草扰：心绪纷乱；颜之推《颜氏家训·慕贤》："侯景初入建业，台门虽闭，公私草扰，各不自全。"
⑧　的：确实。
⑨　谐谑：谓语言随便，戏谑；《旧唐书·柳浑传》："浑警辩，好谐谑放达，与人交豁然无隐。"
⑩　琼浆：亦作"璚浆"，仙人饮料，指前"名醖"；《楚辞·招魂》："华酌既陈，有琼浆些。"
⑪　玄霜：仙药；《汉武帝内传》："仙家上药有玄霜、绛雪。云英：仙传中樊夫人妹妹。"
⑫　蓝桥：地名，今陕西蓝田县东南蓝溪上，古代驿站所在。
⑬　玉清：道家三清境之一，为元始天尊所居；《云笈七签》卷三："三清境者，玉清、上清、太清是也。"
⑭　襄汉：唐襄阳，在汉江边，故称；今湖北襄樊市。
⑮　造：到，去；《周礼·地官·司门》："凡四方之宾客造焉，则以告。"郑玄注："造，犹至也。"
⑯　饰妆：整理行装。辇下：皇帝辇毂之下，京城。

有老妪绩麻苎。航揖之，求浆。妪咄曰①："云英，擎一瓯浆来，郎君要饮。"航讶之，忆樊夫人诗有"云英"之句，深不自会。俄于苇箔之下②，出双玉手捧瓷；航接饮之，真玉液也。但觉异香氤郁③，透于户外。因还瓯，遽揭箔，睹一女子，露裛琼英④，春融雪彩，脸欺腻玉⑤，鬓若浓云，娇而掩面蔽身，虽红兰之隐幽谷，不足比其芳丽也。航惊怛⑥，植足而不能去，因白妪曰："某仆马甚饥，愿憩于此，当厚答谢，幸无见阻。"妪曰："任郎君自便。"且遂饭仆秣马。良久，谓妪曰："向睹小娘子艳丽惊人，姿容擢世⑦，所以踌躇而不能适。愿纳厚礼而娶之，可乎？"妪曰："渠已许嫁一人，但时未就耳。我今老病，只有此女孙。昨有神仙遗灵丹一刀圭⑧，但须玉杵臼捣之百日⑨，方可就吞，当得后天而老⑩。君约取此女者，得玉杵臼，吾当与之也，其余金帛，吾无用处耳。"航拜谢曰："愿以百日为期，必携杵臼而至，更无他许人。"妪曰："然。"航恨恨而去⑪。

　　及至京国，殊不以举事为意⑫，但于坊曲⑬、闹市、喧衢，而高声访其玉杵臼，曾无影响⑭。或遇朋友，若不相识，众言为狂人。数月余日，或遇一货玉老翁，曰："近得虢州药铺卞老书云⑮，云有玉杵臼货之。郎君恳求如此，

① 咄：呵叱，呼叫。
② 苇箔：芦苇编的帘子。箔（bó），帘子。
③ 氤郁：浓郁貌。
④ 露裛琼英：比喻如露水湿润的琼花。裛，通"浥"，沾湿。陶潜《饮酒》诗之七："秋菊有佳色，裛露掇其英。"
⑤ 脸欺腻玉：脸色赛过温润的玉石；欺，此谓赛过。
⑥ 惊怛（dá）：惊诧；袁宏《后汉纪·灵帝纪上》："太傅陈蕃敦方抗直，夙夜匪懈，一旦被诛，天下惊怛。"
⑦ 擢（zhuó）世：谓超群出众。
⑧ 刀圭：药物量器名；《本草纲目·序例》引陶弘景《名医别录·合药分剂法则》："凡散云刀圭者，十分方寸匕之一，准如梧桐子大也……一撮者，四刀圭也。"
⑨ 杵臼：捣东西的锤子和盛器，多为木、石制成；此指捣药所用；《易·系辞下》："断木为杵，掘地为臼。"
⑩ 后天而老：谓寿比天长，长生不老。
⑪ 恨恨：遗憾不已貌；《古诗为焦仲卿妻作》："生人作死别，恨恨那可论。"
⑫ 举事：举子业，参与科考。
⑬ 坊曲：泛指里巷曲巷；唐长安城里坊制，坊为封闭住宅区，中有通路为曲；唐白居易《昭国闲居》诗："勿嫌坊曲远，近即多牵役。"
⑭ 无影响：此谓没有踪迹。
⑮ 虢州：古郡名，唐移治弘农，今河南灵宝市。

此君吾当为书导达①。"航媿荷珍重①，果获杵臼。卞老曰："非二百缗不可得。"航乃泻囊，兼货仆货马，方及其数。遂步骤独挈而抵蓝桥②。

昔日妪大笑曰："有如是信士乎？吾岂爱惜女子，而不酬其劳哉？"女亦微笑曰："虽然，更为吾捣药百日，方议姻好③。"妪于襟带间解药，航即捣之，昼为而夜息。夜则妪收药臼于内室。航又闻捣药声，因窥之，有玉兔持杵臼，而雪光辉室，可鉴毫芒。于是航之意愈坚。如此日足，妪持而吞之，曰："吾当入洞而告姻戚④，为裴郎具帐帏。"遂挈女入山，谓航曰："但少留此。"逡巡⑤，车马仆隶，迎航而往。别见一大第连云⑥，珠扉晃日，内有帐幄屏帏，珠翠珍玩，莫不臻至，愈如贵戚家焉。仙童侍女，引航入帐就礼讫。航拜妪，悲泣感荷。妪曰："裴郎自是清灵裴真人子孙⑦，业当出世⑧，不足深媿老妪也⑨。"

及引见诸宾，多神仙中人也。后有仙女，鬟髻霓衣，云是妻之姊耳。航拜讫，女曰："裴郎不相识耶？"航曰："昔非姻好，不醒拜侍⑩。"女曰："不忆鄂渚同舟回而抵襄汉乎？"航深惊怛，恳悃陈谢⑪。后问左右，曰："是小娘子之姊云翘夫人，刘纲仙君之妻也。已是高真⑫，为玉皇之女吏⑬。"妪遂遣航将妻入玉峰洞中⑭，琼楼珠室而居之，饵以绛雪、琼英之丹⑮，体性清虚，毛发绀绿⑯，神化自在，超为上仙。

---

① 珍重：谓道谢；刘禹锡《刘驸马水亭避暑》诗："尽日逍遥避烦暑，再三珍重主人翁。"

② 步骤：疾走；《史记·礼书》："君子上致其隆，下尽其杀，而中处其中。步骤驰骋，广骛不外，是以君子之性守宫庭也。"

③ 姻好：姻亲，婚配。

④ 洞：洞天，神仙居所；道教有十大洞天或三十六洞天。

⑤ 逡巡：顷刻，极短时间。

⑥ 大第：大的住宅。

⑦ 清灵裴真人：裴玄仁，仙传中汉代仙人；《云笈七签》卷一〇五有《清灵真人裴君传》。

⑧ 业当出世：谓命定当出世成仙；业，宿业，宿命；出世，指成仙。

⑨ 深媿：深谢；媿，同"愧"，本羞辱义，谦词；《汉书·循吏传·龚遂》："面刺王过，王至掩耳起走，曰：'郎中令善媿人！'"颜师古注："媿，古愧字。愧，辱也。"

⑩ 不醒：醒，通"省"；不省，不记得，不曾。

⑪ 恳悃：恳切诚实；韩愈《论佛骨表》："上天鉴临，臣不怨悔，无不感激恳悃之至。"

⑫ 高真：仙人。

⑬ 玉皇：道教最高神玉皇大帝，简称玉帝、玉皇。

⑭ 玉峰洞：道教传说西岳华山玉女峰洞府，十大洞天之一。

⑮ 琼英：《诗·齐风·著》："尚之以琼英乎而。"毛传："琼英，美石似玉者。"

⑯ 绀绿：青绿；绀，天青色。

至大和中①，友人卢颢遇之于蓝桥驿之西，因说得道之事，遂赠蓝田美玉十斤②，紫府云丹一粒③，叙话永日，使达书于亲爱。卢颢稽颡曰④："兄既得道，如何，乞一言而教授？"航曰："老子曰：'虚其心，实其腹。'⑤今之人，心愈实，何由得道之理？"卢子懵然⑥。而语之曰："心多妄想，腹漏精溢，即虚实可知矣。凡人自有不死之术，还丹之方⑦，但子未便可教，异日言之。"卢子知不可请，但终宴而去。后世人莫有遇者。⑧

《封陟》

　　宝历中⑨，有封陟孝廉者⑩，居于少室⑪。貌态洁朗，性颇贞端。志在典坟⑫，僻于林薮⑬。探义而星归腐草⑭，阅经而月坠幽窗。兀兀孜孜，俾夜作昼，无非搜索隐奥，未尝暂纵揭时日也⑮。书堂之畔，景象可窥，泉石清寒，桂兰雅淡；戏猱每窃其庭果，唳鹤频栖于涧松。虚籁时吟⑯，纤埃昼阒⑰。烟锁笃篁之翠节⑱，露滋踯躅之红葩⑲。薜蔓衣垣⑳，苔茸毯砌㉑。

---

　　① 大和：唐文宗年号，公元827—835年。
　　② 蓝田美玉：今陕西蓝田县蓝田山产美玉著名。
　　③ 紫府云丹：天宫仙丹；紫府，道教称仙人所居；晋葛洪《抱朴子·祛惑》："及至天上，先过紫府，金床玉几，晃昱昱昱，真贵处也。"
　　④ 稽颡：古代一种跪拜礼，屈膝下拜，以额触地，表示极度的虔诚。
　　⑤ 语见今本《老子》第三章。
　　⑥ 懵(měng)然：懵懂无知貌。
　　⑦ 还丹之方：还丹的方术；还丹，合炼丹药的方法，合九转丹与朱砂多次提炼而成仙丹。
　　⑧ 本篇多为后世戏曲、小说取材，如宋官本杂剧《裴航相遇乐》、元庾天锡杂剧《裴航遇云英》、明龙膺《蓝桥记》、杨之炯《玉杵记》、清黄兆森《裴航遇仙》；小说里《绿窗新话》中有《裴航遇云英》，《醉翁谈录》辛集卷一有《裴航遇云英于蓝桥》，《清平山堂话本》里有《蓝桥记》，等等。
　　⑨ 宝历：唐敬宗李湛年号，公元825—827年。
　　⑩ 孝廉：本为汉代郡国推举人材科目，此指秀才。
　　⑪ 少室：少室山，嵩山西部的一部分，在今河南登封县北，古多居隐逸之士。
　　⑫ 典坟：三坟五典，泛指典籍。
　　⑬ 僻于林薮：谓隐居山野之中，僻，此指隐居；林薮，山林和泽薮；薮，草木丛生的沼泽。
　　⑭ 探义：探索义理。星归腐草：形容繁星陨落，斗换星移。
　　⑮ 纵揭：放纵度过。
　　⑯ 虚籁：指风；大自然发出的声音称天籁。
　　⑰ 阒(qù)：寂静。
　　⑱ 笃篁：竹的泛称，笃(dāng)，篔笃，生在水边的大竹子；篁，竹林。
　　⑲ 踯躅：杜鹃花。
　　⑳ 薜蔓衣垣：谓薜荔的藤蔓覆盖墙垣。
　　㉑ 苔茸毯砌：谓青苔如毯覆盖台阶。

时夜将午，忽飘异香酷烈，渐布于庭际。俄有辎軿自空而降，画轮轧轧，直凑檐楹①。见一仙姝，侍从华丽，玉珮敲磬，罗裙曳云，体欺皓雪之容光，脸夺芙蕖之艳冶，正容敛衽而揖陟曰②："某籍本上仙，谪居下界，或游人间五岳，或止海面三峰③。月到瑶阶，愁莫听其凤管；虫吟粉壁，恨不寐于鸳衾④。燕浪语而徘徊，鸾虚歌而缥缈。宝瑟休泛⑤，虬觥懒斟⑥。红杏艳枝，激含噘于绮殿；碧桃芳萼，引凝睇于琼楼。既厌晓妆，渐融春思。伏见郎君坤仪浚洁⑦，襟量端明，学聚流萤⑧，文含隐豹⑨。所以慕其真朴，爱以孤标，特谒光容，愿持箕帚⑩，又不知郎君雅旨如何？"陟摄衣朗烛⑪，正色而坐，言曰："某家本贞廉，性惟孤介，贪古人之糟粕⑫，究前圣之指归⑬。编柳苦辛⑭，燃粕幽暗⑮，布被粝食，烧蒿茹藜⑯，但自固穷，终不斯滥⑰，必不敢当神仙降顾。断意如此，幸早回车。"姝曰："某乍造门墙，未申恳迫，辄有诗一章奉留，后七日更来。"诗曰：

---

① 檐楹：指厅堂前；檐，屋檐；楹，堂前的柱子。
② 正容：端庄严肃。敛衽：整理衣襟，表示恭敬。
③ 海面三峰：传说中海上三仙山：蓬莱、方丈、瀛洲。
④ 鸳衾：有鸳鸯纹样的被盖。
⑤ 休泛：停止演奏；泛，同"翻"，演唱，演奏。
⑥ 虬觥：虬龙形的酒器。
⑦ 坤仪：仪表；大地为坤，相术家以五岳、四渎比喻人的五官，因称仪表为坤仪。
⑧ 学聚流萤：谓读书勤苦；用晋车胤典：家贫，夏夜读书，以囊盛萤火照明。
⑨ 文含隐豹：谓善文章；汉刘向《列女传》："妾闻南山有玄豹，雾雨七日而不下食者，何也？欲以泽其毛而成文章也。"
⑩ 持箕帚：指服侍劳作；箕帚，畚箕和扫帚。
⑪ 摄衣：整理衣服，以示郑重。朗烛：拨亮烛火，以避嫌疑。
⑫ 糟粕：此指古人留下的文章；《庄子·天道》："桓公读书于堂上，轮扁斲轮于堂下，释椎凿而上，问桓公曰：'敢问公之所读为何言邪？'公曰：'圣人之言也。'曰：'圣人在乎？'公曰：'已死矣。'曰：'然则君之所读者，古人之糟粕已夫。'"
⑬ 指归：主旨；《三国志·吴志·诸葛瑾传》："与权谈说谏喻，未尝切愕，微见风彩，粗陈指归，如有未合，则舍而及他。"
⑭ 编柳苦辛：谓贫穷辛苦读书；编柳，编联柳木制成的书简，用汉孙敬典，在太学编杨柳简以为经。
⑮ 燃粕：燃糟粕。
⑯ 茹藜：吃粗糙的食物；茹，吃；藜，灰菜。
⑰ "但自"二句：固穷，安于困顿。斯滥：不自约束；《论语·卫灵公》："子曰：'君子固穷，小人穷斯滥矣！'"何晏集解："滥，溢也。君子固亦有穷时，但不如小人穷则滥溢为非。"

谪居蓬岛别瑶池①,春媚烟花有所思。为爱君心能洁白,愿操箕箒奉屏帏②。

陟览之,若不闻。云轺既去③,窗户遗芳,然陟心中不可转也。后七日夜,姝又至,骑从如前时。丽容洁服,燕媚巧言,入白陟曰:"某以业缘遝萦④,魔障欻起⑤,蓬山瀛岛,绣帐锦宫,恨起红茵⑥,愁生翠被。难窥舞蝶于芳草,每妬流莺于绮丛⑦,靡不双飞,俱能对峙。自矜孤寝,转懵空闺⑧。秋却银缸⑨,但凝眸于片月;春寻琼圃⑩,空抒思于残花。所以急切前时,布露丹恳,幸垂采纳,无阻精诚。又不知郎君意竟如何?"陟又正色而言曰:"某身居山薮,志已颛蒙⑪,不识铅华⑫,岂知女色,幸垂速去,无相见尤⑬。"姝曰:"愿不贮其深疑,幸望容其陋质,辄更有诗一章,后七日复来。"诗曰:

弄玉有夫皆得道⑭,刘纲兼室尽登仙⑮。君能仔细窥朝露⑯,须逐云车拜洞天。

陟览,又不回意。后七日夜,姝又至。态柔容冶,靓衣明眸⑰,又言曰:

---

① 瑶池:传说中昆仑山上的池名,西王母所居。
② 奉屏帏:谓侍奉于家中;屏帏,屏风和帷帐间。
③ 云轺:云车,神仙所乘。
④ 业缘:谓宿命因缘。遝萦:谓缠绕、羁束;遝,紧迫;萦,牵缠。
⑤ 魔障:磨难。欻起:急速发生;欻(xū),忽然。
⑥ 红茵:红色褥垫。
⑦ 绮丛:花丛。
⑧ 转懵:辗转昏沉貌。
⑨ 银缸:银制灯台。
⑩ 琼圃:指花圃。
⑪ 颛蒙:谓志向专一,心无旁骛;颛,通"专";蒙,愚昧;谦辞。
⑫ 铅华:指妇女化妆用品;古代化妆用铅粉。
⑬ 见尤:责备;尤,责难。
⑭ 弄玉:用刘向《列仙传》萧史典:弄玉为春秋秦穆公女,嫁善吹箫之萧史,后夫妻乘风仙去。
⑮ 刘纲:用葛洪《神仙传》典:刘纲与其妻樊夫人俱升仙有道术。
⑯ 窥朝露:看见朝露很快干掉,喻生命短暂。
⑰ 靓(liàng)衣:艳丽衣服。

"逝波难驻,西日易颓,花木不停,薤露非久①。轻沤泛水,只得逡巡②;微竹当风,莫过瞬息。虚争意气,能得几时?恃顽韶颜③,须臾槁木。所以君夸容鬓,尚未凋零,固止绮罗,贪穷典籍,及其衰老,何以任持④?我有还丹,颇能驻命,许其依托,必写襟怀⑤。能遣君寿例三松⑥,瞳方两目⑦,仙山灵府,任意追游。莫种槿花⑧,使朝晨而骋艳;休敲石火⑨,尚昏黑而流光。"陟乃怒目而言曰:"我居书斋,不欺暗室,下惠为证⑩,叔子是师⑪。是何妖精,苦相凌逼;心如铁石,无更多言。倘若迟回,必当窘辱。"侍卫谏曰:"小娘子回车。此木偶人,不足与语。况穷薄当为下鬼,岂神仙配偶耶?"姝长吁曰:"我所以恳恳者,为是青牛道士之苗裔⑫。况此时一失,又须旷居六百年,不是细事。于戏!此子大是忍人!"又留诗曰:

> 萧郎不顾凤楼人⑬,云涩回车泪脸新⑭。愁想蓬瀛归去路,难窥旧苑碧桃春。

辒辌出户,珠翠响空,泠泠箫笙,杳杳云露。然陟意不移。后三年,陟染疾而终,为太山所追⑮,束以大锁,使者驱之,欲至幽府。忽遇神仙骑从,清道甚严。使者躬身于路左,曰:"上元夫人游太山耳。"俄有仙骑,召使者

---

① 薤露:薤叶上的露水;《薤露》是乐府《相和曲》名,古代挽歌。
② "轻沤"二句:谓时光如水泡易逝;沤,水泡。
③ 韶颜:美好容颜,谓青春年少。
④ 任持:维持,依靠。
⑤ 写:倾吐,抒发;写,通"泻"。
⑥ 寿例三松:谓寿命绵长;例,比;三松,松柏后凋,喻长寿。
⑦ 瞳方两目:谓目中有两个瞳仁,一种异相、贵相;《史记》裴骃集解引《尸子》:"舜两眸子,是谓重瞳。"
⑧ 槿花:槿花朝开暮落,以喻事物变化之速或时间短暂;王僧孺《为何库部旧姬拟蘼芜之句诗》:"妾意在寒松,君心逐朝槿。"
⑨ 石火:以石敲击迸出火花,喻为时短暂;刘昼《新论·惜时》:"人之短生,犹如石火,炯然以过,唯立德贻爱为不朽也。"
⑩ 下惠:柳下惠,春秋鲁大夫展获,相传他与女子共坐一夜,不曾淫乱。
⑪ 叔子:晋羊祜字,羊祜有政绩,以博学广闻著称。
⑫ 青牛道士:汉方士封君达的别号,常乘青牛。
⑬ 萧郎:指萧史。凤楼人:指弄玉。
⑭ 云涩:谓上天的路阻碍难通。
⑮ 太山:同"泰山",泰山神,又称东岳大帝,道教传说人死归泰山,泰山神为地下主。

与囚俱来。陟至彼，仰窥，乃昔日求偶仙姝也。但左右弹指悲嗟。仙姝遂索追状，曰："不能于此人无情。"遂索大笔判曰："封陟往虽执迷，操唯坚洁，实由朴戆①，难责风情②，宜更延一纪③。"左右令陟跪谢。使者遂解去铁锁，曰："仙官已释，则幽府无敢追摄。"使者却引归。良久，苏息。后追悔昔日之事，恸哭自咎而已。

康骈《剧谈录》（一则）

《玉蕊院真人降》

上都安业坊唐昌观旧有玉蕊花。其花每发，若琼林瑶树④。元和中，春物方盛，车马寻玩者相继。忽一日，有女子年可十七八，衣绿绣衣，乘马，峨髻双鬟，无簪珥之饰，容色婉娈⑤，迥出于众。从以二女冠、三小仆，仆者皆丱头黄衫⑥，端丽无比。既下马，以白角扇障面，直造花所。异香芬馥，闻于数十步之外。观者以为出自宫掖，莫敢逼而视之。伫立良久，令小仆取花数枝而出。将乘马回，谓黄衫者曰："曩有玉峰之约⑦，自此可以行矣。"时观者如堵，咸觉烟霏鹤唳，景物辉焕⑧。举辔百余步，有轻风拥尘，随之而去，须臾尘灭。望之，已在半空，方悟神仙之游。余香不散者经月余日。

时严给事休复、元相国、刘宾客、白醉吟俱作《闻玉蕊院真人降》诗⑨。严给事诗曰："味道斋心祷玉宸⑩，魂销眼冷未逢真⑪。不如满树琼瑶蕊，笑

---

① 朴戆：老实憨厚；戆（zhuàng），刚正而愚。
② 风情：男女恋情。
③ 一纪：十二年，岁星（木星）绕地球一周时间；《国语·晋语四》："文公在狄十二年，狐偃曰：'蓄力一纪，可以远矣。'"韦昭注："十二年，岁星一周为一纪。"
④ 琼林瑶树：宝玉的树，仙界景物。
⑤ 婉娈：柔美貌。
⑥ 丱头：束发；丱（guàn），古时儿童束发成两角貌；《诗·齐风·甫田》："婉兮娈兮，总角丱兮。"朱熹集："丱，两角貌。"黄衫：隋唐时华贵服装。
⑦ 玉峰：即华山玉峰洞。
⑧ 辉焕：光辉灿烂。
⑨ 严给事休复：严休复，任给事中。元相国：元稹，任宰相；相国，宰相。刘宾客：刘禹锡，任太子宾客。白醉吟：白居易，作《醉吟先生传》，自称醉吟先生。
⑩ 斋心：犹"心斋"，内心清净。玉宸：天宫。
⑪ 真：仙真。

对藏花洞里人。"又曰:"羽车潜下玉龟山①,尘界无由睹蕣颜②。惟有无情枝上雪,好风吹缀绿云鬟。"元相国诗云:"弄玉潜过玉树时,不教青鸟出花枝。的应未有诸人觉③,只是严郎卜得知。"刘宾客诗云:"玉女来看玉树花,异香先引七香车④。攀枝弄雪时回首,惊怪人间日易斜。"又曰:"雪蕊琼丝满院春,羽衣轻步不生尘。君王帘下徒相问,长伴吹箫别有人⑤。"白醉吟诗云:"嬴女偷乘凤下时⑥,洞中暂歇弄琼枝。不缘啼鸟春饶舌,青琐仙郎可得知⑦。"

---

① 玉龟山:龟山;《云笈七签》卷八:"龟山在天西北角,周回四千万里,高与玉清连界,西王母所封也。"梁武帝《玉龟曲》:"玉龟山,真长仙。九光耀,五云生。"
② 蕣颜:容颜如蕣花;蕣(shùn),蕣花,开放时间短暂。
③ 的应:定当。
④ 七香车:多种香木制作的华贵车子;乐府《乌栖曲四首》之三:"青牛丹毂七香车,可怜今夜宿倡家。"
⑤ 长伴吹箫:用萧史、弄玉典。
⑥ 嬴女:指弄玉,秦国嬴姓。
⑦ 青琐仙郎:指给事中严休复;唐时称给事中为青琐郎;杜甫《奉同郭给事汤东灵湫作》诗:"飘飘青琐郎,文采珊瑚钩。"

【第五讲】

仙

歌

道教诗歌——仙歌

道教科仪歌舞并作，修道诵经要上达天神，仙真降临要诱导凡俗，往往利用适于唱诵的韵文。许多道教经典是韵文或韵、散间行的。例如在文人间广泛流行的《黄庭经》（包括《黄庭内景经》和《黄庭外景经》，一般称《黄庭经》指《外景》，形成于东晋，《内景》形成其后，内容讲养生修炼原理，为历代道教徒宝重）和《周易参同契》（传为东汉魏伯阳撰，今本经后世陆续增饰，大旨是参同"周易"、"黄老"、"炉火"之理而"妙契大道"，是早期外丹经典），前者是七言韵语，后者则由四、五言、骚体和散体构成。道经的这种文体与中国诗歌传统有关系，也受到外来佛教经典利用偈颂的影响。后来结集《道藏》"十二部"，其中"赞颂"纯是诗体："赞颂者，如《五真新颂》、《九天旧章》之例是也。赞以表事，颂以歌德。故《诗》云：'颂者，美盛德之形容。'亦曰偈。偈，憩也，以四字五字为憩息也。"（《云笈七签》卷七）作为道教基本经典的"本文"或其他部类也包含许多韵文。这些诗体韵文基本是阐明教义、教理或修道方法的，没有多少文学意趣。例如讲丹道的金丹歌诀，和古医书的汤头歌诀一样，不能当作诗歌来欣赏。不过另有许多韵文，有些创作时已带有神灵"自娱乐"或愉悦接受者的目的，有些穿插在一定叙事情节（比如神仙故事）里，如诗如歌，讲究文采，可作为文学作品来欣赏。其中典型的是称作"仙歌"的，可看作是道教诗歌，也是古代诗歌中一个独特的部类。明冯惟讷《古诗纪》、清沈德潜《古诗源》以及近人逯钦立的《先秦汉魏晋南北朝诗》等著名诗歌总集都收录这类作品。从文学创作角度看，这些作品是在中国诗歌传统滋养之下创作出来的，又给这一传统增添了新鲜内容。

仙歌创作要宣扬教理，如《黄庭内景经》里"上清章"说："是曰玉书可精研，诵之万遍升三天。"《太上飞行九晨玉经》里收录三首《羽章词》，说"诸九阳玉童、九华玉女皆恒歌诵之于华晨（北辰，北极星）之上，以和形魂之交畅，启灵真于幽关也。凡修飞步七元（日、月、五星），行九星（九曜：太阳日曜，太阴月曜,荧惑星火曜,辰星水曜,岁星木曜,太白星金曜,镇星土曜,黄幡星罗候,豹尾星计都)之道,无此歌章,皆不得妄上天纲(天庭),足蹑玄斗(北斗)也”。诵读经典与存神守一、服食丹药、佩带符箓、沐浴斋戒等等一样,都是虔修的手段,升玄的阶梯。道经宣讲的内容本来艰深难懂,表述往往有意故作深晦,仙歌的遣词用字炫奇斗异,又多用隐语、双关等修辞手法,读起来艰涩难解。但是仙歌则确实提供出一套独特的语汇、事典、表现手段、修辞方法,体现神秘奇诡的艺术风格,虽然作为文学作品优异的篇章不多,然而由于道教流传,如《黄庭经》《真诰》之类经典广被诵读,也就对文人诗歌以至一般创作造成相当大的影响。

在形成于战国晚期的《穆天子传》里,记载周穆王与西王母会于瑶池之上,西王母歌《天子谣》曰:

　　　　白云在天,丘陵自出。道里悠远,山川间之。将子无死,尚能复来。

这是简古典雅、意趣深幽的四言诗,可看作是仙歌的滥觞。早期道典《太平经》里也使用韵语歌谣、谚语、口诀等,如《师策文》“乐莫乐乎长安市,使人寿若西王母。比若四时周反始,九十字策传方士”之类,体制与当时乐府里的七言诗类似。文学史上讲七言诗的民间起源,这应当算是一方面的材料。晋宋以降,更多知识精英参与道典制作,道教科仪制度形成并不断丰富,经典里大量利用韵文,更推进了“仙歌”的利用与创作。

《道藏》里“赞颂”部,如洞真部的《三洞赞颂灵章》、洞玄部的《上清诸真章颂》、洞神部的《诸真歌颂》等,都集中收录“仙歌”;《真诰》是极富文学意趣的上清派经典,其中托众仙真之口创作许多艺术上具有特色的“仙歌”;到北周时期编纂道教类书《无上秘要》,辑录专门的《仙歌品》;宋代具有总结意义的大型类书《云笈七签》里亦有《赞颂歌》、《歌诗》、《诗赞词》等品类。这样,仙歌在全部道教经典里就占有相当重要的地位,其中具有文学价值的作品不少。

《三皇经》是早期经典。《无上秘要》(道教类书,原本百卷,实存六十九卷,北周武帝宇文邕命通玄观道士编纂;一说成书于隋代)卷二○收录“阴歌、阳歌凡有一十五章,太上玉晨大道君命太素真人、中华公子、太虚紫阳公路虚成造以唱八素之真,能恒讽咏者,使人精魂合乐,五神谐和,万邪不侵。此歌曲之美,是太极紫阳公歌九章,以曜九晨之道;阴歌六章,以利六气之精。咏之者凝三神,有之者除不祥",表明了这些歌曲用于宗教修持的作用。这是纯粹的宣教文字,而从总体看,它们运用了形象的表现手法,音调和谐,用语比较通畅平易,描摹意象也比较真切,如:

> 东游蓬岳标,西之九河浘。飞梵承虚上,振声光于天。栖憩华林际,何忧不长年。北游遨海岛,南适登林墟。重萌郁以赫,朱凤引鸣雏。既忘荣耀契,何不宝仙居。阴歌悲且吟,讽咏高仙子。放浪嵩岳峰,起虚登霄里。咏歌八音停,扬妙随风起。徘徊清林中,仙贤相携峙。清肃八音咏,微风梵皇灵。闲夜动哀唱,双音交来鸣。织妇吐归音,凄切感思生。自非高仙子,何由保仙真。

这里有畅游仙界的叙事,有仙界景物的描写,洞天福地,琼楼玉宇,不死的神仙在那里度过逍遥生活,流露无限企羡之情,格调宛如游仙诗。又如《上清大洞真经》卷一所录《大洞灭魔神慧玉清隐书》九十四句长篇仙歌:

> 玄景散天湄,清汉薄云回,妙炁焕三晨,丹霞曜紫微。诸天舒灵彩,流霄何霏霏,神灯朗长庚,离罗吐明辉。回岭带高云,悬精荫八垂。三素启高虚,兰阙披重扉。金墉映玉清,灵秀表天畿,风生八会官,猛兽骋云驰。纷纷三洞府,真人互参差,上有干景精,冥德高巍巍。太一务犹收,执命握神麾,正一履昌灵,摄招万神归。公子翼寂辕,洞阳卫玄机,明初合道康,龙舆正徘徊。七景协神王,飙轮万秒阶,体娇玄津上,飞步绝岭梯。披锦入神丘,灿灿振羽衣。冥摅交云会,飞景承神通,清峰无毫荟,绮合生绝空。金华带灵辂,翼翼高仙翁,万辔乘虚散,蓊蔼玄上窗……

这里也是描绘仙界的神秘、美好,宣扬神仙信仰,用了"神"、"灵"、"玄"、"炁"等具有道教涵义的词汇,描写天上的"清汉"、"丹霞"、"高云"、"灵彩",

地上的"金塘"、"洞府"、"清峰"、"回岭"等意象,在这神奇诡异的境界里,"妙炁"蒸腾,星光闪烁,真人们乘着龙舆往来,车轮飙飞,羽衣灿烂,一派超凡高妙的景象,诱人神往,同样具有后来游仙诗的意趣。

　　一些仙传中穿插的歌辞,不乏可读的篇章。前面介绍的《汉武帝内传》,文字整体修饰生动,其中穿插的女真的歌唱也颇为华艳优美。又如《神仙传》里有马鸣生,据说是齐国临淄人,为县小吏,为贼所伤,赖道士神药救治得活,遂弃职拜道士为师,负笈随师,勤苦修道,得《太清神丹经》,白日升天。有《太真夫人赠马鸣生诗二首并序》,应是两晋人作,前有长篇诗序,就其事迹加以发挥,说太真夫人是王母小女,年约十六七,名婉罗,字勃遂,事玄都太真,她降临世间,道过临淄,遇有和君贤者为贼所伤,当时殆死,经夫人仙药救济得活,遂变易姓名马鸣生,随夫人执役五年,心坚志静,毫不怠惰,经过种种考验,愈加勤素,夫人以久在人间,奉天皇命,被太上召,不复得停,念鸣生专谨,欲教以长生之方、延年之术,但此方不可教始学者,因此把他介绍给晓金液丹法、让人白日升天的安期先生,次日,安期先生至,见夫人,甚揖敬,称下官,须臾,厨膳至,饮宴半日许,夫人嘱明生曰随之去,并以五言诗二篇赠之,明生流涕而辞,乃随安期先生授九丹之道。诗篇其一曰:

> 暂舍塘城内,命驾岱山阿。仰瞻太清阙,云楼郁嵯峨。虚中有真人,来往何纷葩。炼形保自然,俯仰把太和。朝朝九天王,夕馆还西华。流精可飞腾,吐纳养青牙。至药非金石,风生自然歌。上下凌景霄,羽衣何婆娑。五岳非妾室,玄都是我家。下看荣竟子,笃似蛙与螟。晞顾尘浊中,忧患自相罗。苟未悟妙旨,安事于琢磨。祸凑由道泄,密慎福臻多。(《云笈七签》卷九八)

在上清派结集的真人传记中,另有《马明生真人传》,情节与上述略同,《传》又记载马鸣生随安期先生二十年,周游天下,受太清金液神丹方,后来白日升天,临去,著诗三首,以示将来,据说时在汉光和三年(180)。其一曰:

> 太和何久长,人命将不永。譬如朝露晞,奄忽睡觉顷。生生世所

悟,伤生由莫静。我将寻真人,澄神挹容景。盘桓昆陵宫,玄都可驰骋。涓子牵我游,太真来见省。朝朝王母前,夕归钟岳岭。仰采琼瑶葩,俯漱琳琅井。千龄犹一刻,万纪如电顷。(《云笈七签》卷一〇六)

马明生升仙事在传说中情节不断增饰,穿插的诗歌也不断增添,最后形成一篇结构相当复杂的神仙降临故事,塑造了一个真诚坚定的求道者、得道者的典型形象。其中配合仙歌,也给文字平添一分情趣。

同样,《历世真仙体道通鉴》(元赵道一撰,仙传总集,著录自传说中的"三皇"至元初仙真、道士八百九十九人事迹)录葛仙公即葛玄诗三首。据《通鉴》:三国吴赤乌七年(244)有飞天神将宣敕,命他身归天界,赐位为"太上玉京太极左宫仙公,总统三界六天大魔王之职","受诏讫,遂与弟子乡朋分别于东峰之侧,登著衣台,身披离罗之服,头戴芙蓉之冠,项负圆光,手执玉简,绛裙朱履,玉佩鸣珂……仙公暂停仙驾,赋五言歌诗三篇,降付乡朋,普令歌诵,开悟方来"。文献记载葛玄事迹多属传闻。从诗的风格和所涉及事典看,三首诗应是两晋人所作,其一曰:

> 真人昔遗教,愍念孤痴子。嬖邪不信道,祸乱由斯起。身随朝露晞,悔恨何有已。罪大不可掩,流毒将谁理。冥冥未出期,劫尽方当止。转轮贫贱家,仍复为役使。四体或不完,蹩躄行乞市。不知积罪报,怨天神不恃。大道常无为,弘之由善始。吾今获轻举,修行立功尔。三界尽稽首,从容紫宫里。停驾虚无中,人生若流水。临别属素翰,粗标灵妙纪。(《历世真仙体道通鉴》卷二三)

这是在演说仙道,写法类似魏晋时期流行的玄言诗,格调又和翻译佛典的偈颂相仿。

后出的仙歌形式多样,更多体现艺术创作的用意。如《云笈七签》载《女仙张丽英石鼓歌一首并序》,序谓:"《(宁都)金精山记》(宋曾原一作)云:汉时张芒女名丽英,面有奇光,不照镜,但对白纨扇如鉴焉。长沙王吴芮闻其异质,领兵自来聘。女时年十五,闻芮来,乃登此山,仰卧,披发覆于石鼓之下,人谓之死。芒妻及芮使人往视,忽见紫云郁起,遂失女所在,得所留

歌一首在石鼓之上。"歌曰:

> 石鼓石鼓,悲哉下土,自我来观,民生实苦。哀哉世事! 悠悠我意。我意不可辱兮! 王威不可夺余志。有鸾有凤,自歌自舞,凌云历汉,远绝尘罗。世人之子,其如我何? 暂来期会,运往即乖。父兮母兮! 无伤我怀。

下有注云:"至今石鼓一处黑色直下,状女垂发,时人号为张女发。"(《云笈七签》卷九七)这是利用升仙传说的结构,写了一个民间少女反抗强权、同情民众的故事,表达风格也类似民间乐府,质朴真切,简洁精粹。又如后出的《人间可哀之曲一章并序》,序曰:"太子文学陆鸿渐撰《武夷山记》云:'武夷君,地官也。相传每于八月十五日,大会村人,于武夷山上,置慢(幔)亭,化虹桥,通山下。村人既往,是日太极玉皇、太姥魏真人、武夷君三座空中,告呼村人为曾孙,汝等若男若女呼坐。乃命鼓师张安凌槌鼓(木槌也),赵元胡拍副鼓,刘小禽坎苓鼓,曾少童摆兆鼓,高知满振嘈鼓,高子春持短鼓,管师鲍公希吹横笛,板师何凤儿抚节板。次命弦师董娇娘弹箜篌,谢英妃抚掌离(筝篥),吕阿香忧圆腹(琵琶),管师黄次姑噪悲栗(筚篥),秀琰鸣洞箫,小娥运居巢(笙也),金师罗妙容挥撩铫(铜钹也)。乃命行酒,须臾酒至,云酒无谢。又命行酒,乃令歌师彭令昭唱《人间可哀之曲》。其词曰:天上人间兮会合疏稀。日落西山兮夕鸟归飞。百年一饷兮志与愿违,天宫咫尺兮恨不相随。'"(《云笈七签》卷九六)这里所写神仙降临与民众聚会,实则演绎唐时武夷山道教集会情景。四句赋体长歌,感叹仙凡阻隔,人生短暂,哀婉动人,富诗的情韵。有趣的是这里详细描写音乐演奏场面,复原了唐时民间乐队组织、分工、演出的细节,包括一些乐器的俗称,在音乐史上有一定价值。而成规模的民间乐队演奏运用在道教的聚会上,表明当时道教活动的娱乐性质。这种娱乐性质也在仙歌中体现出来。

《真诰》里的仙歌

道教类书《无上秘要》、《云笈七签》,赞颂集《众仙赞颂灵章》、《诸真歌颂》等收录的"仙歌"都有部分是辑自《真诰》的。《真诰》作为茅山上清派的基本经典,也是道教文学创作的重要成果。韵、散结合是其行文的主要特征,仙歌则是体现其文学价值的重要部分。

《真诰》的"真",谓仙真,指魏华存等众仙人,主要是女仙;诰,谓诰语,仙人的教戒。《真诰》即是仙真降临赐告的结集。这部道经的主角魏夫人华存(352—334),据仙传记载为晋代女道士,字贤安,任城(今山东济宁市境)人;父魏舒,晋司徒;她自幼好仙道,二十四岁嫁太保掾南阳刘文,同至修武县(今河南修武县)令任所,生二子璞、遐;后别居,持斋修道,曾担任天师道(俗称"五斗米道")祭酒(道官名),得清虚真人王褒等降授"神真之道",景林真人授《黄庭经》;在世八十三年,于晋成帝咸和九年隐化,受命为紫虚元君上真司命南岳夫人;西王母偕冯双珠等三十余仙人降于台,授《太清隐书》四卷,被尊为上清派第一代尊师。唐颜真卿有《晋紫虚元君领上真司命南岳夫人魏夫人仙坛碑铭》,以范邈所作《魏夫人传》为本,记述事迹颇详,其中说"璞后至侍中,蒙使传法于司徒琅琊王舍人杨羲、护军长史许穆(谧)、穆子玉斧,并升仙事,具陶弘景《真诰》"。不过据今本《真诰》卷一九《翼真检·真经始末》,"伏寻《上清真经》出世之源,始于晋哀帝兴宁二年(364)太岁甲子(《真诰》记录的仙真降临事迹起兴宁三年),紫虚元君上真司命南岳魏夫人下降,授弟子琅琊王(简文帝司马昱)司徒公府舍人杨某(羲),使作隶字写出,以传护军长史句容许某(谧)并弟(第)三息上计掾某某(翔)。二许又更起写,修行得道。凡三君手书,今见在世者,经传大小十余篇,多掾写;《真授》四十余卷,多杨书"。据传当初这些口授的纪录在道门中流传,至刘宋时,道士顾欢(宋、齐间道士,字景怡,一字玄平,笃志好学,从雷次宗明玄儒诸义,撰《夷夏论》,调和佛、道二教,实主道教)加以整理、编辑;至陶弘景(456—536,字通明,谥贞白先生,齐、梁间道教学者,医药学家,开创道教茅山宗,实为上清派创始人,《真诰》外,撰有《真灵位业图》、《本草经集注》[已佚]等),又进一步搜集散落在江南的相关纪录,编成《真诰》七篇,今本二十卷。在这部书里,南岳魏夫人等是降临世间的仙真;杨羲(330—387)是口授诰语的灵媒;许谧和许翔父子是接受教谕、被引导入仙道者。这几位从而为世人树立起求仙、传道的样板。书里描写的仙真降临情景,不过是灵媒入神或扶鸾状态的幻觉。当初陶弘景整理"三君手书",随处插入注文,书写"三君手书和经中杂事"用紫书大字,其余用朱书细字，注文用墨书细字，但后世传本已不加区别。加上这部书本是作为仙真降临口授的记录传世的，分散为一个个场面与对话，整理、编纂者又有意故作神秘，使得行文杂乱无序，记述中又多用特殊的语汇、事典和隐秘象征的表现方法，更让人迷离恍惚，难以卒读。不过这部书内容十分丰富，相当全面地反映了早期江南上清派道教的面貌，是道教历史上的重要文献，也是公元4、5世纪中国南方社会史与文化史的重要资料。上清派本是东晋南方士族创立起来的，不重丹药符箓而重存神守真、隐遁冥想、服气胎息、守戒行善等"神游无碍"的"存思"养炼之术，又发展出一套"人神交接"的降神仪式和传道方式，这就一方面发挥出神仙相聚、仙人降临、仙凡交往的奇妙诡异的幻想，另一方面又形成一套歌舞繁会的斋会科仪，都给仙歌创作提供了新鲜内容。

《真诰》以愕绿华诗起始，接着是对她的描述：她自称南山人，二十岁样子，在升平三年（359）即魏夫人降临的兴宁三年六年前的十一月十日夜降羊权处，从此往来，一月间来过六次。她自说本姓杨，赠给羊权一首诗，还有火澣布手巾一枚，金、玉条脱各一枚，并说自己是九疑山中得道女罗郁，前世曾为师母毒杀乳妇，玄州以先罪未灭，谪降世间，以偿其过，又给权尸解药。赠诗杨权的诗曰：

> 神岳排霄起，飞峰郁千寻，寥龙灵谷虚，琼林蔚萧森。①（原注：此一字被墨浓暗，不复可识。正中抽一脚出下，似是"羊"字。其人名权）生摽美秀，弱冠流清音。栖情庄慧津，超形象魏林。扬彩朱门中，内有迈俗心。我与夫子族，源胄同渊池。宏宗分上业，于今各异枝。兰金因好著，三益方觉弥。静寻欣斯会，雅综弥龄祀。谁云幽鉴难，得之方寸里。翘想笼樊外，俱为山岩士。无令腾虚翰，中随惊风起。迁化虽由人，蕃羊未易拟。所期岂朝华，岁暮于吾子。

这首诗称赞羊权有"迈俗"之心，二人又是同族，因此下降，结金兰之好，实暗示男女之情，二人都想逃脱樊笼，期望将来同登仙籍。这是对魏华存等仙真降临的铺垫。以下从兴宁三年（365）夏开始，两年间几乎是每一天，众仙真降临位于建康东南六十公里的茅山许氏山馆，实则是在这里举行道教

道教文学十讲

降神仪式。仙真的谈话被杨羲和许氏一族的许谧（许长史）、许翙（许掾，玉斧）父子纪录。这些纪录由一个个仙真降临片断构成，显得凌乱。杨羲等人乃是具有文化修养的贵族子弟，前有《汉武帝内传》等高水平的仙道作品可以借鉴，所作记录在流传过程中又经过顾欢、陶弘景等文学修养颇高的人不断整理、加工，著成的这部书记述仙真事迹、仙人结往、诗赋赠答，情节扑朔迷离，情境神奇玄妙，又夹叙大量神话传说，遂成为一部具有相当艺术水准的道教文学作品。其中的一些仙歌写法、风格多样，也是这一体裁的优异之作。又如前面介绍的女仙降临传说一样，《真诰》里仙、凡交往实则多表现为婚恋关系，像紫清上宫九华安妃与杨羲、沧浪云林右英夫人与许谧，都被表现为情侣。他们相互表达情愫的歌唱就成为独具特色的情歌。《真诰》在仙道文学创作中确属具有特色的上品，因而为后代众多文人所喜爱，也为他们的创作提供了借鉴。

《真诰》里紫微王夫人率安妃降临杨羲的一幕，包括其中的两首"仙歌"，典型地反映了这部作品的写法和风格。所述事发生在兴宁三年六月二十五日夜，紫微王夫人与一神女下降，夫人年约十三四，左右两侍女，一侍女手持《玉清神虎内真紫元丹章》，另一侍女捧白箱，二侍女年约十七八；神女及侍者在紫微夫人后；夫人降临杨羲住处，介绍说："此是太虚上真元君金台李夫人之少女也。太虚元君昔遣诣龟山学上清道，道成，受太上书，署为紫清上宫九华真妃者也，于是赐姓安，名郁嫔，字灵箫。"紫清真妃久坐不言，手中先握三枚枣，色如干枣而形长大，内无核，有似梨味；妃先以一枚与杨羲，一枚与紫微夫人，自留一枚，令各食之；食毕，真妃问杨羲年龄，何月生，杨羲答称三十六，庚寅岁九月生，真妃曰："君师南真夫人，司命秉权，道高妙备，实良德之宗也。闻君德音甚久，不图今日得叙因缘，欢愿于冥运之会，依然有松萝之缠矣。"杨羲答说："沉湎下俗，尘染其质，高卑云邈，无缘禀敬。猥亏灵降，欣踊罔极。唯蒙启训，以祛其暗，济某元元，宿夜所愿也。"真妃曰："君今语不得有谦饰之辞，殊非事宜。"真妃又请杨羲笔录其诗：

> 云阙竖空上，琼台耸郁罗。紫官乘绿景，灵观蔼嵯峨。琅轩朱房内，上德焕绛霞。俯漱云瓶津，仰掇碧奈花。濯足玉天池，鼓枻牵牛

河。遂策景云驾，落龙辔玄阿。振衣尘滓际，褰裳步浊波。愿为山泽结，刚柔顺以和。相携双清内，上真道不邪。紫微会良谋，唱纳享福多。

书讫。取视之，乃曰："今以相赠，以宣丹心，勿云云也。若意中有不相解者，自有微（征）访耳。"然后紫微夫人亦授诗。写好后，紫薇夫人说："以此赠尔。今日于我为因缘之主，唱意之谋客矣。"又说："明日，南岳夫人当还，我当与妃共迎之于云陶间。明日不还者，乃复数日事。"又良久，紫微夫人曰："我去矣，明日当复与真妃俱来诣尔也。"杨羲惊觉下床，失其所在。真妃少留在后而言曰："冥情未摅，意气未忘，想君俱咏之耳。明日当复来。"执杨羲手自下床，未出户之间，忽然不见。这样，在使用绚丽的辞彩叙述迷离恍惚的仙、人交通的情境之中穿插两首仙歌，描述仙界幻想，表达示好情谊。二十六日夜，众真与九华真妃再次降临杨羲处。这种神仙降临人世的仙、人关系，在六朝女仙谪降传说里本是"夫妇"关系，而在上清派的"存神"观念里，则被表现为修道伴侣的关系。这种类似情歌的作品，谆谆教诲又缠绵悱恻，在朦胧中透露出男女之间的爱慕之情，引发读者遐想。《真诰·运题象第二》篇里记载清虚真人授书说："黄赤之道，混气之法，是张陵受教施化，为种子之一术耳，非真人之事也。"所谓"黄赤之道，混气之法"指房中术，是早期道教里的重要养炼法术，到后来被"清整"了。这里也是说它非实有其事，不过是教化的方便施设。紫微夫人则说："夫真人之偶景者，所贵存乎匹偶，相爱在于二景，虽名之为夫妇，不行夫妇之迹也，是用虚名，以示视听耳。"这也是说女真师徒虽然表现为匹偶相爱关系，但不是真实的夫妇，而是求道的伴侣。但是表现为歌唱，则像是独具特色的情歌了。

《真诰》里数十位降临的男真和女真仿佛都是诗人。他们用诗歌宣示诰语，唱和酬答，出口成章。例如有一组诗，众真歌唱另一双情侣沧浪云林右英夫人和许谧的情爱关系，后来被分别收载在冯惟讷和逯钦立编选的诗歌总集里，右英夫人诗云：

驾欻敖八虚，徊宴东华房。阿母延轩观，朗啸蹑灵风。我为有待

道教文学十讲

来，故乃越沧浪。

这里"有待"出《庄子·逍遥游》：

> 夫列子御风而行，泠然善也。旬有五日而后反。彼于致福者，未数数然也。此虽免乎行，犹有所待者也。若夫乘天地之正而御六气之辩，以游无穷者，彼且恶乎待哉。

"有待"谓有所执著。后来"有待"、"无待"不仅是玄学，而且也是佛教义学讨论的课题。右英夫人的诗是说从西王母那里乘虚而来，越过沧浪之水，降临到许谧处，是堕入了有所羁绊的人间俗情。以下则众真唱和。先是紫微夫人作答：

> 乘飙溯九天，息驾三秀岭。有待徘徊昞，无待故当净。沧浪奚足劳，孰若越玄井。

这是说右英夫人从九天乘风下降，在三秀岭停留，与其缠绵俗情，不如"无待"清静，不值得经受越过沧浪之水的劳顿，还是追求玄妙仙境更好。接下来是桐柏山真人、清灵真人、中候夫人等八位男、女仙真作歌，描绘右英夫人降临许谧情景，就"有待"、"无待"继续发议论。基本观点是二者本相对而言，如大小等殊，远近一缘，因而"彼作有待来，我作无待亲"、"有无非有定，待待各自归"。这实际是在隐晦的形式下，肯定了仙真与凡人的情爱关系。

　　《真诰》里的女神，个个美丽动人，多才多艺。她们降临人间，对所诰示的灵媒情真意切。她们深知浊世的污秽，却又流露对于世情的依恋。她们要和灵媒"携手结高萝"，"共酺丹淋翼"，把凡情转换为相携松萝的道侣。有北元中玄道君李庆宾之女、太保玉郎李灵飞之小妹，受书为东宫灵照夫人，治方丈台第十三朱馆中，降临许谧处秘授，"临去，授作一纸诗毕，乃吟歌"，曰：

云墉带天构，七气焕神冯。琼扇启晨鸣，九音绛枢中。紫霞兴朱门，香烟生绿窗。四驾舞虎旗，青轺掷玄空。华盖随云倒，落凤控六龙。策景五岳阿，三素眄君房。适闻臊秽气，万浊荡我胸。臭物薰精神，嚣尘互相冲。明王（玉）皆摧烂，何独盛德躬。高揖苦不早，坐地自生虫。

这里写她长途跋涉来到许谧处，发现后者所处充满"臊秽"、"嗅物"，哀怜他遭受摧折，希望他摆脱困苦处境。这也是把道教的教诫与人间的爱情结合起来，宣扬上清教法乃是实现人间最高享乐的捷径。这也从一个侧面体现了道教强烈的生命意识。

《真诰》受到历代文人的重视，也是它的文学价值的证明。韦应物有诗说："怀仙阅《真诰》，贻友题幽素。荣达颇知疏，恬然自成度。"（《休暇东归》，《韦苏州集》卷八）白居易诗说："叩齿晨兴秋院静，焚香宴坐晚窗深。七篇《真诰》论仙事，一卷《檀（坛）经》说佛心。"（《味道》，《白氏长庆集》卷二四）程颐诗说："参差台殿绿云中，四面篔筜一径通。曾读华阳《真诰》上，神仙居在碧琳宫。"（《草堂》，《二程文集》卷一）苏辙诗说："后来玉斧小儿子，亦入《真诰》参仙经。试令子弟学诸许，还家不用《剑阁铭》。"（《次韵子瞻游罗浮山》，《栾城后集》一）如此等等，《真诰》成为古代文人的必读书。即使他们是出于兴趣来阅读，总会受到一些思想上的熏染，在文字上更会受到影响。从文学角度看，《真诰》并不是结构严整的作品，明显是拼凑而成（还掺杂不少佛教经典的段落，胡适曾著文指出），结构凌乱，文字风格也不统一。但上清派道教带有浓厚的文化性格，《真诰》又是这一派道士几代人创作的成果。它利用道教传统的神仙降临、传授经戒的构思来宣扬清心静虑的"存思"之道，在道教史上具有重大价值与深远影响是不言而喻的。它所描述的人物和场景乃是魏晋以来有教养的士族士大夫参玄求仙生活的投影，反映了思想史和社会史的一个重要侧面，精神上也就容易得到后世知识精英的共鸣。作为道教文学创作成果，《真诰》生动地描摹出一系列仙真降临的场面，在虚幻、朦胧的情境中刻画一批美丽智慧的仙真形象，包括许多美艳绝伦的女真和执著痴迷的灵媒；仙真们以特殊的情爱关系来传达求道升玄的诰语，还有穿插在其中的仙歌，抒写灵媒和信徒在宗教感召、影响下的神秘精神体验；韵散结合的文体，玄理与诗情相交融，加之又善于利用隐晦深秘、大胆悬想、夸张铺排的艺术手法，点缀以仙语、仙典、仙事，创造一种神秘玄妙而又奇诡艳丽的艺术风格，如此等等，都具有文学价值。特别是其中的仙歌，作为特色鲜明的宗教诗颂，在诗歌发展史上做出一定贡献，对后世诗歌创作也发挥了相当影响。

"老子化胡"歌

在敦煌文书里保存几个唐写本《老子化胡经》十卷本的残卷：S.1857、P.2007 卷一并序、S.6963"老子化胡经卷第二"、P.3404"老子化胡经卷第八"和 P.2004 首题"老子化胡经玄歌卷第十"等。据以推想十卷本前九卷是文，第十卷"玄歌"包含《化胡歌》七首、《尹喜哀叹》五首、《太上皇老君哀歌》七首、《老君十六变词》十八首，共计三十七首八千余言，是长篇联章仙歌。这部分作品可看作是别具意趣的叙事诗和讽刺诗，也被逯钦立辑录在《先秦汉魏晋南北朝诗》里。佛教典籍里有叙述教主佛陀的长篇叙事诗（著名的如马鸣造、昙无谶译《佛所行赞》是近万行的叙述佛陀一生经历的长篇诗体作品）。道教的这些作品是本土的创造。中国传统诗歌里叙事体裁并不发达。佛、道二教的这些作品在诗歌发展史上具有重要意义。

东汉襄楷于桓帝延熹九年(166)奏疏，曾说到"又闻宫中立黄老浮屠之祠。此道清虚，贵尚无为，好生恶杀，省欲去奢。今陛下嗜欲不去，杀罚过理，既乖其道，岂获其祚哉！或言老子入夷狄为浮屠。浮屠不三宿桑下，不欲久生恩爱，精之至也"(《后汉书》卷三〇下《襄楷传》)。这段话表明，当时已经有"老子入夷狄为浮屠"的传说。汤用彤认为，老子化胡"故事之产生，自必在《太平经》与佛教已流行之区域也"。他指出："汉世佛法初来，道教亦方萌芽，分歧则势弱，相得则益彰。故佛道均籍老子化胡之说，会通两方教理，遂至帝王列二氏而并祭，臣下亦合黄老、浮屠为一，故毫不可怪也。"(《汉魏两晋南北朝佛教史》)

后来在佛、道二教相互争胜的斗争中，出现新一代"老子化胡"传说和《老子化胡经》。敦煌本《老子变化经》(S.2295)残卷，颂扬老子名称、法相的变化，据考应是东汉末年早期道教作品。其中描写老子"能明能冥，能亡能存,能大能小,能屈能申……在火不焦,在水不寒"等等,又写到"大(人)胡时号曰浮庆(屠)君"。从这些说法看,一方面,老子"变化"观念显然受到佛教关于佛陀神通变化描写的影响;另一方面,说老子"变化"为佛,则应当是后来"化胡"说的原始形态。今存唐写十卷本《老子化胡经》残卷说到毁寺焚经、诛杀沙门,又经北齐颜延之《颜氏家训》、北周甄鸾《孝道论》引用过,可以肯定是北魏孝武毁佛、文成帝复法之后所作。其中第十卷"玄歌"部分的四组诗立言角度不同,前三组分别是用老子、尹喜和太上皇老君第一人称发言,第四组则是客观描述。这些作品的内容敷衍化胡故事,新意无多,但是作为长篇组诗,体制颇见创意,谆谆善诱的口吻,神奇玄想的情节,加上夸饰形容的表现方法,作为宣教作品,是有一定感染力的。

《化胡歌》和《老君十六变词》取联章叙事体,如前者的第一、四两首:

> 我往化胡时,头戴通天威,金紫照虚空,焰焰有光辉。胡王心懁戾,不尊我为师,吾作变通力,要之出神威。麾月使东走,须弥而西颓,足蹑乾坤桥,日月左右回。天地昼暗昏,星辰互差驰,众灾竞地起,良医绝不知。胡王心怖怕,叉手向吾啼,作大慈悲教,化之渐微微。落簪去一食,右肩不著衣,男曰忧婆塞,女曰忧婆夷。化胡今宾服,游神于紫微。

> 我昔化胡时,西登太白山,修身岩石里,四向集众仙。玉女担浆酪,仙人歌玉文。天龙翼从后,白虎口驰剐,玄武负钟鼓,朱雀持幢幡。化胡成佛道,丈六金刚身。时与决口教,后当存经文。吾升九天后,克木作吾身。

这是采取人物自叙口吻,利用神游仙界的想象,描摹"化胡"的一个个情境。其中有人物刻画、场面渲染,也不乏讽刺、幽默的描写。《老君十六变词》是宣扬老君变化来神化教主的,述说老子生在南、西、北、东等四面八方,变形易体,教化世人,宣扬其神通广大,亦贯穿佛、道斗争内容。如十三变:

> 十三变之时:变形易体在罽宾,从天而下无根元,号作弥勒金刚身。胡人不识举邪神,兴兵动众围圣人,积薪国北烧老君。太上慈愍

怜众生,渐渐诱进说法轮,剔其须发作道人。横被无领涅槃僧,蒙头著领待老君,手捉锡杖惊地虫。卧便思神起诵经,佛气错乱欲东秦,梦应明帝张德(骞)迎。白象驮经诣洛城,汉家立子无人情,舍家父母习沙门。亦无至心逃避兵,不玩道法贪治生,搦心不坚还俗经。八万四千应罪缘,破塔怀(坏)庙诛道人,打坏铜像削取金。未荣(容)几时还造新,虽得存立帝恐心。

这样的述事颇为简洁,短短篇幅中写了老子到罽宾"化胡",经过积薪火烧考验,征服了徒众,进而感应汉明帝派张骞白马驮经,把佛法传入中国,后面又写到毁佛。叙写中有具体描摹,如写佛教徒"蒙头著领待老君,手捉锡杖惊地虫",形象生动又具讽刺意味。格律则七言三句一意,一韵到底,造成急促的情调,是后来唐人歌行多使用的句式。《尹喜哀歌》是尹喜自述修道的经历与感受,《太上皇老君哀歌》是以老君口吻哀叹世人愚妄,不信神明,所述皆世间常情,别具一种亲切感。如第二首:

> 吾哀世愚民,不信冥中神,恃力害良善,不避贤行人。驰马骋东西,自谓常无前,善恶毕有报,业缘须臾间。神明在上见,遣使直往牵,从上头底收,系著天牢门。五毒更互加,恶神来克侵,口吟不能言,妻子呼仓(苍)天。莫怨神不佑,由子行不仁。

这种浅俗的唱词适合传教需要,演唱起来是会取得感人效果的。

敦煌写本中所存佛教题材曲辞中也有描写佛陀生平的长篇歌词,道教这些"化胡"歌曲同样是长篇叙事体裁。中国古代诗歌创作中长篇叙事作品不多。佛、道二教韵文诗颂(包括翻译佛典中的)里的叙事作品,对于中国叙事诗发展做出的贡献是值得注意的。

步虚词

仙歌里具有更高艺术价值的还有步虚词一类。

如果说当年庄子所描写的"不食五谷,吸风饮露,乘运气,御飞龙,而游乎四海之外"的"神人"，"上窥青天，下潜黄泉，挥斥八极，神气不变"的"至人"还是一种理想人格，那么道教里的神仙则被落实为真实的存在了。《太平经》里说：

> 故得道者，则当飞上天，亦是其去世也……不死得道，则当上天……

葛洪《抱朴子内篇》则说："按《仙经》云，上士举形升虚，谓之天仙。中士游于名山，谓之地仙。下士先死后蜕，谓之尸解仙。"（《抱朴子内篇校释》卷二《论仙》）其中"举形升虚"的"天仙"当然是信仰者向往和追求的理想。而在秦汉方士的活动中，求仙已成为一种"技术"。道教又进一步发展了这类技术。魏晋时期形成的乘蹻、玄览、洞观等法术就是这类技术的几种。它们大体可分为两类。一类是行步虚空，叫做乘蹻，"若能乘蹻者，可以周流天下，不拘山河。凡乘蹻道有三法：一曰龙蹻，二曰虎蹻，三曰鹿卢蹻。或服符精思，若欲行千里，则以一时思之。若昼夜十二时思之，则可以一日一夕行万二千里……"（《抱朴子内篇校释·杂应》），这是设想在天上自由飞翔，与神仙遨游，即曹植诗所谓"乘蹻追术士，远之蓬莱山"（《升天行》）。另一类是通过存思，"上通于天，下通于地，总有神仙幽相往来"（《太上洞玄灵宝天尊说救苦妙经注解》），则是"神游"的内功，是幻游神仙世界。道教这两类养炼技术作为思维方式都通于诗歌创作中与仙人交游和遨游仙界的构想。另一方面，道教科仪制度中又有"步虚"舞乐形式，是一种普遍行用的斋法。在灵宝斋仪里，道士按八卦、九宫方位，绕香案"安徐雅步、调声正气"而歌，象征众仙在玄都玉京斋会的情景，也是以虚拟行为来表达宗教玄想，具有祈祷神灵的意义。循序歌唱时配合以特殊的经韵曲调，即所谓"步虚声"，所吟咏即是《步虚词》，是描写、渲染神游仙界景象的诗章。从文学创作角度看，郭茂倩《乐府解题》说："步虚词，道家曲也，备言众仙缥缈轻举之美。"这则把它看做是诗歌的一类了。

宋刘敬叔《异苑》里有曹植传"步虚声"的传说：

> 陈思王曹植字子建，尝登鱼山，临东阿。忽闻岩岫里有诵经声，清

通深亮,远谷流响,肃然有灵气。不觉敛襟祗敬,便有终焉之志,即效而则之。今之梵唱,皆植依拟所造。一云,陈思王游山,忽闻空里诵经声,清远道亮。解音者则而写之,为神仙声。道士效之,作步虚声也。

这是小说家言,不足凭信。佛教又传说梵呗传自曹植,反映这些宗教乐曲自魏晋间开始流传的事实。道教经典里关于步虚的最早记载见于《太极真人敷灵宝斋戒威仪诸经要诀》,该经据考为东晋安帝时期葛巢甫(东晋道士,葛洪从孙,据陶弘景《真诰》记载,他以葛氏家族所传古道经《灵宝五符》为主要素材"造构《灵宝经》")所撰。其中说:

> (十方)拜既竟,斋人以次左行,旋绕香炉三匝,毕。是时亦当口咏《步虚蹑无披空洞章》。所以旋绕香者,上法玄根无上玉洞之天,大罗天上太上大道君所治七宝自然之台,无上诸真人持斋诵咏旋绕太上七宝之台,今法之焉。

用旋绕香炉来象征高仙上圣朝谒玉京、飞巡虚空,显然是模仿佛教的绕佛仪轨;旋绕中咏唱《步虚词》,则采取中土祭祀传统里舞乐结合的形式。

如上所说,在灵宝斋仪里,吟咏《步虚词》是重要节目。有一部《洞玄灵宝玉京山步虚经》,其中说:"太极左仙公葛真人,讳玄字孝先,于天台山授弟子郑思远、沙门竺法兰、释道微、吴时先主孙权。后思远于马迹山中授葛洪……"陆修静编纂的《太上洞玄灵宝授度仪》里说到传授"灵宝斋法"的科仪:

> ……次弟子跪九拜三起三伏,奉受真文,带策执杖,礼十方一拜。从北方始,东回而周迄。想见太上真形如天尊象矣。毕,次,师起巡行,咏《步虚》,其辞曰:
> 稽首礼太上,烧香归虚无。流明追我回,法轮亦三周。玄愿四大兴,灵庆及王侯。七祖升天堂,煌煌曜景敷。啸歌观大漠,天乐适我娱。齐馨无上德,下仙不与俦。妙想朗玄觉,诜诜乘虚游……

所录计十首五言诗，就是《洞玄灵宝玉京山步虚经》里通称《灵宝步虚》的，即《升玄步虚章》。当初《步虚词》就是这十首，为一般仪式里所使用。它们采取五言诗形式，即制作时借鉴了当时流行的诗歌样式。作为斋法科仪，歌唱《步虚词》起到宣导信众又怡悦心神的作用。

后来创作出更多步虚词。六朝道经如《太上洞渊神咒经》、《太上大道玉清经》、《上清无上金元玉清金真飞元步虚玉章》、《洞真太上神虎隐文》等经典里均录有篇数不等的《步虚词》。这些作品四、五、七言不一，长短不等。如《太玄洞渊神咒经》卷十五《步虚解考品》所录二十五首里的第二首：

> 南方炎帝君，八表号阎浮。飞轩驾云舆，十真三天游。玉女乘霄唱，金光溢丹丘。今日转法轮，梵响震九嵎。天帝敕魔兵，风举自然休。晃晃三光耀，百邪没九幽。若有干试者，力士斩其头。诸天帝王子，杀鬼岂敢留。故有强梁者，镬汤煮其躯。千千悉斩首，万万不容留。兴斋摄魔精，魍魉值即收。大道威严重，神风扫邪妖。疫鬼即消尽，万民无灾忧。

这里描写"南方炎帝"统帅男、女仙真驱邪胜魔，消灭疫鬼，为百姓消除"灾忧"，表明步虚具有"解考"即消除一切灾殃的作用。值得注意的是，前引这一首诗用了"法轮"、"梵响"等佛教词语，显然对佛典有所借鉴。实际道教步虚词无论作为斋法还是创作方法对于佛教的梵呗都有所借鉴。

又陈国符指出："至唐代，据见存张万福、杜光庭斋醮仪，道乐曲调之确实可考者，亦仅《华夏赞》及《步虚词》二种。"（《道乐考略稿》，《道藏源流考》）唐宋以降，步虚一直广被应用于道教仪式之中。如今古代"步虚声"的具体曲调已不可得知，但从文献记载里可以了解其优美动人及广为流行的情形。唐代著名道士张万福描述说：

> ……七宝玉宫皆元始天尊所居，诸天众圣朝时皆旋行，诵歌《洞章》，即《升玄步虚章》，或《玄空歌章》、《大梵无量洞章》之流也。密咒毕，都讲唱《步虚》，旋绕，以次左行，绕经三周。其第一首但平立面经像作，第二首即旋行，至第十首，须各复位。竟之，每称善，各回身向

中，散花，礼一拜，法十方朝玄都也。（《无上黄箓大斋立成仪》）

这里说的应是唐代制度。当时歌唱《步虚词》十首，应仍是《玉京山步虚经》里的十首。

用于道教仪式中的《步虚词》后来仍陆续被创作出来。如唐代著名道士吴筠（活跃在玄宗朝，本书后面详细介绍）作十首。其第十首曰：

> 二气播万有，化机无停轮。而我操其端，乃能出陶钧。寥寥大漠上，所遇皆清真。澄莹含元和，气同自相亲。绛树结丹实，紫霞流碧津。以兹保童婴，永用超形神。

吴筠亦以能文善艺著称，留有文集。权德舆评论他的作品说："故属词之中，尤工比兴。观其《自古王化诗》与《大雅吟》、《步虚词》、《游仙》、《杂感》之作，或遐想理古，以哀世道，或磅礴万象，用冥环枢，稽性命之纪，达人事之变，大率以啬神挫锐为本；至于奇采逸响，琅琅然若夏云璇而凌倒景，昆阆松乔，森然在目。近古游方外而言六义者，先生实主盟焉。"（《唐故中岳宗元先生吴尊师集序》）这里对包括《步虚词》在内的评价不无溢美，但也可见这类作品的影响。杜光庭《太上黄箓斋仪》录存《步虚词》二十余首，作者不明，应是当时流行作品，如：

> 旋行蹑云纲，乘虚步玄纪。吟咏帝一尊，百关自调理。俯命八海童，仰携高仙子。诸天散香花，萧然灵风起。宿愿定命根，故致标高拟。欢乐太上前，万劫犹未始。

后来宋太宗、宋真宗、宋徽宗均曾作步虚词。其中宋徽宗的十首编入道教乐谱集《玉音法事》，一直流传沿用至今。其第五、六两首：

> 绿鬘颓云髻，青霞络羽衣。晨趋阳德馆，夜造月华扉。抟弄周天火，韬潜起陆机。玉房留不住，却向九霄飞。
>
> 昔在延恩殿，中霄降九皇。六真分左右，黄雾绕轩廊。广内尊神

御,仙兵护道场。孝孙今继志,咫尺对灵光。(《金箓斋三洞赞咏仪》)

就内容看,这些作品不出传统《步虚词》范围,但由于作者具有较高文化素养和文字技巧,遣词用语相当典雅精致,达到较高的艺术水准,在步虚词一类创作中算作上品了。刘师培曾评论宋徽宗的《步虚词》说:"虽系道场所讽,然词藻雅丽,于宋诗尚称佳什。"

文人拟作,庾信(513—581)有《道士步虚词》十首,是早期作品。文人的作品与道教科仪无关,只是描写神游仙界的幻想,又往往别有寓意或寄托感慨。如庾信所作的一首:

> 归心游太极,回向入无名。五香芬紫府,千灯照赤城。凤林采珠实,龙山种玉荣。夏簧三舌响,春钟九乳鸣。绛河应远别,黄鹄来相迎。

这类出自修养有素的文人之手的作品,巧妙地借鉴道教的语言、意象,抒写超然解脱的幻想,文字典雅,音韵和谐,使典用事严整精确,意境亦相当鲜明,与道教典籍里同题作品相比较,显示了脱胎换骨的功夫。

隋炀帝杨广善文词,有《步虚词》二首,第二首曰:

> 总辔行无极,相推凌太虚。翠霞承凤辇,碧雾翼龙舆。轻举金台上,高会玉林墟。朝游度圆海,夕宴下方诸。

炀帝善宫体,这样的诗不过是用神仙境界来比附帝王的享乐生活罢了。

在唐代,步虚是道教宫观斋醮里的重要内容,步虚声韵是广受人们欣赏的部分。诗人们描写道观生活,步虚成为具有象征意义的情景。如钱起诗说:"鸣磬爱山静,《步虚》宜夜凉。"(《夕游覆釜山道士观因登玄元庙》,《钱考功集》卷七)刘长卿诗说:"萝月延《步虚》,松花醉闲宴。"(《自紫阳观至华阳洞宿侯尊师草堂简同游李延年》,《刘随州文集》卷六)等等。另一方面,步虚词又广泛地流行于道观之外。如《唐诗纪事》记载:"(李)行言,陇西人,兼文学干事,《函谷关诗》为时所许。中宗时为给事中,能唱《步虚歌》。帝七月七日御两仪殿会宴,帝命为之。行言于御前长跪,作三洞道士音词歌数曲,貌伟声畅,上频叹美。"(《唐诗纪事》卷一一)这是说唱《步虚歌》成为宫掖里的游艺节目。又有记载唐玄宗"(天宝十载)四月,帝于内道场亲教诸道士步虚声韵,道士玄辨等谢曰:'……陛下亲教步虚之诸声赞,以至明之独览,断历代之传疑……。'"(《册府元龟》卷五四)唐玄宗身为帝王,亲自更定《步虚声》的声韵和腔调,并宣示中外;《唐会要》记载天宝十三载太乐府供奉曲:"林钟宫:时号道调、道曲,《垂拱乐》、《万国欢》、《九仙步虚》……"(《唐会要》卷三三《诸乐》)这样,步虚声又已纳入到朝廷燕乐系统之中,即作为一种乐调而流行。道观里传出悠扬的"步虚声",成为长安城宗教生活的迷人景象之一。而步虚声又作为道教乐曲普及到民间,成为流行的乐曲。

白居易有诗说:"大江深处月明时,一夜吟君小律诗。应有水仙潜出听,翻将唱作《步虚词》。"(《江上吟元八绝句》,《白氏长庆集》卷一五)"云间鹤背上,故情若相思。时时摘一句,唱作步虚辞。"(《同微之赠别郭虚舟炼师五十韵》,《白氏长庆集》卷二一)这些都反映当时步虚词已经和诗人的创作并无二致了。在唐代,从帝王到一般文士,许多人对作为诗体的步虚词都表现出浓厚兴趣,也有很多人,如顾况、韦渠牟、陈羽、刘禹锡、陈陶、司空图、苏郁、高骈、徐铉等,都留有这一题目的作品。当然失传的也不会少。如刘禹锡的《步虚词二首》曰:

> 阿母种桃云海际,花落子成二千岁。海风吹折最繁枝,跪捧琼盘献天帝。
>
> 华表千年一鹤归,凝丹为顶雪为衣。星星仙语人听尽,却向五云翻翅飞。

这两首诗是普通的七绝,敷衍神仙传说,抒写神仙幻想。就这样"步虚"已作为流行的创作题材。后世历代作者作《步虚词》,主题多种多样。由道教科仪的步虚声演化为文人创作的步虚词,是道教促进文学发展的又一典型事例。

总起来看,归属为道教"仙歌"的这一大批作品本是宗教经典,主旨在宣说教理,施行教化;它们表达上一般又有意深隐幽晦,作为文学创作优秀作品不多,也难以在民众间普及。但是如本文开头指出的,相对于有限的文学水准与艺术价值,它们对于文学创作特别是诗歌创作的影响和贡献却是相当大的。主要有这样几个层面:它们拓展了诗歌的表现领域,除了直接表现有关仙道内容,往往还可以利用来抒发感慨,隐喻世事,等等;它们的高度悬想与夸张拓展了创作的思维方式,而在中国文学重写实的传统中,这是相对薄弱的方面;它们惯用比喻、联想、象征、双关等艺术手段,特别是大量使用庾词隐语,丰富了诗歌修辞技巧;道教经典形成自身的语言系统,即所谓"仙语"、"仙言",这套词汇、语法运用到"仙歌"中,丰富了诗歌创作的语言;仙歌创作体现多种多样的风格,特别是其中神秘幽玄、瑰丽华艳一派,警动人心,给人特殊的印象,如此等等,道教仙歌在艺术上确实多有创新,吸引、影响了当代和后世众多作者。他们中许多人汲取借鉴,取精用弘,推陈出新,对于丰富和提高创作水准发挥了作用。从郭璞到龚自珍,中间有唐代的李白、李贺、李商隐等诸多卓越诗人,从一定意义说都是"仙歌"传统的继承者。

作品释例

《三皇经》(节选)(《无上秘要》,《正统道藏》)

东游蓬岳标①,西之九河津②。飞梵承虚上③,振声光于天。栖憩华林际④,何忧不长年。北游邀海岛,南适登林墟⑤。重萌郁以赫⑥,朱凤引鸣

---

①　蓬岳:蓬莱山,海上三仙山之一。

②　九河:天河;屈原《九歌·少司命》:"与汝游兮九河,冲飙起兮水扬波。"吕延济注:"九河,天河也。"

③　飞梵:谓在天上飞翔;梵,梵天,佛经中称三界中的色界初三重天为"梵天"。

④　华林:茂美的林木,这里借用佛教弥勒成道后说法的僧园名,中有龙华树,故名;《弥勒下生成佛经》:"尔时弥勒于华林园,其园纵广一百由旬。"

⑤　林墟:林木覆盖的山丘;墟,亦作"圩","虚"古今字,大丘;宋玉《对楚王问》:"鲲鱼朝发昆仑之墟,暴鬐于碣石,暮宿于孟诸。"

⑥　重萌:草木重重新绿;萌,草木发芽;汉王逸《九思·伤时》:"风习习兮軟煖,百草萌兮华荣。"郁以赫:浓密而繁茂。

雏①。既忘荣耀契②，何不宝仙居。《阴歌》悲且吟③，讽咏高仙子。放浪嵩岳峰④，起虚登霄里⑤。咏歌八音停⑥，扬妙随风起。徘徊清林中，仙贤相携踌⑦。清肃八音咏，微风梵皇灵⑧。闲夜动哀唱，双音交来鸣。织妇吐归吟，凄切感思生。自非高仙子，何由保仙真⑨。

《汉武帝内传》（节选，钱熙祚校《汉武帝内传》）

《侍女田四妃答歌》

晨登太灵宫⑩，挹此八玉兰。夕入玄元阙，采蕊掇琅玕。濯足匏瓜河⑪，织女立津盘⑫。吐纳挹景云⑬，味之当一餐。紫微何济济⑭，璚轮复朱丹⑮。朝发汗漫府，暮宿句陈垣⑯。去去道不同，且如体所安。二仪复犹存⑰，奚

---

① 朱凤：朱雀，"四灵"之一；《三辅黄图·未央宫》："苍龙、白虎、朱雀、玄武，天之四灵，以正四方，王者制宫阙殿阁取法焉。"庾信《齐王进赤雀表》："(文谷林)获一赤雀，光同朱凤，色类丹乌。"

② 荣耀契：得到荣耀；契，盟约，要约；繁钦《定情歌》："时无桑中契，迫此路侧人。"

③ 阴歌：《三皇经》中"阴歌、阳歌凡有一十五章，太上玉晨大道君命太素真人中华公子太虚紫阳公路虚成造以唱八素之真，能恒讽咏者，使人精魂合乐，五神谐和，万邪不侵"。

④ 嵩岳：即嵩山，传说为神仙洞府，在今河南省登封市北，为五岳之中岳，古称外方、太室，又名崇高、嵩高。

⑤ 登霄：登上云霄，比喻升天。

⑥ 八音：古代对乐器的统称，引申为音乐；乐器通常为金、石、丝、竹、匏、土、革、木八种不同质材所制。《书·舜典》："三载，四海遏密八音。"孔传："八音：金、石、丝、竹、匏、土、革、木。"

⑦ 携踌：提携；踌，犹立；《淮南子·修务训》："(申包胥)鹤踌而不食，昼吟宵哭。"高诱注："踌，立貌。"

⑧ 梵皇灵：天帝的声音；梵，佛教谓大梵天王所出的音声，亦指佛、菩萨的音声；皇灵，天帝；曹植《怨歌行》："皇灵大动变，震雷风且寒。"

⑨ 何由：怎能。谢灵运《石门新营所住四面高山回溪石濑修竹茂林诗一首》："美人游不还，佳期何由敦？"

⑩ 太灵宫：虚拟的神仙宫殿名；下"玄元阙"、"汗漫府"同。

⑪ 匏瓜河：指银河；匏瓜，星名；《史记·天官书》："匏瓜，有青黑星守之。"司马贞索隐引《荆州占》："匏瓜，一名天鸡，在河鼓东。"

⑫ 津盘：渡口，此指银河边。

⑬ 吐纳：呼吸吐纳，养生方术。景云：祥云，此指呼吸吐纳的元气。

⑭ 紫微：此指紫微垣的列星。济济：众多整齐的样子。

⑮ 璚轮：宝玉装饰的车子；璚，同"琼"。朱丹：此指红色彩画。

⑯ 句陈垣：星名；句(gōu)，同"钩"；扬雄《甘泉赋》："伏钩陈使当兵"，李善注引服虔："钩陈，神名也。紫微宫外营陈星也。"垣，星座区域，古天文分星座为三垣二十八宿。

⑰ 二仪：日月。

疑亿万椿①。莫与世人说，行尸言此难②。

《云笈七签》(二则，李永晟点校《云笈七签》)

《太真夫人赠马明生诗二首并序》

太真夫人者，王母之小女也。年可十六七，名婉罗，字勃遂，事玄都太真③，有子为三天太上府司直，总纠天曹之遗④，此(比)地上之卿佐⑤。年少，好委官游逸⑥，虚废事任，有司奏劾以不亲局察，降主东岳，退真王之编⑦，司鬼神之帅，五百年一代其职。夫人因来视之，励其后使修守政事，以补其过。

道过临淄，值县小吏和君贤为贼所伤，当时殆死。夫人见而愍之，问其何伤乃尔？君贤以实对。夫人曰："汝所伤乃重，刃关于肺，五脏泄漏，血凝绛府⑧，气激肠外，此将死之急也，不可复生，如何？"君贤知是神人，叩头求哀，乞赐救护。夫人于肘后筒中出药一丸，大如小豆，即令服之，登时而愈，血绝疮合，无复惨痛。君贤再拜跪曰："贫家不足以谢，不知何以奉答恩施？唯当自展驽力⑨，以报所受耳。"夫人曰："汝必欲谢我，意亦可佳，可见随去否？"君贤乃易姓名，自号马明生，随夫人执役。

夫人还入东岳岱宗山峭壁石室之中，上下悬绝，重岩深隐，去地千余丈。石室中有金床玉几，珍物奇玮⑩，乃人迹所不能至处也。明生初但欲学金疮方⑪，既见其神仙来往，乃知有不死之道，旦夕供给扫洒，不敢懈倦。夫

---

① 亿万椿：椿树生长期长，以喻长寿；典出《庄子·逍遥游》："上古有大椿者，以八千岁为春，八千岁为秋。"
② 行尸：指懵懂度日的人，谓徒具形骸，虽生犹死。
③ 玄都：又称"玄洲"，众仙居处；《上清外国放品青童内文》卷下："北方去中国五万里外，名鬻丹……国外则有玄洲，方七千二百里，四面是海，去岸三十六万里，上有太玄都，仙伯真公所治。"
④ 总纠：统管。天曹：天府。
⑤ 卿佐：辅佐，辅助国君的执政大臣。
⑥ 委官：放弃职守。游逸：游乐无度。
⑦ 退真王之编：指辞退真王编管。
⑧ 绛府：丹田，腹腔。
⑨ 驽力：低下的才力；驽，劣马。
⑩ 奇玮：奇异珍贵；玮(wěi)，珍奇。
⑪ 金疮方：治疗金属利器致伤的方术；《六韬·王翼》："方士二人主百药，以治金疮。"

人亦以鬼怪虎狼眩惑众变试之①。明生神情澄正，终不恐惧。又使明生他行别宿，因以好女于卧息之间调戏亲接之。明生心坚志静，固无邪念。夫人或行，去十日五日还，或一月二十日还，见有仙人宾客乘龙麟、驾虎豹往来，或有拜谒者，真仙弥日盈坐。客到，辄令明生出外别室，或立致精细厨食，肴果非常，香酒奇浆，不觉而至，不可目名。或呼明生坐，与之同饮食。又闻空中有琴瑟之音，歌声宛妙。夫人亦时自弹琴瑟，有一弦五音并奏，高朗响激，闻于数里。众鸟皆为集于岫室之间②，徘徊飞翔，驱之不去。逮天人之乐，自然之妙也。夫人栖止，常与明生同石室中而异榻耳。若幽寂之所，都唯二人。或行去，亦不道所往之处。但见常有一白龙来迎，夫人即著云光绣袍，乘白龙而去。其袍专是明月珠缀著衣缝，带玉珮，戴金华太玄之冠，亦不见有从者。既还，即龙自去，不知所在。石室玉床之上，有紫锦被褥，绯罗之帐，中有服玩之物，瑰金函奁③，玄黄罗列④，非世所有，不能一一知其名也。两卷素书上题曰《九天太上道经》，明生亦竟不敢发舒视其文也。唯供给洒扫、守岩室而已。至于服玩，亦不敢窃窥之，亦不敢有所请问。

如此五年，愈加勤肃，辄不怠惰。夫人谓之曰："汝可谓真可教也，必能得道者也。以子俗人，而恭仰灵气，终莫之废，虽欲求死，亦焉可得乎？"因以姓字本末告之，曰："我久在人间，今奉君王命，又被太上召，不复得停。念汝专谨，故相语。欲教汝长生之方，延年之术。而我所授，服以太和自然龙胎之醴，适可授三天真人，不可以教始学之者，固非汝所得闻矣。纵或闻之，亦必不能用之持身也。有安期先生⑤，晓金液丹法⑥，其方秘要，是元君太一之道，白日升天者矣。安期明日来，吾将以汝付嘱之焉！相随稍久，其术必传。"

---

① 眩惑众变：迷惑人的多种变怪之事。

② 岫室：指山中窟室；岫，山洞。

③ 函奁：箱盒之类器物。

④ 玄黄：指各种颜色的东西；玄，天的颜色；黄，地的颜色。

⑤ 安期先生：安期生，传说秦、汉间齐人，从河上丈人习黄帝、老子之说，卖药东海边，秦始皇遣使入海求仙药，未至蓬莱山，遇风波而返。

⑥ 金液丹法：和炼金液的方法；葛洪《抱朴子·金丹》："金液太乙所服而仙者也，不减九丹矣。"

明日安期先生至，乘駮驎①，著朱衣，戴远游冠，带玉珮及虎头鞶囊，视之可年二十许，洁白严整，从六七仙人，皆执节奉卫。见夫人甚揖敬，称下官。须臾厨膳至，饮宴半日许。夫人语明生曰："吾不复得停，汝随此君去，勿忧念也。我亦时时当往视汝。"因以五言诗二篇赠之，可以相存②。明生流涕而辞，乃随安期先生授九丹之道。诗曰：

　　暂舍墉城内③，命驾岱山阿。仰瞻太清阙④，云楼郁嵯峨。虚中有真人，来往何纷葩⑤！炼形保自然，俯仰挹太和⑥。朝朝九天王⑦，夕馆还西华⑧。流精可飞腾，吐纳养青牙⑨。至药非金石，风生自然歌。上下凌景霄⑩，羽衣何婆娑。五岳非妄室，玄都是我家。下看荣竞子⑪，笃似蛙与蟆。眄顾尘浊中，忧患自相罗。苟未悟妙旨，安事于琢磨⑫？祸凑由道泄⑬，密慎福臻多。（其一）

　　昔生昆陵宫⑭，共讲天年延。金液虽可退⑮，未若太和仙。仰登冥

　　① 駮驎(bó lín)：杂色斑纹的麒麟。
　　② 相存：相怀念；《诗·郑风·出其东门》："出其东门，有女如云。虽则如云，匪我思存。"
　　③ 墉城：西王母居处；郦道元《水经注》："承渊山，又有墉城，金台玉楼，相似如一……西王母之所治，真官仙灵之所宗。"
　　④ 太清阙：仙人居处；道教谓元始天尊所化法身道德天尊所居之地为三清：太清，玉清，上清；葛洪《抱朴子·杂应》："上升四十里，名为太清，太清之中，其气甚刚，能胜人也。"
　　⑤ 纷葩：盛多貌。
　　⑥ 挹太和：吸纳元气；太和，元气；《易·乾》："保合大和，乃利贞。"大，同"太"；朱熹《本义》："太和，阴阳会合冲和之气也。"
　　⑦ 朝朝(zhāo cháo)：早晨朝见。
　　⑧ 夕馆：晚上住在馆舍。西华：西王母所领女仙居处；《云笈七签》卷七："《八素经》云：西华宫有琅简蕊书，当为真人者，乃得此文。"
　　⑨ 青牙：指吐纳元气所生之精神。
　　⑩ 凌景霄：谓登天；凌，登上；景霄，指天上，倒影在下；景，通"影"。
　　⑪ 荣竞子：追求荣华富贵的人。
　　⑫ 琢磨：雕刻、磨治玉、石之类，此指致力于外骛。
　　⑬ 祸凑：遭遇灾祸。道泄：大道泄漏。
　　⑭ 昆陵：昆仑山。
　　⑮ 金液：炼就的丹液；《汉武帝内传》："其次药有九丹金液。"可退：可以升天；退，退升，升天。

仙台，虚想咏灵人。忽遇扶桑王①，九老仙都真②。驾骖紫虬辇③，灵颜一何鲜！启我寻常涂④，邀我自然津。告以鸿飞术⑤，授以《玉胎篇》⑥。琼膏凝玄气⑦，素女为我陈⑧。俯挹琳凤腴⑨，仰上飘三天。云纲立尔步，五岳可暂旋。玄都安足远？蓬莱在脚间。传受相亲爱，结友为天人。替即游刑对⑩，祸必无愚贤。秘则享无倾，泄则躯命颠。（其二）

《马明生真人传》

……明生乃随安期先生负笈，西之女几⑪，北到圆丘⑫，南至秦庐⑬，潜及青城九疑⑭，周游天下。二十年中，勤苦备尝。安期乃曰："子真有仙骨，何专恭之甚耶！吾所不及也。"遂授以《太清金液神丹方》，而告之曰："子若未欲升天，但先服半剂。"与明生相别而去。明生乃入华阴山，依方合金丹，饵之半剂得仙，而与俗人无异，人莫识其非凡。汉灵帝时⑮，惟太傅胡广知

---

① 扶桑王：虚拟仙人名；扶桑，东方神树。
② 九老仙都真：《云笈七签》卷三："太清境有九仙……其九仙者，第一上仙，二高仙，三大仙，四玄仙，五天仙，六真仙，七神仙，八灵仙，九至仙。"
③ 紫虬：《太平御览》卷七九："《符子》曰：黄帝将适昆虞之丘，中路逢容成子，乘翠华之盖，建日月之旗，骖紫虬，御双鸟……"
④ 启：启发，诱导。寻常涂：涂通"途"；此指升仙门径。
⑤ 鸿飞术：升天法术。
⑥ 《玉胎篇》：指仙经；《真诰》有"赤丹金精石景水母玉胎之经"。
⑦ 琼膏：玉膏，仙药；王嘉《拾遗记·唐尧》："（重明之鸟）能搏逐猛兽虎狼，使妖灾群恶不能为害。饴以琼膏，或一岁数来，或数岁不至。"
⑧ 素女：神女，或谓其善养生之术；王充《论衡·命义》："素女对黄帝陈五女之法，非徒伤父母之身，乃又贼男女之性。"
⑨ 琳凤腴：凤膏，仙药；腴，肥肉。
⑩ "替即"句：谓如果废弃则会招来祸害；替，废弃，指废弃仙道；游刑对：招来刑罚。
⑪ 负笈：背着书箱；此指游仙访道。女几：女几山，《山海经》有"女几之山，洛水出焉，东注于江"，据考在今河南宜阳县；文献记载非指一处。
⑫ 圆丘：仙山；郭璞《游仙诗》："圆丘有奇草，钟山出灵液。"李善注引《外国图》："圆丘有不死树，食之乃寿。"
⑬ 秦庐：指庐山。
⑭ 青城九疑：青城山：在今四川都江堰市城西南，相传东汉张道陵修道于此，道教第五洞天；九疑山：在今湖南永州市宁远县南；《山海经·海内经》："南方苍梧之丘，苍梧之渊，其中有九疑山，舜之所葬，在长沙零陵界中。"道教第二十三洞天。
⑮ 汉灵帝：刘宏，公元168—189年在位。

其有道①，尝访明生，以国祚大期问之②。明生初不对，后亦告焉，无不验者。后人怪其不老，遂复服金丹半剂，白日升天。临去，著诗三首，以示将来，汉光和三年也③。诗曰：

其一：太和何久长！人命将不永。噏如朝露晞④，奄忽睡觉顷。生生世所悟⑤，伤生由莫静。我将寻真人，澄神挹容景⑥。盘桓昆陵宫，玄都可驰骋。涓子牵我游⑦，太真来见省。朝朝王母前，夕归钟岳岭⑧。仰采琼瑶葩⑨，俯漱琳琅井⑩。千龄犹一刻，万纪如电顷⑪。

其二：天地自有常，人命最险毳⑫。年若惊弦发，时犹轻矢逝。虽有灼灼姿，玉为尘土秽。林草无秋耀，绿叶岂终岁？惜此繁茂摧，哀彼寒霜厉。有存理必亡，有兴故有废。真官戏玄津⑬，与物无凝滞。神冲紫霄内⑭，形栖山水际。对虚忘有怀，游目记容裔⑮。风尘将何来，真道故可大。

其三：浊途谅为叹，世乐岂足预？振褐扫尘遐⑯，飘飘独远举。寥寥岩岳际，萧萧纵万虑。灵真与我游⑰，落景乘鸿御⑱。朝乘云轮来，夕驾扶摇

---

① 胡广（91—172）：字伯始，官至太尉。
② 国祚大期：国运年限。
③ 光和：汉灵帝刘宏年号，公元178—184年。
④ 噏（xī）：收敛。晞，干燥，蒸发。
⑤ 生生：谓延续生命。
⑥ 容景：即"景霄"，上天，此指太空中的元气。
⑦ 涓子：仙人；刘向《列仙传·涓子》："涓子者，齐人也，好饵术……著《天人经》四十八篇……隐于宕山，能致风雨。"
⑧ 钟岳岭：钟山，仙山，在昆仑西北，一说即昆仑山。
⑨ 琼瑶葩：指仙花；琼瑶，美玉；葩，通"芭"。
⑩ 琳琅井：谓玉液，仙药。
⑪ 万纪：亿万年，十二年为一纪。
⑫ 险毳：谓极其渺小；毳（cuì），鸟兽的细毛。
⑬ 真官：得道之人。玄津：指仙界。
⑭ 紫霄：天上。
⑮ 容裔：安详貌。
⑯ 振褐：抖去衣尘；褐，褐衣，粗布衣。尘遐：尘土抖落，遐，远离。
⑰ 灵真：仙真。
⑱ 落景：指身影；景，通"影"。乘鸿御：驾着鸿雁飞翔。

去①。嗷嘈天地中②，嚣声安得陜？

《真诰》(节选，赵益点校《真诰》)

《运象篇》

愕绿华诗：

　　神岳排霄起③，飞峰郁千寻，寥笼灵谷虚④，琼林蔚萧森⑤。囗（此一字被墨浓暗，不复可识。正中抽一脚出下，似是"羊"字。其人名权）生摽美秀⑥，弱冠流清音⑦。栖情庄慧津⑧，超形象魏林⑨。扬彩朱门中⑩，内有迈俗心。我与夫子族，源胄同渊池⑪。宏宗分上业⑫，于今各异枝。兰金因好著⑬，三益方觉弥⑭。静寻欣斯会，雅综弥龄祀⑮。谁云幽鉴

---

① 扶摇：盘旋而上的风；《庄子·逍遥游》："鹏之徙于南冥也，水击三千里，抟扶摇而上者九万里。"

② 嗷嘈：喧杂声；指人世烦杂。

③ 神岳：仙山；曹植《远游诗》："灵鳌戴方丈，神岳俨嵯峨。仙人翔其隅，玉女戏其阿。"排霄：横排云霄。

④ 寥笼：犹寥廓，空旷深远；《楚辞·远游》："下峥嵘而无地兮，上寥廓而无天。"

⑤ 蔚萧森：草木茂密貌；班固《西都赋》："茂树荫蔚，芳草被堤。"杨衒之《洛阳伽蓝记·平等寺》："堂宇交美，林木萧森。"

⑥ ① 生：羊权；《宋书》卷六二《羊欣传》："羊欣，字敬元，泰山南城人也……祖权，黄门郎；父不疑，桂阳太守。"以下注文为原书所有，说明原抄本书写情形，下同。摽，通"标"，标榜。

⑦ 弱冠：《礼记·曲礼上》："二十曰弱冠。"清音：指美好名声。

⑧ "栖情"句：谓热衷仙道；庄慧津：端庄智慧的津梁，指成仙之路。

⑨ "超形"句：指解脱仕途；超形，形体超脱；象魏林：指朝廷宫阙；《周礼·天官·太宰》："悬治象之法于象魏。"郑玄注："象魏，阙也。"

⑩ 朱门：指士族人家。

⑪ "源胄"句：谓出于同一宗族；源胄，宗族承续；胄，后嗣；韩愈《祭左司李员外太夫人文》："胄于茂族，配此德门。"渊池：喻源流。

⑫ 宏宗：大的宗族。上业：崇高家业。

⑬ 兰金：谓交好；《周易·系辞传上》："子曰：'……二人同心，其利断金；同心之言，其臭如兰。'"

⑭ 三益：谓结友；《论语·季氏》："益者三友，损者三友。友直，友谅，友多闻，益矣……"弥：满，圆满。

⑮ 雅综：高雅踪迹。弥龄祀：岁月长久。

难①，得之方寸里②。翘想笼樊外③，俱为山岩士④。无令腾虚翰⑤，中随惊风起。迁化虽由人，蕃羊未易拟⑥。所期岂朝华，岁暮于吾子⑦。

愕绿华者，自云是南山人，不知是何山也。女子，年可二十⑧，上下青衣，颜色绝整。以升平三年十一月十日夜降厶厶（剪缺此两字，即应是羊权字）⑨。自此往来。一月之中辄六过来耳。云本姓厶（又剪除此一字，应是"杨"字）。赠此（"此"一字本是"权"字，后人黠作"此"字）诗一篇，并致火澣布手巾一枚⑩，金、玉条脱各一枚⑪。条脱乃太而异，精好。神女语见（此本是草作"权"字，后人黠作"见"字，而乙上之）："君慎勿泄我，泄我则彼此获罪。"

访问此人，云是九疑山中得道女罗郁也。宿命时，曾为师母毒杀乳妇⑫。玄州以先罪未灭，故今谪降于臭浊⑬，以偿其过。与权（此"权"亦草作，故似前体而不被黠耳）尸解药⑭。今在湘东山（本悬此中一寸），此女已九百岁矣。（寻此应是降羊权。权字道舆，忱之少子，后为晋简文黄门郎，即羊欣祖，故欣亦修道服食也。此乃为杨君所书者，当以其同姓，亦可杨、权相问，因答其事而疏说之耳。按升平三年是己未岁，在乙丑前六年，众真并未降事。）

---

① 幽鉴：谓深入鉴别；幽，深妙。

② 方寸：内心。《列子·仲尼》："吾见子之心矣，方寸之地虚矣。"

③ 笼樊：鸟笼，此喻人世间；《南史·何尚之传》："且暴鳃之鱼，不念杯酌之水，云霄之翼，岂顾笼樊之粮。"

④ 山岩士：山岳隐居之士。

⑤ 腾虚翰：谓在虚空中飞腾；腾虚，谢灵运《山居赋》："睹腾虚之颃颉，视鼓鳃之往还。"翰，羽毛。

⑥ "迁化"二句：意谓世事变迁虽然由人，但人处世间犹如圈里的羊；迁化，《荀子·非十二子》："六说者立息，十二子者迁化，则圣人之得势者，舜禹是也。"蕃羊：触篱障的羊；蕃通"藩"，篱落，屏障；《周易·大壮·九三》："羝羊触藩。"

⑦ "所期"二句：意谓期待于你不是如朝花早谢，而是要直到岁暮终老。

⑧ 可：大约。

⑨ 升平：晋穆帝司马聃年号，公元357—361年。

⑩ 火澣布：澣（huàn），同"浣"，石棉布；《列子·汤问》："火浣之布，浣之必投于火。"《后汉书·西域传·大秦国》："作黄金涂、火浣布……凡外国诸珍异皆出焉。"

⑪ 条脱：古代臂饰，呈螺旋形，上下两头左右可活动，调节紧松，一副两个；繁钦《定情诗》："何以致契阔，绕腕双条脱。"

⑫ 宿命：此指前世；佛教认为有情生命辗转轮回，报应命定，称宿命。

⑬ 臭浊：指尘世。

⑭ 尸解药：得尸解的仙药；《抱朴子·论仙》："按《仙经》云：上士举形升虚，谓之天仙；中士游于名山，谓之地仙；下士先死后蜕，谓之尸解仙。"

右三条，杨君草书于纸上。

……

兴宁三年①，岁在乙丑，六月二十五日夜。（此是安妃降事之端，记录别为一卷，故更起年岁号首也。）

紫微王夫人见降，又与一神女俱来。神女著云锦裾②，上丹下青，文彩光鲜，腰中有绿绣带，带系十余小铃，铃青色、黄色，更相参差。左带玉佩，佩亦如世间佩，但几小耳③。衣服儵儵有光④，照朗室内，如日中映视云母形也，云发鬒（此应是"鬒"字，鬒，黑发貌也）鬓⑤，整顿绝伦⑥。作髻乃在顶中，又垂余发至腰许。指着金环，白珠约臂。视之，年可十三四许。左右又有两侍女。其一侍女着朱衣，带青章囊⑦，手中又持一锦囊，囊长尺一二寸许，以盛书，书当有十许卷也。以白玉检检囊口⑧，见刻检上字云《玉清神虎内真紫元丹章》。其一侍女着青衣，捧白箱，以绛带束络之。白箱似象牙箱形也。二侍女年可堪十七八许，整饰非常。神女及侍者颜容莹朗，鲜彻如玉，五香馥芬，如烧香婴气者也（香婴者，婴香也，出外国）。初来入户，在紫微夫人后行。夫人既入户之始，仍见告曰："今日有贵客来，相诣论好也⑨。"于是某即起立⑩。夫人曰："可不须起，但当共坐，自相向作礼耳。"夫人坐南向，某其夕先坐承床下，西向。神女因见，就同床坐，东向。各以左手作礼。作礼毕，紫微夫人曰："此是太虚上真元君金台李夫人之少女也。太虚元君昔遣诣龟山学上清道⑪，道成，受太上书，署为紫清上官九华真妃者也。于是赐

① 兴宁三年：晋哀帝司马丕年号，公元363—365年。
② 云锦裾：带有云纹图案的织锦长衣；裾（shū），同"襦"，连腰衣。
③ 几（jǐ）：差不多，稍微。
④ 儵儵（shū shū）：光彩鲜明貌。曹植《责躬诗》李善注引扬雄《侍中箴》："光光常伯，儵儵貂璜。"
⑤ 鬒鬓：稠黑的鬓发；鬒（zhěn），毛发稠黑貌。
⑥ 整顿：整齐美观。
⑦ 章囊：装印章的袋子。
⑧ 白玉检：白玉制的封检。检囊口：束囊口；检，封缄，古书竹木简以皮条或丝绳贯连，绳结处封泥钤印，谓之检。
⑨ 论好：结好。
⑩ 某：神媒杨羲自称。
⑪ 龟山：《云笈七签》卷八："释九灵太妙龟山元录：龟山在天西北角，周回四千万里，高与玉清连界，西王母所封也。"

姓安，名郁嫔，字灵箫。"紫微夫人又问某："世上曾见有此人不？"某答曰："灵尊高秀①，无以为喻②。"夫人因大笑："于尔如何？"某不复答。紫清真妃坐良久，都不言。妃手中先握三枚枣，色如干枣，而形长大，内无核，亦不作枣味，有似于梨味耳。妃先以一枚见与，次以一枚与紫微夫人，自留一枚，语令各食之。食之毕，少久许时，真妃问某："年几？是何月生？"某登答言③："三十六，庚寅岁九月生也④。"真妃又曰："君师南真夫人，司命秉权⑤，道高妙备，实良德之宗也。闻君德音甚久，不图今日得叙因缘，欢愿于冥运之会⑥，依然有松萝之缠矣⑦。"某乃称名答曰："沉湎下俗⑧，尘染其质，高卑云邈，无缘禀敬⑨。狠亏灵降⑩，欣踊罔极⑪。唯蒙启训，以祛其暗⑫，济某元元⑬，宿夜所愿也。"真妃曰："君今语不得有谦饰，谦饰之辞，殊非事宜。"又良久，真妃见告曰："欲作一纸文相赠，便因君以笔运我鄙意，当可尔乎？"某答："奉命。"即襞纸染笔⑭。登口见授，作诗如左，诗曰：

云阙竖空上⑮，琼台耸郁罗⑯。紫宫乘绿景，灵观蔼嵯峨。琅轩朱房内，上德焕绛霞⑰。俯漱云瓶津⑱，仰掇碧柰花⑲。濯足玉天池，鼓枻

---

① 灵尊：尊贵的仙灵。
② 无以为喻：犹不可言喻，无法表白。
③ 登：立即。
④ 庚寅岁：当晋咸和五年，公元330年。
⑤ "司命"句：谓握有掌管命运的权威。
⑥ 冥运：冥冥中决定的机运。
⑦ 松萝之缠：喻男女结好；松萝，女萝、兔丝，均附生在松树上；《诗·小雅·頍弁》："茑与女萝，施于松上。"
⑧ 沉湎：沉溺。
⑨ 无缘禀敬：谓没有缘分恭敬领受。
⑩ 狠亏灵降：侥幸仙灵降临；狠，辱，自谦之词；亏，幸亏。
⑪ 罔极：无尽；《诗·小雅·蓼莪》："父兮生我，母兮鞠我……欲报之德，昊天罔极。"
⑫ 以祛其暗：消除自己的暗蔽；祛（qū），消除。
⑬ 元元：庶民，平常人。
⑭ 襞纸：折叠纸张以便书写；襞，折叠。
⑮ 云阙：入云的天门。
⑯ 琼台：琼玉楼台，仙界宫殿；下"紫宫"、"灵观"同。郁罗：密集罗列。
⑰ 上德：指仙真，《老子》："上德不德，是以有德。"绛霞：绛红色的云霞。
⑱ 云瓶津：云瓶里的津液，仙药。
⑲ 碧柰：设想的仙界树木；柰，果木名；司马相如《上林赋》："枇杷橪柿，亭柰厚朴。"

牵牛河①。遂策景云驾②。落龙辔玄阿③。振衣尘滓际④，褰裳步浊波。愿为山泽结⑤，刚柔顺以和。相携双清内⑥，上真道不邪⑦。紫微会良谋，唱纳享福多。

某书讫，取视之，乃曰："今以相赠，以宣丹心，勿云云也⑧。若意中有不相解者，自有微（征）访耳。"

紫微夫人曰："我复因尔作一纸文以相晓者，以示善事耳。"某又襞纸染笔，夫人见授诗云：

二象内外泮⑨，玄气果中分⑩。冥会不待驾，所其（期）贵得真。南岳铸明金⑪，眇观倾笈粉⑫。良德飞霞照，遂感灵霄人⑬。乘飙俦衾寝⑭，齐牢携绛云。悟叹天人际，数中自有缘。上道诚不邪，尘滓非所闻。同目咸恒象⑮，高唱为尔因。

书讫，紫薇夫人取视，视毕，曰："以此赠尔。今日于我为因缘之主，唱意之谋客矣。"紫微夫人又曰："明日，南岳夫人当还，我当与妃共迎之于云

仙
歌

---

① 鼓枻(yì)：划桨，泛舟。牵牛河：指银河。
② 策：驱赶。景云驾：云车；景云，祥云。
③ 玄阿：仙界的山；阿，山角。
④ 振衣：抖去衣服尘垢；《楚辞·渔父》："新沐者必弹冠，新浴者必振衣。"王逸注："去尘秽也。"
⑤ 山泽结：如高山大泽般牢固结好。
⑥ 双清：上清境和玉清境，仙界。
⑦ 上真道：《云笈七签》卷六："《八素真经》云：太上之道有三，上真之道有七，中真之道有六，下真之道有八……上真之道，总而行之，其道则为上清上元真人。"
⑧ 勿云云：谓不要随便谈论。
⑨ 二象：阴阳，天地。内外泮：分隔内外；泮，通"判"。
⑩ 玄气：元气；《汉书·礼乐志》："玄气之精，回复此都。"颜师古注："玄，天也。言天气之精，回旋反复于此云阳之都。"
⑪ 南岳：指南岳魏夫人。铸明金：谓传上清道；明金，真金。
⑫ 眇观：远望，谓有远见。倾笈粉：指传道经；笈粉，指典籍；笈，盛书籍等的竹器；粉(fēn)，包书籍等的布巾。
⑬ 灵霄人：指天上仙人。
⑭ "乘飙"句：谓同乘飞车，一同寝卧；飙，飙车，飞车；俦，同俦，伙同；衾寝，被盖。
⑮ 咸恒：同"咸亨"，吉利；《易·咸》："咸，亨，利贞，取女吉。"

陶间①。明日不还者，乃复数日事。"又良久，紫微夫人曰："我去矣。明日当复与真妃俱来诣尔也。"觉，下床而失所在也。真妃少留在后而言曰："冥情未摅②，意气未忘，想君俱咏之耳。明日当复来。"乃取某手而执之，而自下床。未出户之间，忽然不见。

············

　　驾欻敖八虚③，徊宴东华房④。阿母延轩观⑤，朗啸蹑灵风⑥。我为有待来⑦，故乃越沧浪⑧。

　　右英王夫人歌⑨。

　　乘飙遡九天，息驾三秀岭⑩。有待徘徊眄，无待故当净⑪。沧浪奚足劳，孰若越玄井⑫。

　　右紫微夫人答英歌。

　　写我金庭馆⑬，解驾三秀巇。夜芝披华锋（谓应作"峰"字），咀嚼充长饥。高唱无逍遥，冬[各]兴有待歌。空同酬灵音⑭，无待将如何。

　　右桐柏山真人歌。

① 云陶：云山；陶，两重山。
② 摅(shū)：表白；班固《西都赋》："愿宾摅怀旧之蓄念，发思古之幽情。"
③ 驾欻：驾车飞升；欻(xū)，轻举貌；张衡《思玄赋》："欻神化而蝉蜕兮，朋精粹而为徒。"旧注："欻，轻举貌。"
④ 东华房：《云笈七签》卷七："东华者，仙真之洲也。"东华，仙人东华帝君，又称东王公。
⑤ 阿母：西王母。
⑥ 朗啸：高声长啸；《山海经·西山经》写到西王母住玉山，"其状如人，豹尾虎齿而善啸"。蹑：追踪。
⑦ 有待：有所期待，谓受到外在条件限制；《庄子·逍遥游》："夫列子御风而行，泠然善也，旬有五日而后反。彼于致福者，未数数然也。此虽免乎行，犹有所待者也。"
⑧ 沧浪：沧浪水；《孟子·离娄上》："有孺子歌曰：沧浪之水清兮，可以濯我缨……"
⑨ 右：竖写自右及左，指前面。
⑩ 三秀：灵芝草。
⑪ 无待：相对"有待"的概念，谓无所期待，不受外在条件限制。
⑫ 玄井：据下文，虚拟仙境地点。
⑬ 金庭馆：虚拟道馆名；金庭山在越州剡县（今浙江省嵊县），道教称金庭崇妙天，为三十六小洞天之一。
⑭ 空同：指玄妙虚无的境界。

朝游郁绝山，夕偃高晖堂。振辔步灵锋(谓应作"峰"字)①，无近于沧浪。玄井三仞际②，我马无津梁。儵欻九万间③，八维已相望④。有待非至无，灵音有所丧。

右清灵真人歌。

龙旗舞太虚，飞轮五岳阿。所在皆逍遥，有感兴冥歌⑤。无待愈有待，相遇故得和。沧浪奚足辽，玄井不为多。郁绝寻步间⑥，俱会四海罗。岂若绝明外⑦，三劫方一过。

右中候夫人歌。

纵酒观群惠，儵忽四落周⑧。不觉所以然，实非有待游。相遇皆欢乐，不遇亦不忧。纵影玄空中，两会自然畴⑨。

右昭灵李夫人歌。

驾欻发西华，无待有待间。或眄五岳峰，或濯天河津。释轮寻虚舟，所在皆缠绵。芥子忽万顷，中有须弥山⑩。小大固无殊，远近同一缘。彼作有待来，我作无待亲。

右九华安妃歌。

无待太无中⑪，有待太有际⑫。大小同一波，远近齐一会。鸣弦玄

---

① 振辔：提拉缰绳；辔，缰绳。
② 仞：长度单位，七尺（或八尺）为仞。
③ 儵欻：急速。
④ 八维：四方、四隅称八维。
⑤ 冥歌：冥妙之歌。
⑥ "郁绝"句：谓隔绝在寻步之间；郁绝，郁塞隔绝；寻步，短距离；八尺为寻，五尺（或八尺、六尺）为步。
⑦ 绝明：绝对光明地方，指仙界。
⑧ 四落周：四方。
⑨ 自然畴：自然之道；畴，地界。
⑩ "芥子"二句：谓芥子纳须弥山；此处用佛教《维摩经》典；其中维摩居士说法，曾说须弥纳芥子之中，表述在佛法看来世界万物大小等殊的相对性质；须弥山，又称妙高山，佛教世界观中此一小世界中心的高山。
⑪ 太无：指绝对的无。
⑫ 太有：指绝对的有。

霄颠①，吟啸运八气②。奚不酗灵液③，眄目娱九裔④。有无得玄运，二待亦相盖⑤。

右太虚南岳真人歌。

偃息东华静，扬轺运八方⑥。俯眄丘垤间⑦，莫觉五岳崇。灵阜齐渊泉⑧，大小互相从。长短无少多，大椿须臾终。奚不委天顺⑨，纵神任空同⑩。

右方诸青童君歌。

控飙扇太虚，八景飞高清⑪。仰浮紫晨外⑫，俯看绝落冥⑬。玄心空同间，上下弗流停。无待两际中，有待无所营。体无则能死，体有则摄生。东宾会高唱⑭，二待奚足争。

命驾玉锦轮，儛綷仰徘徊⑮。朝游朱火宫⑯，夕宴夜光池。浮景清霞杪，八龙正参差。我作无待游，有待辄见随。高会佳人寝，二待互是非。有无非有定，待待各自归。

右南极紫元夫人歌。（按此诸诗，并似初降语，而嫌众真多高唱，上清童、紫元、太虚未尝有杂降处，恐或遗失耳。有待之说并是指右英事，非安妃也。）

---

① 玄霄：天空。
② 八气：八节之气；谓立春、春分等八节，八节体现"气"的变化。
③ 酗灵液：沉醉于灵液；灵液，玉膏、丹药之类。
④ 眄目：看望。九裔：天地间旷远地带；葛洪《抱朴子·嘉遁》："方今圣皇御运……泽沾九裔。"
⑤ 二待：有待，无待。相盖：相包涵。
⑥ 扬轺：驾起车子；轺，有帷盖的车子。
⑦ 丘垤：山丘；垤（dié），小土堆；《孟子·公孙丑上》："泰山之于丘垤，河海之于行潦，类也。"
⑧ 灵阜：灵山。渊泉：深泉；《庄子·田子方》："其神经乎大山而无介，入乎渊泉而不濡。"
⑨ 委天顺：谓顺从天地自然之道。《庄子·知北游》："性命非汝有，是天地之委顺也。"
⑩ 纵神：放纵心神。空同：虚无缥缈之间，此谓自然。
⑪ 八景：八景舆，仙车。陶弘景《真诰·甄命授》："君曰：'仙道有八景之舆以游行上清。'"
⑫ 紫晨：谓晨曦红紫色天空。
⑬ 绝落冥：绝冥，极其昏黑，指落日光景。
⑭ 东宾：道教祖师茅盈；《云笈七签》卷九七《南极王夫人授杨羲》诗注："东宾，东岳上卿大茅君也。"
⑮ 儛綷：同"舞綷"，挥舞綷头，指驱驾。
⑯ 朱火宫：道教炼形之所；《云笈七签》卷四二："返胎朱火宫，更生九玄户。"下"夜光池"同。

《洞玄步虚吟》(《升玄步虚章》)十首

(《洞玄灵宝玉京山步虚经》,《正统道藏》)

稽首礼太上①,烧香归虚无。流明随我回②,法轮亦三周③。玄元四大兴④,灵庆及王侯。七祖生天堂⑤,煌煌耀景敷⑥。啸歌观太漠⑦,天乐适我娱。齐馨无上德⑧,下俗不与俦。妙想明玄觉,诜诜巡虚游⑨。

旋行蹑云纲⑩,乘虚步玄纪⑪。吟咏帝一尊,百关自调理。俯命八海童⑫,仰携高仙子。诸天散香花,萧然灵风起。宿愿定命根⑬,故致标高拟。欢乐太上前,万劫犹未始。

嵯峨玄都山⑭,十方宗皇一⑮。岌岌天宝台,光明烂流日。炜烨玉华林⑯,蒨璨耀朱实⑰。常念餐元精⑱,炼液固形质⑲。金光散紫微⑳,窈窕大乘逸㉑。

---

① 太上:道教最高尊神;《汉武帝内传》:"吾之《五岳真形》太宝,乃太上天皇所出……"
② 流明:日光。
③ "法轮"句:法轮三转,佛教说法谓转法轮。
④ 玄元:谓天地未分时的混沌状态。四大:地、水、风、火,构成世间万物的基本要素,此亦佛教概念。
⑤ 七祖:七世祖先。
⑥ 煌煌:光彩夺目。耀景敷:光彩景致扩展开来。
⑦ 太漠:虚空。
⑧ "齐馨"句:谓广泛传播最高尚的道德;馨,芳香远播。
⑨ 诜诜(shēn shēn):合集貌。
⑩ 旋行:道教养炼法术,借鉴佛教绕佛仪轨。蹑:踩,踏。云纲:犹云丛,此指天上;《云笈七签》卷九八:"云纲立尔步,五岳可暂旋。"
⑪ 玄纪:指仙道境界。
⑫ 八海:四方四隅之海,陶弘景《水仙赋》:"淼漫八海,泓汨九河。"
⑬ 命根:寿命,佛教概念;根,器官。
⑭ 玄都山:传说中神仙居处。《海内十洲记·玄洲》:"上有大玄都,仙伯真公所治。"
⑮ 皇一:指天帝。
⑯ 炜烨:亦作"炜晔",美盛貌;张协《七命》:"斯人神之所歆羡,观听之所炜晔也。"郭璞注:"炜晔,盛貌。"玉华林:形容仙界树林。
⑰ 蒨璨:鲜明貌;李商隐《戊辰会静中出贻同志》诗:"蒨璨玉琳华,翱翔九真君。"
⑱ 元精:天地精气;王充《论衡·超奇》:"天禀元气,人受元精。"
⑲ 炼液:此指炼自身津液。
⑳ 紫微:紫微垣,星官名。
㉑ 窈窕:深远秘奥貌。

俯仰存太上①，华景秀丹田②。左顾提郁仪，右眄携结璘③。六度冠梵行④，道德随日新。宿命积福庆，闻经若至亲。天挺超世才，乐诵希微篇⑤。冲虚太和气，吐纳流霞津⑥。胎息静百关⑦，寥寥究三便⑧。泥丸洞明景⑨，遂成金华仙。魔王敬受事，故能朝诸天。皆从斋戒起，累功结宿缘⑩。飞行凌太虚，提携高上人。

控辔适十方，旋憩玄景阿⑪。仰观劫仞台⑫，俯眄紫云罗。逍遥太上京，相与坐莲花⑬。积学为真人，恬然荣卫和⑭。永享无期寿，万椿奚足多⑮。

大道师玄寂，升仙友无英⑯。公子度灵符⑰，太一捧洞章。舍利曜金

---

① 存：存思，道教方术。
② "华景"句：谓修炼身体内神；华景：内景，道教所指身中内神；陶弘景《周氏冥通记》卷二："丞乃令子良襞纸染笔口授曰：'华景辉琼林，清风散紫霄。'"丹田，此指下丹田，腹内脐下部位；《黄庭外景经上》："呼吸庐间入丹田。"
③ 郁仪、结璘：《黄庭内景经·高奔章》："郁仪、结璘善相保。"梁丘子注："郁仪，奔日之仙；结璘，奔月之仙。"
④ 六度：佛教概念，六波罗蜜，佛教修证科目：布施、持戒、忍辱、精进、精虑（禅定）、智慧（般若）；波罗蜜义谓"到彼岸"，即由生死轮回的此世度脱到涅槃彼岸。梵行：本义是依佛法修行，清净无欲之行。
⑤ 希微篇：指道书；《老子》："听之不闻名曰希，搏之不得名曰微。"河上公注："无声曰希，无形曰微。"
⑥ 流霞津：仙液。
⑦ 胎息：道教养炼方术，呼吸状态如胎儿；葛洪《抱朴子内篇·释滞》："得胎息者，能不以鼻口嘘吸，如在胞胎之中，则道成矣。"百关：指全身关节。
⑧ 三便：同"三变"，人生而结胎，十月胎完，十六岁精气已盛，是为三便。
⑨ 泥丸：脑神；《黄庭内景经·至道》："脑神精根字泥丸。"梁丘子注："泥丸，脑之象也。"洞明景：洞察内景，内神；《黄庭内景经叙》："《黄庭内景经》者，一名《太上琴心文》。"务成子注："其景者，神也。其经有十三神，皆身中之内景名字。"
⑩ 累功：积累功德。宿缘：宿世因缘。
⑪ 玄景阿：幽玄山阿，指仙山。
⑫ 劫仞台：虚拟的劫变高台；"劫"又转义指天灾人祸。
⑬ 坐莲花：借鉴佛教概念，如佛陀坐莲花上。
⑭ 荣卫和：血气流通顺畅，荣气行于脉中，属阴，卫气行于脉外，属阳，荣卫二气散布全身，荣卫和则身体强健。
⑮ 万椿：指极长的寿命，如万株椿树延续生长的时间。
⑯ 无英：仙人。
⑰ 度：传授。

188

姿①，龙驾欻来迎。天尊眄云舆，飘飘乘虚翔。香花若飞雪，纷霭茂玄梁。头脑礼金阙，携手遨玉京②。

骞树玄景园③，焕烂七宝林。天兽三百名，狮子巨万寻。飞龙蹋蹰鸣④，神凤应节吟。灵风扇奇花，清香散人衿。自无高仙才，焉能耽此心⑤。

严我九龙驾⑥，乘虚以逍遥。八天如指掌⑦，六合何足辽。众仙诵洞经，太上唱清谣。香花随风散，玉音成紫霄。五苦一时迸⑧，八难顺经寥⑨。妙哉灵宝囿⑩，兴此大法桥⑪。

天真帝一宫，霭霭冠耀灵⑫。流焕法轮纲⑬，旋空入无形。虚皇抚云璈⑭，众真诵洞经。高仙拱手赞，弥劫保利贞⑮。

至真无所待，时或缲飞龙。长斋会玄都，鸣玉扣琼钟。十华诸仙集，紫烟结成宫。宝盖罗太上，真人把芙蓉。散花陈我愿⑯，握节征魔王⑰。法鼓会群仙，灵唱靡不同。无可无不可，思与希微通。

---

① 舍利：梵语音译，意译"身骨"，佛教圣物，原本指释迦牟尼佛遗体火化后结成的坚硬珠状物，高僧大德死后火化出舍利为灵迹。

② 玉京：即玄都，天帝所居之处，在大罗天上。

③ 骞树：月中仙树；《云笈七签》卷二三："(月晖之圈)有七宝浴池，八骞之林……比十七日至二十九日，于骞林树下，采三气之华，以拂日月之光。"

④ 蹋蹰：此谓顿足。

⑤ 耽此心：专心于此；耽，专心。

⑥ 严：整备。

⑦ 如指掌：谓在掌握之中。

⑧ 五苦：佛教概念：生老病死苦，爱别离苦，怨憎会苦，求不得苦，五盛阴(人身为五阴[又称五蕴]色、受、想、行、识和合而成)苦。

⑨ 八难：佛教概念，谓难于见佛闻法，凡有八端：地狱、饿鬼、畜生、北拘卢洲(亦作郁单越)、长寿天、盲聋瘖哑、世智辩聪、佛前佛后等；道教沿用指诸般灾难。顺经廖：随读经而消减；廖，稀少。

⑩ 灵宝囿：谓从事养炼之地；《汉武帝内传》："行益易者，谓常思灵宝也。灵者，神也；宝者，精也。"

⑪ 大法桥：谓道法乃超度人的桥梁。

⑫ 耀灵：太阳；典出《楚辞·远游》："恐天时之代序兮，耀灵晔而西征。"

⑬ 流焕：流光溢彩。法轮纲：法轮的纲维；此处法轮喻道法。

⑭ 虚皇：仙人名；陶弘景《许长史旧馆坛碑》："结号虚皇，筌法正觉。"云璈：仙乐器；《汉武帝内传》："王母乃命诸侍女王子登弹八琅之璈。"

⑮ 利贞：和谐贞正；《易·乾》："元亨利贞。"《易·文言》："利者，义之和也；贞者，事之干也。"

⑯ 散花：本是供佛礼仪，道教沿用。

⑰ 握节：手握符节。

庾信《道士步虚词》
（十首选六，逯钦立《先秦汉魏晋南北朝诗》）

东明九芝盖①，北烛五云车②。飘飘入倒景③，出没上烟霞。春泉下玉霤④，青鸟向金华⑤。汉帝看桃核⑥，齐侯问枣花⑦。上元应送酒⑧，来在蔡经家。

归心游太极⑨，回向入无名。五香芬紫府⑩，千灯照赤城⑪。凤林采珠实⑫，龙山种玉荣⑬。夏簧三舌响⑭，春钟九乳鸣⑮。绛河应远别⑯，黄鹄来相迎⑰。

---

① 东明：仙人；《真诰·阐幽微》："东夏启为东明公，领斗君师。"芝盖：灵芝车盖；张衡《西京赋》："芝盖九葩。"

② 北烛：仙人；《汉武帝内传》："墉宫玉女王子登……昔出配北烛仙人，近又召还，使领命禄，真灵官也。"五云车：又《汉武帝内传》，西王母乘云车。

③ 倒景：同"倒影"，天上最高处；《抱朴子·明本》："出携松、羡于倒景之表，入宴常阳于瑶房之中。"

④ 霤(liù)：屋檐上的水槽；《礼记》郑注："堂前有承霤。"

⑤ 金华：金华山，道教三十六洞天之一，在今浙江金华市北。

⑥ "汉武"句：见《汉武帝内传》，西王母赐仙桃，汉武帝欲留核栽种。

⑦ 齐侯：齐景公。问枣花：《艺文类聚》卷八七《晏子》："景公谓晏子曰：'东海之中有水而赤，其中有枣，华而不实，何也？'晏子曰：'昔者秦缪公乘龙理天下，以黄布裹蒸枣，至海而投其布，故水赤；蒸枣，华而不实。'公曰：'吾佯问子耳。'对曰：'婴闻之，佯问者，亦佯对。'"

⑧ 上元：女仙上元夫人。

⑨ 太极：原始元气未分的混沌状态；《乾凿度》："孔子曰：'《易》始于太极。太极分而为二，故生天地。'"

⑩ 五香：五种香料，一般指都梁、郁金、丘隆、附子、安息。紫府：仙人所居；葛洪《抱朴子·祛惑》："及至天上，先过紫府，金床玉几，晃晃昱昱，真贵处也。"

⑪ 赤城：亦为仙人所居处；庾信《奉答赐酒》诗："仙童下赤城，仙酒饷王平。"

⑫ 珠实：指梧桐树籽；相传凤凰非梧桐不栖；《艺文类聚》卷九〇："《庄子》曰：……老子叹曰：'吾闻南方有鸟，其名为凤，所居积石千里，天为生食，其树名琼，枝高百仞，以璆琳琅玕为实……'"

⑬ 玉荣：玉花；《穆天子传》卷二："天子于是得玉荣枝斯之英。"

⑭ "夏簧"句：谓奏仙乐响亮；簧，乐器的簧片；三舌，三枚簧片；《神仙传·王遥》："……登小山，入石室，室中先有二人。遥既至，取弟子所担箧，发之，中有五舌竹簧三枚。遥自鼓一枚，以二枚与室中二人，并坐鼓之。"

⑮ 九乳：钟上所饰丸乳；乳，丸乳，指钟壁所铸突起圆点。

⑯ 绛河：银河；《汉武帝内传》："上元夫人又遣一侍女答问曰：'……远隔绛河，扰以宫事……'"

⑰ 黄鹄：同"黄鹤"；传说仙人费祎飞升，后忽乘黄鹤来归。

洞灵尊上德①,虞石会明真②。要妙思玄牝③,虚无养谷神④。丹邱乘翠凤⑤,玄圃驭斑鳞⑥。移梨付苑吏⑦,种杏乞山人⑧。自此逢何世,从今复几春。海无三尺水,山成数寸尘⑨。

北阙临玄水⑩,南宫生绛云⑪。龙泥印玉策⑫,天火炼真文。上元风雨散⑬,中天歌吹分。灵驾千寻上,空香万里闻⑭。

地镜阶基远⑮,天窗影迹深⑯。碧玉成双树,空青为一林⑰。鹊巢堪炼石,蜂房得煮金。汉武多娇慢⑱,淮南不小心⑲。蓬瀛入海底,何处可追寻。

---

① 洞灵:洞仙。
② 明真:仙真;《云笈七签》卷一〇五《清灵真人裴君传》:"五帝日,君遂与裴君骖乘飞龙之车,东到日窟之天东蒙长丘大桑之官八极之城,登明真之台。"
③ 玄牝:道家主张的万物本源,比喻道;典出《老子》:"玄牝之门,是谓天地之根。"
④ 谷神:道家谓无形无相的元神;《老子》:"谷神不死。"
⑤ 丹邱:《楚辞·远游》:"仍羽人于丹邱兮,留不死之旧乡。"《集解》:"丹邱:昼夜长明之处也。"
⑥ 斑鳞:同"斑麟";《汉武帝内传》:"王母驾九色斑麟。"
⑦ "移梨"句:据《神仙传》,三国吴时介象言病,吴主赐梨,象食之即死。日中死,晡时至建业,以所赐梨付苑内种之。
⑧ "种杏"句:据《神仙传》,三国吴时,董奉为人治病,不取钱物,令病愈者种杏,数年间得十万余株。
⑨ "海无"二句:用《神仙传·王远》篇沧海桑田典。
⑩ 玄水:极北方的水;北方玄武,故云玄水。
⑪ 绛云:红云;南方朱火,故称绛云。
⑫ "龙泥"句:谓以龙泥为经书封检;印,指打印封检;玉策:玉简制成的经书。
⑬ "上元"句:此指《汉武帝内传》所述西王母会上元夫人后回归。
⑭ "空香"句:《汉武帝内传》:"于是夫人与王母同乘而去。临发,人马龙虎,威仪如初来时,云气勃蔚,尽为香气,极望西南,良久乃绝。"
⑮ 地镜:谓玉石铺地;《六家诗名物疏》卷八:"《地镜图》曰:'玉石之精也,其居地气青而浮白,而圆光转地中常润。'"
⑯ 天窗:高窗;王延寿《鲁灵光殿赋》:"天窗绮疏。"
⑰ 空青:一种孔雀石,又名杨梅青。
⑱ "汉武"句:典出《汉武帝内传》,西王母指责汉武帝"淫乱过甚"、"奢侈恣性"云云。
⑲ "淮南"句:《广汉魏丛书》本《神仙传·刘安》记载,安少习尊贵,稀为卑下之礼,坐起不恭,语声高亮,或误称寡人。于是仙伯主者奏安云不敬,应斥遣去。八公为之谢过,乃见赦,谪守都厕三年。后为散仙人,不得处职,但得不死而已。

麟洲一海阔①，玄圃半天高。浮邱迎子晋②，若士避卢敖③。经餐林虑李④，旧食绥山桃⑤。成丹须竹节⑥，刻髓用芦刀⑦。无妨隐士去，即是贤人逃。

顾况《步虚词太清宫作》（《全唐诗》）

迥步游三洞⑧，清心礼七真⑨。飞符超羽翼⑩，焚火醮星辰⑪。残药沾鸡犬⑫，灵香出凤麟⑬。壶中无窄处⑭，愿得一容身。

陈羽《步虚词二首》（《全唐诗》）

汉武清斋读鼎书⑮，太官扶上画云车⑯。坛上月明宫殿闭，仰看星斗礼空虚。

---

① 麟洲：凤麟洲，神仙所居之地；《海内十洲记》："凤麟洲在西海之中央，地方一千五百里，洲四面有弱水绕之，鸿毛不浮，不可越也。洲上多凤麟，数万各为群。"

② "浮邱"句：《列仙传》："王子乔者，周灵王太子晋也，好吹笙，作凤凰鸣，游伊洛之间，道士浮邱公接以上嵩高山。"

③ "若士"句：《淮南子·道应训》："卢敖游乎北海，经乎太阴，入乎玄阙，至于蒙谷之上，见一士焉……卢敖与之语曰：'……子殆可与敖为友乎？'若士者拳然而笑曰：'……然子处矣，吾与汗漫期于九垓之外，吾不可以久驻。'若士举臂而竦身，遂入云中。"

④ 林虑李：《神仙传》："林虑山，一名隆虑，其山高连大行，北接恒岳，有仙人楼，高五十丈。"

⑤ 绥山桃：仙桃；《列仙传》："里谚曰：'得绥山一桃，虽不得仙，亦足以豪。'"

⑥ "成丹"句：《神仙传》，沈文泰、李文渊二人出"竹根汁煮丹，黄土去三尸"法。

⑦ "刻髓"句：《神异经》："南方大荒有树焉，名曰如何，三百岁作花，九百岁作实……九子，味如饴，实有核，形如枣子，长五尺，围如长，金刀剖之则酸，芦刀剖之则辛，食之者地仙，不畏水火，不畏白刃。"

⑧ 三洞：洞真，洞玄，洞神；此指道教的神仙洞府。

⑨ 七真：七位真人，一般指茅盈、茅蒙、茅固、许谧、许翙、杨羲、郭璞。

⑩ 飞符：祭起符箓。

⑪ 焚火：道教炼度仪式，截竹取火，焚请火符。醮：设坛祈祷的仪式。

⑫ "残药"句：王充《论衡·道虚》："淮南王刘安坐反而死，天下并闻，当时并见，儒书尚有言其得道仙去，鸡犬升天者。"又据《列仙传》，"俗传安之临仙去，余药器在庭中，鸡犬舔之，皆得飞升"。

⑬ 凤麟：凤麟洲。

⑭ "壶中"句：《汉书》费长房事，费长房曾为市掾，市中有老翁卖药，悬一壶于肆头，及市罢，辄跳入壶中。市人莫之见，后长房与翁俱入壶中，唯见玉堂严丽，旨酒甘肴盈衍其中。

⑮ 鼎书：鼎上之书，指道书。

⑯ 太官：太官令，宫中掌皇帝膳食及燕享之事的侍从之官。

楼殿层层阿母家,昆仑山顶驻红霞。笙歌出见穆天子,相引笑看琪树花①。

苏郁《步虚词》(《全唐诗》)

十二楼藏玉堞中②,凤凰双宿碧芙蓉。流霞浅酌谁同醉③,今夜笙歌第几重。

---

　　① 琪树:仙界玉树;孙绰《游天台山赋》:"建木灭景于千寻,琪树璀璨而垂珠。"吕延济注:"琪树,玉树。"

　　② 玉堞:美玉筑成的城池。

　　③ 流霞:本是仙界饮料,此指美酒;王充《论衡·道虚》:"仙人辄饮我以流霞一杯,每饮一杯,数月不饥。"

【第六讲】

游仙诗

道教的游仙幻想与文人游仙诗

道教影响诗歌创作的重要成果之一是游仙诗。步虚词与游仙诗都以游历仙界为题材。但前者本是用在道教科仪中的经典一类，后者则是纯粹的诗歌，是文人作品（所谓"游仙诗"，有的就以"游仙"为题，也有些是游仙的内容而另有题目）。游仙诗与步虚词的不同在它们虽然借鉴以至模仿步虚词的内容和写法，但却主要是继承骚人抒写神仙幻想的传统，即这类创作如闻一多所说是不必相信神仙实有而往往别有寄托。历史上道教的传播持续地引起文人们对于神仙幻想的兴趣、赞赏甚至迷恋，充满奇思妙想的游仙诗从而被一代代诗人创作出来。这一类作品的观念、意象、事典、故实等多取材道教典籍或相关记载，它们的构思方式、表现手法、语言修辞等也多借鉴道教材料。这是道教直接影响下的产物，典型地体现道教对于诗歌创作乃至一般文学发展的影响与贡献。

可以说道教的"仙歌"给游仙诗创作提供了模拟的范本。"仙歌"不少是描述游仙境界的。例如在《汉武帝内传》里，应西王母邀请降临到汉武帝宫廷的上元夫人"自弹云林之璈，鸣弦骇调，清音灵朗，玄风四发，迺歌《步玄之曲》"。所谓"步玄"，就是上升、游历仙界。又如在《真诰》里，众仙真向灵媒杨羲和笃信仙道的许谧、许翙传授诰语，同样经常以巡游仙界的景象进行诱导。如右英夫人唱给许谧的歌：

> 绛阙扉广霄，披丹登景房。紫旗振云霞，羽晨抚八风。停盖濯碧溪，采秀月支峰。咀嚼三灵华，吐吸九神芒。椿数无绝纪，协日积童蒙。携袂明真馆，仰期无上皇。北钧唱羽人，玉玄粲贤众。云何（河）波浪宇，得失为我钟。引领嚣庭内，开心拟秽冲。习适荣辱域，罕蹑希林宫。一静安足苦，试去视沧浪。

这里歌唱登上长天的"绛阙"、"景房",与云霞、长风一起飞舞,咀嚼灵芝,呼吸神气,与神仙遨游,荡除内心的瑕秽,度过超世的生活,所描绘的就是游仙的境界。六朝道教经典里的"仙歌"中这类作品不少。诗人们对于它们积累的相当丰硕的成果再加继承和发展,以更明确的艺术创作自觉来从事写作,遂形成诗歌中独具特色的游仙一体。

如上所说,早自《庄》、《骚》和汉人辞赋已包含十分丰富的神仙幻想内容。《楚辞》里的《远游》被认为是游仙诗的滥觞。如本书前面介绍的,游仙也是汉代辞赋的重要内容,而辞赋家一般不是神仙信仰者。他们利用游仙题材来抒发感慨,别有寄托。这是文人仙道诗歌创作的另一个传统,也是后来文人写作游仙诗的基本立场。

秦始皇统治晚年,求仙活动达到高潮,曾使博士写《仙真人诗》,及行所游天下,传令乐人歌弦之。这些《仙真人诗》已佚,作为博士的创作,鲁迅认为"其诗盖后世游仙诗之祖"(《汉文学史纲要》)。

乐府相和歌辞《步出夏门行》歌唱神游仙界的幻想:"邪径过空庐,好人常独居。卒得神仙道,上与天相扶。过谒王父母,乃在太山隅。离天四五里,道逢赤松俱。揽辔为我御,将吾天上游。天上何所有,历历种白榆。桂树夹道生,青龙对伏趺。"(《乐府诗集》卷三七)这描绘的是神游仙界情景。后面的"天上何所有"四句,意境鲜明、真切,是典型的民歌手法。乐府诗里颇有几首生动描写游仙或游历天界的幻想的。

现在可以考见最早使用《游仙》题目写诗的是曹丕(187—226)和曹植(192—232)(曹丕《折杨柳行》在《艺文类聚》里题作《游仙诗》,哪个是原名难以考定)。他们的父亲曹操(155—220)也写过几首游仙题材的诗。"三曹"是一代政治权威,又是文坛领袖,是开拓文人五言诗创作传统的人物。他们的人生处境不同,诗作风格与成就各异,他们又都处身激烈的政治斗争之中,都不迷恋宗教,他们笔下的神仙世界是别有喻意的。如曹植的名作《赠白马王彪》七首的最后一首说:

苦辛何虑思,天命信可疑。虚无求列仙,松子久吾欺。变故在斯须,百年谁能持。离别永无会,执手将何时。王其爱玉体,俱享黄发期。收泪即长路,援笔从此辞。

曹丕称帝后,迫害诸王,黄初三年(222),曹植封鄄城王,次年徙雍城王,五月,与白马王曹彪等被召朝会京师,任城王曹彰不明不白暴卒,七月,他与曹彪同时被命还国,但禁止同行,因此有七篇之作。就是在这样危殆凄楚的境遇之下,他对人生仍怀抱坚定的理性态度,对天命和神仙之说表示怀疑,劝慰曹彪注意摄养,希望能够共同安享余年。而他又曾写作幻游仙界的《游仙》诗:

> 人生不满百,戚戚少欢娱。意欲奋六翮,排雾凌紫虚。蝉蜕同松乔,翻迹登鼎湖。翱翔九天上,骋辔远行游。东观扶桑曜,西临弱水流。北极玄天渚,南翔陟丹丘。

如此想象到仙界自由地翱翔,不过是痛惜人生短促,寻求短暂的精神"欢愉"而已。他的境遇和曹操、曹丕不同,写同样题材的诗,寄托情思必然不会一样。但他们用神仙幻想来抒写喻意则是相同的。

接着嵇康、张华、张协、陆云(已佚)、成公绥、何邵、庾阐、庾信等都写过《游仙诗》。在《文选》李善注里,还保留有邹润甫、王彪之的《游仙诗》断句(分别见于《文选》卷二一郭璞《游仙诗》注和卷二谢灵运《从游京口北固应诏诗》注)。可见"游仙"作为题目在魏晋文人间多么流行。当时正是道教大发展,特别是广泛传播到社会上层时期。刘勰《文心雕龙·明诗》篇说:"正始明道,诗杂仙心。何晏之徒,率多浮浅。惟嵇志清峻,阮旨遥深,故能摽焉。"所谓"诗杂仙心",是说诗歌创作多表现神仙内容。这一时期的"游仙"作品,题材相当宽泛:从神仙幻想到畅游仙界,从歌颂神仙到追求隐逸,从实写到虚拟,内容和写法多种多样。其中如嵇康(224—263),是少数相信神仙实有的人,作品涉及神仙信仰内容较多。他在《养生论》里曾说:"夫神仙虽不目见,然记籍所载,前史所传,较而论之,其有必矣。"不过他又认为神仙不可以学得,是特受异气、禀之自然的特殊人物。基于这种相互矛盾的观念,他发挥出独特的养生理论:"至于导养得理,以尽性命,上获千余岁,下可数百年,可有之耳。"他在《释私论》里又说:"夫气静神虚者,心不存于矜尚;体亮心达者,情不系于所欲。矜尚不存乎心,故能越名教而任自然;情不系于所欲,故能审贵贱而通物情。"这样,他对人的命运又主"天

理自然"之说,与司马氏提倡的"名教"相对立,具有强烈的现实批判意义。他写《游仙诗》:

> 遥望山上松,隆谷郁青葱。自遇一何高,独立迥无双。愿想游其下,蹊路绝不通。王乔弃我去,乘云驾六龙。飘摇戏玄圃,黄、老路相逢。授我自然道,旷若发童蒙。采药钟山隅,服食改姿容。蝉蜕弃秽累,结友家板桐。临觞奏《九韶》,雅歌何邕邕。长与俗人别,谁能睹其踪。

他表示羡慕仙道,但途路不通,却仍矢志以求,终于感得王乔授予"自然道",得以改变容颜,蝉蜕尘秽。所谓"结友家板桐",严忌《哀时命》上说:"揽瑶木之檀枝兮,望阆风之板桐。"王逸注:"板桐,山名也。"是西极昆仑上的仙山,"结友家板桐"意谓在仙界与仙人交友,摆脱"俗人"纠缠,从人世消失了踪迹。

庾信对神仙幻想有浓厚兴趣。前一讲曾介绍他的《步虚辞》。他所作游仙题目的诗情趣更为浓郁(此诗《文苑英华》作《游山》,从内容看,《游仙》为是):

> 聊登玄圃殿,更上增城山。不知高几里,低头看世间。唱歌云欲聚,弹琴鹤欲舞。涧底百重花,山根一片雨。婉婉藤倒垂,亭亭松直竖。

又《奉和赵王游仙》:

> 藏山还采药,有道得从师。京兆陈安世,成都李意期。玉京传相鹤,太乙授飞龟。白石香新芋,青泥美熟芝。山精逢照镜,樵客值围棋。石纹如碎锦,藤苗似乱丝。蓬莱在何处,汉后欲遥祠。

庾信早年仕梁,得到简文帝信重,后出使西魏,适逢魏灭梁,不得遣还,遂留仕北方,北周代魏,他官至骠骑大将军、开府仪同三司。他在周,与赵王宇文招为僚友,诗歌唱和。他迭经改朝换代、国破家亡的悲剧,忍辱含垢,出仕异朝，所谓"暮年诗赋动江关"，他内心的屈辱与痛苦在诗文里抒写出来。上面所录前一首，设想登上昆仑的悬圃和增城（《淮南子·墬形训》："掘昆仑虚以下地，中有增城九重，其高万一千里百一十四步二尺六寸。"），超然地遥看下方世界；下一首和赵王同题诗，利用神仙典故，抒写对仙界的追求，最后一问蓬莱何处，正寄托解脱世事、超脱尘俗的遐想。

《文选》里"诗·游仙"类只收录何劭、郭璞两人的诗，没有上溯到"三曹"。这当是因为何、郭的成就主要在游仙诗，另一方面他们的作品（特别是郭璞）确实开创出游仙题材的新生面，对后世创作也发挥了更大的影响。

郭璞的《游仙诗》

白居易《出山吟》诗说："朝咏游仙诗，暮歌采薇曲。"朱熹《秘阁张丈简寂之篇韵高难继别赋五字以谢来贶》诗说："长吟游仙诗，乱以《招隐》章。""采薇"是用伯夷、叔齐隐居首阳、不食周粟的典故；"招隐章"可以指《楚辞》里的《大招》、《招隐士》，也可以指后人招隐题材的诗。他们都把游仙诗与招隐观念联系起来。把游仙与隐逸相结合，形成所谓"仙隐"主题，借以咏怀，是郭璞诗歌创作的成就，也成为后世文人游仙题材作品的一个传统。

钟嵘《诗品》评论郭璞的创作说：

> 晋弘农太守郭璞诗　宪章潘岳，文体相辉，彪炳可玩，始变永嘉平淡之体，故称中兴第一，《翰林》以为诗首。但《游仙》之作，词多慷慨，乖远玄宗。其云"奈合虎豹姿"，又云"戢翼栖榛梗"，乃是坎壈咏怀，非列仙之趣也。

称赞郭璞的作品为"中兴第一"，是从"文体"即"始变永嘉平淡之体"的角度讲的。又说李充《翰林论》评价他作品居诗坛之首（《隋书·经籍志》著录《翰林论》五十四卷，久已散佚，今存佚文不见上述评论文字），可见他在当时的声望之高。魏晋以后正是所谓"自觉的文学观念"形成的时候，因此钟嵘评论郭璞作品着眼于"文体"。另一方面，则指出他的游仙诗"词多慷慨，乖远玄宗"，"坎壤咏怀,非列仙之趣",是说它们超越了前人抒写神仙幻想的方式而另有深远寄托,所以在《诗品序》里他又称赞"景纯咏仙"是"五言之警策"。刘勰《文心雕龙·明诗》评论郭璞《游仙诗》则说:

> 江左篇制,溺乎玄风,嗤笑徇务之志,崇盛亡机之谈,袁、孙已下,虽各有雕采,而辞趣一揆,莫与争雄。所已景纯仙篇,挺拔而为俊矣。

这又是特别针对扭转东晋玄言诗风加以评论的。说郭璞的诗"挺拔而为俊",是指不像当时诗歌创作普遍地溺乎玄谈,辞趣寡淡。刘勰接下来说宋初文咏"《庄》、《老》告退,而山水方滋",即以诗谈玄的风气得以扭转,体物抒情的山水诗兴起,造成中国诗歌发展史上一大转变,郭璞实有先导之功。这样就肯定了郭璞的游仙诗以慷慨咏怀的内容和挺拔俊爽的言辞体现诗坛革新的风貌。

值得注意的是,郭璞乃是两晋战乱之际、文坛凋零环境下著名文人中仍在文坛活跃的第一人。他生存的严酷环境,他的坎壈的经历和独特的个性对于他的游仙诗创作发挥了决定性的作用。

郭璞(276—324),字景纯,河东闻喜(今山西闻喜县)人。父亲郭瑗,曾任尚书都令史,是尚书杜预(222—284,魏晋著名政治家、军事家、《春秋》学者,亦能文,撰《春秋左传经传集解》三十卷)部下,以方正著称,终于建平(今重庆市巫山县)太守。按当时的九品官人法,令史为八、九品,所以郭璞算出身"寒门"。他年轻时经历西晋末年诸王混战,故乡又是匈奴族(前赵刘渊是平阳即今临汾人)和羯族(后赵石勒是今上党人)活动地区。当惠、怀之际,河东乱起,他潜结亲交数十家避地东南。他本有用世之志,南来后即积极参与政治活动,在宣城(今安徽宣城市)太守殷祐和时为丹阳(今江苏丹阳市)太守王导幕下为参军,从而和裔叶贵盛的琅邪王氏结下因缘。东晋建(317),任著作佐郎、尚书郎,自以才高位卑,不为时所重,又生于乱世,常有忧生之嗟。荆州(今湖北荆州市)刺史王敦起为记室参军,不敢辞。王敦谋反,郭璞终以替他占卜不偕所愿被杀,时年四十九岁。事平,追赠弘农太守。郭璞尚"奇博","好古文奇字",具有浓重的倾心神秘、崇尚怪异的心态。他年轻时曾从精于卜筮的郭公授业,受《青囊中书》九卷,洞晓五行、天文、卜筮之术。他的匡国大志不得施展，不得不把生涯寄托在"员策与智骨"之上，最后竟以此而贾祸。郭璞学问渊博，曾注释《周易》《山海经》《尔雅》《方言》和《楚辞》等，治学显然喜欢探新索异，游仙诗创作正适合他的志趣，是他文学成就的重要方面。

　　动乱的时事是形成郭璞性格的重要因素。西晋末"八王之乱"，匈奴乘机大举内侵，石勒兴兵，加上连年灾荒饥馑，文人们在战乱中相继凋谢。潘岳、欧阳建、张华、裴頠、左思、陆机、陆云、嵇绍、挚虞、刘琨等一代文坛名流都死于非命。同辈文人大量死亡的惨剧给郭璞心灵造成的创伤是十分深刻和巨大的。西晋后期，众多文人曾活跃一时，但到郭璞，同时还在活动的较著名的文人仅能找到《搜神记》编纂者、也是他的朋友干宝（？—337），还有热衷于道教的葛洪等有限几个人。而这后两位同样是以倾心神秘著称的人物。这种普遍的社会心态给宗教意识的滋长提供了土壤。从而也造成两晋之际佛、道二教大发展，神仙方术亦受到人们普遍的关注。葛洪所著《抱朴子内篇》里详细描述了这种思想潮流。书中说到张角、柳根、王歆、李申之徒假托小术，诳眩黎庶，并说当时有诸妖道百余种，包括降神、禁厌、符咒、占卜、解梦、星占、祈雨以及房中术等。这一时期志怪小说流行起来，也正是社会心态的一种反映。值得注意的是，如文人张华、干宝等，本人也成为志怪小说里的人物。围绕郭璞本人同样也有许多神奇怪异传说。如《晋书》本传记载他在庐江太守胡孟康家"撒豆为兵"骗得一婢，在宣城太守殷祐处以术制服驴山君鼠，在王导处卜卦预告寝处柏树将有震灾等等，他都被表现为神异巫卜类型的人物。后来道教徒干脆把他当作神仙，列入《神仙传》。这样，社会环境、文化背景、个人教养与经历，培养了郭璞倾心神秘、崇尚奇异的性格。他早年曾作《巫咸山赋》，描写仙人巫咸；《登百尺楼赋》赞美古代传说中那些神仙、隐士；注释《山海经》，探索那些神仙传说和奇异事物。他的特异的精神倾向在这些作品里已表现得相当明显。这也成为推动他创作出独具特色的《游仙诗》的思想基础。

　　郭璞《游仙诗》现存完篇十首，并不是他这一题材创作的全部。《诗品》所引断句"奈何虎豹姿"，"戢翼栖榛梗"即不见今存十首之内，逯钦立《先秦汉魏晋南北朝诗》收十首外，另有九篇断句（上述断句失收，实存十一篇）。这些《游仙诗》的具体创作时间已不可确考。有人推测它们应非一时所作，是在《游仙》题下结集起来的。钟嵘《诗品》所谓"坎壈咏怀"，道出了这些诗的主旨。所谓"咏怀"，即咏叹怀抱、有所寄托而作，乃是抒写乱世中历经坎坷的"寒门"之士的抱负与失意、愤慨和悲哀的作品。这体现郭璞《游仙诗》继承前人作品如骚人辞赋和"三曹"、嵇康等人创作传统、富于现实精神的一面；另一方面，郭璞对游仙题材的处理又有新的发挥。在思想内容方面，他发展了新的神仙观念，把神仙轻举、老庄玄言与隐逸出世结合起来，创造性地抒写"仙隐"这一主题，即檀道鸾《续晋阳秋》所谓"至郭璞五言始会合道家之言而韵之"（《世说新语·文学》刘孝标注引）；在艺术表现方面，这些诗寄托遥深而又文词俊爽，摆脱了玄言说教的偏枯晦涩。何焯拿他的诗与何劭所作相比较，说"游仙正体，弘农其变"（《义门读书记》），即指出何劭的《游仙诗》仍是前人传统模式，而郭璞则如钟嵘所说实现"变创"了。何诗如下：

> 青青陵上松，亭亭高山柏。光色冬夏茂，根柢无凋落。吉士怀贞心，悟物思远托。扬志玄云际，流目瞩岩石。羡昔王子乔，友道发伊洛。迢递陵峻岳，联翩御飞鹤。抗迹遗万里，岂恋生民乐。长怀慕仙类，眇然心绵邈。

这是描写怀仙的志愿和游仙的幻想，是前人游仙题材作品一般的表达方式。而郭璞的《游仙诗》十首，只有两首"采药游名山"、"玄台冠昆岭"接近传统内容和写法，包括《文选》所收七首的另外八首则如李善在《文选》注里所评论："凡游仙之篇，皆所以滓秽尘网，锱铢缨绂，餐霞倒景，饵玉玄都。而璞之制，文多自叙，虽志狭中区，而辞无俗累，见非前识，良有以哉。"就是说，他的作品已不再如前人主要表现对于现实世界的鄙弃（滓秽尘网）或追求幻想中的仙境（餐霞倒景，饵玉玄都；这即是"前识"），而重在自叙感怀，而且文词脱俗创变，从而也就生动抒写出对现实世界的批判态度。例如下面一首：

> 逸翮思拂霄，迅足羡远游。清源无增澜，安得运吞舟。圭璋虽特达，明月难暗投。潜颖怨青阳，陵苕哀素秋。悲来恻丹心，零泪缘缨流。

这是感伤暮年不遇知音的怨愤之辞，本来志在高飞远行，期于大用，但如吞

道教文学十讲

舟之鱼困于浅水，又如明月之珠投在暗地，无由展其抱负，所以有似潜颖结怨青阳，陵苕兴哀素秋，只能自伤丹心，涕泪长流了。如果把《游仙诗》作为总体看，如此抒写的怀才不遇的牢愁，可说是滋生神仙幻想的背景。又下面一首：

> 京华游侠窟，山林隐遁栖。朱门何足荣，未若托蓬莱。临源挹清波，陵岗掇丹荑。灵溪可潜盘，安事登云梯。漆园有傲吏，莱氏有逸妻。进则保龙见，退为触藩羝。高蹈风尘外，长揖谢夷齐。

这首诗一开头就把"京华"和"山林"对立起来，接着，对"朱门"的鄙视和对"蓬莱"的向往进一步构成对立的因果关系；但思路一转，又说灵溪的风光值得盘桓(李善注引庾仲雍《荆州记》，大城西九里有灵溪水)，不必登仙飞升；接着提到自己钦羡的庄周和老莱子：庄周曾自比为宁在泥涂之中也不愿处庙堂上的曳尾之龟，老莱妻宁可忍受贫困也不让他接受楚王的礼聘，这就清楚表明了"寒士"的孤傲立场；"进则"二句，是说在仕途进则只能保全身命，退则如触藩之羝，因此不如高蹈风尘而游仙了。这样，神仙隐逸是为了摆脱现实压迫、得到精神自由的出路，对仙界的向往正出于对现世的激愤。这就明确显示出"仙隐"主题的现实意义。值得注意的是，联系另一首诗结尾"燕昭无灵气，汉武非仙才"，又可以看出诗人对神仙信仰的真实态度。

　　诗人追求仙隐境界的思路在另外两首里表现得更为清晰。一首开头慨叹"六龙安可顿，运流有代谢。时变感人思，已秋复愿夏"，最后归结到"临川哀年迈，抚心独悲吒"，痛惜时光如流水，而人事困顿，有志难伸。这就抒写出急于用世的紧迫心理。另一首诗则更真挚地抒写仙隐的幻想：

> 翡翠戏兰苕，容色更相鲜。绿萝结高林，蒙笼盖一山。中有冥寂士，静啸抚清弦。放情凌霄外，嚼蕊挹飞泉。赤松临上游，驾鸿乘紫烟。左挹浮丘袖，右拍洪崖肩。借问蜉蝣辈，宁知龟鹤年。

诗人想象作为仙隐之士与神仙遨游那种俯仰自得、游心自然的境界，结尾处直接抒写对于朝生暮死的现世人生的感伤。表面看，这两首诗所体现的人生观念像是对立的,实则真切地反映出诗人矛盾的心态和他不得不走向仙隐之路的苦衷。

魏晋时期士大夫普遍的思想倾向,追求哲理则热衷玄谈,倾心信仰则崇尚佛、道,求取解脱则向往隐逸。这形成诗歌创作中的三方面题材。郭璞的《游仙诗》把这三者融合起来。他的游仙诗统合神仙幻想与社会批判,抒写对污浊现世的愤慨、失望转向超世追求的心路历程,展现了特定环境下知识精英的精神境界。他的这些作品虽多"道家之言"但意象鲜明而言词俊美,又善用谐隐、象征等手法,在艺术表现层面多有开拓。这样,郭璞无论是思想上还是艺术上都开创了游仙题材创作的新生面。

郭璞以后,"游仙"成为诗歌创作的重要题目。许多人写游仙诗。按内容划分,大体可分为宣扬信仰的和有所寄托的两类。在诗歌史上更有价值、更有贡献的当然是后一类。和郭璞一样,唐人曹唐也属于后一类。但他的创作内容和写作手法又显然与郭璞有所不同。他以艳丽诡异、迷离惝恍之辞替自古传闻的仙真们叙写美妙的故事和缠绵的感情,体现作者利用仙道题材从事艺术创作的更强烈的自觉,作品也带有更浓重的艺术欣赏的情趣,从而拓展出游仙诗写作的另一番境界。

曹唐的《游仙诗》

唐人写作游仙题材的作者很多,但直接以"游仙"为题写诗的只有王绩、武则天、窦巩、刘复、贾岛、张祜、曹唐等可数的一些人,其中以曹唐所作数量最多,最具开拓性,成就也最大。

关于曹唐生平,现存资料有限。只知道他字尧宾,桂州(今广西桂林市)人,初为道士,后还俗。大中(847—859)间举进士,困于场屋;咸通(860—874)中,为使府从事;暴病卒。他工诗赋,志激昂,位卑宦薄,颇自郁悒,尝赋《病马五首呈郑校书章三吴十五先辈》诗以自况,中有句"尾蟠夜雨红丝脆,头捽秋风白练低","霜侵病骨无骄气,土蚀骢花见卧痕"云云,文词秀逸,感慨深沉。张为作《诗人主客图》(张为生平不详,只知道是唐末江南诗人,所著划分中晚唐诗人风格流派,以白居易为"广大化教主"等设六主,分列若干诗人于主下为客,又划分上入室、入室、升堂、及门等级别,诸家名下各举出若干诗句或全首诗为例，故称《主客图》)，把他列为"瑰丽美丽主"武元衡(758—815，宪宗朝宰相，平定淮西镇吴元济等叛乱，力主用兵，被刺杀。工五言诗，颇重藻绘，往往被诸管弦)门下的"入室"者。他始起清流，既有才情，经历坎坷，志趣澹然，又有入道生活的亲切体验，熟悉仙道典籍与故实，积累了写作《游仙诗》主、客观方面的条件。他追慕古仙人的高情奇遇，悲欢离合，运用格律谨严的近体，使典用事，描摹叙写，体现唐代近体诗高度发展的艺术技巧，写出仙道题材的精美绝伦的《大游仙诗》(相传有七律五十首，现存七律十七首)和《小游仙诗》(七绝九十八首)。

从《大游仙诗》十七篇看，原来应是几组具有固定情节的组诗，现存是佚存篇章；《小游仙诗》各篇结构没有什么联系，大概不是一时的创作，是相关题材作品结集起来的。

《大游仙诗》的题材，包括西王母降临汉武帝，刘晨、阮肇天台遇仙女，杜兰香下降张硕以及王远会麻姑，周穆王西游昆仑会见西王母，牵牛织女，萧史携弄玉升仙，萼(愕)绿华会许真人等，都是仙传或志怪小说里的著名故事。它们情节生动，长期流传，在前人许多作品里大都不同形式地表现过。曹唐利用这些人们熟悉的传说中的"人物"、故事，借鉴前人的创作成果，推陈出新，重新加以演绎。他在原有故事情节的框架下，细致构想"人物"活动的具体情节和场景，充满感情地加以描摹和渲染，在仙境美好而生动的情境中叙写仙人们的悲欢离合，代他们抒写悱恻缠绵的"仙情"，赋予这些古老传说与"人物"以全新的面貌。在神仙幻想境界描写的字里行间，又在在表现出诗人的欣羡之情，透露出他对于人生的感受与体悟，期许与失望，更增添了作品的感染力。这样，曹唐这些作品无论是内容上还是具体写法上都对仙道题材作品的创作做出大幅度的创新。

《大游仙》里叙事情节保持最为完整的是关于刘、阮传说的，五篇，即《刘晨阮肇游天台》、《刘阮洞中遇仙子》、《仙子送刘阮出洞》、《仙子洞中有怀刘阮》、《刘阮再到天台不复见仙子》。组诗的内容、结构遵照原来传说的情节展开，而每一首诗都构想出一个具体场景，并在其中加以描绘、点染，凸现其间人物的活动与感情；细节的刻画，气氛的烘托，使场景显得真切可感；而近体格律精严，言简意长，七律有一定篇幅，给展开叙写提供了空间。这样，组诗的每一首都如形象鲜明的独立画幅，连缀起来又像是色彩斑斓的连环画卷。这在诗歌体制上也是创新。如《刘阮洞中遇仙子》：

> 天和树色霭苍苍，霞重岚深路渺茫。云实满山无鸟雀，水声沿洞
> 有笙簧。碧沙洞里乾坤别，红树枝前日月长。愿得花间有人出，免令
> 仙犬吠刘郎。

这里并没有实写人物和女仙相会，只是细致描绘入山一路景物，云霭，树色，鸟鸣，水声，构成有声有色的美丽画卷，写出仙界的神秘、美好，直到最后花间女仙也没有出现，留给人无限遐想。又《仙子洞中有怀刘阮》：

> 不将清瑟理《霓裳》，尘梦那知鹤梦长。洞里有天春寂寂，人间无
> 路月茫茫。玉莎瑶草连溪碧，流水桃花满洞香。晓露风灯零落尽，此
> 生无处访刘郎。

这是从洞中女仙的角度抒写，所表现的实际是男、女之间的真挚恋情。诗人借景叙情，把爱情失落的悲伤和无奈描绘得淋漓尽致，深切感人，显然有着诗人的人生实感。写法则基本是利用景物来渲染。"洞里"一联，以工整的对句写仙、凡两界阻隔。"春寂寂"，"月茫茫"，声情并茂地烘托出情境的寂寞和心情的黯淡。如此借景物来叙情，在艺术手法也体现出创意。

《大游仙诗》里另一些篇章作为组诗的佚存，可据以推测原作的规模，写法也应和前面"刘阮"一组诗类似。存留最多的是描写西王母的现存三首：《汉武帝将候西王母下降》、《汉武帝于宫中宴西王母》两篇是演绎《汉武帝内传》的；《穆王宴王母于九光流霞馆》是写周穆王西游故事的。这几篇以新颖的构想和华丽的词藻敷衍、描绘仙传故事，传送"人物"间绮旎缠绵的感情。如《汉武帝将候西王母下降》：

> 昆仑凝想最高峰，王母来乘五色龙。歌听紫鸾犹缥缈，语来青鸟
> 许从容。风回水落三清月，漏苦霜传五夜钟。树影悠悠花悄悄，若闻
> 箫管是行踪。

这是写西王母降临情节，并不粘滞于模仿仙传叙说事件，而是构想出一个个鲜明生动的细节，用"紫鸾"、"青鸟"事典来凸现仙界的神奇，用月色、钟声烘托下降的氛围，西王母并未露面，但她的庄严和神秘却在无形中表现出来，而精严的对句、优美的词藻也增强了描写的美感。《汉武帝于宫中宴西王母》也同样，并不直接写繁华饮宴，"剑佩有声宫树静，星河无影禁花寒"一联写深宫景象，朦胧的情境传达出宫廷的冷寂，透露汉武帝求仙失败的信息。

曹唐利用七律《大游仙》来叙写幻想的仙人或仙凡交往故事，有着纵的情节；七绝《小游仙》则写出神仙世界一个个具体场景，表现的是横的片断。《小游仙》九十八首，如前所述是各自独立的作品的集合，看不出其中有内在联系。但汇合这近百首诗，却让人感受到仙界空灵、优美的总的印象。其中所表现的仙人、仙境，与《大游仙》诗一样，也多出自上清派传说。陶弘景作《真灵位业图》，是一部仙真谱录；到唐代，司马承祯又制作《天地宫府图》，则是一幅仙真活动的舆地图。这两者提供出道教传说中的仙人、仙境的总体谱系。有的学者以为，曹唐的作品中隐然存在一副完整的天地宫府、仙真位业的构想。不过就文本客观地分析，诗人熟悉并利用了道教神仙谱系及其有关传说是没有问题的，却很难证明他是在有意按照这一谱系来创作《小游仙》的。这全部近百首诗的内容看不出内在系统，而且所写的有些"人物"是在道教神仙谱系中难以查明的，或只是泛称。《小游仙》题目无论是诗人自己还是后人所定，应当只是为了区别于《大游仙》，用来指示题材范围的。这在传统上也是集录同题材众作常用的命名方法。

绝句体裁讲究情韵丰厚，旨趣遥深，富韵外之致。这一只有二十八个字的诗体，篇幅窘狭，本不以叙写"人"和"事"见长。而曹唐的《小游仙》却正是表现仙人、仙事的。处理这样的内容，曹唐在这一题目下的作品和《大游仙诗》之重在表现"人物"冲突和描摹细节、构造情境不同，它们基本是截取某个具体场面加以描绘。因为其中所涉及的"人"及"事"大都是人所共知的，所以只需点染，不必详细描述，截取一个场景则意境全出，并可达到意在言外的效果。在这方面，曹唐显示了他艺术概括的功力，也对绝句艺术技巧的发展做出了贡献。

曹唐所写"人物"有玉皇、太一元君、九阳君、上阳君、西王母、上元夫人、麻姑等道教经典里的仙人,也有王子晋、茅君、宁封、白石先生、旸谷先生、费长房等道教传说中的仙真;他们活动的场所遍及上天仙宫,蓬莱、扶桑、方诸等海上仙岛和西极昆仑神山以及世上各地的洞天福地;具体叙写内容则涉及仙人交往、仙真灵迹、仙界景象、世人求仙以及仙人的游戏(赌棋、投壶等)、娱乐(宴饮、舞乐等)等,叙写中并利用仙人居处、服御、坐骑、饮馔、装饰等细节描写来加以烘托;其主旨则在渲染神仙世界的美好、悠久,实际这也是表现一种人生理想与寄托。例如同样写仙女和刘、阮的恋情,《小游仙》描绘的是仙女在洞口等待的片断:

> 偷来洞口访刘君,缓步轻抬玉线裙。细擘桃花逐流水,更无言语倚彤云。

与前面相同内容的七律相比较,这里诗人的处理方法显然不同:不是叙述完整情节,而是借用桃花源神仙洞天的构思,惟妙惟肖地描绘仙女等待的举止神态,表现她的一往情深。又如:

> 万岁娥眉不解愁,旋弹青瑟旋门游。忽闻下界笙箫曲,斜倚红鸾笑不休。

这写的同样是女仙,没有具体名字,用仙界"青瑟"与凡间乐曲对比,表达神仙生活的闲适、快乐和悠久。"笑倚红鸾"这一细节传神写照,鲜活地描摹出女仙自得其乐的神态。也有些诗是抒写神仙传说所触发的感慨的,如:

> 天上邀来不肯来,人间双鹤又空回。秦皇汉武死何处,海畔红桑花自开。

这如唐代文人的许多作品一样,是讥刺秦皇、汉武求仙的愚妄的。又如:

> 忘却教人锁后宫,还丹失尽玉壶空。嫦娥若不偷灵药,争得长生在月宫。

这与李商隐《常娥》诗同一题材,写嫦娥奔月传说,构思也有相似之处,抒写嫦娥在月宫中的寂寞心境。

曹唐善于就传说生发奇突、大胆的想象,创造出新颖的艺术境界,例如:

> 共爱初平住九霞,焚香不出闭金华。白羊成队难收拾,吃尽溪头巨胜花。

这是写黄初平化羊为白石事,写他闭门焚香,不问世事,白羊也就难以收拾了。《周易参同契》上说:"巨胜尚延年,还丹可入口。"巨胜是一种仙药。诗里说白羊成队把巨胜吃尽,可谓奇思异想。这样的奇妙想象在《小游仙》里比比皆是,给叙写增添了无限情趣。

如果说《大游仙》继承和发扬骚人和乐府写神仙题材寄托感遇、抒发情怀的叙事传统,那么《小游仙》则是利用古老传说作仙界景象、神仙幻想的咏歌。而二者在旨趣和表达上又有共同处:仙人故事在这两组诗里都被赋予某种象征意义,诗人借助它们构思出全新的情节,演绎生动的场景,抒写动人的诗情。当初郭璞利用游仙题材发展出仙隐主题,曹唐又用游仙构想作感情的隐喻,两者从不同方面拓展和提升了游仙诗创作的思想内容和表现艺术。

多种多样的游仙诗创作

经过郭璞、曹唐等人的开拓与创新,游仙题材可以抒发感慨,可以表达恋情,表现内容大为拓展了;游仙的境界给发挥艺术悬想提供了广阔空间;隐喻象征、奇情异彩丰富了艺术表现方法与技巧,有助于形成特有的瑰丽诡异的风格。这样,游仙题材和主题不仅为众多诗人创作所习用,后来又被相当广泛地表现在小说、戏曲等各种体裁的创作之中(仅以刘阮入天台故事为例,宋元话本有《刘阮仙记》,见《宝文堂书目》;元马致远、陈伯将有《误入桃源》杂剧,见《录鬼簿》和《录鬼簿续编》;汪元亨有《桃源洞》杂剧,见《录鬼簿续编》;明有《相送出天台》杂剧，作者佚名，见《远山堂剧品》，以上均佚。明王子一有《误入桃源》，扬之炯有《天台奇遇》，今存）。一种宗教观念，发展、演变为文学创作中别具特色的题材，游仙诗创作是个典型例子。

传统形式的游仙诗，唐道士吴筠有《游仙二十四首》，借描写仙界景象和神仙生活来宣扬道教的神仙信仰和神仙追求。如第一、二两首：

> 启册观往载，摇怀考今情。终古已寂寂，举世何营营。悟彼众仙妙，超然含至精。凝神契冲玄，化服凌太清。心同宇宙广，体合云霞轻。翔风吹羽盖，庆霄拂霓旌。龙驾朝紫微，后天保令名。岂如寰中士，轩冕矜暂荣。

> 鸾凤栖瑶林，雕鹗集平楚。饮啄本殊好，翱翔终异所。吾方遗喧嚣，立节慕高举。解兹区中恋，结彼霄外侣。谁谓天路遐，感通自无阻。

吴筠有文才，所作已不同于早期同类作品那样枯淡、深晦，有比较生动的情境描绘，遣词用语也已相当生动流畅，其中饱含着对世情的批判，对人生的感慨，也有一定现实意义。

文人创作的游仙诗，敦煌写本里发现署名李翔的《涉道诗》一卷。李翔及其作品历代不见著录。据考他可能是唐宗室、高祖九世孙，曾官莆田（今福建莆田市）尉，活动在咸通（660—674）年间。写卷录诗二十八首，其中六首是地地道道的游仙诗，其余是描写道教胜迹或与人应答之作。这六首诗的题目是：《马明生遇王婉罗》、《魏夫人归大霍山》、《冯双礼珠弹云璈以答歌》、《魏夫人受大洞仙经》、《卫叔卿不宾汉武帝》、《小有王君别西域总真》。从题目就可以知道这些作品是取材传统的神仙传说加以敷衍的，具体选取和处理题材的方法则和曹唐《大游仙诗》类似。第二、三、四首描写魏夫人受"神真之道"事，情节有一定连续性，可能是内容连续的组诗的一部分。和曹唐诗一样，这几篇作品叙写故事，注重创造鲜明、生动的情境，在具体描绘中展现人物丰采。只是李翔所写不如曹唐那样集中在仙人或仙、凡间男、女交谊情节，限制了表达的戏剧性和抒情性。如《魏夫人归大霍山》：

受锡南归大霍官,众真同会绛房中。裘披凤锦千花丽,旆绰龙霞八景红。羽帔俨排三洞客,仙歌凝韵九天风。元君未许人先起,更待云璈一曲终。

这是写魏夫人在太清宫从王褒受玉札金文,升位为紫虚元君、领上真司命南岳夫人、使治天台大霍山洞天之后回归洞宫事。诗人描写的是设想中魏夫人动身赴霍山的景象:众真聚会,仙歌嘹亮,魏夫人身着华丽羽服,从行的队伍旌旗飘扬,仙界情景描述得十分庄严壮丽,赞叹和讴歌之情溢于言表。又如《卫叔卿不宾汉武帝》:

鸾殿仙卿顿紫云,武皇非意欲相臣。便回太华三峰路,不喜咸阳万乘春。涉险漫劳中禁使,投壶多是上清人。犹教度世依方术,莫恋浮荣误尔身。

这里是写葛洪《神仙传》卫叔卿事,大体遵循仙传原来的描写,表现他不慕世间浮荣,不受利禄束缚,实则是抒发士大夫慕道避世的精神追求。李翔《游仙诗》大体延续了曹唐的传统,情景描绘、语言修饰颇有可观之处。

宋代以后,游仙题目被历代诗人普遍袭用。汪琬(1624—1691,字苕文,号钝庵,晚号尧峰,顺治十二年[1655]进士,历官户部主事、刑部郎中、编修,善诗文)说:"诗家小游仙,此白乐天所云九奏中新音、八珍中异味也。今余所作,又与唐宋以来者小异。盖欲极文字之变,以示山林之乐尔,姑妄言之,姑妄听之可也。"(《山中小游仙诗四十首》,《尧峰文钞》卷八)这是说写游仙诗,一方面是要"极文字之变",即追求文字表现的华美巧妙,展示写作技巧,另一方面借以抒写"山林之乐",寄托高蹈超逸的情怀。这是后世诗人写作游仙诗的一般态度。仅以直接用"游仙"命题的作品而言,如元人虞集、陈基,明人贝琼、罗颀等都有作品传世,清人写得更多。由于这种题材终究比较狭小,描摹形容、词藻运用也容易流于程式,有创意的好作品也就难得了。

赵执信(1662—1744,字伸符,号秋谷,康熙十八年[1679]进士,曾任右春坊右赞善兼翰林院检讨,后因佟皇后丧葬期间观看洪升《长生殿》传奇被劾革职,五十年间终身不仕,善诗文,文学理论亦有建树)热衷道教,作有《读〈续列仙传〉排闷作二十四绝句》,从题目就可以知道他关心神仙是为了"排闷"的。他又有《游仙四绝句》,第二首是:

> 不识投壶日几回,人间希见电光开。遥怜玉女应千万,未必人人得笑来。

这首诗演绎《神异经·东荒经》故事:"东荒山中有大石室,东王公居焉……恒与一玉女投壶,每投千二百矫。投有入不出者,天为之噫嘘;矫出而脱误不接者,天为之笑。"诗人显然是借用仙界玉女的伤感来隐喻人间失意的。又第三首:

> 天京十二杳沉沉,闻构新楼岁月深。白玉已输长吉赋,后来应遣赋黄金。

这则是借用后出的神仙故实:李商隐《李长吉小传》写李贺将死,有绯衣人来召,谓"帝成白玉楼,立召君为记。天上差乐不苦也",李贺遂气绝。诗人感慨诗人李贺的坎壈早世,来寄托个人的身世之感。这样演绎后出文人的神仙传说,对游仙诗写作也有创新的意义。

王子晋升仙是极富浪漫色彩的传说。他本是周灵王太子,却轻易抛弃人间的无限尊崇吹笙作凤鸣,决绝、潇洒地由道士接引升仙。热衷吹笙的意趣,如凤鸣的优美曲调,衬托出子晋的高情逸韵,不少人写游仙诗以这段传说为题材。袁枚(1716—1797,字子才,号简斋,晚年自号随园主人等,乾隆四年[1739]进士,历任溧水、江宁等县知县,四十岁即告归,在江宁小仓山下筑随园,悠游度世,善诗,与赵翼、蒋士铨合称"乾隆三大家")曾写《游仙曲》三首和《游仙诗》五首,其中《游仙曲》是早年作品。其一:

> 子晋骖鸾太少年,吹笙未敢望神仙。为看鸡犬飞升后,转把芙蓉笑问天。

诗人从王子晋的传说生发出全新构想：本来没有升天的意愿，但看到鸡犬飞升，也就"问天"而萌发对天界的向往了。又《游仙诗》之二：

> 风引三山境寂寥，碧天吹断水精箫。关心子晋颜如玉，身隔云屏手乱招。

这里活用"吹箫"这个富于浪漫色彩的事典，捕捉情境细节，描摹人物情态，书写神仙幻想，显示诗人艺术概括的技巧。

洪亮吉（1746—1809，字君直，号北江，晚号更生居士，乾隆五十五年[1790]科举榜眼，授编修，后以上书言事，极论时弊，免死戍伊犁，释还后居家十年而卒，以经学著称，亦善诗文）有诗说："……颓垣怨雨伤春早，古屋疏梅照夜鲜。应愧故人还未达，卖书真欲学游仙。"（《忆汪大莲花寺》二首之二，《卷施阁集》卷一）这是明确以"学游仙"来寄托落拓人生的精神安慰的。他有《后游仙诗》三十八首，又《缑山道中梦游仙诗》三十二首。后者集中铺写王子晋事。缑氏山在今河南偃师县，相传王子晋升仙后，七月七日降临山巅。诗的第六、七首：

> 上界仙人住杳冥，闲来紫府斗心灵。青天大似弹棋局，空里时闻有落星。

> 裁云片片作窗纱，银汉西头织女家。天上昼闲无个事，随风时唾碧桃花。

这样的诗构想神奇，随意组织仙界意象，描绘出一个个诡异神秘的意境，但意旨显然已和神仙信仰无关，更多体现诗人安慰心灵、炫奇弄巧的意味。

龚自珍（1792—1841，字璱人，号定庵，道光九年[1829]中进士，曾任内阁中书、宗人府主事和礼部主事等职，曾支持林则徐查禁鸦片，道光二十年[1840]辞职南归，次年暴卒；进步思想家、政治家，诗文别具特色，成就突出）性格尚奇好异，所作诗宏奥瑰丽，奇境独辟，有《小游仙词十五首》。其第三、四两首：

> 玉女窗中梳洗成，隔纱偷眼大分明。侍儿不敢频频报，露下瑶阶

湿姓名。

　　珠帘揭处佩环摇,亲荷天人语碧霄。别有上清诸女伴,隔窗了了
见文箫。

这是演绎昆仑山上西王母属下女仙传说。后一首里的文箫出自唐裴铏《传
奇》,她被私欲所缠,谪降到人世为凡人妻,是个动人的爱情故事。龚自珍
自述说"上年哀艳杂雄奇"(《己亥杂诗》),这样的诗也是以哀艳之笔抒写自己
的情思。

　　清人如冯班、彭孙贻、查慎行、厉鹗、孙星衍等许多人都曾写作《游仙
诗》。

　　朱光潜曾指出:"统观中国游仙诗,虽算源远流长,成就却不很伟大。
它在中国各类诗中是唯一运用神话题材,而且含有若干宗教超世思想的。"
(《艺文杂谈》)这种判断不免有片面之嫌。实际在中国诗歌创作传统中,以
神话为题材的并不限于游仙诗。但确实又可以肯定众多诗人的游仙诗创
作乃是集中表现宗教题材、内容与形式又都形成一定特色的作品。由于
这一点,其所造成的影响又远远超出这类作品自身的艺术价值之外。就
诗歌创作而言,唐宋以降,冠以"怀仙"、"学仙"、"寻仙"之类题目的作品
很多,还有各种各样标以其他题目而实际是以神仙和神界为题材的。例
如李白、李贺、李商隐、苏轼直到龚自珍等优秀诗人都曾写过相当数量的
这一类作品,历代词、曲、小说、戏剧等文学样式里描写神仙内容的作品也
很多。另一方面,历代游仙诗不论在观念、意象方面,还是在思维方式、表
现方法以及具体描写手法、语汇修辞等方面,也都给后人各体创作提供了
丰富借鉴。从这样的角度看,源远流长的游仙诗写作在文学史上的价值
是不可低估的。

作品释例

曹操《陌上桑》（逯钦立《先秦汉魏晋南北朝诗》）

驾虹蜺，乘赤云，登彼九疑历玉门①。济天汉，至昆仑，见西王母，谒东君②。交赤松③，及羡门④，受要秘道爱精神⑤。食芝英⑥，饮醴泉⑦，拄杖桂枝佩秋兰⑧。绝人事，游浑元⑨，若疾风游欻飘翻。景未移⑩，行数千，寿如南山不忘愆⑪。

曹丕《游仙诗》（或作《折杨柳行》、《长歌行》）
（逯钦立《先秦汉魏晋南北朝诗》）

西山一何高，高高殊无极。上有两仙僮，不饮亦不食。与我一丸药，光曜有五色。服药四五日，身体生羽翼。轻举乘浮云，倏忽行万亿。流览观四海，茫茫非所识。彭祖称七百⑫，悠悠安可原。老聃适西戎⑬，于今竟不

① 九疑：九疑山。玉门：山名；刘向《九叹·远游》："回朕车俾西引兮，褰虹旗于玉门。"王逸注："玉门，山名也。"
② 东君：东王公，仙人，往往与西王母对称；《神异经·东荒经》："东荒山中有大石室，东王公居焉。"
③ 赤松：赤松子，亦称"赤诵子"、"赤松子舆"；《史记·留侯世家》："愿弃人间事，欲从赤松子游耳。"司马贞索隐引《列仙传》："神农时雨师也，能入火自烧，昆仑山上随风雨上下也。"
④ 羡门：又称"羡门高"、"羡门子高"；《汉书·郊祀志》："……燕人，为方仙道，形解销化，依于鬼神之事。"
⑤ 要秘道：秘密道法。
⑥ 芝英：灵芝；汉司马相如《大人赋》："呼吸沆瀣兮餐朝霞，咀噍芝英兮嘰琼华。"
⑦ 醴泉：甜美泉水；《礼记·礼运》："故天降膏露，地出醴泉。"
⑧ 秋兰：《离骚》："扈江离与辟芷兮，纫秋兰以为佩。"
⑨ 浑元：元气。
⑩ 景：通"影"，日影，引申谓时光。
⑪ "寿如"句：谓寿命如山牢固而不亏损；《诗·小雅·天保》："如南山之寿，不骞不崩。"愆，同"骞"，亏损；《书·牧誓》："今日之事，不愆于六步七步，乃止齐焉。"
⑫ 彭祖：《列仙传》："殷大夫也……历夏至殷末，八百余岁。常食桂芝，善导引之术。"这里说寿七百。
⑬ "老聃"句：《史记·老庄申韩列传》："（老子）居周久之，见周之衰，乃遂去，至关……莫知其所终。"具体谓"适西戎"，乃后出传说。

还。王乔假虚辞①，赤松垂空言②。达人识真伪，愚夫好妄传。追念往古事，愦愦千万端③。百家多迂怪，圣道我所观。

曹植诗（二首，赵幼文《曹植诗校注》）

《游仙》

人生不满百，戚戚少欢娱。意欲奋六翮④，排雾凌紫虚⑤。蝉蜕同松、乔⑥，翻迹登鼎湖⑦。翱翔九天上，骋辔远行游。东观扶桑曜⑧，西临弱水流⑨。北极登玄渚⑩，南翔陟丹邱⑪。

《仙人篇》

仙人揽六著⑫，对博太山隅。湘娥拊琴瑟⑬，秦女吹笙竽⑭。玉樽盈桂

---

① "王乔"句：据《列仙传》，王子乔成仙三十年后，在嵩山见桓良，说："告我家，七月七日待我于缑氏山巅。"

② "赤松"句：据《神仙传》，赤松子原名皇初平，从道士在今华山成仙，四十年后见兄初起，变白石为羊数万头，"初起曰：'弟独得神通如此，吾可学否？'初平曰：'唯好道便得耳。'"

③ 愦愦：烦乱貌；《庄子·大宗师》："彼又恶能愦愦然为世俗之礼，以观众人之耳目哉！"成玄英疏："愦愦，犹烦乱也。"

④ 六翮：翮谓鸟类双翅中的正羽，引申为鸟的两翼；《战国策·楚策四》："奋其六翮而凌清风，飘摇乎高翔。"

⑤ 紫虚：天空，云霞映日而呈紫色。

⑥ 松、乔：赤松子，王子乔。

⑦ 翻迹：飞行；翻，飞。鼎湖：《史记·封禅书》："黄帝采首山铜，铸鼎于荆山下。鼎既成，有龙垂胡髯下迎黄帝……黄帝既上天……因名其处曰鼎湖。"

⑧ 扶桑曜：扶桑树上日光晃耀；扶桑，神树；《山海经·海外东经》："汤谷上有扶桑，十日所浴，在黑齿北。"郭璞注："扶桑，木也。"

⑨ 弱水：据传有水弱不能载舟；典籍中称弱水者颇多，如《后汉书·西域传·大秦》："（大秦国）西有弱水、流沙，近西王母所居处。"

⑩ 北极：向北极至。玄渚：此指极北海中小洲；渚，水中小洲；陆机《赴洛诗》："南望泣玄渚，北迈涉长林。"吕延济注："玄渚，江中洲渚也。"

⑪ 陟：登上。丹邱：亦作"丹丘"，神仙所居之地，昼夜常明；《楚辞·远游》："仍羽人于丹丘兮，留不死之旧乡。"

⑫ 六著：亦称"六博"、"六簙"，古代掷采下棋的一种博戏。《楚辞·招魂》："菎蔽象棋，有六簙些。分曹并进，遒相迫些。成枭而牟，呼五白些。"王逸注："投六箸，行六棋，故为六簙也。言宴乐既毕，乃设六簙，以菎蔽为箸，象牙为棋，丽而且好也。"

⑬ 湘娥：尧之二女娥皇、女英，随舜南巡，堕湘水死，为湘水神。拊：同"抚"，弹弄。

⑭ 秦女：用秦穆公女弄玉典；萧史教吹箫，作凤鸣，此处活用为"吹笙竽"。

酒①,河伯献神鱼。四海一何局②,九州安所如。韩终与王乔,要我于天衢③。万里不足步,轻举凌太虚。飞腾踰景云④,高风吹我躯。回驾观紫薇⑤,与帝合灵符。阊阖正嵯峨,双阙万丈余⑥。玉树扶道生,白虎夹门枢。驱风游四海,东过王母庐。俯观五岳间,人生如寄居。潜光养羽翼⑦,进趋且徐徐。不见轩辕氏,乘龙出鼎湖。徘徊九天上,与尔长相须⑧。

嵇康《游仙诗》(逯钦立《先秦汉魏晋南北朝诗》)

遥望山上松,隆谷郁青葱。自遇一何高,独立迥无双。愿想游其下,蹊路绝不通。王乔弃我去,乘云驾六龙。飘飘戏玄圃,黄、老路相逢⑨。授我自然道,旷若发童蒙⑩。采药钟山隅⑪,服食改姿容。蝉蜕弃秽累⑫,结友家板桐⑬。临觞奏《九韶》⑭,雅歌何邕邕⑮。长与俗人别,谁能睹其踪。

何劭《游仙诗》(李善注《文选》)

青青陵上松,亭亭高山柏⑯。光色冬夏茂,根柢无凋落。吉士怀贞心⑰,

---

① 桂酒:泛指美酒;《楚辞·九歌》:"奠桂酒兮椒浆。"王逸注:"桂酒,切桂以置酒中也。"
② 局:局促,窘狭。
③ 要:通"邀"。天衢:幻想中的天街。
④ 景云:祥云,卿云;《史记·天官书》:"若烟非烟,若云非云,郁郁纷纷,萧索轮囷,是谓卿云。"景,通"卿"。
⑤ 紫薇:即"紫微",紫微垣。
⑥ 双阙:古代宫殿、陵墓等建筑前面两边的楼观;《古诗十九首·青青陵上柏》:"两宫遥相望,双阙百余尺。"此指天宫的双阙。
⑦ 潜光:谓隐居。养羽翼:谓做腾飞准备。
⑧ 相须:等待。
⑨ 黄、老:黄帝、老子。
⑩ 旷:明白。
⑪ 钟山:此指昆仑山;《淮南子·俶真训》:"譬若钟山之玉,炊以炉炭,三日三夜而色泽不变。"高诱注:"昆仑也。"
⑫ 秽累:指俗事牵累;严忌《哀时命》:"揽尘垢之狂攘兮,除秽累而反真。"
⑬ 板桐:仙人所居山名;严忌《哀时命》:"揽瑶木之橝枝兮,望阆风之板桐。"王逸注:"板桐,山名也。"
⑭ 临觞:对酒,觞,酒杯。《九韶》:舜时乐曲;《史记·五帝本纪》:"四海之内咸戴帝舜之功,于是禹乃兴《九招》之乐。"
⑮ 邕邕:和乐貌。
⑯ "青青"二句:《庄子·德充符》:"受命于地,唯松柏独也,在冬夏青青。"
⑰ 吉士:犹贤人;《尚书·立政》:"继自今立政,其勿以憸人,其惟吉士,用劢相我国家。"

悟物思远托①。扬志玄云际,流目瞩岩石。羡昔王子乔,友道发伊洛②。迢递陵峻岳,连翩御飞鹤。抗迹遗万里③,岂恋生民乐。长怀慕仙类,眩然心绵邈④。

郭璞《游仙诗》(七首,李善注《文选》)

京华游侠窟,山林隐遁栖⑤。朱门何足荣,未若托蓬莱⑥。临源挹清波,陵冈掇丹荑⑦。灵溪可潜盘⑧,安事登云梯。漆园有傲吏⑨,莱氏有逸妻⑩。进则保龙见⑪,退为触藩羝⑫。高蹈风尘外,长揖谢夷齐⑬。

青溪千余仞⑭,中有一道士。云生梁栋间,风出窗户里。借问此何谁,云是鬼谷子⑮。翘迹企颍阳⑯,临河思洗耳⑰。阊阖西南来⑱,潜波涣鳞

① 悟物:领悟世事。思远托:心怀高远。
② 友道:以"道"为友,谓悟道、体道。发伊洛:王子乔曾游伊、洛之间;伊水和洛水在今河南洛阳南郊合流。
③ 抗迹:高尚其行迹;抗,举也;《楚辞·九章·悲回风》:"望大河之洲渚兮,悲申徒之抗迹。"遗万里:谓不顾万里之遥。
④ "眩然"句:谓心境明晰悠远;眩,通"炫",光耀;绵邈,思绪绵长。
⑤ 隐遁:隐居避世;《后汉书·宣秉传》:"遂隐遁深山,州郡连召,常称疾不仕。"
⑥ 托:托身,寄身。
⑦ 掇:拾取,采摘。丹荑:草之初生曰荑;此指赤芝,一名丹芝,食之延年。
⑧ 灵溪:溪水名;《文选》李善注引庾仲雍《荆州记》:"(荆州)大城西九里有灵溪水。"
⑨ "漆园"句:庄子曾为蒙邑漆园吏;蒙在今河南商丘市北。
⑩ "莱氏"句:《列女传》:"莱子逃世,耕于蒙山之阳,或言之楚王。楚王遂驾至老莱之门。楚王曰:'守国之孤,愿变先生。'老莱曰:'诺。'妻曰:'妾闻居乱世,为人所制,能免于患乎?妾不能为人所制。'投其畚而去,老莱乃随而隐。"
⑪ 龙见:《易·乾》:"见龙在田,利见大人。""龙见"谓建功立业。
⑫ 触藩羝:以角撞围篱的公羊,喻四处碰壁;藩,篱笆,围栏;羝,通"牴",《易·大壮》:"羝羊触藩,羸其角。"
⑬ "长揖"句:作礼辞别伯夷、叔齐,意谓不以夷、齐守小节为然;长揖,拱手高举作礼,表恭敬;据《史记》,伯夷、叔齐,殷孤竹君之子也,父欲齐让伯夷,伯夷曰:"父命也。"遂逃去。叔齐亦不肯立而逃。后周代殷,义不食周粟,隐于首阳山。
⑭ 青溪:山名;《文选》李善注引《荆州记》:"临沮县有青溪山,山东有泉,泉侧有道士精舍。郭景纯尝作临沮县,故《游仙诗》嗟青溪之美。"
⑮ 鬼谷子:此作隐士通称。(另有《鬼谷子》一书,据传为战国楚人鬼谷子所作,系伪托。)
⑯ 翘迹:犹高蹈,行为高超,指隐居。企颍阳:谓企羡传说尧时高士巢父、许由隐居颍水之阳、箕山之下;颍水源出今河南登封县嵩山西南,东南流。
⑰ 洗耳:晋皇甫谧《高士传·许由》:"尧让天下于许由……由于是遁耕于中岳颍水之阳……尧又召为九州长,由不欲闻之,洗耳于颍水滨。"
⑱ 阊阖:此指阊阖风,秋风;《淮南子·天文训》:"凉风至四十五日,阊阖风至。"高诱注:"《兑》卦之风也。"

起①。灵妃顾我笑②，粲然启玉齿③。蹇修时不存④，要之将谁使⑤。

翡翠戏兰苕⑥，容色更相鲜。绿萝结高林⑦，蒙笼盖一山⑧。中有冥寂士⑨，静啸抚清弦⑩。放情凌霄外⑪，嚼蕊挹飞泉⑫。赤松临上游⑬，驾鸿乘紫烟。左挹浮丘袖⑭，右拍洪崖肩⑮。借问蜉蝣辈⑯，宁知龟鹤年⑰。

六龙安可顿⑱，运流有代谢⑲。时变感人思，已秋复愿夏。淮海变微禽⑳，吾生独不化。虽欲腾丹溪㉑，云螭非我驾㉒。愧无鲁阳德㉓。回日向三舍。临川哀年迈，抚心独悲咤。

---

① 涣鳞：水的波纹。《易·涣》："风行水上，涣。"
② 灵妃：宓妃，传说中的洛水女神；《楚辞·离骚》："吾令丰隆乘云兮，求宓妃之所在。"王逸注："宓妃，神女。"
③ 粲然：欢笑貌；《穀梁传·昭公四年》："军人粲然皆笑。"范宁注："粲然，盛笑貌。"
④ 蹇修：传说中伏羲氏臣，古贤者；《离骚》："吾令丰隆乘云兮，求虑妃之所在。解佩纕以结言兮，吾令蹇修以为理。"
⑤ 要：同"邀"。
⑥ 翡翠：鸟名，珍禽；《楚辞·招魂》："翡翠珠被，烂齐光些。"王逸注："雄曰翡，雌曰翠。"兰苕：兰花；谢灵运《南楼中望所迟客》诗："瑶华未堪折，兰苕已屡摘。"
⑦ 绿萝：松萝，女萝，蔓松而生；曹植《苦思行》："绿萝缘玉树，光曜粲相晖。"
⑧ 蒙笼：草木茂盛貌；扬雄《甘泉赋》："乘云阁而上下兮，纷蒙笼以混成。"
⑨ 冥寂士：隐居之士；冥寂，静默。
⑩ 静啸：低声吟啸，啸是修炼方法。抚清弦：指弹琴，声音晴朗。
⑪ 凌霄：凌云；葛洪《抱朴子·吴失》："斥鹖因惊风以凌霄，朽舟托迅波而电迈。"
⑫ 嚼蕊：吃花蕊，指服食草木药。挹飞泉：《诗·小雅·大东》："维北有斗，不可以挹酒浆。"《文选》李善注引曹丕《典论》："饥餐琼蕊，渴饮飞泉。"
⑬ "赤松"句：《史记·留侯世家》："愿弃人闲事，欲从赤松子游耳。"
⑭ 挹：引；浮丘：浮丘公，仙人；《列仙传》："道士浮丘公接(王子乔)以上嵩高山。"
⑮ 洪崖：亦作"洪涯"，仙人，黄帝臣子伶伦帝号；张衡《西京赋》："洪涯立而指麾，被毛羽之襳襹。"
⑯ 蜉蝣：亦作"蜉蝤"，虫名，生存期极短；《诗·曹风·蜉蝣》："蜉蝣之羽，衣裳楚楚。"毛传："蜉蝣，渠略也，朝生夕死。"
⑰ 龟鹤：亦作"龟鹄"，龟和鹤，古人以为长寿之物，因用以比喻长寿；葛洪《抱朴子内篇·对俗》："知龟鹤之遐寿，故效其道引以增年。"
⑱ "六龙"：谓太阳运行不能停顿；古神话日神乘车，驾以六龙；刘向《九叹·游逝》："贯鸿濛以东潖兮，维六龙于扶桑。"
⑲ 运流：时运变迁。
⑳ "淮海"句：谓禽鸟至淮、海则变化；《国语》：赵简子曰："雀入于海为蛤，雉入于淮为蜃……"
㉑ "虽欲"句：谓虽欲升仙至丹溪；丹溪，仙人所居；曹丕《典论·论郤俭等事》："适不死之国，国即丹溪。其人浮游列缺，翱翔倒景。"
㉒ "云螭"句：谓自己不能驾飞龙升天；螭，无角龙。
㉓ 鲁阳：战国时楚鲁阳邑公；《淮南子·览冥训》："鲁阳公与韩搆难，战酣日暮，援戈而挥之，日为之反三舍。"

游仙诗

逸翮思拂霄①，迅足羡远游②。清源无增澜③，安得运吞舟④。珪璋虽特达⑤，明月难暗投⑥。潜颖怨青阳⑦，陵苕哀素秋⑧。悲来恻丹心，零泪缘缨流⑨。

　　杂县寓鲁门，风暖将为灾⑩。吞舟涌海底，高浪驾蓬莱。神仙排云出，但见金银台。陵阳挹丹溜⑪，容成挥玉杯⑫。姮娥扬妙音，洪崖颔其颐⑬。升降随长烟⑭，飘飘戏九垓⑮。奇龄迈五龙⑯，千岁方婴孩。燕昭无灵气⑰，汉武非仙才⑱。

---

①　逸翮：指疾飞的鸟。

②　"迅足"句：谓羡慕骏马远行；迅足，指骏马；刘勰《文心雕龙·铭箴》："迅足骎骎，后发前至。"

③　增澜：大的波澜；增，通"层"。

④　吞舟：吞舟之鱼，常以喻人事之大者；《庄子·庚桑楚》："吞舟之鱼，砀而失水，则蚁能苦之。"

⑤　珪璋：玉制礼器，古代用于朝聘、祭祀；珪璋特达，《礼记·聘义》："圭璋特达，德也。"孔颖达疏："行聘之时，唯执圭璋特得通达，不加余币。言人之有德亦无事不通，不须假他物而成。言圭璋之特达同人之有德，故云德也。"后以"珪璋特达"喻人资质优异，才德出众。刘义庆《世说新语·言语》："此子珪璋特达，机警有锋。"

⑥　明月：明月珠，夜光珠。《汉书·邹阳传》："明月之珠，夜光之璧，以暗投人于道，众莫不按剑相眄者。"

⑦　潜颖：萌生的禾穗，颖，禾穗；青阳，指春天《汉书·礼乐志》："青阳开动，根荄以遂。"

⑧　陵苕：草木生在高处者；苕，草木之翘楚者。素秋：秋季；按古代五行之说，秋属金，其色白，故称素秋。

⑨　零泪：落泪。缨：系冠的带子。

⑩　"杂县"二句：谓海鸟爰居止于鲁国城门，预示将有灾福；杂县，海鸟爰居；《国语·鲁语上》略曰：海鸟曰爰居，止于鲁东门外三日，臧文仲使国人祭之。展禽曰："越哉！臧孙之为政也。今海鸟至已，不知而祀之，以为国典，难以为仁且知矣。今兹海其有灾乎。夫广川之鸟兽，常知风而避灾也。"是岁也，海多大风，冬暖。文仲曰："信吾过也。"贾逵注曰："爰居，杂县也。"

⑪　陵阳：《列仙传》，陵阳子明，得服食之法，采玉石脂服之得仙。丹溜：即上"玉石脂"，石硫磺。

⑫　容成：《列仙传》，容成公，自称黄帝师，善补导。

⑬　颔其颐：点头表示赞许。

⑭　"升降"句：《列仙传》：宁封子"积火自烧，而随烟气上下"。

⑮　九垓：中央至八极之地；《淮南子·道应训》：若士对卢敖说："吾与汗漫期于九垓之外，吾不可以久驻。"

⑯　"奇龄"句：谓长寿超过传说的五龙；五龙，李善注引《道甲开山图荣氏解》："五龙，皇后君也，昆弟四人，皆人面而龙身。父与诸子同得仙，治在五方。"

⑰　"燕昭"句：燕昭王遣人入海求蓬莱，不果。

⑱　"汉武"句：按《汉武帝内传》，西王母斥责汉武帝形慢神秽，非仙才。

晦朔如循环,月盈已见魄①。蓐收清西陆②,朱羲将由白③。寒露拂陵苕④,女萝辞松柏。蕣荣不终朝⑤,蜉蝣岂见夕。圆丘有奇草⑥,钟山出灵液⑦。王孙列八珍⑧,安期炼五石⑨。长揖当途人,去来山林客。

沈约《和竟陵王游仙诗二首王融、范云同赋》⑩
（逯钦立《先秦汉魏晋南北朝诗》）

夭矫乘绛仙⑪,螭衣方陆离⑫。玉銮隐云雾⑬,溶溶纷上驰。瑶台风不息,赤水正涟漪⑭。峥嵘玄圃上,聊举琼树枝。

朝止阊阖宫⑮,暮宴清都阙⑯。腾盖隐奔星⑰,低銮避行月⑱。九疑纷相从⑲,虹旌乍升没⑳。青鸟去复还,高堂云不歇。若华有余照㉑,淹留且

---

① 魄:通"霸";月初出或将没的形态。
② 蓐收:西方神名,少昊之子,孟秋之神,司秋令。西陆:秋天。
③ "朱羲"句:谓太阳和月亮同一轨道运行;朱羲,羲和,日御;白,白道,《文献通考》卷二八〇《天文志》:"立秋秋分,月从白道。"《左传》:"日月之行也,分同道也。"分指春分、秋分。
④ 陵苕:凌霄花。
⑤ 蕣荣:又称"朝菌",木槿花,向晨而结,绝日而陨。
⑥ 圆丘:《太平御览》卷五三:"《外国图》曰:员丘之上有不死树,食之乃寿。"
⑦ 钟山:《太平御览》卷三八:"《十洲记》曰:北海外有钟山,自生千芝及神草。"
⑧ 八珍:八种珍贵食品,说法不一;或以醍醐、麖沆、野驼蹄、鹿唇、驼乳糜、天鹅炙、紫玉浆、玄玉浆为是。
⑨ 安期:安期生,据《史记·封禅书》:"安期生仙者,通蓬莱中,合则见人,不合则隐。"五石:道教炼丹的五种石料,据《抱朴子·金丹》:"五石者,丹砂、雄黄、白矾、曾青、慈石也。"
⑩ 竟陵王:萧子良(460—494),齐武帝次子,封竟陵王,沈约、王融、范云等游其门下,号"竟陵八友"。
⑪ 夭矫:纵恣貌。绛仙:仙人居绛府,称绛仙。
⑫ 螭衣:装饰画龙的衣服。陆离:光彩绚丽。
⑬ 玉銮:指仙人驾的车;銮,本义是皇帝车驾。
⑭ 赤水:仙界河水;《庄子·天地》:"黄帝游乎赤水之北,登乎昆仑之丘而南望,还归遗其玄珠。"
⑮ 阊阖宫:神仙所居宫殿。
⑯ 清都阙:上清宫,天帝所居宫阙。
⑰ 腾盖:车盖高耸;盖,车盖。隐奔星:遮蔽流星。
⑱ 低銮:降低车驾速度。避行月:谓避开流动的月光。
⑲ 九疑:九疑山神;《楚辞·离骚》:"百神翳其备降兮,九疑缤其并迎。"王逸注:"言巫咸得己椒糈,则将百神蔽日来下,舜又使九疑之神,纷然来迎。"
⑳ 虹旌:彩旗;王褒《九怀·思忠》:"驾八龙兮连蜷,建虹旌兮威夷。"
㉑ 若华:神话中若木花;屈原《天问》:"羲和之未扬,若华何光?"王逸注:"言日未出之时,若木何能有明赤之光华乎。"

游仙诗

晞发①。

庾信《奉和赵王游仙诗》②

（逯钦立《先秦汉魏晋南北朝诗》）

藏山还采药，有道得从师。京兆陈安世③，成都李意其④。玉京传《相鹤》⑤，太一受《飞龟》⑥。白日香新芋⑦，青泥美熟芝。山精逢照镜⑧，樵客值围棋⑨。石文如碎锦，藤苗似乱丝。蓬莱在何处，汉后欲遥祠⑩。

曹唐诗（十首，《全唐诗》）

《大游仙诗》（五首）

《刘晨阮肇游天台》

树入天台石路新，云和草静迥无尘。烟霞不省生前事，水木空疑梦后身。往往鸡鸣岩下月，时时犬吠洞中春。不知此地归何处，须就桃源问主人。

《刘阮洞中遇仙子》

天和树色霭苍苍，霞重岚深路渺茫。云实满山无鸟雀，水声沿涧有笙簧。碧沙洞里乾坤别⑪，红树枝前日月长。愿得花间有人出，免令仙犬吠刘郎。

---

① 晞发：晒发使干，指高蹈脱俗；屈原《九歌·少司命》："与女沐兮咸池，晞女发兮阳之阿。"

② 赵王：北周宇文招，字豆卢突，宇文泰子，历益州总管、大司空、大司马，进爵为王。

③ "京兆"句：陈安世，京兆人，道成，白日升天，见《神仙传》。

④ "成都"句：李意其，蜀郡人，入琅琊山中成仙，见《神仙传》。

⑤ 相鹤：《相鹤经》；《文选》鲍照《舞鹤赋》注："《相鹤经》者，出自浮丘公，公以经受王子晋。"

⑥ 飞龟：指仙药方《伊洛飞龟秩》；《神仙传》："华子期者，淮南人也，师禄里先生，受《隐仙灵宝方》，一曰《伊洛飞龟秩》……按合服之……后乃仙去。"

⑦ 新芋：吴兆宜《庾开府集笺注》卷四《任洛州酬薛文学见赠别》引《列仙传》（不见今本）："焦先煮白石食之，或以与人，味如芋。"

⑧ "山精"句：《抱朴子》："山无大小，皆有神灵。古之入山道士，皆以明镜九寸以上悬于背后，则老魅不敢近。"

⑨ "樵客"句：《述异记》：（晋）王质入山，见二童子石室中围棋，坐观之，及起，斧柯已烂矣。

⑩ 汉后：指汉武帝；后，帝王；汉武帝时方士更言蓬莱诸药可得，于是欣然，至海，冀获蓬莱者。遥祠：谓在远处祀祷。

⑪ 乾坤别：谓另一番天地。

《仙子送刘阮出洞》

殷勤相送出天台，仙境那能却再来。云液每归须强饮①，玉书无事莫频开②。花当洞口应长在，水到人间定不回。惆怅溪头从此别，碧山明月闭苍苔。

《仙子洞中有怀刘阮》

不将清瑟理《霓裳》③，尘梦那知鹤梦长。洞里有天春寂寂，人间无路月茫茫。玉莎瑶草连溪碧④，流水桃花满涧香⑤。晓露风灯零落尽，此生无处访刘郎。

《刘阮再到天台不复见仙子》

再到天台访玉真⑥，青苔白石已成尘。笙歌冥寞闲深洞⑦，云鹤萧条绝旧邻。草树总非前度色，烟霞不似昔年春。桃花流水依然在，不见当时劝酒人。

《小游仙诗》（五首）

洞里烟霞无歇时，洞中天地足金芝。月明朗朗溪头树，白发老人相对棋。

偷来洞口访刘君，缓步轻抬玉线裙。细擘桃花逐流水，更无言语倚彤云。

---

① 云液：仙药；晋葛洪《抱朴子·仙药》："又云母有五种……五色并具而多白者名云液，宜以秋服之。"
② 玉书：指道经。
③ 《霓裳》：指《霓裳羽衣曲》，唐代著名法曲，传为开元中河西节度使杨敬忠所献，初名《婆罗门曲》，经唐玄宗润色并制歌词，后改名。
④ 玉莎：仙草；莎草本多年生草本植物，块茎称"香附子"，可供药用。瑶草：仙草；汉东方朔《与友人书》："相期拾瑶草，吞日月之光华，共轻举耳。"
⑤ "流水"句：陶潜《桃花源记》："晋太元中，武陵人捕鱼为业。缘溪行，忘路远近，忽逢桃花，夹岸数百步，中无杂树，芳草鲜美，落英缤纷。渔人甚异之……"
⑥ 玉真：仙人；陶弘景《真灵位业图》："玉清三元宫……右位，太上玉真保皇道君。"
⑦ 冥寞：犹"冥寂"。

天上邀来不肯来，人间双鹤又空回。秦皇汉武死何处，海畔红桑花自开①。

赤龙停步彩云飞②，共道真王海上归。千岁红桃香破鼻，玉盘盛出与金妃。

王母相留不放回，偶然沉醉卧瑶台。凭君与向萧郎道③，教著青龙取妾来。

虞集《客有好仙者持唐人小游仙诗求予书之恶其淫鄙别为赋五首》（《道园学古录》）

东海转上白玉盘，满天风露桂花寒。方平欲来共今夕④，微闻洞箫过石坛。

偶过松间看奕棋，松枯鹤老忘归时。山前酒熟不中吃，自有金盘行五芝⑤。

关关雎鸠在河洲⑥，锦幄春温吁可愁⑦。六合清凝海天碧，木公金母坐优游⑧。

衣垂烟雾冠晨晖，雪色鬘毛风外稀。何事酒炉眠不去，尘中醉里或忘机。

老妇扶儿休笑侬，不肯学仙早已翁⑨。东家木公合辟谷，但汝护田祈岁丰。

---

① 红桑：仙境中桑树；王嘉《拾遗记》："穷桑者，西海之滨，有孤桑之树，直上千寻，叶红椹紫，万岁一实，食之后天而老。"

② 赤龙：传说为神仙所乘；《列仙传·陶安公》："陶安公者，六安铸冶师也……朱雀止冶上曰：'安公，安公，冶与天通，七月七日，迎汝以赤龙。'至期，赤龙到。"

③ 萧郎：本指萧史，转作男子美称。

④ 方平：王远，字方平。

⑤ 行：传递。五芝：五种灵芝；《后汉书·冯衍传下》："饮六醴之清液兮，食五芝之茂英。"

⑥ 关关雎鸠：《诗·周南·关雎》篇首句，据《诗序》："《关雎》，后妃之德也。风之始也，所以风天下而正夫妇也。"

⑦ 锦幄：织锦的帷幄。

⑧ 木公：东王公。金母：西王母。

⑨ 早已翁：《神仙传·伯山甫》："……西河城东有一女子笞一老翁，其老翁头发皓白，长跪而受杖，使者怪而问之，女子曰：'此是妾儿，昔妾舅氏伯山甫，以神方教妾，妾教使服之，不肯，而致今日衰老，不及于妾，妾恚怒，故与之杖耳。'"

汪琬《山中游仙诗四十首有小序》(二首,《尧峰文钞》)

诗家小游仙,此白乐天所云九奏中新音,八珍中异味也①。今予所作,又与唐宋以来者小异,盖欲极文字之变,以示山林之乐尔。姑妄言之,姑妄听之可也。

门前涧壑上虚空,画断尘凡迥不通②。除是施符兼卖药,偶然身到市廛中③。

茅屋三间不染尘,松风萝月独相亲。空山不要闲钱使,点得黄金别赠人。

———————

① "此白乐天"三句:白居易《禽虫十二章序》:"《庄》《列》寓言,风骚比兴,多假虫鸟以为筌蹄……予闲居乘兴偶作一十二章,颇类志怪放言……微之、梦得尝云:'此乃九奏中新声,八珍中异味也'……"

② 画断:隔绝。

③ "除是"二句:《神仙传·壶公》:"入市卖药,人莫识之。"

游仙诗

【第七讲】

道士诗文创作

道士的诗文创作

本书序言试给"道教文学"划定范围,把历代道士创作作为其中一部分。道教发展史上不乏能文善艺的道士。在中国文学传统中,特别是唐宋以前,诗、文是知识阶层从事文学创作的主要体裁;宋元以降,小说、戏曲兴起,士大夫间仍普遍地注重诗文写作。上层道士有相当一部分是士大夫家庭出身,有一定文化素养,熟悉诗文写作,社会上又有儒、道交往的风气,这就促成这部分人中不少热衷写作诗文,有些人取得的成绩又是相当可观的。

如果和佛教僧侣相比较,道士的文学活动及其取得的成就又明显有所不同。

道教教团的规模历来比佛教僧团为小。就佛、道二教均发展至鼎盛的唐代看,据《唐六典》记载,全国寺院五千三百五十八座,道教宫观只有一千六百八十七座;又《新唐书》"崇玄署"条记载僧、道人数,"天下观一千六百八十七,道士七百七十六,女冠九百八十八;寺五千三百五十八,僧七万五千五百二十四,尼五万五百七十六"。这两部书的统计数字,寺观数一致,应出自同一来源;但道士、女冠数,平均到每座道观只有一人多一点,肯定是有问题的。晚唐五代杜光庭《历代崇道记》记载"开国"以来度道士一万五千余人;又史书记载晚唐武宗毁佛,还俗僧尼二十六万五千人。所有这些数字显然都是不完整的。但通过这些数字可以确切知道,唐代道教的发展规模远较佛教为小,道士、女冠的人数也远较僧尼为少。这也应是历史上佛、道发展的一般情形。汉末道教形成,本来源自分散的民间教派,具有反体制性格,受到统治者的压制。魏晋以降,道教逐渐向社会上层发展,经过内部不断的"清整"(东晋初,五斗米道改称天师道,北魏之际道士寇谦之[365—448]和南朝宋道士陆修静[406—477]"以礼度为首",整顿教团组织,改革斋醮科仪,制作、整理经典,废除涂炭斋、房中术等不合礼仪的简陋仪式、方术,他们作为一代道教的代表人物对道教全面加以"清整",进一步把道教纳入到统治体制的轨道），教理体系向社会统治意识形态紧密靠拢，其活动则积极发挥辅助统治教化的作用，从而道教与儒、释并列，成为统治体制的一部分。而道教养炼的丹药炉火本来非有大量资财不能备办，符箓禁咒等法术对于一般人也难以操作，长生不死、神仙飞升又更符合统治阶层中人的精神追求，基于这种种主、客观条件，造成道教发展的"贵族化"倾向相当严重。这也是道教的普及程度在历史上历来不及佛教，教团人数远远少于佛教的基本原因。这种状况体现在文学活动上，与佛教相对比，参与文学创作的道士的人数和作品数量都显得单薄多了。

但另一方面，道教上层又确实集合了一批知识精英，其中包括不少有文学才能的人。他们从事诗文创作，取得的成就又是相当可观的。道教是纯粹的本土宗教，在中国固有的文化传统基础上发展，体现在道士们的诗文写作中，无论是思想内容还是艺术形式又都形成一定特点，取得独特成绩。道教具有并不断丰富一套独特的信仰体系、修道目标、养炼方式、经戒科仪等，由此衍生出长生不死，自由飞升，不饮不食、蹈汤入火等一系列观念和隐形、变化、分形、潜遁等诸多神通，都是神秘、往往又是优美幻想的产物；道教的"历史"（作为宗教的历史包含大量玄想的成分。宗教内部撰写历史，主旨不在再现信史，而在解说教理，宣扬信仰，当然其中包含历史真实的成分）积累下众多仙人、仙事，许多都情节生动，形象鲜明；道教的法术，如禁咒、祈禳、占卜、预言、气禁等，有些具有浓厚的艺术性质；道教创造出一批特殊的概念、词藻和事典，形成一套独特的语言系统和象征、比喻、隐语等表现方法，如此等等，都给道士的诗文创作提供了可资利用的材料。这样，道士们的诗文创作无论是观念、感情、意境，还是趣味、格调、语言等都与一般文人或僧侣作品有所不同，体现突出的艺术特征，成为注入到中国诗文创作传统的新成分，对文学发展发挥了影响，做出了贡献。

下面介绍几位著名道士的诗文创作，都是宋代以前的人。宋元以降，河北地区新道教全真派兴起。这是由下层士大夫为主体创建的新教派，他们着力扩大群众基础，把诗文作为宣教重要手段，创作上取得了另外的成就，下面另设专篇介绍。

葛洪

葛洪(283—363)，字稚川，自号抱朴子，丹阳句容(今江苏句容市)人；三国方士葛玄的侄孙；十三岁家道中落，饥寒困瘁，躬执耕稼；十六岁，读《孝经》《论语》等儒家经典，尤喜神仙导养之说。后从道士郑隐学炼丹秘术，受到器重。太安二年(303)，参与平定扬州张昌、杨冰起义，事平之后，来到洛阳，本有意广寻异书，时值"八王之乱"，北道不通，友人嵇含任广州刺史，遂南下广州。但不料嵇含被杀，他滞留广州多年，深感荣位势力有如客寄，悔吝百端，忧惧兢战，乃弃绝世务，服食养性，从鲍靓修习道术。建兴四年(316)重返故里。东晋开国(317)，以参与平定扬州之乱，赐爵关内侯。咸和(326—334)初，司徒王导(276—339，字茂弘，东晋时期著名政治家、书法家。他出身于魏晋名门琅琊王氏，晋室南渡，辅佐晋元帝司马睿，历仕晋元帝、明帝和成帝三朝，形成"王与马，共天下"的格局。是东晋政权的奠基人和掌权者之一。葛洪依附王导，显然有建功立业的意图)召补州主簿，转司徒掾，迁咨议参军。友人干宝荐为散骑常侍，不就。听说交趾产丹砂，求为句漏(今广西北流市)令，遂率子侄南下广州，在罗浮山炼丹，优游闲养，著述不辍，卒。

葛洪博学多闻，著述极富。今存《抱朴子》，《内篇》二十卷、《外篇》五十卷，后人合刻为一书。今本《内篇》二十卷，《太平御览》里存佚文数十条不见其中，当有散佚(佚文辑本见严可均《全上古三代秦汉三国六朝文·全晋文》，收入王明《抱朴子内篇校释》)；又《神仙传》十卷，前面已经介绍，或经后人增补，或为后人所辑。《抱朴子外篇·自叙》称还有《隐逸传》十卷、表章笺记等三十卷、抄经史百家方技等三百一十卷等；《晋书》著录著作八种，皆方术之类。《抱朴子》外，今仅存佚文六篇。

《抱朴子外篇》论古证今，言人间得失，世事臧否，意在匡时佐主，有助教化，大旨属于儒家。关于《内篇》，葛洪自称"言神仙方药、鬼怪变化、养生延年、禳邪却祸之事，属道家"(《抱朴子外篇·自叙》)。一位作者所著内、外篇两部分所述分属不同思想体系，典型地反映当时知识阶层的处世态度：遵行儒家热衷世务、出仕扬名的立身之道，又把宗教作为安慰身心的补充。不过就葛洪说，身更祸乱，滋生超脱避世的宗教意识，又身处道教正在兴起的时代,对于当时流行的神仙金丹之说确实相当熟悉,加之具有丰富学识和杰出才华,著成《抱朴子内篇》,发挥道家以"道"、"玄"为本体的宇宙观,宣扬神仙思想,论证仙道可成,总结先秦以来的神仙方术(既包括隐身变形、辟谷气禁、禳灾避邪等宗教法术,又涵盖炼丹、医药等具有科技内容的方技),成为一部系统总结此前道教发展成果的里程碑式的著作、道教史上影响巨大的著名经典。

《内篇》是道教经典,按中国传统学术分类,又是规模宏大的阐述学理的子书。由于葛洪内、外典籍娴熟,兼具很好的文学素养,《抱朴子》作为论说技巧高超、具有鲜明艺术特色、文采斐然的优秀说理文,在散文发展史上占有一定地位。

魏晋时期,骈体文正兴盛起来,而《内篇》则基本是散体,又吸收骈体文对偶、排比、使用事典的技巧,多用偶句俪语,注重词藻修饰,使行文兼有自然流畅和整饬和谐之美。例如《论仙》中的一段:

> 仙法欲清寂无为,忘其形骸,而人君撞千石之钟,伐雷霆之鼓,硼嗑嘈嘁,惊魂荡心,百技万变,丧精塞耳,飞轻走迅,钓潜弋高。仙法欲令爱逮蠢蠕,不害含气,而人君有赫斯之怒,芟夷之诛,黄钺一挥,齐斧暂授,则伏尸千里,流血滂沱,斩断之刑,不绝于市。仙法欲止绝臭腥,休粮清肠,而人君烹肥宰腯,屠割群生,八珍百和,方丈于前,煎熬勺药,旨嘉餍饫。仙法欲溥爱八荒,视人如己,而人君兼弱攻昧,取乱推亡,辟地拓疆,泯人社稷,趋合生人,投之死地,孤魂绝域,暴骸腐野,五岭有血刃之师,北阙悬大宛之首,坑生杀伏,动数十万,京观封尸,仰干云霄,暴骸如莽,弥山填谷。秦皇使十室之中,思乱者九;汉武使天下嗷然,户口减半。祝其有益,咒亦有损。结草知德,则虚祭必怨。众烦攻其膏肓,人鬼齐其毒恨。彼二主徒有好仙之名,而无修道之实,所知浅事,不能悉行。要妙深秘,又不得闻。又不得有道之士,为合成仙药以与之,不得长生,无所怪也。

这一段强调修仙必须清心寡欲,批判帝王的神仙术,所述是上清派道教新神仙思想的具有积极意义的观点,体现道教教理的新发展。具体表述方法,前半四个长句,举出"人君"与"仙法"的对立,使用排比手法;后半举出秦皇、汉武两个好仙帝王为实例来加以印证。这样,虚实结合,对比鲜明,又使用四字节奏构成的形式整齐、音情顿挫的句式,并穿插虚词提顿,造成雄辩滔滔的气势。其中对于帝王的专横杀伐,极尽形容夸饰,批判意识发露明显。这样的文字,无论是思想内容,还是表现手法,都可看做是精粹、生动的说理散文。

《抱朴子》具有强烈的论战风格,其中许多篇章基本采取驳论方式。例如《对俗》篇由九段批驳构成,《塞难》、《释滞》等篇也大体如此。晋宋以来,佛教也创作出一批十分杰出的议论文字,如僧肇、慧远等人的作品,但表现手法与葛洪文章有显著不同。僧肇、慧远等人的论说文阐述义理,对于翻译经典论书的论辩技巧多有借鉴,特别注重名相的辨析,理论的阐释。比如僧肇阐明大乘中观学派教理,即对于空有、真俗、理事、体用等概念及其关系作条分缕析的辨析,进行严密的逻辑推演。而葛洪则更多使用归纳方法,利用"事实"做出概括。这也是中国传统议论文字善用的技巧。例如他论述神仙必有、可学而成的仙道,这是道教信仰的基本观点,结论本是荒诞无稽的,但他大量列举"实例",所述有些或有客观根据,有些则纯属虚构传闻。他以谆谆教诲的口吻罗列"事实",像是既不武断,又不空泛,采取一种胜券在握、不可辩驳的姿态。下面是《对俗》里的一段:

> 或曰:"生死有命,修短素定,非彼药物,所能损益。夫指既斩而连之,不可续也;血既洒而吞之,无所益也。岂况服彼异类之松柏,以延我短促之年命,甚不然也。"抱朴子曰:"若夫此论,必须同类,乃能为益,然则既斩之指,已洒之血,本自一体,非为殊族,何以既斩之而不可续,已洒之而不中服乎! 余数见人以蛇衔膏连已斩之指,桑豆易鸡鸭之足,异物之益,不可诬也。若子言不恃他物,则宜捣肉冶骨,以为金疮之药,煎皮熬发,以治秃鬓之疾耶? 夫水土不与百卉同体,而百卉仰之以植焉;五谷非生人之类,而生人须之以为命焉。脂非火种,水非鱼属,然脂竭则火灭,水竭则鱼死,伐木而寄生枯,芟草而兔丝萎,川蟹不归而蛄败,桑树见断而蠹殄,触类而长之,斯可悟矣。金玉在九窍,则死人为之不朽;盐卤沾于肌髓,则脯腊为之不烂。况于以宜身益命之

物,纳之于己,何怪其令人长生乎?"

这里是讲药物是否可使人长生。当时的药物,有金石药(包括合炼的丹药)和草药;某些药物确有效验是肯定的,这是属于医药科学的成果,但显然不能涵盖所有药物。葛洪的论辩犯了逻辑上以全称肯定代替部分肯定的错误;他进行批驳所举出的例证有些是真切的,有相当部分是臆造的(当然不一定是他自己臆造的),因而总体归纳起来,他的论点显然不能成立。但如单就文章说,他的论说技巧是相当高明的:先是针对对方举出的"指斩"、"血洒"两例,指出"事实",辨析"同类"、"异类"能否"为益";然后扩展开来,又利用一系列"事实"加以证明,得出"宜身益命"的药物"纳之于己"可以让人长生的结论。他所举出的事例有的自称是本人"数见"的,有的确是人所共知的常识(如"伐木而寄生枯,芟草而兔丝萎,川蟹不归而蛣败,桑树见断而蠹殄"),又反复利用反诘,造成不可辩驳的气势。尽管论说中有许多比附牵强附会,结论也不能成立,但行文确实造成强烈的说服力。

《内篇》讲究辞采,大量使用辞赋、诗歌语汇,又多用骈俪句法,形成丰赡富丽的表达风格。加上反复开导、谆谆善诱的语气,论说不但形成相当气势,又赋予阅读一定美感,在同类子书中是文笔颇为精彩的一部。如下面《塞难》篇里这样的段落:

> 或曰:"儒道之业,孰为难易?"抱朴子答曰:"儒者,易中之难也。道者,难中之易也。夫弃交游,委妻子,谢荣名,损利禄,割粲烂于其目,抑铿锵于其耳,恬愉静退,独善守己,谤来不戚,誉至不喜,睹贵不欲,居贱不耻,此道家之难也。出无庆吊之望,入无瞻视之责,不劳神于七经,不运思于律历,意不为推步之苦,心不为艺文之役,众烦既损,和气自益,无为无虑,不怵不惕,此道家之易也,所谓难中之易矣。夫儒者所修,皆宪章成事,出处有则,语默随时,师则循比屋而可求,书则因解注以释疑,此儒者之易也。钩深致远,错综典坟,该《河》《洛》之籍籍,博百氏之云云,德待积于衡巷,志贞尽于事君,仰驰神于垂象,俯运思于风云,一事不知,则所为不通,片言不正,则褒贬不分,举趾为世人之所则,动唇为天下之所传,此儒家之难也,所谓易中之难矣。笃论二

者,儒业多难,道家约易。吾以患其难矣,将舍而从其易焉。世之讥吾者,则比肩皆是也。与吾得意者,则未见其人也。若同志之人,必存乎将来,则吾亦未谓之为希矣。"

像这样的文字,明晰条畅,典雅优美,利用排比、对比条分缕析,分析儒、道的难易,见解或有偏颇,但作为论说文章,当时文坛上确乎鲜有其比者。而其中儒、道对比,显然是作者的甘苦之言,从中可以知道他追求仙道的心理基础,也反映当时知识精英的一种具有典型意义的心态。《内篇》作为规模巨大的系统论说著作,用如此精美洗练的文字写出来,在中国著述的历史上是罕见的。

陶弘景

陶弘景(456—536),字通明,自号华阳隐居,丹阳秣陵(今江苏南京市)人,生于江东豪门。祖父陶隆仕于宋,封晋安侯;父贞宝,官至江夏孝昌相。弘景幼有异操,四五岁便好学;九岁读《礼记》、《尚书》、《周易》、《春秋》等书;十岁得葛洪《神仙传》,日夜研读,遂萌发养生之志;十五岁作《寻山志》,倾慕隐居生活。及长,读书万余卷,通晓七经大义,善稽古、训诂,尤好五行、阴阳、风角、纬候、太一、遁甲、星历、算术、山川、地理、物产、医药等,又能棋善琴,工草隶。齐高帝萧道成即位(479),陶弘景被引为豫章王侍读;齐武帝永明元年(483),拜振武将军、宜都王侍读。但他不善交游,在职只以披阅公文为务。在此期间,陶弘景拜孙游岳(398—498,字颖达,东阳[今浙江东阳市]人,宋太初[453]奉陆修静为师,嗣承奥旨,受三洞并杨、许手迹,后上茅山,为兴世馆主,嗣上清八代宗师)为师,受上清经法、符图。永明十年(492),上表辞官,诏许,赐帛十四、烛二十铤,并另月给上茯苓五斤、白蜜二斗,以供服用。陶弘景离京时,公卿众友饯别于征虏亭,人数甚夥,车马拥堵,是宋齐以来未曾有过的盛大饯行场面。陶弘景退隐于江苏句曲山(位于今江苏句容、金坛两市交界,南京东南大约 60 公里处),不与世交。道教传说此山是金坛洞宫,名曰华阳之天,有三茅(传说中汉代的茅盈及其弟茅固、茅衷,修仙得道,为道教主师)司命之府,故又称茅山。隐居之前的永明六年,陶弘景曾在茅山获得杨羲、许谧手书真迹。其后请假东行浙越，寻求灵异，到会稽大洪山谒居士娄慧明，又到余姚太平山谒居士杜京产，到始宁㟎山谒法师钟义山，到始丰天台山谒诸僧标及其他各处老道，获得真人遗迹十余卷，为他以后的著述，特别是为整理、编纂《真诰》准备了条件。齐明帝萧鸾即位（494），曾遣使迎居蒋山（今江苏南京紫金山），固辞。永元初（499），他修三层楼房，自居最高处，闭门谢客著述。这段时间，编纂了《真诰》。梁武帝早年素与弘景有深交。当武帝禅代之时（502），弘景援引图谶，拟定国号为"梁"，被采纳。梁武帝请他出山参政，屡请不出。不过朝中每遇大事，无不派人进山征询意见，故时称"山中宰相"。天监四年（505），移居积金东涧，修辟谷导引之法，年虽老而有壮容。晚年又曾到鄮县阿育王塔受佛教五大戒。陶弘景于大同二年（536）去世，诏赐中散大夫，谥白贞先生。在他生前王公显贵争为弟子，所授数十人。陶弘景著述丰富，达二百余卷。与道教有关的，整理、编纂《真诰》之外，著有《真灵位业图》一卷、《登真隐诀》三卷、《养生延命录》两卷，均收入《正统道藏》；又《肘后百一方》、《本草集注》等约三十种和十种未竟稿，已亡佚；有集三十卷、内集十五卷，亦久佚，今传《陶隐居集》为明人辑录。

陶弘景入道，实际是继承魏晋以来高人志士隐逸避世之风，又以乱世无聊，托志神仙。他热衷上清经注重个人清修的道法。这是受到当时士大夫阶层欢迎的道教派别。他又聪明颖悟，博学多闻，史称"一事不知，以为深耻"，勤于著述，雅好文事，诗文写作均颇为可观。今仅存诗二十一首（其中《华阳颂》十五首，编入《全上古三代秦汉三国六朝文·全梁文》）、赋两篇、文二十八篇，可窥知他的才学、文章。

从现存陶弘景诗看，题材广泛，也达到相当高的艺术水准。最著名的《诏问山中何所有赋诗以答》，是答复齐高帝召请的：

山中何所有，岭上多白云。只可自怡悦，不堪持送君。

这首短诗言简意赅：山中别无奢华享乐，山中人以白云愉悦；而这种愉悦即使身为君主也是享受不到的。短短四句二十个字，写出隐居山间的高情远志，流露出对于世间权势的孤傲感，意趣极为高远。诗里"白云"的意象，乃是自由放旷的人生的象征，被后代诗人所袭用，如王维的"悠悠远山暮，独向白云归"(《归辋川作》),"君问终南山,心知白云外"(《答裴迪》),"城郭遥相望,惟应见白云"(《山中寄诸弟妹》),"湖上一挥手,山青卷白云"(《辋川集·欹湖》),等等。

又他的乐府诗《寒夜怨》,叙写相思之情:"寒月微,寒风紧,愁心绝,愁泪尽。情人不胜怨,思来谁能忍。"酷肖民歌的质朴清新;《华阳颂》是歌颂道教第八华阳洞府的组诗,描绘山水自然灵性,抒写思慕仙宗的情怀,如其中的《物轨》:"果林郁余柰,蔬圃蔓遗辛。荧芝可烛夜,田泉常澼尘。"以奇幻之笔点染山间景物;《集游》:"降辔龟山客,解驾青华童。寝宴含真馆,高会萧闲宫。"表达对仙游的艳羡,都言简意长,情境鲜明。

陶弘景酷嗜山水,又有常年山居的亲切体验。他在《答谢中书》里曾慨叹说:"山川之美,古来共谈……自康乐以来,未复有能与其奇者。"这里赞赏谢灵运能"与其(山川之美)奇","与"是"物吾与"的"与","连朋合与"的"与","党与"的"与",即与山水合而为一。他的隐逸山水也是一种修仙实践。他描写山水,往往又与仙道、与神仙幻想相结合,内容与表达都形成一定特点。《寻山志》是他这一题材的代表作品,开头即表示"倦世情之易桡,乃杖策而寻山",寻觅山水胜境是由于"物我之情虽均,因以济吾之所尚也";接着表明自己既反对"飞声西岳,邀利东陵"、借山水以邀名的"迷真晦道",也不赞成"徘徊廊庙,趋翔庭宇,传氏百王,流芳世绪"的迷恋朝廷,他是要度过"荆门昼掩,蓬户夜开,室迷夏草,径惑春苔"的避世隐居生活。他赞赏这种生活的旷达潇洒之美:

时复历近垄,寻远峦,坐磐石,望平原。日负嶂以共隐,月披云而出山。风下松而含曲,泉漱石而生文。草蘙蘙以拂露,鹿飙飙而来群。扪虚萝以入谷,傍洪潭而比清。照石壁以端色,攀桂枝而齐贞。亟扈兰而佩蕙,及春鸠之未鸣。且含怀以屏气,待蕙风而舒情。乃乘兴而遂往,遵岩路以远游。矴天维以摽思,惝恍忽而莫求。眺回江之淼漫,眩叠障之相稠。日斜云而色黛,风过水而安流。触嶔岑而起巇,值阔达而成洲。石孤耸而独绝,岸悬天而似浮。缘礤道其过半,魂渺渺而无忧。悟伯昏之倜宕,蹑千仞而神休……

继而发挥"寻山"主旨，转到"寻仙"，"凌岩峭，至松门，背通林，面长源。右联山而无际，左凭海而齐天"，山林乃是幻想的神仙世界，在这里"至赤城兮一憩，遇王子而宿之，仰彭涓兮弗远，必长年兮可期"，然后采芝深涧，有渔人指示蓬莱，"曰果尔以寻山之志，馆尔以招仙之台"，山居与仙界合而为一了。

《水仙赋》则是写水的。这是想象的水，神仙托身的水。开头叙写江河的辽阔、壮观：

> ……乃者潼关不壅，石门已开，导江出汉，浮济达淮。漳渠水府，包山洞台，娥英之所游往，琴冯是焉去来。或穷发送鹏，咸池浴日，随云濯金浆之汧，追霞采建木之实。弄珠于渊客之庭，卷绡乎鲛人之室，此真窦矣……

这是真实情景与神仙幻想的巧妙结合，夸张地写黄河、长江、汉水、淮河直到北极的穷发、浴日的咸池、南方的建木，辽阔无垠；然后写仙界群英毕至，在山水间遨游，既有"河侯之府"，"骊龙之川"，皇帝筋百神的"层城瑶馆"，夏禹集群臣的"涂山石帐"，也有壮丽的"岷嶓交错，上贯井络，穷汉硠磕，横带玉绳。浸汤泉于桂渚，涌沸壑于金陵。崩沙转石，惊湍走沫，绝壁飞流，万丈悬濑。奔激芒砀之间，驰骛壶口之外"，玄想景象与现实风景相错杂，摹写出无限绮丽壮观的水仙世界，进而感叹世人"沦形而无晓，与蝼蚁而为尘"，发抒"迎九玄于金阙，谒三素于玉清，更天地之弥固，终逍遥以长生"的心愿。这是一篇通过江河的描写抒写宗教情怀的作品，其构思、描绘都确有独到之处。

《真诰》是上清经基本经典，在道教发展史上占有重要地位，又是道教文学的经典之作，前面已屡屡述及。这部经典的原始资料是所谓"杨、许手书"，在江南道门广泛流传，经过顾欢、孙游岳等人之手整理过。到陶弘景，进一步搜集传世的文本，一方面把凌乱的记录加以编排，另一方面考证、校定写本的文字，并加以注释，确定书名为《真诰》，并补写了篇名《翼真检》的叙录，成书七篇，基本形成今传本的规模（写本在流传过程中当然有许多改动，并析原七篇为十卷或二十卷，今传流行的是二十卷本）。无论是作为道教经典，还是道教文学作品,《真诰》从思想内容到表现形式都取得重大成就,对后世造成巨大影响,很大程度上应归结为陶弘景的整理、编纂之功。关于其中《运题象第一》的神仙降临故事,包括仙歌,前面已经详细介绍过。这部书另外的篇章也具有一定文学价值。如第二篇《甄命授》,是所谓"道授",记载许多神仙传说和前人修道掌故;第四篇《稽神枢》,记述茅山形胜,旁及洞山仙馆,它们的一些段落可看作是叙写风景的优美散文。《真诰》里的人物、山水、事件、掌故等多为后来的文学创作所取材,其表现手法、语汇修辞也多为后人所袭用,对于后世道教文学的发展和文人仙道题材的创作影响是相当巨大的。

吴筠

吴筠(? —778),字贞节,华州华阴(今陕西华阴市)人。他少通经,善属文,曾应进士试,未第,遂入南阳(今河南南阳市)倚帝山隐居为道士。天宝(742—756)初,唐玄宗闻其名,遣使征之,遂请度为道士,朝廷为立观嵩山,从冯齐整受正一之法,为王远知(528? —635,隋唐间著名道士,得陶弘景经法,为上清派第十二代宗师,唐高祖李渊起事,曾密传符命,活跃至武周朝)下第五代。他受召入京大体与李白同时,二人结下友情。后来李白遭疏忌,被放还山,作《下途归石门旧居》诗,即是为告别吴筠而作。其中说:

> 吴山高,越水清,握手无言伤别情。将欲辞君挂帆去,离魂不散烟郊树。此心郁怅谁能论,有愧叨承国士恩。云物共倾三月酒,岁时同饯五侯门。羡君素书尝满案,含丹照白霞色烂。余亦学道穷冥筌,梦中往往游仙山。何当脱屣谢时去,壶中别有日月天。俯仰人间易凋朽,钟峰五云在轩牖。惜别愁窥玉女窗,归来笑把洪崖手……挹君去,长相思,云游雨散从此辞。欲知怅别心易苦,向暮春风杨柳丝。

诗中抒写惜别之情,情真意切,从中可以了解吴筠高洁的性格,这里所述与吴筠的关系,则是求道同志的关系。吴筠后来居住在朝廷专门建筑的道院,玄宗曾问以神仙修炼之事,他答称:"此野人之事,当以岁月功行求之,非人主之所宜适意。"他"每与缁黄列坐,朝臣启奏,筠之所陈,但名教世务而已,间之以讽咏,以达其诚"(《旧唐书》卷一九二《隐逸传》)。后来曾一度离开长安,天宝十三载再次被征召,入大同殿,为翰林供奉,未久,再请归山。"安史"乱起,他避乱南行,曾憩影庐山,转浙中。大历七年(772),颜真卿为湖州刺史,广招文士、僧、道,为诗酒之会,吴筠是参与者之一。今存《中元日鲍端公宅遇吴天师联句》诗,和作者有严维、鲍防、谢良辅、杜弈、李清、刘蕃、谢良弼、郑概、陈元初、樊珣、邱丹、吕渭、范淹和吴筠本人计十四人;又《登岘山观李左相石尊联句》诗,和作者为颜真卿、刘全白、裴循、张荐、强蒙、范缙、王纯、魏理、王修甫、颜岘、左辅元、刘茂、颜浑、杨德元、韦介、皎然、崔弘、史仲宣、陆羽、权器、陆士修、裴幼清、柳淡、释尘外、颜颛、颜须、颜顼、李崿和吴筠计二十九人,大都是一时名士。和吴筠倡和的诗人还有韦应物等。大历十三年(778)他曾住舒州天柱观,应在当年卒于宣州(今安徽宣城市)道观,门人私谥宗玄先生。著作四百五十篇,唐人编为三十编,久佚;文集《白云集》二十卷,亦佚。今存文集三卷,为后人所辑;《全唐诗》收诗一卷;续有辑佚订补。

　　吴筠典型地体现了唐代道教培养的新型文人道士的特色。在教理方面,他的著作论说道教神学新课题,是居于当时道教思想发展的前列的。他又善诗、赋、文章,虽然水平难以与当时文坛大家争胜,但达到的总体水准是相当可观的,且颇具特色。

　　吴筠对于道教教理的发挥集中表现在《玄纲论》、《神仙可学论》等著作中。这些著作作为论理散文,说理透彻,运笔精辟,文气畅达,显示卓越的技巧。《玄纲论》,《上篇明道德》,凡九章;《中篇辩法教》,凡十五章;《下篇析疑滞》,凡九章。其《化时俗章》立论:"道德者,天地之祖;天地者,万物之父;帝王者,三才之主。然则,道德、天地、帝王一也。"这就把道德与天地、帝王统一起来,实际就是把道教的"道"与世俗统治统一起来。他发挥道家的本体论,主张"非道无以生,非德无以成",进而认为社会治乱决定于"道"是否正常运行,从而论证了"得道"乃帝王治术和个人成仙的根本。这也体现吴筠所述教理的世俗伦理性格。他的《神仙可学论》,如文题表明的,主题是进一步论证"神仙可学"。这本是魏晋以来神仙思想与神仙信仰的重要课题。开头一段,先提出"长生大法"及其传授的困境:

《洪范》向用五福，其一曰寿。且延命至于期颐，皇天犹以为景福之最，况神仙度世，永无穷乎！然则长生大法，无等伦以俦拟，当代人忽而不尚者何哉？尝试论之：

中智以下，逮于民氓，与飞走肖翘同，其自生自死，昧识所求，不及闻道，则相与大笑之；中智已上，为名教所检，区区于三纲五常，不暇闻道，而若存若亡，能挺然竦身，不使恒情之所汩没，专以修炼为切务者，千万或一人而已。又行之者密，得之者隐，故举俗罕闻其行，悲夫！

值得注意的是，作为道教著作，文章开头首先举出儒家大经大法的《洪范》作为推理根据。接着，提出"神仙可学"，批驳"嵇公（康）言神仙以特受异气，禀之自然，非积学所能致"的观点（嵇康在《养生论》等著作里主张神仙实有，但是自然所禀，不可以学得，而导养得理，可以延年），其依据一方面是"人生天地之中，殊于众类"，这是肯定人的能力的无限性，是道教值得宝贵的观念；另一方面又说"真君不为潜运乎！潜运则不死之阶立致矣"，这则是宣扬道教主神"真君"的救世愿力，显然借鉴了佛教"它力救济"观念。以下具体分析前一方面，即人学而成仙的可能性，列举出近于仙道者七和远于仙道者七。这是用了汉代辞赋如枚乘《七发》的排比结构方式，一项项对照地加以细致的说明，最后归结到学道方法：

取此七近，放彼七远，谓之拔陷区，出溺途，碎祸车，登福舆，始可与涉神仙流矣。于是识元命之所在，知正气之所由，虚凝淡漠怡其性，吐纳屈伸和其体，高虚保定之，良药匡辅之，表里兼济，形神俱超，虽未得升腾，吾必知挥翼丹霄之上矣。

本来道教仙术注重丹药、"炼形"，如此强调心性的养炼，正与当时思想界包括佛教禅宗心性理论的发展形势相呼应，乃是内丹派（道教的炼丹术，源于古代方术。在鼎炉里合炼金属矿石等药物成为丹药，以求服之长生不死或飞升成仙，是为"外丹"；与外丹理论相对待，视人体为鼎炉，以精、气、神为药物，修养锻炼，凝结"圣胎"，成为"内丹"，达到长寿、成仙的目的。到唐代，外丹术逐渐衰落，宋代以后道教炼丹主要是内丹术）兴起的先声。然后，又回归到理论论证，提升到"道"的层次，指出：

"夫道无形无为，有情有性，故曰：人能思道，道亦思人……故空寂玄寥，大道无象之象也；两仪三辰，大道有象之象也……有以无为用，无以有为资，是以覆载长存，仙圣不灭。"这又回归到开头道德、天地、帝王统一的观点上来。文章最后说：

> 又儒墨所崇，忠孝慈仁，则庆及王侯，福荐祖考，祚流子孙。其三者孰与为大？于戏！古初不可得而详之。羲轩已来，广成、赤松、令威、安期之徒，何代不有？远则载于竹帛，近则接于见闻。古今得之者，皎皎如彼，神仙可学，炳炳如此。凡百君子，胡不勉哉！

这又把道教终极追求的"神仙"与儒、墨的"忠孝慈爱"加以对比。他在全篇论述中又屡屡引证儒家观点（包括开头作为理论根据的《洪范》），是借助世俗学问以强化神仙必学、可学的主旨。文章结构借鉴辞赋的排比手法，脉络清晰，语言流畅，当时文坛上骈体流行，这篇文字基本解散文体但又不废骈偶，是相当优秀的论说文字。

吴筠存赋八篇，都是写修道题材的，排比事典，演说玄理，乏善可陈。他的诗作则颇为可观。中唐著名文人权德舆在《唐故中岳宗元先生吴尊师集序》里给予很高的评价，前面已经引述过；其中提到的《步虚词》、《游仙诗》前已讨论过。他游行四方，憩息山水，借山水抒发修道情怀，亦能生动地写景状物，如《登北固山望海》：

> 此山镇京口，迥出沧海湄。跻览何所见，茫茫潮汐驰。云生蓬莱岛，日出扶桑枝。万里混一色，焉能分两仪。愿言策烟驾，缥缈寻安期。挥手谢人境，吾将从此辞。

这是抒写游仙情致，描摹出大江景象的开阔旷远，引发超然的联想。又《游庐山五老峰》：

> 彭蠡隐深翠，沧波照芙蓉。日初金光满，景落黛色浓。云外听猿鸟，烟中见杉松。自然符幽情，潇洒惬所从。整策务探讨，嬉游任从

容。玉膏正滴沥，瑶草多丰茸。羽人栖层崖，道合乃一逢。挥手欲轻举，为余扣琼钟。空香清人心，正气信有宗。永用谢物累，吾将乘鸾龙。

作为写景诗，这里也是把现实景物和神仙幻想融为一体，把客观感受和主观悬想结合起来，描摹亦真亦幻的独特风景，显示道士作品的独有特色。又《缑山庙》：

朝吾自嵩山，驱驾遵洛汭。逶迟轘辕侧，仰望缑山际。王子谢时人，笙歌此宾帝。仙材岂所禀，宝位焉足系。为迫丹霄期，阔流苍生惠。高踪邈千载，遗庙今一诣。肃肃生风云，森森列松桂。大君弘至道，层构何壮丽。稽首环金坛，焚香陟瑶砌。伊余超浮俗，尘虑久已闭。况复清夙心，萧然叶真契。

这是说早晨从嵩山出发，沿洛水，来到洛东的轘辕山侧，走访祭祀仙人王子晋的缑山庙。按《列仙传》，王子晋乘白鹤仙去时，曾嘱咐桓良："告我家，七月七日待我于缑氏山巅。"因此后人"立祠于缑氏山下"。吴筠访问的即是寄托传说的古老庙宇。他隐括相关传说，想到王子晋弃绝太子"宝位"的"高综"，在这里笙歌宾帝，抒写自己追踪先贤、超俗契真的情怀。他又有《高士咏》组诗五十首，是歌颂从传说的混元皇帝到陶渊明等"嘉遁"的仙人、"真隐"的。这类作品思想内容本不足道，但语言、声律等写作技巧相当娴熟，还是有一定艺术价值的。

杜光庭

杜光庭（850—933），字宾圣（一作圣宾），号东（一作登）瀛子、青城先生、广成先生、华顶羽人，京兆杜陵（今陕西长安市）人，寓居处州缙云（今浙江缙云县）。他是道教史上一代教理和科仪的总结者、承前启后的重要人物，在文学领域也取得多方面成就。所著《道德真经广圣义》是至唐代道教对于《道德经》研究的集大成之作；有关道教教理和科仪的著作有《太上老君说常清静经注》、《道门科范大全集》等二十余种;另《广成集》三十卷,今存十七卷(另有十二卷本),均为表奏斋醮之文,诗歌和一般散文久已佚失。《全唐诗》录诗一卷,《全唐诗续拾》补一百五十余首,多为误入,需作考定;《全唐文》收文十六卷,多数录自《广成集》;另存部分辑佚作品。

杜光庭年轻时勤奋好学,博极群书。后来他回忆说:"余初学于上庠,书籍皆备,一月之内,分日而习。一日诵经书,二日览子史,三日学为文,四人记故事,五日燕闲养志。一月率五日始终,不五七年经籍备熟。"(《道门通教必用集》)可见他治学的努力,学养的赡博。他在懿宗咸通年间(860—874)曾应九经举,不第,乃弃儒学道,入天台山为道士,是司马承祯下五传弟子(司马承祯—薛季昌—田应虚—冯惟良—应夷节—杜光庭)。后经宰相郑畋荐于朝,僖宗召见,简充麟德殿文章应制,为道门领袖,被时人所推服,皆曰:"学海千寻,辞林万叶,扶宗立教,海内一人而已"。中和元年(881),随僖宗避黄巢之乱入蜀;归京后,赐紫衣,赐号广成先生。光启二年(886),再度随僖宗奔兴元(今陕西汉中市),不久后再入蜀,遂留成都,依蜀帅王建,住成都玉局观,深得信重。前蜀通正二年(916),拜户部侍郎,封蔡国公。后主王衍即位(918),从受道箓于苑中。乾德三年(921),封传真天师、崇真馆大学士。不久后解官,隐居青城山白云溪,专事著述。后唐长兴四年(933)卒。他交游颇广,与诗僧贯休等亦有密切交往。

杜光庭存诗基本是晚唐流行的近体律绝,多是题写宫观的作品。又《二十四化诗》一卷,"化"避"治"字讳,指天师道活动场所,或以为今存《题鹤鸣山》、《题北平沼》是其佚篇。鹤鸣山在今大邑县西北二十五里鹤鸣乡三丰村境内,据传道教祖师张陵曾在这里学道,造作道书。诗曰:

> 五气云龙下泰清,三天真客已功成。人间回首山川小,天上凌云剑佩轻。花拥石坛何寂寞,草平辙迹自分明。鹿裘高士如相遇,不待岩前鹤有声。

全篇格律谨严,对仗工稳,先是歌颂张陵"成功"创建道教,接着写如今山上寂寞风光,最后幻想"高人"在这里隐居。短短篇幅里用意运笔相当曲折。据传鹤鸣山常有麒麟百鹤游翔,作为结句用典。又《题鸿都观》:

亡吴霸越已功全，深隐云林始学仙。鸾鹤自飘三蜀驾，波涛犹忆五湖船。双溪夜月明寒玉，众岭秋空敛翠烟。也有扁舟归去兴，故乡东望思悠然。

这是写范蠡的。据《列仙传》，范蠡"事周师太公望，好服桂饮水，为越大夫，佐勾践破吴后，乘扁舟入海"云云。他历来被看做是功成身退而隐逸学道的典型，正是杜光庭等文人道士艳羡的理想人格。这首诗的对仗同样讲究，用语清新俊爽，一结悠然远望故乡，情怀潇洒，颇有余味。另有些诗抒写修道感受，遐思缥缈，状物生动，如《题龙鹄山》：

　　抽得闲身伴瘦筇，乱敲青碧唤蛟龙。道人扫径收松子，缺月初圆天柱峰。

前幅写山的姿态，设喻新奇；后幅荡开写道人，余意深长。《初月》：

　　始看东上又西浮，圆缺何曾得自由。照物不能长似镜，当天多是曲如钩。定无列宿敢争耀，好伴晴河相映流。直使奔波急于箭，祗应白尽世间头。

这是借景抒怀，深浸宇宙悠远和人世沧桑之感。

　　杜光庭"文"的创作，如前所述，今存《广成集》所收都是章表斋醮之文。如他的诗一样，这类作品亦颇以行文造语的技巧取胜。其中具有代表性的是为设坛祈祷的斋醮所作的青词。这类作品张扬道法，歌功颂德，所述不外祈福消灾、镇亡安魂、祛病延寿、求雨祛水等，内容本不足取，是高度程式化的骈偶之文。但杜光廷所作，格律精严，文采烂然，遣词造句、使典用事等颇为精致可观。又晚唐五代文献缺略，文章所涉及多有可与正史互证者。例如《贺获神剑进诗表》：

　　臣某言：伏睹今日赵匡业所进合州江上得神剑一口，宣示中外者。

伏以将启升平，祥符必降；欲清凶孽，神剑斯呈。昭圣明斩断之功，表天地匡扶之力。

伏惟陛下功超三五，威肃寰瀛，仁格幽明，道均天地。故得山川林谷，吐金焰于层崖；风雨雷霆，见霜锋于万里。一条秋水，初观出地之姿；数尺练光，宛耀倚天之势。仍隐彰变化，显著神奇。昔赢帝得之于水心，果吞六合；今陛下获之于江上，即统万方。剡钟切玉者，讵可比伦；斩马断蛇者，那堪俦拟。

臣荣逢昌运，获睹殊祥，辄贡咏歌，愿扬睿感。谨课颂圣德七言四韵诗一首陈进，干浼宸严，无任之至。

这是十分精致的骈俪文字。铺扬功业，典丽华赡，使典用事，精密稳妥。其中切"获神剑"题，"一条秋水"四句描摹剑的形态，"昔赢帝"以下数句，借古颂今，颂扬当朝，都巧用事典，排比形容，音情顿挫，流利畅达，显示高度的技巧。又《青城山记》、《麻姑洞记》、《天坛王屋山圣迹记》等，是描述道教洞天福地的，记述山川形势、宫观建筑，杂以神仙传说、道教史迹，条理井然，词锋甚健，也可视为独具特色的散文作品。

杜光庭的《道教灵验记》、《神仙感遇传》、《墉城集仙录》、《仙传拾遗》等，主旨都是宣扬神仙信仰的，广义看乃是仙道题材的小说。前两种纪录神仙灵验传说，后两种属于仙传类。它们基本是根据前人资料编撰的，情节、文字经过修饰，提高了表达水准，有助于扩大影响。《墉城集仙录》前面已介绍过，是一部西王母以下女仙的集传，材料多取自《汉武帝内传》、《真诰》等道教典籍。《道教灵验记》、《神仙感遇传》也具有较高的文学价值。前者不少篇章是改编传奇集《宣室志》、《酉阳杂俎》等书的故事或采自流行的传说。内容如题目所示，记载"灵验"、"感遇"之事，而所述仙人基本是地仙、谪仙之类，有些情节相当曲折，词采亦复可观。但构思基本是传统道教故事的"误入"、"谪降"、"度脱"、"斗法"等情节，形成程式，缺乏新意。这也是道教文学作品的一般局限。不过其中也有些相当优秀的篇章，如被视为唐传奇后期杰作的《虬髯客传》，是《神仙感遇传》的一篇，前面也已经介绍过。这篇作品的文本流传情况复杂，杜光庭是根据已有写本编定的。总体说来，南北朝到唐代，兴盛道教志怪传奇一类仙道小说创作，杜光庭可视为这一类型创作的总结者。总的看来,在文学创作方面,杜光庭取得了相当大的成绩,在道教史和文学史上都是有所贡献的。

李季兰和鱼玄机

唐代女冠中出现两位以善诗著称的人物。在道教诗歌历史上,她们的创作具有特殊的价值与意义。

唐代道教极盛,其活动融于世俗,两京和通都大邑的一批宫观成为官僚士大夫麇集、活跃的场所。一些女冠参与其中,娱情悦众,造成"道家支流"的"妖冶"之风,是道教"世俗化"的特殊现象。其中有些女冠多才多艺,与士大夫交往,一些人诗才颇高,热衷创作。在中国古代男权社会中,女性参与社会活动受到限制,从事诗文创作、取得成就与名声的不多,唐代女冠诗人的活动遂成为唐代社会生活的特殊风景。女冠的特殊生存环境、经历教养、遭遇命运等主、客观条件形成她们独特的心态、体验、感受,形之于诗,作品也就形成独特的风格。诗人们与她们交往、唱酬,相互间生活、创作都受到影响。唐代女冠的诗歌创作是中国古代女性文学的一份特殊业绩,也是她们对道教文学做出的贡献。从各种相关资料看,唐代女道士人数不少(本书前面已经引录《唐六典》记载的开元年间官方统计数字,"凡天下观总一千六百八十七所,一千一百三十七所道士,五百五十所女道士",即女冠观占道观总数的三分之一弱),可是有关她们的活动记载不多。下面介绍存诗较多的著名的两位。

李季兰(?—784),名冶,一说名裕,以字行。高仲武的《中兴间气集》选诗六首。"中兴间气"集名取意平定"安史之乱"而中兴,选录唐肃宗至德到唐代宗大历末二十余年间二十六人共一百三十余首作品。李季兰入选六首,可见她在当时文坛上的名声、地位。她原有集传世,已佚;《全唐诗》存诗十六首,断句四。她"美姿容,神情萧散。专心翰墨,善弹琴,尤工格律。当时才子颇夸纤丽,殊少荒艳之态"(《唐才子传》)。大约在大历年间,曾应诏入朝。她在文人间广有交往,今存有诗作往还的有崔涣、朱放、韩揆、阎伯钧、陆羽、皎然等人。皎然《答李季兰》诗说:"天女来相试,将花欲染衣。禅心竟不起,还捧旧花归。"朱放《别李季兰》诗说:"古岸新花开一枝,岸旁花下有分离。莫将罗袖拂花落，便是行人断肠时。"从这些诗可见她风流倜傥的作风。就诗作论，她的看似"浮艳"的委婉述情颇见特色。如《明月夜留别》：

> 离人无语月无声，明月有光人有情。别后相思人似月，人间水上到层城。

回环往复地用"月"的意象，以月光的有情比喻情谊的悠久，归结到在幻想的昆仑层城仙境相聚。又《偶居》：

> 心远浮云知不还，心云并在有无间。狂风何事相摇荡，吹向南山复北山。

像这样的诗，形容心意摇荡缠绵，表达得情真意切，语言亦相当直白明快，充分显示了女性诗人热情坦率的特色，其境界是一般男性诗人所写代言之作达不到的。同样是述情之作，如《别朱放》，是写给前面已经引录作惜别诗的诗人朱放的：

> 望水试登山，山高湖又阔。相思无晓夕，相望经年月。郁郁山木荣，绵绵野花发。别后无限情，相逢一时说。

这里以景物来烘托，山高水长，正是相思的象征，感情表达得十分真切、深婉。又如《从萧叔子听弹琴赋得三峡流泉歌》：

> 妾家本住巫山云，巫山流泉常自闻。玉琴弹出转寥夐，直是当时梦里听。三峡迢迢几千里，一时流入幽闺里。巨石崩崖指下生，飞泉走浪弦中起。初疑愤怒含风雷，又似呜咽流不通。回湍曲濑势将尽，时复滴沥平沙中。忆昔阮公为此曲，能令仲容听不足。一弹既罢复一弹，愿作流泉镇相续。

这首长诗以流泉形容琴音,描写细腻生动,委婉逼真,而流泉的联想正衬托出诗人跌宕不平的思绪;最后一结,以长流不断的流泉作比喻,直率地坦露心迹。这一篇采取盛唐流行的歌行体裁,铺叙形容,显示作者的功力。

晚唐时的鱼玄机(844?—868),字幼微,一字蕙兰,诗才与李季兰齐名。原有诗集一卷,已佚;《全唐诗》编诗一卷。她曾嫁给名士李亿为妾,不为大妇所容,被迫入道,住长安咸宜观,与当时文坛名人温庭筠、李郢等相唱和。后来以杀婢绿翘,事败弃世,年仅二十几岁,命运是相当悲惨的。但她在逆境中挣扎,发挥杰出的才情,写出极富特色的诗。如《左名场自泽州至京使人传语》:

> 闲居作赋几年愁,王屋山前是旧游。诗咏东西千嶂乱,马随南北
> 一泉流。曾陪雨夜同欢席,别后花时独上楼。忽喜扣门传语至,为怜
> 邻巷小房幽。相如琴罢朱弦断,双燕巢分白露秋。莫倦蓬门时一访,
> 每春忙在曲江头。

左名场是她做女道士时结交的文士之一,这种交谊本来是不会有结果的。这首诗是她实生活的写照,从中可以了解她的追求和苦闷。"诗咏"以下四句,回忆两人交往故事,叙写平淡,但感情表达得极其深沉。像左名场这样的人,尽管曾是旧游新欢,一旦春风得意,等待他来"一访",也只能是幻想了。

又《游崇真观南楼睹新及第题名处》:

> 云峰满目放春晴,历历银钩指下生。自恨罗衣掩诗句,举头空羡
> 榜中名。

进士及第题名是唐时风俗。鱼玄机游崇真观,看到进士题名,发出感慨,自恨不能像男子那样科场成名,建功立业,流露出她大才难施的遗恨。

身为女道士的鱼玄机写过些道教题材的诗,而较好的作品还是那些抒写"俗情"的作品。她和李亿分手后,给后者写过一些诗,如《江陵愁望寄子安》:

枫叶千枝复万枝，江桥掩映暮帆迟。忆君心似西江水，日夜东流无歇时。

用生动的描写和比喻，把离愁别绪表达得一往情深。她入道以后，和文人们有更多交往，有诗抒写失落的情缘，如《迎李近仁员外》：

今日喜时闻喜鹊，昨宵灯下拜灯花。焚香出户迎潘岳，不羡牵牛织女家。

从结句比喻看，二人关系似已非同寻常。诗写得大胆、热烈，展露出多情女子的风情。再如《寓言》一诗，难以考定写作背景：

红桃处处春色，碧柳家家月明。楼上新妆待夜，闺中独坐含情。芙蓉月下鱼戏，螃蛛天边雀声。人生悲欢一梦，如何得作双成。

这是抒写女子春情的诗，把对爱情的追求和向往袒露得淋漓尽致。结尾一联的双关手法十分巧妙：董双成本是传说中的女仙，相传是西王母侍女，吹玉笙飞升成仙。诗里用这个名字来双关情人成双。唐人六言诗不多，鱼玄机这一首富于创意，写作手法也值得称道。

在古代社会环境中，女子出家为女冠，从一定意义说也是争得较多参与社会活动的自由。年轻女子如李季兰、鱼玄机，极富才情，出家入道，有机会与情投意合的士人交往，写诗坦率地表达心迹，创作出独具特色的诗歌，是十分难能可贵的。古代诗歌创作中，多有男性作者替女性书写的代言体作品，但比起出自有才情的女子如李季兰、鱼玄机之手的作品，意境、情感终究难免"隔"了一层。又如前面已经介绍的，在《汉武帝内传》、《真诰》等经典里，记录大量女仙吟唱的仙歌；六朝女仙降临故事中也往往有女仙赠诗的情节，这都体现道教文化重视女性传统的优长。唐代女道士的诗歌创作也是在延续、发挥这样的传统。

作品释例

葛洪《抱朴子内篇·论仙》

（节选，王明《抱朴子内篇校释》）

……若夫仙人，以药物养身，以术数延命①，使内疾不生，外患不入，虽久视不死，而旧身不改，苟有其道，无以为难也。而浅识之徒，拘俗守常，咸曰世间不见仙人，便云天下必无此事。夫目之所曾见，当何足言哉？天地之间，无外之大，其中殊奇，岂遽有限②，诣老戴天③，而无知其上，终身履地，而莫识其下。形骸己所自有也，而莫知其心志之所以然焉。寿命在我者也，而莫知其修短之能至焉。况乎神仙之远理，道德之幽玄，仗其短浅之耳目，以断微妙之有无，岂不悲哉？

设有哲人大才，嘉遁勿用④，翳景掩藻⑤，废伪去欲，执大璞于至醇之中⑥，遗末务于流俗之外⑦，世人犹尠能甄别，或莫造志行于无名之表⑧，得精神于陋形之里，岂况仙人殊趣异路，以富贵为不幸，以荣华为秽污，以厚玩为尘壤⑨，以声誉为朝露，蹈炎飙而不灼，跂玄波而轻步⑩，鼓翮清尘⑪，风驰云轩⑫，仰凌紫极⑬，俯栖昆仑，行尸之人，安得见之？假令游戏，或经人间，匿真隐异，外同凡庸，比肩接武，孰有能觉乎？若使皆如郊间两瞳之正

---

① 术数：方术；《汉书·艺文志》列天文、历谱、五行、蓍龟、杂占、形法六种。

② 岂遽：亦作"岂渠"，难道。

③ 诣老戴天：谓人活到年老，天空一直在头上；戴天，谓立于天地之间。

④ 嘉遁：亦作"嘉遯"，隐遁。嘉，谓合宜；《易·遯》："嘉遯贞吉，以正志也。"

⑤ 翳景掩藻：谓掩藏自己的名誉和才华；翳景，掩蔽光辉；景，通"影"；掩藻，隐蔽藻饰。

⑥ 大璞：大块璞玉，喻未表露的真才实学；璞，未雕琢的玉。至醇：纯正的美酒，谓至真纯一。

⑦ 遗末务：指弃绝世俗事务。

⑧ "世人"二句：此处有讹误；尠：同"尟"，细小。甄别：鉴别。或以为"莫造"为"英逸"而无"或"、"志行"三字。意谓世人很少能够区别趜逸之才于无名之辈当中。

⑨ 厚玩：丰厚享乐。

⑩ 玄波：深水。

⑪ 鼓翮清尘：谓飞翔在清空之中。

⑫ 风驰云轩：谓快马驾着云车；风驰，驾车四马如风；云轩，如在云中飞翔的车子。

⑬ 紫极：即紫微垣，星官名。

道士诗文创作

方①，卭疏之双耳出乎头巅②，马皇乘龙而行③，子晋躬御白鹤④。或鳞身蛇躯，或金车羽服，乃可得知耳。自不若斯，则非洞视者安能觌其形⑤，非彻听者安能闻其声哉⑥？世人既不信，又多疵毁，真人疾之，遂益潜遁⑦。且常人之所爱，乃上士之所憎；庸俗之所贵，乃至人之所贱也。英儒伟器，养其浩然者⑧，犹不乐见浅薄之人、风尘之徒。况彼神仙，何为汲汲使刍狗之伦知有之⑨，何所索乎，而怪于未尝知也。目察百步，不能了了，而欲以所见为有，所不见为无，则天下之所无者，亦必多矣。所谓以指测海，指极而云水尽者也⑩。蜉蝣校巨鳌，白及（芨）料大椿⑪，岂所能及哉？魏文帝穷览洽闻⑫，自呼于物无所不经，谓天下无切玉之刀、火浣之布⑬，及著《典论》，尝据言此事。其间未期⑭，二物毕至。帝乃叹息，遽毁斯论⑮。事无固必，殆为此也。陈思王著《释疑论》云⑯，初谓道术，直呼愚民诈伪空言定矣。及见武皇帝试闭左慈等⑰，令断谷近一月，而颜色不减，气力自若，常云可五十年

---

① 郊间：未详，或衍。两瞳之正方：《神仙传》，仙人李根"两目瞳子皆方"。
② 卭疏：《列仙传》，卭疏能"行气炼形"，未见"双耳出乎头巅"，当另有传说。
③ "马皇"句：《列仙传》，马师皇，黄帝时马医，有龙下，"负皇而去"。
④ "子晋"句：《列仙传》，王子乔乘白鹤而去。
⑤ 洞视：透视，道教法术的一种。
⑥ 彻听：谓听力无远弗届，亦道教法术。
⑦ 潜遁：隐退；《三国志·魏志·王烈传》："龙凤隐耀，应德而臻，明哲潜遁，俟时而动。"
⑧ 浩然：浩然之气，正气，《孟子·公孙丑上》："我善养吾浩然之气……其为气也，至大至刚，以直养而无害，则塞于天地之间。"
⑨ 刍狗之伦：低贱无知之辈；刍狗，古代祭祀时用草扎成的狗。
⑩ 指极：用手指到头；极，顶点，最大限度。
⑪ "白及"句：以白芨和椿树相比；白及，亦作"白芨"，植物，块茎含黏液质，可调和淀粉等作糊料；大椿，《庄子·逍遥游》："上古有大椿者，以八千岁为春，八千岁为秋。"
⑫ 魏文帝：曹丕（187—226），公元220—226年在位。穷览：遍观。洽闻：博闻。
⑬ 切玉之刀：曹植《辨道论》记载甘始言："诸梁时，西域胡来献香罽罽腰带、割玉刀。"火浣之布：能经火烧的布，石棉布；《后汉书·西域传·大秦国》："作黄金涂、火浣布……凡外国诸珍异皆出焉。"
⑭ 未期：不满一年。
⑮ 《典论》已佚，今仅存《自序》、《论文》和佚文片断。上述事例和《典论》著述情形，未详所据。
⑯ 陈思王：曹植（192—232），以死后谥思，称"陈思王"。曹植有《辨道论》，论"神仙之事"，道家之书""虚妄甚矣"，言及下左慈、甘始等事。这里引作《释疑论》，当为讹误，具体内容有增饰、曲解。
⑰ "武皇帝"句：曹操于曹丕称帝后追尊为武皇帝；曹植《辩道论》："世有方士，吾王（指曹操，时为魏王）悉所招致。甘陵有甘始，庐江有左慈，阳城有郄俭，善辟谷，悉号数百岁。所以集之魏国者，诚恐此人之徒，接奸诡以欺众，行妖恶以惑民……"

不食①，正尔，复何疑哉？又云，令甘始以药含生鱼，而煮之于沸脂中，其无药者，熟而可食，其衔药者，游戏终日，如在水中也②。又以药粉桑以饲蚕，蚕乃到十月不老。又以住年药食鸡雏及新生犬子，皆止不复长。又以还白药食白犬，百日毛尽黑。乃知天下之事，不可尽知，而以臆断之，不可任也。但恨不能绝声色，专心以学长生之道耳。彼二曹学则无书不览，才则一代之英，然初皆谓无，而晚年乃有穷理尽性③，其叹息如此。不逮若人者，不信神仙，不足怪也。刘向博学则究微极妙④，经深涉远，思理则清澄真伪，研核有无，其所撰《列仙传》，仙人七十有余，诚无其事，妄造何为乎？邈古之事，何可亲见，皆赖记籍传闻于往耳。《列仙传》炳然，其必有矣。然书不出周公之门⑤，事不经仲尼之手，世人终于不信。然则古史所记，一切皆无，何但一事哉？俗人贪荣好利（进），汲汲名利，以己之心，远忖昔人⑥，乃复不信古者有逃帝王之禅授⑦，薄卿相之贵任⑧，巢、许之辈，老莱、庄周之徒，以为不然也。况于神仙，又难知于斯，亦何可求今世皆信之哉？多谓刘向非圣人，其所撰录，不可孤据，尤所以使人叹息者也。夫鲁史不能与天地合德⑨，而仲尼因之以著经。子长不能与日月并明⑩，而扬雄称之为实录⑪。刘向为汉世之名儒贵人，其所记述，庸可弃哉？凡世人所以不信仙之可学，不许命

---

① 断谷：避谷不食，道教法术。据《神仙传》，魏太祖召左慈，闭入石室中，断谷期年，乃出之，颜色如故；《辨道论》记载左慈"善修房内之术"，不见闭谷事。

② "令甘始"以下数句：据曹植《辨道论》，亦有曲解："（甘始曾对他说），'取鲤鱼五寸一双，合其一煮药，俱投沸膏中，有药者奋尾鼓鳃，游行沉浮，有若处渊；其一者已熟而可啖。'余时问言：'率可试不？'言：'是药去此逾万里，当出塞，始不自行，不能得也。'"

③ 穷理尽性：穷天下之理，究万物之性。典出《易·说卦》："穷理尽性以至于命。"关于二曹，此说无据。

④ 刘向（前77—前8）：西汉学者、文学家，曾领校五经秘书，著《列女传》、《说苑》、《新序》等；今传《列仙传》亦署为所撰，已见本书介绍。究微极妙：探究微细，极尽妙道。

⑤ 周公：姓姬名旦，也称"叔旦"，周文王子、武王弟、成王叔。辅武王灭商，西周著名政治家。作《尚书》、《诗经》的一些篇章；又按旧说，是他制定了周代礼乐制度。

⑥ 远忖：从远处揣度。

⑦ "乃复"句：指巢父、许由：据传巢父尧时人，年老以树为巢而居；许由，拒不受尧让天下。

⑧ "薄卿相"句：指老莱子和庄周；老莱子当世乱，耕于蒙山之阳；庄周，楚威王聘为相，拒而不受。

⑨ 鲁史：春秋时期鲁国史书；孔子据鲁乂作《春秋》。

⑩ 子长：司马迁字子长。

⑪ 实录：此指《史记》；扬雄《法言·重黎篇》称司马迁所著为"实录"。

之可延者，正以秦皇、汉武求之不获，以少君、栾大为之无验故也①。然不可以黔娄、原宪之贫②，而谓古者无陶朱、猗顿之富③。不可以无盐、宿瘤之丑④，而谓在昔无南威、西施之美⑤。进趋犹有不达者焉，稼穑犹有不收者焉，商贩或有不利者焉，用兵或有无功者焉。况乎求仙，事之难者，为之者何必皆成哉？彼二君两臣，自可求而不得，或始勤而卒怠，或不遭乎明师，又何足以定天下之无仙乎？

夫求长生，修至道，诀在于志，不在于富贵也。苟非其人，则高位厚货⑥，乃所以为重累耳。何者？学仙之法，欲得恬愉澹泊，涤除嗜欲，内视反听⑦，尸居无心⑧，而帝王任天下之重责，治鞅掌之政务⑨，思劳于万几⑩，神驰于宇宙，一介失所⑪，则王道为亏，百姓有过，则谓之在予⑫。醇醪汩其和气⑬，艳容伐其根荄⑭，所以剪精损虑削乎平粹者⑮，不可曲尽而备论也。蚊嘬肤则坐不得安，虱群攻则卧不得宁。四海之事，何祇若是。安得掩翳聪明⑯，历藏数息⑰，长斋久洁，躬亲炉火⑱，夙兴夜寐，以飞八石哉⑲？汉武享

---

① 少君、栾大：李少君和栾大都是汉武帝宠信的方士，求仙不验被处死。

② 黔娄：据刘向《列女传》，黔娄，春秋鲁国人，生时食不充虚，衣不盖形，死后覆以布被。原宪：据《庄子·让王》。春秋宋人，孔子弟子，居鲁，环堵之室，蓬户不完。

③ 陶朱、猗顿：据《史记·货殖列传》，春秋时，范蠡助越王勾践雪会稽之耻，变姓名为陶朱公，治产业至巨万；猗顿以盐业起家，富埒王侯。

④ 无盐、宿瘤：并见《列女传》，为战国时齐丑女。

⑤ 南威、西施：南威见《战国策》，晋文公得南威，三日不朝；西施见《吴越春秋》，越王勾践败于会稽，范蠡取西施献吴王夫差，使其迷惑忘政。越遂亡吴，后西施归范蠡，同泛五湖。

⑥ 厚货：丰厚钱财；《书·洪范》："一曰食，二曰货。"孔颖达疏："货者，金玉布帛之总名。"

⑦ 内视反听：道教法术，闭目不视外物，专注内心，处于沉冥状态；语出《史记·商君列传》："反听之谓聪，内视之谓明，自胜之谓强。"

⑧ 尸居：无为无思的状态；《庄子·天运》："然则人固有尸居而龙见，雷声而渊默，发动如天地者乎？"成玄英疏："言至人其处也若死尸之安居。"

⑨ 鞅掌：繁忙。

⑩ 万几：同"万机"，纷繁的事务。

⑪ 一介：一个人，指微末之人。

⑫ 在予：歇后，谓帝王自身；《论语·尧曰》："百姓有过，在予一人。"

⑬ 醇醪：美酒；醇，味道醇厚的酒；醪(láo)，浊酒。汩：扰乱。

⑭ 艳容：指美女。根荄：植物的根；荄(gāi)，草根；此指身体根本。

⑮ 平粹：指身体精粹。

⑯ 掩翳：遮蔽。聪明：耳聪目明。

⑰ 历藏：养炼五脏；历，炼；汉蔡邕《王子乔碑》："或谈思以历丹田。"数息：控制呼吸的方术。

⑱ 炉火：指炼丹。

⑲ 八石：炼丹所用矿物，一般指砆砂、雄黄、雌黄、空青、云母、硫黄、戎盐、硝石。

国，最为寿考，已得养性之小益矣。但以升合之助①，不供钟石之费②，畎浍之输③，不给尾闾之泄耳④。

　　仙法欲清寂无为，忘其形骸，而人君撞千石之钟，伐雷霆之鼓，砰訇嘈囋⑤，惊魂荡心，百技万变，丧精塞耳，飞轻走迅⑥，钓潜弋高⑦。仙法欲令爱逮蠢蠕⑧，不害含气⑨，而人君有赫斯之怒⑩，芟夷之诛⑪，黄钺一挥⑫，齐斧暂授⑬，则伏尸千里，流血滂沱，斩断之刑，不绝于市。仙法欲止绝臭腥，休粮清肠，而人君烹肥宰腯⑭，屠割群生，八珍百和⑮，方丈于前，煎熬勺药⑯，旨嘉餍饫⑰。仙法欲溥爱八荒⑱，视人如己，而人君兼弱攻昧⑲，取乱推亡⑳，辟地拓疆，泯人社稷㉑，趋合生人㉒，投之死地，孤魂绝域，暴骸腐野，五岭有血刃之师㉓，北阙

---

①　升合：容量单位；一升一合，谓量小；十合为升，十升为斗。
②　钟石：容量单位；一钟受六斛四斗，一石受十斗。
③　畎浍(quǎn kuài)：田间水沟。
④　尾闾：泻海水之处；《庄子·秋水》："天下之水，莫大于海，万川归之，不知何时止而不盈；尾闾泄之，不知何时已而不虚。"
⑤　砰訇(kè)嘈囋(yǎn)：钟鼓嘈杂之声。
⑥　飞轻走迅：轻车如飞，快马迅奔。
⑦　钓潜弋高：深水中垂钓，高空射飞禽；弋(yì)，射猎。
⑧　逮：及。蠢蠕：蠕动虫类。
⑨　含气：有生命的东西。
⑩　赫斯之怒：人君的怒气；《诗·大雅·皇矣》："王赫斯怒，爰整其旅。"郑玄笺："赫，怒意。"斯，语助词。
⑪　芟(shān)夷：锄草，此指杀戮。
⑫　黄钺：君主所用饰以黄金的长柄斧子；《书·牧誓》："王左杖黄钺，右秉白旄以麾。"
⑬　齐斧：利斧；齐，通"资"；《晋书·元帝纪论》："中宗失驭强臣，自亡齐斧。"
⑭　烹肥宰腯：烹杀肥壮的牲畜；腯(tú)，肥壮。
⑮　八珍：泛指珍馐美味；《三国志·魏志·卫觊传》："饮食之肴，必有八珍之味。"百和：泛指各种香料。
⑯　勺药：做调料的香草；《汉书·司马相如传上》："勺药之和具而后御之。"
⑰　旨嘉：美味佳肴。餍饫：食品极其丰盛。
⑱　溥爱：博爱；溥(pǔ)，普遍，广泛。
⑲　兼弱攻昧：兼并弱者，攻灭昏乱者；《左传·宣公十二年》："兼弱攻昧，武之善经也。"杜预注："昧，昏乱。"
⑳　取乱推亡：夺取荒乱的国家，推翻行亡道之国；《左传·襄公十四年》："亡者侮之，乱者取之，推亡固存，国之道也。"
㉑　泯：消灭。
㉒　趋合：驱赶集合；趋，同"驱"。
㉓　五岭：大庾岭、越城岭、骑田岭、萌渚岭、都庞岭的总称，位于今江西、湖南、广东、广西四省之间。

悬大宛之首①,坑生杀伏②,动数十万,京观封尸③,仰干云霄,暴骸如莽,弥山填谷。秦皇使十室之中,思乱者九;汉武使天下嗷然,户口减半。祝其有益,呪亦有损。结草知德④,则虚祭必怨。众烦攻其膏肓⑤,人鬼齐其毒恨。彼二主徒有好仙之名,而无修道之实,所知浅事,不能悉行。要妙深秘,又不得闻。又不得有道之士,为合成仙药以与之,不得长生,无所怪也……

陶弘景诗(三首,逯钦立《先秦汉魏晋南北朝诗》)

《诏问山中何所有赋诗以答答齐高帝诏》⑥

山中何所有,岭上多白云。只可自怡悦,不堪持送君。

《寒夜怨》

夜云生,夜鸿惊,凄切嘹唳伤夜情⑦。空山霜满高烟平,铅华沉照帐孤明⑧。寒月微,寒风紧,愁心绝,愁泪尽。情人不胜怨,思来谁能忍。

《告游篇》

性灵昔既肇⑨,缘业久相因⑩。即化非冥灭⑪,在理澹悲欣。冠剑空衣

---

① 北阙:宫殿北门,臣子等候朝见或上书奏事之处;战胜献俘亦在北阙。大宛:古西域国名,汉武帝征讨的西域三十六国之一,约在今乌兹别克斯坦费尔干纳盆地一带。

② 坑生:活埋。杀伏:杀害俘虏。

③ 京观封尸:战争胜利一方炫耀武功,收集敌人尸首封土而成高冢。《左传·宣公十二年》:"君盍筑武军,而收晋尸以为京观。"杜预注:"积尸封土其上,谓之京观。"

④ 结草:典出《左传·宣公十五年》:"魏武子有嬖妾,无子。武子疾,命颗(武子之子)曰:'必嫁是。'疾病,则曰:'必以为殉。'及卒,颗嫁之,曰:'疾病则乱,吾从其治也。'及辅氏之役,颗见老人结草以亢杜回,杜回踬而颠,故获之。夜梦之曰:'余,而所嫁妇人之父也。尔用先人之治命,余是以报。'"后以"结草"喻受恩得报。

⑤ 膏肓:此指关键之处;膏,心尖脂肪;肓,心脏与膈膜之间;《左传·成公十年》:"疾不可为也,在肓之上,膏之下,攻之不可,达之不及,药不至焉,不可为也。"杜预注:"肓,鬲也。心下为膏。"

⑥ 对答齐高帝萧赜招请诏书作。

⑦ 嘹唳(lì):声音响亮凄清。

⑧ 铅华:妇女化妆用的铅粉;曹植《洛神赋》:"芳泽无加,铅华弗御。"沉照:灯光暗淡。

⑨ 肇:起始,此谓启迪。

⑩ 缘业:同"业缘",佛教概念,指因缘报应之道。

⑪ "即化"句:谓死去非空无所有;化,化去,死亡;冥灭,寂灭。

影①，镳辔乃仙身②。去此昭轩侣③，结彼瀛台宾④。傥能踵留辙⑤，为子道玄津⑥。

陶弘景文（二篇，《全上古三代秦汉三国六朝文》）

《水仙赋》

淼漫八海⑦，汯汩九河⑧，中天起浪，分地漫波，东卷长桑日窟⑨，西斡龙筑月阿⑩。乃者潼关不壅⑪，石门已开⑫，导江出汉，浮济达淮，漳渠水府⑬，包山洞台⑭，娥、英之所游往⑮，琴、冯是焉去来⑯。或穷发送鹏⑰，咸池浴

---

① "冠剑"句：谓为官如影不实；冠剑，古代官员戴冠佩剑，此指担任官职；江淹《到主簿日事诣右军建平王》："常欲永辞冠剑，弋钓畎壑。"

② "镳辔"句：谓驾车仙去；镳辔，马嚼子和马缰绳；颜延之《赭白马赋》："跼镳辔之牵制，隘通都之圈束。"

③ 昭轩侣：乘华丽车子的朋友，指做官的人；轩，轩车。

④ 瀛台宾：指仙人；瀛台，瀛洲，海上仙岛。

⑤ 踵留辙：追随留下的辙迹；踵，跟随。

⑥ 道玄津：指导升仙的门径；玄津，仙界的津渡。

⑦ 淼(miǎo)漫：水流广阔；郦道元《水经注·济水二》："泽水淼漫，俱钟淮泗。"八海：天下四方四隅之海。

⑧ 汯(hóng)汩：水流浩瀚貌。九河：传说夏禹疏导九河，谓即黄河九条支流；《尚书·禹贡》："九河既道。"

⑨ 长桑：指扶桑树；《山海经·海外东经》："汤谷上有扶桑，十日所浴，在黑齿北。"郭璞注："扶桑，木也。"日窟：太阳所居之处。

⑩ 西斡句：谓西至日、月归宿处，斡，运转；龙筑，指虞渊，日车架以六龙，至于虞渊；月阿，《汉武帝内传》："仰上升绛庭，下游月窟阿。"

⑪ 潼关不壅：指黄河潼关段尚畅通无阻；郦道元《水经注·河水四》："河在关内，南流，潼激关山，因谓之潼关。"

⑫ 石门：指黄河上隘口。

⑬ 漳渠：漳水发源于山西东部，东流入海。水府：传说中水神所居洞府；木华《海赋》："尔其水府之内，极深之庭，则有崇岛巨鳌，垠垠孤亭。"

⑭ 包山：西洞庭山，在今江苏苏州市西南太湖中，传为神仙洞府。

⑮ 娥、英：娥皇，女英，舜的二妃，从舜南巡，死为湘水之神；此应"包山"。

⑯ 琴、冯：琴高，冯夷；据《列仙传》，琴高以鼓琴为宋康王舍人，成仙，"辞入涿水中"；冯夷，黄河之神，《庄子·大宗师》："冯夷得之，以游大川。"此应"漳渠"。

⑰ 穷发：传说中极远之地；《庄子·逍遥游》："穷发之北，有冥海者，天池也……有鸟焉，其名为鹏，背若泰山，翼若垂天之云，抟扶摇而上者九万里，绝云气，负青天，然后图南，且适南冥也。"

日①，随云濯金浆之汧②，追霞采建木之实③，弄珠于渊客之庭④，卷绡乎鲛人之室⑤，此真夐矣⑥！至于碧岩无雾，绿水不风，飞轩引凤⑦，游轵驾鸿，上朝紫殿，还觐青宫，进麾八老⑧，顾扐四童⑨，拊洞阴之磬⑩，张玄圃之璈，酌丹穴之酹⑪，荐麟州之肴⑫，安期奉枣，王母送桃，锦旌丽日，羽衣拂霄，又其英矣！及秋水方至，层涛架山，各巡封隩⑬，来赍王言⑭，选奇于河侯之府⑮，出宝于骊龙之川⑯，夜光烛月⑰，洪贝充辕，亦其瓌矣！若夫层城瑶馆⑱，缙云琼阁⑲，黄帝所以筋百神也；涂山石帐⑳，天后翠幏㉑，夏禹所以集群臣也；

---

① 咸池：神话中日浴之处；《楚辞·离骚》："饮余马于咸池兮，总余辔乎扶桑。"王逸注："咸池，日浴处也。"

② 金浆之汧：金浆仙液的池子；金浆，仙药；《汉武故事》："母（西王母）曰：太上之药，有中华紫蜜、云山米蜜、玉液金浆，其次药有五云之浆。"汧（qiān）：流水停积处。

③ 建木：传说中的神树；《山海经·海内南经》："有木，其状如牛，引之有皮，若缨、黄蛇。其叶如罗，其实如栾，其木若蓝，其名曰建木。"

④ 弄珠：把玩宝珠；用汉皋二女事。张衡《南都赋》："耕父扬光于清泠之渊，游女弄珠于汉皋之曲。"李善注引《韩诗外传》："郑交甫将南适楚，遵彼汉皋台下，乃遇二女，佩两珠，大如荆鸡之卵。"

⑤ 卷绡：用鲛人卖绡事；张华《博物志》："南海外有鲛人，水居如鱼，不废织绩……从水出，寓人家，积日卖绢。将去，从主人索一器，泣而成珠满盘，以与主人。"

⑥ 夐（xiòng）：遥远。

⑦ 飞轩：飞奔的轩车。

⑧ 八老：八位仙人；具体说法不一；一说唐尧时八人为：天皇真人，广成子，洪崖先生，钱坚，赤松子，宁封子，马师皇，赤将子舆。

⑨ 扐（lè）：通"将"。四童：西王母下四童子。

⑩ 拊：同"抚"。洞阴：洞天，神仙居处。

⑪ 丹穴：传说中的山；《山海经·南山经》："丹穴之山……有鸟焉，其状如鸡，五采而文，名曰凤皇。"酹：以酒浇地，此指酒。

⑫ 麟州：凤麟洲，神仙居处。

⑬ 封隩：堤岸深曲处；隩（yù），水边深曲处。

⑭ 来赍：来赐。

⑮ 河侯：黄河之神，河伯。

⑯ 骊龙：黑龙；晋葛洪《抱朴子·祛惑》："凡探明珠，不于合浦之渊，不得骊龙之夜光也。"

⑰ 夜光：月明珠。

⑱ 层城：传说昆仑山上高城。张衡《思玄赋》："登阆风之层城兮，搆不死而为床。"李善注："《淮南子》曰：'昆仑虚有三山，阆风、桐版、玄圃，层城九重。'"瑶馆：美玉筑的殿堂。

⑲ 缙云：缙云山，又名仙都山，黄帝时夏官缙云氏封地，在今浙江省缙云县境。琼阁：美玉建的楼阁。

⑳ 涂山：古国名，相传夏禹娶涂山女及会诸侯处；《书·益稷》："予创若时，聚于涂山。"孔传："涂山，国名。"

㉑ 天后：指夏禹妻涂山女。翠幏：饰以翡翠的幔帐；幏，同"幕"。

岷嶓交错①,上贯井络②,穷汉硍磳③,横带玉绳④,浸汤泉于桂渚⑤,涌沸鏊于金陵⑥,崩沙转石,惊湍走沫,绝壁飞流,万丈悬濑,奔激芒砀之间⑦,驰骛壶口之外⑧,逮乎璇纲运极⑨,九六数翻⑩,用谋西汉,受事龙门,小周妫后,初会妫前⑪,平阴巨鹿⑫,再化为渊,清河渤海,三成桑田,抚二仪以恻怆,眺万兆以流连⑬,金自安于蟪晷⑭,编无羡于鹄年⑮,皆松下之一物,又奚足以语仙。

　　嗟乎!循有生之造物⑯,固莫灵于在人,宁不踵武于象帝⑰,入妙门而自宾。苟沦形而无晓⑱,与蝼蚁而为尘。亦有先觉之秀,独往之英,窥若士于蒙谷⑲,

---

① 岷嶓:岷山和嶓冢山;岷山,绵延川、甘边境;嶓(bō)冢山,在甘肃成县东北;《书·禹贡》:"岷嶓既艺,沱潜既道。"孔传:"岷山、嶓冢,皆山名。"

② 井络:上天井宿的区域;《河图括地象》曰:"'岷山之地,上为井络,帝以会昌,神以建福,上为天井',言岷山之地,上为东井维络;岷山之精,上为天之井星也。"

③ 穷汉:直达天汉。硍磳(kǔn zēng):高耸的样子。

④ 玉绳:星名;《春秋元命苞》:"玉衡北两星为玉绳。"玉衡,北斗星。

⑤ 桂渚:生长桂树的小洲。

⑥ 金陵:与"桂渚"对,非指"金陵"(今江苏南京市)地。

⑦ 芒砀:芒山和砀山;在今安徽省砀山县东南,与河南省永城县接界。

⑧ 壶口:山名,在今山西乡宁县境,黄河隘口。

⑨ 璇纲运极:谓天地运行正常;璇,北斗七星第二星,据《书·舜典》:"在璇、玑、玉衡,以齐七政。"据传北斗的运行体现宇宙秩序。

⑩ 九六数翻:谓阴阳调和;九六,《易·乾》"初九",孔颖达疏:"七为少阳,八为少阴,质而不变,为爻之本体;九为老阳,六为老阴,文而从变,故为爻之别名。"

⑪ "小周"二句:妫后,姬妫,有莘氏之女,周文王妻太姒;妫(guī),妫水,在今山西虞乡县历山西,西流入黄河;《书·尧典》:"厘降二女于妫汭,嫔于虞。"孔传:"舜为匹夫,能以义理下帝女之心于所居妫水之汭,使行妇道于虞氏。"

⑫ 平阴:旧县,故城在今河南孟津县东。巨鹿:旧县,今河北平乡县。

⑬ 万兆:指岁月绵长。

⑭ 金:皆。蟪晷:蟪蛄生命那样短暂的时间;晷,日光,引伸义谓光阴。

⑮ 鹄年:如仙鹤长生;鹄,通"鹤"。

⑯ 循:探求。

⑰ 踵武:跟着前人脚步,承续。象帝:谓天道;典出《老子》:"吾不知谁之子,象帝之先。"河上公注:"道自在天帝之前。此言道乃先天地生也。"

⑱ 沦形:谓受形为人身。无晓:谓茫昧。

⑲ 若士:指仙人;《淮南子·道应训》:"卢敖游乎北海,经乎太阴,入乎玄阙,至于蒙谷之上,见一士焉……卢敖与之语曰:'……子殆可与敖为友乎?'若士者齤然而笑曰:'……然子处矣,吾与汗漫期于九垓之外,吾不可以久驻。'若士举臂而竦身,遂入云中。"蒙谷:山名。《淮南子·天文训》:"(日)至于蒙谷,是谓定昏。"高诱注:"蒙谷,北方之山名也。"

求吕梁于石城①，从务光于砥柱②，索龙威于洞庭③，迎九玄于金阙④，谒三素于玉清⑤，更天地之弥固，终逍遥以长生。

《答谢中书》⑥

山川之美，古来共谈。高峰入云，清流见底，两岸石壁，五色交晖，青林翠竹，四时俱备。晓雾将歇，猿鸟乱鸣，夕日欲颓，沉鳞竞跃。实是欲界之仙都⑦，自康乐以来⑧，未复有能与其奇者。

陶弘景《寻山志》（节选）

倦世情之易扰，乃杖策而寻山。既沿幽以达峻，实穷阻而备艰。渺游心其未已，方际夕乎云根⑨。欣夫得志者忘形，遗形者神存。于是散发解带，盘旋岩上，心容旷朗，气宇调畅。玄虽远其必存⑩，累无大而必忘⑪。害马之弊既去⑫，解牛之刀乃王⑬。物我之情虽均，因以济吾之所尚也。

---

① 吕梁：或有讹误，待查。

② 务光：古隐士；《庄子·外物》："尧与许由天下，许由逃之。汤与务光，务光怒之。"砥柱：亦作"砥砫"，当黄河中流，在今河南省三门峡市。

③ 龙威：龙威丈人，古仙人；据《云笈七签》卷三《灵宝略记》，春秋时人，隐居包山，入洞庭，得《灵宝五符真文》。

④ 九玄：九天玄女，女仙，据传为西王母弟子、黄帝之师，曾助黄帝灭蚩尤。

⑤ 三素：即元始天尊，以居玉清天之三元宫，又称三元君。

⑥ 谢中书：谢征（500—536），一作"徵"，字玄度，尝为安成王法曹，累迁中书侍郎，位终北中郎豫章王长史、南兰陵太守。

⑦ 欲界：佛教概念；指地狱、人间和六欲天等贪欲炽盛的境界，引申为尘世，人世。

⑧ 康乐：谢灵运，袭封康乐公。

⑨ 际夕：傍晚。

⑩ 玄：道；《老子》："道可道，非常道；名可名，非常名……故常无欲以观其妙，常有欲以观其徼，此两者同出而异名，同谓之玄。玄之又玄，众妙之门。"

⑪ 累：忧患；《庄子·至乐》："子之谈者似辩士。诸子所言，皆生人之累也，死则无此矣。"

⑫ 害马：喻分外之事；《庄子·徐无鬼》："小童曰：'夫为天下者，亦奚以异乎牧马者哉？亦去其害马者而已矣！'"郭象注："马以过分为害。"

⑬ 解牛：此喻做官；据《庄子·养生主》，庖丁为文惠君解牛，全以神运，"未尝见全牛"，刀入牛身而游刃有余。正王：谓正在兴行；王，通"旺"。

若夫飞声西岳①，邀利东陵②，楚湘之洁③，吴江之矜④，轻死重气，名贵于身，迷真晦道⑤，余所弗承。袭衣缝掖⑥，端委章甫⑦，徘徊廊庙⑧，趋翔庭宇⑨，传氏百王⑩，流芳世绪，负德叨荣⑪，吾未敢许。

　　尔乃荆门昼掩，蓬户夜开，室迷夏草，径惑春苔，庭虚月映，琴响风哀，夕鸟依檐，暮兽争来。时复历近垄，寻远峦，坐磐石，望平原，日负嶂以共隐⑫，月披云而出山⑬，风下松而含曲，泉潆石而生文⑭，草藿藿以拂露⑮，鹿飙飙而来群⑯，扪虚萝以入谷，傍洪潭而比清，照石壁以端色，攀桂枝而齐贞。亟扈兰而佩蕙⑰，及春鸠之未鸣⑱，且含怀以屏气，待蕙风而舒情。乃乘兴而遂往，遵岩路以远游，竚天维而摽思⑲，惝怳忽而莫求，眺回江之淼漫，眩叠障之相稠，日斜云而色黛，风过水而安流，触嵁岑而起巘⑳，值阔达而成洲，石孤耸而独绝，岸悬天而似浮，缘磴道其过半，魂渺渺而无忧，悟伯

---

① 飞声西岳：指东汉光武帝；光武帝建都洛阳，恢复东周做法，称华山为"西岳"。
② 邀利东陵：指汉邵平；《三辅黄图·都城十二门》："广陵人邵平为秦东陵侯，秦破，为布衣，种瓜青门外，瓜美，故时人谓之'东陵瓜'。"
③ 楚湘之洁：指屈原，屈原死于湘江支流汨罗江，称湘累。
④ 吴江之矜：指春秋时伍子胥；为报父兄之仇，自楚逃至吴，曾吹箫乞食于吴市；矜，骄傲。
⑤ 迷真晦道：迷惑真道。
⑥ 袭衣缝掖：指儒者服装，袭衣，成套衣服；缝掖，大袖单衣。
⑦ 端委章甫：儒者衣冠；端委，礼服；章甫，儒者之冠；《庄子·逍遥游》："宋人资章甫而适诸越，越人断发文身，无所用之。"
⑧ 徘徊廊庙：谓在朝廷活动；徘徊，走动；廊庙，朝廷。
⑨ 趋翔：安祥地行走。庭宇：庭院，此指官府。
⑩ 传氏百王：传播名姓于百代。
⑪ 负德：承受恩德。叨荣：忝受恩宠。
⑫ 负嶂：谓落日在山；嶂，如屏障的山。
⑬ 披云：破云而出。
⑭ 潆石：水流环绕石头。
⑮ 藿藿：同"霍霍"，晶莹闪烁的样子。
⑯ 飙飙：暴风，引申为如风扫云卷。
⑰ "亟扈兰"句：扈兰佩蕙以喻人格高洁；亟，急切；扈兰，佩戴兰草；佩蕙，佩带蕙兰；兰、蕙皆为香草；《楚辞·离骚》："扈江离与辟芷兮，纫秋兰以为佩。"王逸注："扈，被也。楚人名被为扈。"
⑱ "及春鸠"句：形容时间紧迫，赶在春鸠未鸣，春天到来之前；鸠，鸟名，即百劳。
⑲ "竚天维"句：谓思索宇宙运行的规律；天维，天的纲维；张衡《西京赋》："尔乃振天维，衍地络。"薛综注："维，纲也；络，网也。谓其大如天地矣。"摽思，思索。
⑳ 起巘(yǎn)：山峰突起；巘，山顶。

昏之侗宕①,蹑千仞而神休②。

　　遂乃凌岩峭,至松门,背通林,面长源,右联山而无际,左凭海而齐天。竹泫泫以垂露③,柳依依而迎蝉,鸥双双以赴水,鹭轩轩而归田。赴水兮汛滥,归田兮翱翔,此瀁滥之足乐④,意斯龄之不长,悼菌蟪之危促⑤,羡灵椿兮未央⑥,虽鹏鹦之异类,托逍遥乎一方⑦。愿敷衽以远诉⑧,思扣朝而陈辞,至赤城兮一憩,遇王子而宿之⑨,仰彭、涓兮弗远⑩,必长年兮可期,及榆光之未暮⑪,将寻山而采芝。去采芝兮入深涧,深涧幽兮路窈窕。窈窕路兮终无曙,深涧深兮未曾晓。高松上兮亟停云,低萝下兮屡迷鸟。鸟迷萝兮缤缤,云停松兮纷纷。停云游兮安泊,离鸟栖兮索群。嗟群泊其无所,思参差而谁闻。既穷目以无阂⑫(下缺一句)。问渔人以前路,指示余以蓬莱。曰果尔以寻山之志⑬,馆尔以招仙之台。(下缺一句)就瀛水以通怀⑭。谓万感其已会,亦千念而必谐。竟莫知其所跻⑮(下缺一句)。反无形于寂寞,长超忽乎尘埃。

　　① 伯昏:伯昏无人,见《庄子》;《庄子·田子方》:"伯昏无人曰:夫至人者,上窥青天,下潜黄泉,挥斥八极,神气不变……"侗宕:卓异不群。
　　② 神休:神情安定。
　　③ 泫泫:水珠下滴貌。
　　④ 瀁滥:广远空阔貌。
　　⑤ 菌蟪:朝菌和蟪蛄;《庄子·逍遥游》:"朝菌不知晦朔,蟪蛄不知春秋。"
　　⑥ 灵椿:椿树。未央:(寿命)没有尽头。
　　⑦ "虽鹏鹦"二句:谓大鹏和鹦雀同样逍遥;《庄子·逍遥游》:"穷发之北,有冥海者,天池也。有鱼焉……其名为鲲;有鸟焉,其名为鹏……且适南冥也。斥鹦笑之曰:'彼且奚适也? 我腾跃而上,不过数仞而下,翱翔蓬蒿之间,此亦飞之至也。而彼且奚适也?'此小大之辨也。"
　　⑧ 敷衽:解开衣襟,表示坦诚;衽,衣襟。《楚辞·离骚》:"跪敷衽以陈辞兮,耿吾既得此中正。"
　　⑨ 王子:王子晋。
　　⑩ 彭、涓:彭祖和涓子,二人均为仙人、长寿者。《晋书·郭璞传》:"不寿殇子,不夭彭、涓,不壮秋毫,不小太山。"
　　⑪ 榆光:桑榆之光,照在桑榆树上的日光,喻日暮。
　　⑫ 无阂(hé):没有阻隔。
　　⑬ 果:完成。
　　⑭ 瀛水:仙界瀛洲之水。
　　⑮ 跻(jī):登升;《易·震》:"跻于九陵。"孔颖达疏:"跻,升也。"

《真诰》(节选,吉川忠夫、麦谷邦夫编,朱越利译《真诰校注》)

《稽神枢》

……此山洞虚内观①,内有灵府,洞庭四开②,穴岫长连,古人谓为金坛之虚台③、天后之便阙④、清虚之东窗⑤、林屋之隔沓⑥。众洞相通,阴路所适,七途九源,四方交达,真洞仙馆也。(此论洞天中诸所通达。天后者,林屋洞中之真君,位在太湖包山下,龙威丈人所入,得《灵宝五符》处也。清虚是王屋洞天名,言华阳与比并相贯通也。)⑦

山形似"巳",故以句曲为名焉。(今登中茅玄岭,前后望诸峰垄,盘纡曲转。以大茅为首,东行北转,又折西行北转,又折东北行至大横⑧,反覆南北,状如左书"巳"字之形。)

金陵者,兵水不能加⑨,灾疠所不犯。《河图》中《要元篇》第四十四卷云⑩:"句金之坛,其间有陵,兵病不往,洪波不登。"正此之福地也,尔心悟焉,是汝之幸,复识此悟从谁所感发耶?(此《河图》者,舜禹所受,及《洛书》之属⑪,今犹有四十余卷存。此语亦是示长史⑫,言相感悟,乃从杨君宣说吾之所启

---

① 此山:句曲,茅山,在今江苏省句容市和金坛市交界处,相传汉茅盈与其弟固、衷修道于此,上有蓬壶、玉柱、华阳三洞,为道教十大洞天中第八洞天。洞虚内观:谓洞天,内部可观览;《真诰》卷一一:"左元放……遂斋戒三月,乃登山,乃得其门,入洞虚,造阴宫……"

② 洞庭:山腹中空虚,是为洞庭。

③ 金坛:金坛华阳洞天,第八句曲山洞。

④ 天后:《太平御览》卷六六三:"《五符》曰:林屋山洞周四百里,一名包山,在太湖中,下有洞,潜通五岳,号天别宫。夏禹治水平后,藏《五符》于此,吴王阖闾使龙威丈人入山所得是也。"《五符》即《灵宝五符》、《太上灵宝五符》。

⑤ 清虚:王屋山洞;《天地宫府图》:"第一王屋山洞,周回万里,号曰小有清虚之天,在洛阳、河阳两界,去王屋县六十里,属西城王君治之。"

⑥ 林屋:林屋山,道教第九洞天,在洞庭湖口。隔沓:重叠相隔。

⑦ 括号中小字为原注,下同。

⑧ 大横:大横山;《真诰》卷一一:"雷平山之东北有山,俗人呼为大横山……"

⑨ 兵水:兵水之灾。

⑩ "《河图》"句:此指纬书;《河图》,据传伏羲时有龙马出于黄河,马背有旋毛如星点,称作龙图,伏羲取法以画八卦。纬书是汉代依托儒家经典制作的宣扬符箓瑞应占验之书。

⑪ 《洛书》:据传夏禹时有神龟出于洛水,背上有裂纹如文字,禹取法而作《尚书·洪范》"九畴"。

⑫ 长史:指许谧,任护军将军长史。

发矣①。)

句曲山,其间有金陵之地,地方三十七八顷,是金陵之地肺也。土良而井水甜美,居其地,必得度世见太平②。《河图内元经》曰③:"乃地肺土良水清④。句曲之山,金坛之陵,可以度世,上升曲城。"又《河书中篇》曰:"句金之山,其间有陵,兵病不往,洪波不登。"此之谓也。(后所称《河图》,即是前《要元篇》语。虽"山"、"坛"字异,其理犹同。此盖指论金陵地肺一片地能如此耳。其余处未必有所免辟耳。)

金陵,古名之为伏龙之地⑤。《河图》逆察,故书记运会之时、方来之定名耳⑥。至于金陵之号,已二百余年矣。(寻金陵之号,起自楚时。至秦皇过江厌气⑦,乃改为秣陵。汉来县,旧治小丹阳⑧,今犹呼为故治也。晋太康三年⑨,割淮水之南属之。义熙九年⑩,移治阙(闟)场⑪。元熙元年⑫,徙还今处。此是江东之金陵耳。传所言二百余年者,是吴孙权使人采金,屯居伏龙山,因名金陵,自然响会。所以叹《河图》之逆兆也⑬。)

句曲山,秦时名为句金之坛,以洞天内有金坛百丈,因以致名也。外又有积金山,亦因积金为坛号矣。周时名其源泽为曲水之穴,按山形曲折,后人合为句曲之山。汉有三茅君⑭,来治其上,时父老又转名茅君之山。三君往曾各乘一白鹄,各集山之三处。时人互有见者,是以发于歌谣。乃复因鹄集之处,分句曲之山为大茅君、中茅君、小茅君三山焉。总而言之,尽是

---

① 杨君:指神媒杨羲。
② 度世:超世成仙。
③ 《河图内元经》:解《河图》的纬书。下《河书中篇》同。
④ 地肺:地肺山;《天地宫府图》:"(福地)第一地肺山,在江宁府句容县界……"
⑤ 伏龙之地:谓潜伏着隐逸贤者的地方。
⑥ 运会:时运。
⑦ 厌气:压制帝王之气;《三国志·吴志》卷八《张纮传》注引《江表传》曰:"纮谓(孙)权曰:秣陵,楚武王所置,名为金陵,地势冈阜连石头,访问故老云:昔秦始皇东巡会稽,经此县,望气者云:'金陵地形,有王者都邑之气。'故掘断连冈,改名秣陵。今处所具存,地有其气,天之所命,宜为都邑……"
⑧ 丹阳:旧县名,今江苏丹阳市。
⑨ 太康:晋武帝司马炎年号;公元280—289年。
⑩ 义熙:晋安帝司马德宗年号;公元405—418年。
⑪ 闟场:地名;《宋书·州郡志一》:"晋安帝义熙九年,移治京邑在闟场。"
⑫ 元熙:晋恭帝司马德文年号;公元419—420年。
⑬ 逆兆:先兆。
⑭ 三茅:茅盈及其弟茅固、茅衷,据传为汉景帝时咸阳人,先后隐句曲山,得道成仙。因名句曲山为茅山;太上老君分别授为司命真君、定箓真君、保命仙君,因称三茅君。

句曲之一山耳，无异名也。三茅山隐连相属，皆句曲山一名耳。时人因事而谕，今故有枝条数十作别名，旧不尔也。（今以在南最高者为大茅山；中央有三峰，连岑鼎立，以近后最高者为中茅山；近北一岑孤峰，上有聚石者为小茅山。大茅、中茅间名长阿，东出通延陵、[句]曲阿，西出通句容、湖[就]孰，以为连石、积金山，马岭相带，状如埭形①。其中茅、小茅间名小阿，东西出亦如此，有一小马岭相连。自小茅山后去，便有雷平、燕口、方隅、大横、良常诸山，靡迤相属，垂至破罡渎②。自大茅南复有菫山、竹吴山、方山，从此叠障，达于吴兴诸山③，至于罗浮，穷于南海也）……

<h1 style="text-align:center">吴筠诗（四首，《全唐诗》）</h1>

《登北固山望海》

此山镇京口④，迥出沧海湄⑤。跻览何所见⑥，茫茫潮汐驰。云生蓬莱岛，日出扶桑枝。万里混一色，焉能分两仪⑦。愿言策烟驾⑧，缥缈寻安期⑨。挥手谢人境，吾将从此辞。

《游庐山五老峰》⑩

彭蠡隐深翠⑪，沧波照芙蓉⑫。日初金光满，景落黛色浓。云外听猿

---

① 埭形：土坝形状。

② 破罡渎：地名，原作"破岗渎"，避萧纲讳改；《建康实录》卷二："（义乌八年）使校尉陈勋作屯田，发屯兵三万凿句容中道，至云阳西城，以通吴会船舰，号破岗渎。"

③ 吴兴：旧郡名，今浙江湖州市。

④ 此山：北固山，在今江苏镇江市东北，有南、中、北三峰，北峰三面临江，形势险要。京口：今江苏镇江市；公元209年孙权把首府自吴（苏州）迁此，称为京城；公元211年迁治建业后，改称京口镇，为古代长江下游的军事重镇。

⑤ 迥：高耸貌。沧海：大海。湄：岸边；《诗·秦风·蒹葭》："所谓伊人，在水之湄。"孔颖达疏："谓水草交际之处，水之岸也。"

⑥ 跻览：登高眺望；跻，升登，达到。

⑦ 两仪：指天地；《易·系辞上》："是故易有太极，是生两仪。"孔颖达疏："不言天地而言两仪者，指其物体下与四象（金、木、水、火）相对，故曰两仪，谓两体容仪也。"

⑧ 策烟驾：形容以云为车；策，用鞭棒驱赶骡马役畜等，引申为驾驭；江淹《杂体诗·效谢庄〈郊游〉》："云装信解黻，烟驾可辞金。"李善注："烟驾，烟车也。"

⑨ 安期：亦称"安期生"、"安其生"，仙人。

⑩ 五老峰：江西庐山东南部山峰，形如五老人并立，故名。

⑪ 彭蠡：彭蠡湖，今鄱阳湖。

⑫ "沧波"句：形容湖水映照五老峰倒影。

道士诗文创作

鸟，烟中见杉松。自然符幽情，潇洒惬所从①。整策务探讨②，嬉游任从容。玉膏正滴沥③，瑶草多丰茸④。羽人栖层崖，道合乃一逢。挥手欲轻举，为余扣琼钟。空香清人心，正气信有宗。永用谢物累⑤，吾将乘鸾龙。

《缑山庙》⑥

朝吾自嵩山，驱驾遵洛汭⑦。逶迟辕辕侧⑧，仰望缑山际。王子谢时人，笙歌此宾帝⑨。仙材凤所禀，宝位焉足系。为迫丹霄期⑩，阙流苍生惠。高踪邈千载，遗庙今一诣。肃肃生风云，森森列松桂。大君弘至道，层构何壮丽。稽首环金坛，焚香陟瑶砌。伊余超浮俗⑪，尘虑久已闭。况复清夙心⑫，萧然叶真契⑬。

《建业怀古》

炎精既失御⑭，宇内为三分。吴王霸荆越⑮，建都长江滨⑯。爰资股肱力⑰，以静淮海民⑱。魏后欲济师⑲，临流遽旋军。岂惟限天堑，所忌在有

---

① 惬(qiè)：惬意，心情满足。
② 整策：谓整理行装准备出发；策，手杖。探讨：探寻。
③ 玉膏：仙药；《山海经·西山经》："丹水出焉……其中多白玉，是有玉膏。其原沸沸汤汤，黄帝是食是飨。"
④ 瑶草：仙界香草；汉东方朔《与友人书》："相期拾瑶草，吞日月之光华，共轻举耳。"丰茸：茂密细软貌。
⑤ 谢物累：摆脱外务之累。
⑥ 缑山庙：据《列仙传》，王子晋仙去，"立祠于缑氏山下"；缑氏山在今河南偃师市境。
⑦ 洛汭：洛水入黄河一段；汭(ruì)，河流湾曲处。
⑧ 逶迟：徐行。辕辕：山名，在今河南登封县西北三十里。
⑨ 宾帝：拜见天帝，指成仙；语出《逸周书·太子晋》："吾后三年将上宾于帝。"
⑩ 迫：逼近。丹霄期：升天的期限。
⑪ 伊余：自指，谦词；曹植《责躬诗》："伊余小子，恃宠骄盈。"
⑫ 清夙心：澄清平素心愿；《后汉书·文苑传下·赵壹》："惟君明叡，平其夙心。"
⑬ 叶真契：与道相合，指达到体道的境界；叶(xié)，合。
⑭ 炎精：指汉王朝；汉称火德，谓"炎汉"。失御：失去统治地位。
⑮ 吴王：指三国吴的君主孙坚、孙权。荆越：古荆国（楚国），今湖北、湖南一带；古越国，今浙江一带。
⑯ 建都：孙权于建安十六年(211)治秣陵，次年改秣陵为建业，为吴都城。
⑰ 股肱：大腿和胳膊，引申为有力辅佐；典出《书·说命下》："股肱惟人，良臣惟圣。"
⑱ 淮海：古称淮河流域至滨海一带。
⑲ 魏后：魏主，曹操。济师：军队渡水，指曹操南下赤壁拟渡长江。

人。惜哉归命侯①，淫虐败前勋。衔璧入洛阳②，委躬为晋臣。无何覆宗社③，为尔含悲辛。俄及永嘉末④，中原塞胡尘⑤。五马浮渡江⑥，一龙跃天津⑦。此时成大业，实赖贤缙绅。辟土虽未远⑧，规模亦振振。谢公佐王室，仗节扫伪秦⑨。谁谓吴兵孱⑩，用之在有伦。荏苒宋齐末⑪，斯须变梁陈。绵历已六代，兴亡互纷纶。在德不在险，成败良有因。高堞复于隍⑫，广殿摧于榛。王风久泯灭，胜气犹氤氲。皇家一区域⑬，玄化通无垠⑭。常言宇宙泰，忽遘云雷屯⑮。极目梁宋郊，茫茫晦妖氛⑯。安得倚天剑⑰，断兹横海鳞⑱。徘徊江上暮，感激为谁申⑲。

① 归命侯：吴主孙皓；西晋咸宁五年（279）曹魏攻破建业，孙皓降，举家西迁；太康元年（280）五月到建康，赐号"归命侯"。
② 衔璧：谓国君投降；典出《左传·僖公六年》："许男面缚衔璧，大夫衰绖，士舆榇。"杜预注："缚手于后，唯见其面，以璧为贽，手缚故衔之。"洛阳：时为西晋都城。
③ 无何：不多时；《史记·越王勾践世家》："居无何，则致赀累巨万。"覆宗社：国家灭亡；宗社，宗庙与社稷，指国家。
④ 永嘉：晋怀帝司马炽年号，公元307—313年。
⑤ "中原"句：指匈奴、鲜卑等北方民族南下中原。
⑥ "五马"句：指西晋末司马氏五王南渡长江；《晋书·元帝纪》："太安之际，童谣云：'五马浮渡江，一马化为龙。'……是岁，王室沦覆，帝（东晋元帝司马睿）与西阳、汝南、南顿、彭城五王获济，而帝竟登大位焉。"
⑦ "一龙"句：指司马睿建都建邺（今江苏南京市），建东晋。
⑧ "辟土"句：谓开拓疆域并不广阔。
⑨ "谢公"二句：谓谢安率军北伐苻秦，"肥水之战"大胜；谢公，谢安（320—385），晋名臣；权臣桓温欲篡位，赖谢安佑护，谋终不成；太元八年（383）苻秦攻晋，谢安任征讨大都督，战于淝水，大胜，晋得以安。仗节：持节仗。扫伪秦：指"肥水之战"打败"十六国"中的前秦。
⑩ 吴兵孱：旧传吴地战士怯懦软弱；孱（chán），怯懦，弱小。
⑪ 荏苒：时光流逝。
⑫ "高堞"句：谓高高的城墙坍塌落进城濠；堞（dié），城上齿状矮墙；隍（huáng），护城壕沟。
⑬ "皇家"句：谓唐王朝统一天下。
⑭ "玄化"句：谓朝廷教化无远弗届。
⑮ "忽遘"句：此指时逢"安史之乱"；云雷屯，谓处境艰难；《易屯》："《彖》曰：屯，刚柔始交而难生，动乎险中，大亨，贞。"按，《屯》的卦象"坎"上"震"下，"坎"象云，"震"象雷。
⑯ "极目"二句：指中原地区"安史"叛军横行；梁宋郊：梁宋地区的郊野；梁、宋，古国名，今河南、安徽、江苏北部一带；晦妖氛，谓笼罩战乱；晦，暗晦；妖气，不祥的云气，引申为祸乱。
⑰ 倚天剑：长剑；宋玉《大言赋》："方地为车，圆天为盖，长剑耿耿倚天外。"
⑱ 横海鳞：跨海的大鱼，指"安史"叛军。
⑲ 感激：内心激动不平。

《神仙可学论》（节选，《文苑英华》）

《洪范》向用五福①，其一曰寿。且延命至于期颐②，皇天犹以为景福之最③，况神仙度世，永无穷乎！然则长生大法，无等伦以俦拟④，当代人忽而不向（尚）者何哉？尝试论之：

中智以下，逮乎民氓，与飞走肖翘同⑤，其自生自死，昧识所求，不及闻道，则相与大笑之⑥；中智已上，为名教所检⑦，区区于三纲五常，不暇闻道，而若存若亡，能挺然竦身⑧，不使恒情之所汩没⑨，专以修炼为切务者，千万或一人而已。又行之者密，得之者隐，故举俗罕为其行。悲夫！

昔桑矫问于涓子曰："自古有死，复云有仙，如何？"涓子曰："两有耳。"⑩夫言两有，则理（岂）无不存；理无不存，则神仙可学也。嵇公言神仙以特授异气，禀之自然，非积学之所能致也，未必尽其端矣⑪。有不修学而自致者，特禀受异气也；有必待学而后成者，功业充也；有学而不得者，初勤而中惰，诚不终也。此三者，各有其方，不可以一贯推之。

人生天地中，殊于众类明矣。感则应，激则通⑫。所以耿恭援刀，平陆

---

① 《洪范》：《尚书》篇名，意谓大法。五福：《洪范》："五福：一曰寿，二曰富，三曰康宁，四曰攸好德，五曰考终命。"

② 期颐：百岁；《礼记·曲礼上》："百年曰期、颐。"郑玄注："期，犹要也；颐，养也。"

③ 景福：洪福；《诗·周颂·潜》："以享以祀，以介景福。"

④ 俦拟：比拟。

⑤ 飞走肖翘：指细小生物；《庄子·胠箧》："喘耎之虫，肖翘之物，莫不失其性。"成玄英疏："附地之徒曰喘耎，飞空之类曰肖翘，皆轻小物也。"

⑥ "不及"二句：意本《老子》："上士闻道，勤而行之；中士闻道，若存若亡；下士闻道大笑之。"

⑦ 检：约束，限制。

⑧ 竦身：耸身；竦通"耸"；《淮南子·道应训》："若士举臂而竦身，遂入云中。"

⑨ 汩没：湮没。

⑩ "昔桑矫……两有耳"句：《列仙传赞序》（原本无赞，赞乃后人所补，作者不详）："《周书序》：桑蛴问涓子曰：'有死亡而复云有神仙者，事两成邪？'涓子曰：'言固可两有耳。'"涓子，仙人，见《列仙传》。

⑪ "嵇公……其端矣"句：嵇康《养生论》："夫神仙虽不目见，然记籍所载，前史所传，较而论之，其有必矣。似特受异气，禀之自然，非积学所能致也。至于导养得理，以尽性命，上获千余岁，下可数百年，可有之耳。"尽其端：穷尽其原委。

⑫ "感则应"二句：《易·系辞上》："易，无思也，无为也，寂然不动、感而遂通天下之故。"

泉涌①；李广发矢，伏石饮羽②。精诚在于斯须，土石应犹影响③，况丹恳久著④，真君不为潜运乎！潜运则不死之阶立矣。孰为真君？则太上也，为神明宗极⑤，独在于窈冥之先⑥，高居紫微之上，阴骘兆庶⑦。《诗》称"上帝临汝"⑧，《书》曰"天监孔明"⑨，福善祸淫，不差毫末。而迷误之子，焉测其元，日用不知⑩，背本向末，故远于仙道者有七焉，近于仙道亦有七焉。

当世之士，不能窥妙门，洞幽赜⑪，雷同以泯灭为真实，生成为假幻，但所取者性，所遗者形，甘之死地，乃谓常理，殊不知乾坤为《易》之蕴⑫，乾坤毁则无以见《易》；形气为性之府，形气败则性无所存，性无所存，则于我何有？此远于仙道一也……

其次性好玄虚，情忘嗜欲，不求荣显，每乐清闲，体气至仁，含宏至静，栖真物表⑬，超迹岩峦，想道结襟，无为为事，近于仙道一也……

取此七近，放彼七远，谓之拔陷区，出溺途，碎祸车，登福輂，始可与涉神仙流矣。于是识元命之所在⑭，知正气之所由，虚凝淡漠怡其性，吐纳屈

---

① "所以"二句：耿恭：东汉将领；《汉书·耿恭传》，永平十八年(75)守疏勒，"匈奴遂于城下拥绝涧水，恭于城中穿井十五丈，不得水，吏士渴乏，筰马粪汁而饮之。恭仰叹曰：'闻昔贰师将军拔佩刀刺山，飞泉涌出，今汉德神明，岂有穷哉！'乃整衣服，向井再拜，为吏士祷，有顷，水泉奔出，众皆称万岁。乃令吏士扬水以示虏"。

② "李广"二句：李广，西汉将领；《史记·李将军列传》："广出猎，见草中石，以为虎而射之，中石没镞。"

③ 应犹影响：感应犹如影之随形、响之随声。

④ 丹恳：至诚恳求。

⑤ 宗极：至高无上。

⑥ 窈冥：幽暗的样子，此指天地未形成前的混沌状态。

⑦ 阴骘(zhì)：保佑安定；《书·洪范》："惟天阴骘下民。"孔传："骘，定也。天不言，而默定下民，是助合其居，使有常生之资。"

⑧ "《诗》称"句：《诗·大雅·文王之什·大明》："上帝临女(汝)，无贰尔心。"临，视。

⑨ "《书》曰"句："天鉴孔明"不见今本《尚书》，意谓上天监察十分明晰；又汉张衡《思玄赋》："彼天监之孔明兮，用棐忱而佑仁。"

⑩ "日用"句：《易·系辞上》："见之谓之知，百姓日用而不知，故君子之道鲜矣。"

⑪ 洞幽赜：洞悉幽深精微；赜(zé)：幽深奥妙；《易·系辞上》："圣人有以见天下之赜，而拟诸其形容，象其物宜，是故谓之象。"孔颖达疏："赜，谓幽深难见。"

⑫ 乾坤：天地。蕴：内涵；《易·序卦》："有天地然后万物生焉。"

⑬ "栖真"句：栖息真道，超然物外。

⑭ 元命：天命；《书·多士》："惟时天罔念闻，厥惟废元命，降致罚。"孔传："其惟废其天命，下致天罚。"

伸和其体，高虚保定之①，良药匡辅之，表里兼济，形神俱超，虽未得升腾，吾必挥翼丹霄之上矣。

夫道无形无为，有情有性。故曰："人能思道，道亦思人；道不负人，人无负道。"渊哉言乎②！世情谓道体玄虚，则贵无而贱有；人资器质，则取有而遗无。庸讵知有自无而生③，无自有而明，有玄元（无）混同，然后为至。故空寂玄寥④，大道无象之象也；两仪三辰⑤，大道有象之象也。若但以虚极为妙，不应以吐元气，流阴阳，生天地，运日月也。故有以无为用，无以有为资。是以覆载长存⑥，仙圣不灭。故谓生者，天地之大德也⑦，所以见宇宙之广，万物之殷，为吾存也。若烟散灰灭，何异于天倾地沦，彼自昭昭，非我所有。故曰："死者，天人荼毒之尤也⑧。"孰能襃大德，黜荼毒，拂衣绝尘，独与道隣，道岂远乎哉？行斯至矣。

夫至虚韫寂⑨，待感而灵，犹金石含响，待击而鸣。故豁方寸以遵（契）虚⑩，虚则静；凭至静以精感，感则通。通则宇泰定，天光发，形情相资，未始有极。且人之禀形，模范天地⑪。五赃六府，百关四肢，皆神明所居，各有所主守。存之则有，废之则无；有则生，无则死；故去其死，取其生。若乃讽太帝之金书，研洞真之玉章，集帝一于绛宫⑫，列三元于紫房⑬，噏二曜之华

---

① 高虚：指虚心静气。

② 渊：深刻。

③ 庸讵：岂，怎么；《庄子·齐物论》："庸讵知吾所谓知之非不知耶？庸讵知吾所谓不知之非知耶！"

④ 玄寥：虚玄寂寥。

⑤ 三辰：日、月、星。

⑥ 覆载：万物，谓天所覆、地所载。

⑦ "故谓"二句：《易·系辞下》："天地之大德曰生。"

⑧ 荼毒：毒害。

⑨ "夫至虚"句：形容虚无状态；韫寂：蕴藏虚寂之中。

⑩ 方寸：心。契虚：契合虚玄。

⑪ 模范：模仿。

⑫ 帝一：道之主；《大洞玉经疏要十二义》："帝者，大洞之神；一者，大洞之元也。"绛宫：心；《黄庭内景经·若得章》："重中楼阁十二环。"梁丘子注："谓喉咙十二环，相重在心上。心为绛宫，有象楼阁者也。"

⑬ 三元：天、地、水；《云笈七签》卷五六："夫混沌分后，有天地水三元之气，生成人伦，长养万物。"紫房：又称紫户，脑神。

景①，登七元之灵纲②，道备功全，则不必琅玕大还而高举矣③。此皆自凡而为仙，自仙而入真，真与道合，谓之神人。神人能存能亡，能晦能光，出化机之表④，入太漠之乡，无心而朗鉴⑤，无翼而翱翔，嬉明霞之馆，宴羽景之堂，欢齐浩劫而福无疆，寿同太虚而不可量。此道布在金简⑥，安可轻宣其奥密乎？受学之士，宜启玉检以探其秘焉⑦。又儒墨所崇，忠孝慈仁，庆及王侯，福荐祖考⑧，祚流子孙⑨。其三者孰与为大？於戏！古初不可得而详之。羲轩已来，广成、赤松、令威、安期之徒，何代不有？远则载于竹帛，近则接于见闻。古今得之者，皎皎如彼，神仙可学，炳炳如此，凡百君子，胡不勉哉！

杜光庭诗（四首，《全唐诗》）

《题福唐观二首》⑩

盘空蹑翠到山巅，竹殿云楼势逼天。古洞草深微有路，旧碑文灭不知年。八州物象通檐外⑪，万里烟霞在目前。自是人间轻举地，何须蓬岛访真仙。

曾随云水此山游，行尽层峰更上楼。九月登临须有意，七年岐路亦堪愁。树红树碧高低影，烟淡烟浓远近秋。暂爇炉香不须去，伫陪天仗入神州⑫。

---

① 二曜：日月。华景：光明。

② 七元：日、月、五星；《后汉书·律历志》："日、月、五纬各有终原，而七元生焉。"灵纲：大道运行纲维。

③ 琅玕大还：指还丹；琅玕，此形容丹药如琅玕。

④ 化机：天地变化枢机。

⑤ 朗鉴：洞察幽微。

⑥ 金简：指道教经书，金制的简策。

⑦ 玉检：玉牒封检；亦指道书。

⑧ "福荐"句：福利进献给祖先；祖考，祖先，《诗·小雅·信南山》："祭以清酒，从以骍牡，享于祖考。"

⑨ 祚流子孙：福运传给子孙。

⑩ 福唐观：在西川奉国县（今四川阆中市）天目山，相传为葛玄修道之地。

⑪ 八州：指全国；古称九州，京畿而外则为八州。

⑫ "伫陪"句：谓等待追随皇帝回到长安那一天；天仗，天子仪仗；神州，此指代京城。

《题剑门》

谁运乾坤陶冶功①，铸为双剑倚苍穹。题诗曾驻三天驾，碍日长含八海风。

《题龙鹄山》②

抽得闲身伴瘦筇③，乱敲青碧唤蛟龙。道人扫径收松子，缺月初圆天柱峰。

杜光庭《中元众修金箓斋词》④（《全唐文》）

伏闻至道希夷⑤，真精玄寂，弘化于混元之表⑥，凝光于太极之先⑦。散淳一之根，潜分步骤；鼓生三之气⑧，以制寰瀛⑨。所以乘龙袭气之君⑩，画卦垂衣之后⑪，顺敷道要，创厥皇基，恢妙用而福寰中⑫，布神功而利天下，昭彰帝纪⑬，炳蔚人文⑭，允属睿朝⑮，诞应天眷⑯。

① 陶冶：烧炼器物，引申为制作。
② 龙鹄山：在今四川丹棱县城北，道教胜地。
③ 瘦筇：竹杖；筇（qióng），竹名。
④ 中元：农历七月十五日，道教节日"三元"（正月、七月、十月十五日）之一。金箓斋：道教斋醮的一种。
⑤ 希夷：虚寂玄妙；《老子》："视之不见名曰夷，听之不闻名曰希。"河上公注："无色曰夷，无声曰希。"
⑥ "弘化"句：谓弘扬教化于元气混沌状态。
⑦ "凝光"句：谓凝聚光彩在天地未分状态；太极，天地未分状态；《易·系辞上》："易有太极，是生两仪，两仪生四象，四象生八卦。"孔颖达疏："太极谓天地未分之前，元气混而为一，即是太初、太一也。"
⑧ 生三：化生天、地、人。
⑨ 寰瀛：瀛海之内，指天下。
⑩ "所以"句：指受命得道的皇帝；袭气，贯通元气。
⑪ "画卦"句：亦指受命得道的皇帝；画卦，据传伏羲氏仰观俯察远物近身而画八卦；垂衣，垂衣裳，定王服之制；《易·系辞下》："黄帝尧舜垂衣裳而天下治，盖取诸乾坤。"后，同"君"。
⑫ 恢妙用：谓发扬道的妙用。寰中：天下。
⑬ "昭彰"句：谓开创帝业；昭彰，彰明；帝纪，帝王纪元。
⑭ "炳蔚"句：谓光耀礼乐文明；炳蔚，文采鲜明；《易·革》："大人虎变，其文炳也……君子豹变，其文蔚也。"人文，指礼乐教化。
⑮ "允属"句：谓圣明朝代得以延续；属，承续；睿朝，犹"圣朝"；睿，臣下对君主的敬辞。
⑯ "诞应"句：谓应上天眷顾而诞生。

皇帝仪乾受命①，应运开图②，继轩黄帝顼之灵源③，茂亶父周公之至德④，纂承玉箓⑤，光启金衡⑥。端旒扆以穆清⑦，慕唐虞而真正⑧，思洽大同之理⑨，以康九土之民。稼穑连三，华戎咸泰。皇储辉重明之美⑩，遐方赞有道之风，中外恬夷，生灵辑睦。况属三元令序，大宥昌辰⑪，宜虔斋洁之诚，共祝君亲之寿。拂瑶坛而展礼，按金箓以陈仪，龙彩质心⑫，香花备信。焰九光之莲炬，下照冥津⑬；飘三素之檀烟⑭，上开真域⑮。

必冀三天降祐⑯，万圣延慈，宗社隆昌，宝图安镇⑰。齐乾坤于圣寿，等日月于睿明⑱。文德武功，绥宁八极⑲，天枝宝胤⑳，辉映万龄。储皇享椿桂

① 仪乾：谓根据天意；仪，遵循；乾，天，《易·说卦》："乾，天也。"
② 开图：谓统治天下；图，版图。
③ 轩黄：轩辕黄帝。帝顼：颛顼，"五帝"之一，号高阳氏，相传为黄帝之孙、昌意之子。
④ 亶父：古公亶父，周文王祖父，《诗·大雅·绵》："古公亶父，来朝走马，率西水浒，至于岐下。"周公：姬旦，文王子，武王弟，成王叔，辅武王灭商，辅成王摄政。
⑤ "纂承"句：谓承续符箓所记述；纂承，继承；玉箓，符箓。
⑥ "光启"句：谓启用金衡以符天文；金衡，玉衡，测天仪器；《书·舜典》："在璇玑玉衡，以齐七政。"孔传："玑，衡，王者正天文之器。"
⑦ 端旒扆：谓端正朝廷，旒，帝王冕旒；扆(yǐ)，帝王座位后的屏风；旒扆借称帝王。穆清：太平祥和。
⑧ 真正：安定平正；真，同"贞"，正也。
⑨ 洽：符合。
⑩ 皇储：太子。重明：光明相继；谓能够继承大业。
⑪ "大宥"句：谓施行大赦的昌盛时光；大宥(yòu)，大赦。
⑫ "龙彩"句：谓画龙以表心意；质，实也。
⑬ 冥津：地狱津途。
⑭ 三素：各种云烟。檀烟：檀香烟。
⑮ "上开"句：谓打开天上仙界。
⑯ 三天：指三天之官，三天谓清微天、禹余天、大赤天；《汉武帝内传》："是三天真皇之母，上元之官，统领十万玉女之名录者也。"
⑰ 宝图：指皇位；《初学记》卷三十引纬书《春秋合诚图》："黄帝坐玄扈洛水上，与大司马容光等临观，凤皇衔图置帝前，帝再拜受图。"以此把接受帝位称为受图。
⑱ "等日月"句：谓皇帝圣明如日月照明。
⑲ 绥宁：安定。八极：八方极远之地，指天下。
⑳ "天枝"句：指皇族后嗣；胤，后嗣。

之年，常扶大业；妃后洁苹蘩之德①，并翼宸居②。朱邸清庙③，弥臻景贶④，外藩内辅，益履殊荣。常乐雍熙⑤，皆登富寿。其有宿殃积衅⑥，往债前冤，年辰命运之灾⑦，算纪飞旗之厄⑧，乘兹忏谢，并乞消平，即冀宗庙尊灵，生神三境⑨。臣等九玄七祖⑩，受福诸天，贻祚流祥，传休无极，上愿天文昭著，纬象澄清⑪，回直符太乙之旗⑫，息玉彗金芒之曜⑬，荡忧患于井参之野⑭，延福祥于梁益之墟⑮。九谷无虞⑯，五兵斯戢⑰。螟蝗水旱，无肆沴于农功⑱；疫疠凶荒，靡非灾于闾里⑲。幽关舒泰⑳，品类滋荣㉑，海岳归仁，寰

---

① "妃后"句：谓后妃道德纯洁；苹蘩之德，指不失妇职；《诗·召南·采苹》和《采蘩》，据《采蘩序》："《采蘩》，夫人不失职也。"夫人可以奉祭祀，则不失职矣。"

② 并翼：比翼。宸居：皇帝居所。

③ 朱邸：朱红殿堂。清庙：指供奉皇族祖先的太庙；《诗·周颂·清庙》："于穆清庙，肃雝显相。"

④ "弥臻"句：谓更加光辉灿烂；弥臻：更进一步；景贶，光辉，贶，同"况"。

⑤ 雍熙：和乐貌。

⑥ 宿殃：命中注定的灾殃。积衅：前世累积的祸患。

⑦ "年辰"句：谓宿命的灾祸；年辰，岁月。

⑧ 算纪：寿命。飞旗之厄：指天灾；飞旗，彗星，古以出彗星为天灾警讯；扬雄《羽猎赋》："靡日月之朱竿，曳彗星之飞旗。"

⑨ 三境：清微天玉清境，禹余天上清境，大赤天太清境，大罗天一气所化的天界，三洞教主所居。

⑩ 九玄七祖：指前世历代祖先。

⑪ 纬象：星象；《后汉书·陈蕃传》："故纬象失度，阴阳谬序，稼用不成，民用不康。"

⑫ 直符：神名；汉王符《潜夫论·巫列》中有"土公、飞尸、咎魅、北君、衔聚、当路、直符七神"。太乙之旗：指北极星；太乙同"太一"；《史记·封禅书》："天神贵者太一。"司马贞索隐引宋均云："天一、太一，北极神之别名。"

⑬ 玉彗金芒：指灾星彗星。

⑭ 井参：井宿和参宿，星宿名，古以十二星次对应地上的州、国，井参相当周秦，其时黄巢军占据中原。

⑮ 梁益：指梁州、益州之地，指蜀地；张载《剑阁铭》："勒铭山阿，敢告梁益。"其时唐僖宗流亡西蜀。

⑯ "九谷"句：谓谷物丰收。

⑰ "五兵"句：谓各种兵器都收藏起来，天下太平；五兵，《周礼·夏官·司兵》："掌五兵五盾。"郑玄注引郑司农云："五兵者，戈、殳、戟、酋矛、夷矛也。"泛指各种兵器；戢(jí)，收藏兵器。

⑱ 肆沴：施加灾害；沴(lì)，灾害不祥。

⑲ 靡：灭；消灭。《荀子·大略》："利夫秋豪，害靡国家。"王先谦集解引王念孙曰："靡者，灭也。言利不过秋豪，而害乃至于灭国家也。"非灾：意外之灾。

⑳ 幽关：深邃的关隘，引申谓关隘之内。

㉑ 品类：各种类别，引申为万物。

区禀化。至有立功将士，往逝都头①，绩著勤王，忠推効命，每因斋荐②，皆为忏祈，必离冥漠之乡③，更遂逍遥之适。或幽阴尚滞④，涣泽未霑⑤；或嗣续巳无，奠羞多阙。九宫符命⑥，即为迁神，二(三)箓洪恩⑦，俱令济苦。勿为疵疠，远诣福庭，动植飞沉，尽登真道。

李季兰诗(二首,《全唐诗》)

《偶居》

心远浮云知不还，心云并在有无间。狂风何事相摇荡，吹向南山复北山。

《从萧叔子听弹琴赋得三峡流泉歌》

妾家本住巫山云⑧，巫山流泉常自闻。玉琴弹出转寥夐⑨，直是当时梦里听。三峡迢迢几千里，一时流入幽闺里。巨石崩崖指下生，飞泉走浪弦中起。初疑愤怒含风雷，又似呜咽流不通。回湍曲濑势将尽，时复滴沥平沙中。忆昔阮公为此曲⑩，能令仲容听不足⑪。一弹既罢复一弹，愿作流泉镇相续。

---

① 往逝：过往牺牲。都头：指将领。
② 斋荐：诵经拜忏、祷祀求福的仪式；斋，《后汉书·楚王英传》：“楚王诵黄老之微言，尚浮屠之仁祠，絜斋三月。”荐，进献祭品；《仪礼·乡射礼》：“主人阼阶上拜送爵，宾少退，荐脯醢。”郑玄注：“荐，进。”
③ 冥漠之乡：幽冥境界，此指地府。
④ “或幽阴”句：谓或许滞在幽阴之中；幽阴，指地狱、灾祸之类。
⑤ 涣泽：雨露；此指朝廷恩泽。
⑥ 九宫符命：太乙神的符命；据《易乾凿度》：“太一取数以行九宫。”九宫，《易纬》有“九宫八卦”之说，即离、艮、兑、乾、坤、坎、震、巽八封之宫，加上中央宫；《后汉书·张衡传》：“臣闻圣人明审律历以定吉凶，重之以卜筮，杂之以九宫。”
⑦ 二箓：二为“三”之讹；三箓，三清所降金箓。
⑧ 巫山云：宋玉《高唐赋》序：“昔者先王尝游高唐，怠而昼寝。梦见一妇人，曰：‘妾巫山之女也，为高唐之客。闻君游高唐，愿荐枕席。’王因幸之。”此处“巫山云”暗示男女私情。
⑨ 寥夐：辽阔悠远。
⑩ 阮公：阮籍，善弹琴，当其得意，忽忘形骸。
⑪ 仲容：阮咸，字仲容，阮籍侄，与籍为竹林之游；妙解音律，善弹琵琶，虽处世不交人事，惟共亲知弦歌酣宴而已。

鱼玄机诗（三首，《全唐诗》）

《左名场自泽州至京使人传语》

闲居作赋几年愁，王屋山前是旧游①。诗咏东西千嶂乱，马随南北一泉流。曾陪雨夜同欢席，别后花时独上楼。忽喜扣门传女至，为怜邻巷小房幽。相如琴罢朱弦断②，双燕巢分白露秋。莫倦蓬门时一访，每春忙在曲江头。

《江陵愁望寄子安》

枫叶千枝复万枝，江桥掩映暮帆迟。忆君心似西江水，日夜东流无歇时。

《迎李近仁员外》

今日喜时闻喜鹊，昨宵灯下拜灯花③。焚香出户迎潘岳④，不羡牵牛织女家。

---

① 王屋山：在今山西阳城、垣曲两县之间，相传黄帝曾访道于王屋山，故以修道之山著称。

② 相如：司马相如，善鼓琴，早年归蜀，无以自业，以琴挑卓文君，二人驰归成都，在临邛卖酒为生。

③ 喜鹊、灯花：古民俗皆以为吉兆。

④ 潘岳(247—300)：晋文人，以美姿容著称，此指情人。

【第八讲】

文人的「仙歌」

古代文人与道教

查看晋宋以后文人的行踪,就会发现,几乎很少有人不与佛、道二教发生某种交涉。起码他们大都有与僧、道交往,游历寺、观的经历,写过相关题材的作品。这种情形主要决定于古代"三教并立"的社会环境和文化传统,又和当时文人一般的生活境遇、生存状态有关系。

中国是多宗教、多信仰的国度。在秦汉确立起来的大一统的专制政治体系之下,任何宗教都不可能建立起信仰的绝对权威。兼之中国自古已形成重理性、重伦理的文化传统,人口中虔信某种宗教的始终只是少数。但是汉魏以来历代王朝基本采取兼容、利用各种宗教(主要是佛、道二教)的方针,受到朝廷庇护的宗教遂得到广阔的发展空间,从而也就有可能在思想、文化领域发挥作用、造成影响。与另一些"世界宗教"(指具有普世规模的传播性宗教,如基督教、伊斯兰教、佛教)或"民族宗教"(指某民族全民信仰的宗教,如犹太教;伊斯兰教同时又是民族宗教)相比较,以佛、道二教为主的中国宗教的发展道路与活动形态又具有显著特点:就组织说,在中国,出家的僧、道(割断亲缘而出家是违背中土传统的基本道德规范的,他们的人数在总人口中只能占少数)作为宗教职业者组成教团;教团成员栖居、活动于寺、观,观念、生活、戒规等各方面都与世俗人划分清楚界线;有更多的世俗信徒,他们是信众,又是教团的供养者,构成教团的外护;这些在家信徒(他们称为"居士",但参与宗教活动、度过宗教生活的情况大有不同)并没有严密的组织,他们的宗教身份多数也不明确,有些人受戒、受道箓算是佛门或道门的正式弟子,但也并非每个人都是虔诚的信仰者。社会上更多的人则是从不同角度、在不同层面欣赏、亲近、接受佛教或道教,其中有些人相信天堂地狱、因果报应等观念,相信灵魂、神仙实有,相信某些法术、神通,等等,但不一定对佛、道二教的教义、教理有多少了解;而另一些人则相反,或许不相信这些,只是对经典、教理有兴趣,其中部分人或许对它们有相当程度的了解和造诣。

另一方面,中国是等级社会,社会等级的差别也体现在宗教信仰与活动中:统治阶层和一般民众无论是信仰内容还是信仰形态都有很大差异,这就形成所谓"小传统"。古代的所谓"士大夫"属于统治阶层,绝大多数文人出身于这一阶层。他们的生活状态、思想观念决定了对待宗教的一般态度:他们基本以学优则仕、觅举求官为人生目标,因而他们必然信守儒家经义和伦理规范;他们接受的主要是自古相传的富于理性的文化传统和教养;他们出仕为官之后往往从政治、教化角度看待、对待宗教,如此等等,他们之中真正虔信宗教的人更少。但是晋宋以来,佛、道二教活跃在社会生活之中,已在思想文化领域形成相当大的势力,造成广泛、深刻的影响,历代朝廷大都又对它们加以庇护和提倡,更重要的是,佛、道二教作为知识系统、文化系统具有丰富的思想、文化内涵,僧、道教团作为特异的社会组织又提供与中土固有传统迥然不同的观念、伦理和生活方式、人生理想,从而对羁束于儒家教条的文人士大夫产生相当的吸引力。晋宋以来,佛、道二教经典成为文人士大夫教养的必读书,他们从中吸收知识、汲取思想资源;更多的人赞赏、羡慕僧、道超然物外、高蹈脱俗、解脱名缰利锁的人生态度和生活形态;由于佛、道二教在各个文化领域取得、积累的成就巨大,特别是佛、道二教的经典艺文、寺观建筑、图画造像等等具有高度文化内涵,得到人们的普遍赞赏;还有,对于古代文人来说,他们遇到仕途坎坷、官场失意、生活磨难、衰病老迈等等不如意境况,以至遭受贬黜刑罚,遇到改朝换代,佛、道二教更给他们提供了精神上的安慰以至实际人生的遁逃薮。这样,尽管绝大多数古代文人以儒术立身,度过官宦生涯,但他们大多却以不同心态、从不同角度欣赏、亲近、研习以至信重佛、道二教,进而在思想上、创作中加以借鉴并做出创造性的发挥。在这后一层面,不少人对佛、道二教的发展做了不容忽视的贡献。中国文人士大夫阶层从而又成为佛、道二教发展的重大助力。

具体到道教,汉末在民间教派的基础上形成,以原始道家作为组织教理体系的基础,又纳入了上古巫术、神仙方术、阴阳五行、谶纬神学等内容,与儒家、与佛教也有密切地相互吸收、相互借鉴的关系。这就形成马端临在《文献通考·经籍考》所说的"道家之术,杂而多端"的状况。马端临所谓"道家"实指道教。今人许倬云也曾指出:"中古以来,道教内容无所不包,于医药、方术诸类，无不有所关涉，内容比儒家的关怀现世秩序，远为丰富与复杂。"（《万古江河　中国历史文化的转折与开展》）道教在后来的发展中始终也没有形成一个统一的教理体系和组织系统，一直呈现派系纷呈的状态。这样，其在组织上和教理上一直显得相当驳杂，从另一个角度看，也可说是十分丰富，从而就能够发挥复杂的社会作用与影响。道教在社会上层广泛传播，与佛教同样，是从晋宋开始的。就组织形态看，当时的道教形成以上清派和灵宝派为主、众多派系并立的格局（道教发展的状况与佛教显著不同：佛教有部派、学派的不同，却是作为统一的宗教输入中国并传播开来的，而早期道教则只是分散的教派，后来由于地域、参与的社会阶层、领导人物等的不同，形成不同经典、派别与信仰谱系）；至金元，即进入中国古代社会的所谓"近世时期"，传统道教教派衰落，具有更广泛民众基础的全真道、正一道兴盛起来，实现了道教的全面改革。就道教总体活动内容看，虽然不同派系有注重金丹、符箓、斋醮、存思等种种不同，但在两个方面与文人活动，与文学创作密切关联。一是与外来的佛教相比较，道教的活动始终更深地扎根在本土文化传统和民众生活的基础之上，因而也更广泛、深刻地反映本土民众的精神追求（特别体现在追求长生不老乃至飞升成仙，这是强烈的生命意识的体现。而强烈的生命意识乃是中国传统意识的特征），这也成为它能够吸引文人的重要条件；另一点是，道教活动具有鲜明的艺术性格，它以追求长生不死、飞升成仙为养炼目标，幻想无限瑰丽美好的仙界，创造众多神奇诡异的仙人形象，结集许多具有相当艺术水准的经籍艺文，表达教理、教义又形成一系列特异的意象、事典、语汇等等，它的科仪制度亦充满奇情异彩，这些都吸引历代文人，给他们的创作提供丰富的材料与滋养。

　　下面简单介绍历史上受到道教影响比较深刻的几位诗人的创作。如上所述，古代诗人接受道教的角度不同，在创作中汲取、借鉴的内容和方式也大不相同。这在下面介绍的几位诗人的创作中清楚地体现出来。但这几位文人对待道教有一点又是共同的：他们都不是宗教家，不是虔诚的信仰者，他们承续的是前辈骚人不信或怀疑神仙实有、实则是借神仙题材从事艺术创作的传统。他们每个人对这一题材的艺术处理与发挥是显然不同的，而他们接受道教影响，从中汲取滋养、借以创作出艺术精品则是相同的。

汉乐府和"三曹"的仙道诗

汉初,朝廷奉行黄老之道,黄老学说与神仙思想本来有密切的渊源关系。燕、齐君主和秦始皇求仙,方士的活动,作为传统入汉后得到延续。汉武帝独尊儒术,罢黜百家,却又迷信仙道。迁延至东汉,儒生与方士合流,五经与图纬并用。这样,神仙思想、神仙信仰一直发挥重大影响。这也是作为后来道教形成的基础的成分。文学领域的表现,则有前面提到的辞赋中大量仙道内容和随着造仙活动兴起的仙传创作。表现仙道题材的另一部分作品则有在文学史上占据重要位置、影响同样相当巨大、深远的乐府诗。

汉乐府里直接描写神仙的篇章有《董逃行》、《善哉行》、《水仙操》等;具有特色的还有以游历仙境为题材的,如《平调曲》里的《长歌行》:

> 仙人骑白鹿,发短耳何长。导我上太华,揽芝获赤幢。来到主人门,奉药一玉箱。主人服此药,身体日康强。发白复更黑,延年寿命长……

这里描写由仙人引导登上华山,得到仙药,延年长寿,质朴的叙写既神秘又真切。又《杂曲歌辞》里的《艳歌》:

> 今日乐上乐,相从步云衢。天公出美酒,河伯出鲤鱼。青龙前铺席,白虎持榼壶。南斗工鼓瑟,北斗吹笙竽。姮娥垂明珰,织女奉瑛琚。苍霞扬东讴,清风流西歈。垂露成帏幄,奔星扶轮舆。

这里则是漫游天上仙界的幻想了:仙人排比而出,各献珍馔、技艺,描绘的场面繁华而热烈,犹如人间上层社会的宴乐。又《瑟调曲》里的《陇西行》:

> 邪径过空庐,好人常独居。卒得神仙道,上与天相扶。过谒王父母,乃在太山隅。离天四五里,道逢赤松俱。揽辔为我御,将吾天上

游。天上何所有，历历种白榆。桂树夹道生，青龙对伏趺。凤凰鸣啾啾，一母将九雏。顾视世间人，为乐甚独殊……

这则是歌唱仙人引导上升天界，描绘天上景物和美妙、安详的神仙生活。神仙的交往情谊，天界的风景物态，朴实而生动。"天上何所有"一段，纯以景物点染，意境鲜明。上面这几首描写的是神仙世界，抒写的实际是人间现实的幻想，体现民歌质朴、生动的情韵。而如《吟叹曲》里的《王子乔》：

> 王子乔，参驾白鹿云中遨。参驾白鹿云中遨，下游来，王子乔。参驾白鹿上至云，戏游遨，上建逋阴广里践近高。结仙官过谒三台，东游四海五岳上，过蓬莱紫云台。三王五帝不足令，令我盛朝应太平。养民若子事父明，当究天禄永康宁。玉女罗坐吹笛箫，嗟行圣人游八集。鸣吐衔福翔殿侧，圣主享万年，悲今皇帝延寿命。

这是根据王子乔飞升的传说加以生发的。《列仙传》里写王子乔"乘白鹤驻山头"，这里则说"驾白鹿"游天界，如此更动原有传说情节，表达祝愿天下太平、福寿康宁之意，应当是朝廷乐官的制作了。

后来南朝的乐府诗也有表现神仙题材的。东晋清商曲辞里有《神弦歌》。据《古今乐录》："神弦歌十一曲：一曰宿阿，二曰道君，三曰圣郎，四曰娇女，五曰白石郎，六曰青溪小姑，七曰湖就姑，八曰姑恩，九曰采菱童，十曰明下童，十一曰同生。"《乐府诗集》录十一曲十八首，如《圣郎曲》：

> 左亦不伴伴，右亦不翼翼。仙人在郎傍，玉女在郎侧。酒无沙糖味，为他通颜色。

《娇女诗》二首之一：

> 蹀躞越桥上，河水东西流。上有神仙居，下有西流鱼。行不独自去，三三两两俱。

在南朝民歌里，"鱼"是情爱的象征，这样的歌曲寄托着爱情的幻想。《白石郎》则是写民间俗神的：

> 白石郎，临江居，前导江伯后从鱼。
>
> 积石如玉，列松如翠，郎艳独绝，世无其二。

《青溪小姑》也一样：

> 开门白水，侧近桥梁。小姑所居，独处无郎。

这些都是把神仙幻想民俗化、艺术化了，实际都是歌颂爱情的清新质朴的民歌。它们的题材、写法、语汇多被后世诗人所借鉴。

魏、晋时期文人们相当普遍地接触、接受道教，道教题材开始大量被表现在文学作品之中。除了出现一批前述《列仙传》、《神仙传》之类专书之外，在一般的志怪、杂纂中，也多有描述神仙变化、仙凡交通、游历仙境等内容的所谓"仙话"。文人诗歌创作中仙道也成为重要题材。作为一代文坛领袖的曹操、曹丕、曹植父子"三曹"，在诗歌创作上取得多方面成就，仙道也是他们作品的重要题材。他们的这一类作品显然更多继承、发展了民间乐府诗传统。这也是他们在诗歌创作上取得成就的重要原因。他们的游仙诗前面已经介绍过，下面介绍他们表现仙道题材的另一些作品。

曹操一生折冲樽组、戎马征战，作为杰出的政治家，不会为神仙荒诞之说所迷惑。他召集甘始、左慈等著名方士"聚而禁之"(曹植《辨道论》)，是体现其宗教观念的具体举措，也给后世统治者做出施政的榜样。他有《步出夏门行·龟虽寿》诗，中云：

> 神龟虽寿，犹有竟时。腾蛇乘雾，终为土灰。老骥伏枥，志在千里。烈士暮年，壮心不已。盈缩之期，不但在天。养怡之福，可得永年。幸甚至哉，歌以咏志。

这里写自己清楚意识到如"神龟"、如"腾蛇"都难免泯灭，所以虽然年近衰暮，却仍壮心不改，奋进不息；并表示寿命本非天定，颐养得理可以长寿延年。这就不但表现出顽强的生命意志，而且怀抱通过自力"可得永年"的强烈自信。这是一种积极的、富于理性的人生态度。但是在道教兴盛、方士活跃的环境里，他又对方术怀抱一定兴趣。张华《博物志》里曾记载他"又好养性法，亦解方药"（《太平御览》卷九三）。他也曾利用神仙题材写过一些诗，如《气出唱》、《陌上桑》等，典型的还有《秋胡行》：

　　　　愿登泰华山，神人共远游。愿登泰华山，神人共远游。经历昆仑山，到蓬莱，飘飖八极，与神人俱。思得神药，万岁为期。歌以言志，愿登泰华山。

　　　　天地何长久，人道居之短。天地何长久，人道居之短。世言伯阳，殊不知老，赤松王乔，亦云得道。得之未闻，庶以寿考。歌以言志，天地何长久……

这里第一首用"愿登"、"思得"，第二首用"庶以"，都作希冀之词，态度上显然不是对神仙的存在表示肯定，从而典型地体现传统上"骚人"的态度：以缥缈自由的幻游情思来愉情悦志，实际是抒写一种幻想的精神境界。

　　曹植的经历、处境和曹操大不相同。特别是他的后半生，受到登上帝位的兄弟曹丕的猜忌，虽位为藩侯，处境实同系囚。他同样不相信神仙，在《赠白马王彪》诗里曾明确表白"虚无求列仙，松子久吾欺"。他写仙道，实际也是以横溢的才华抒发忧患之情，以神仙幻想来求得精神慰藉。本书前面已经介绍他的《游仙》诗，他在诗歌史上最初使用了"游仙"题目。又如他的《远游篇》：

　　　　远游临四海，俯仰观洪波。大鱼若曲陵，乘浪相经过。灵鳌戴方丈，神岳俨嵯峨。仙人翔其隅，玉女戏其阿。琼蕊可疗饥，仰首吸朝霞。昆仑本吾宅，中州非我家。将归谒东父，一举超流沙。鼓翼舞时风，长啸激清歌。金石固易弊，日月同光华。齐年与天地，万乘安足多。

这里驰骋幻想，从海上仙山到西极昆仑，与仙人遨游，而感慨的是"昆仑本吾宅，中州非我家"，直抒受到压抑迫害、无以自处的激愤之情；幻想"齐年与天地，万乘安足多"，实则是有志难伸、寻求解脱的无奈之词。又《升天行》：

> 乘跷追术士，远之蓬莱山。灵液飞素波，兰桂上参天。玄豹游其下，翔鹍戏其巅。乘风忽登举，仿佛见众仙。

《乐府解题》指出："《升天行》，曹植云：'日月何时留。'鲍照云：'家事宅关辅。'植又有《上仙箓》与《神游》、《五游》、《龙欲升天》等篇，皆伤人世不永，俗情险艰，当求神仙，翱翔六合之外，与《飞龙》、《仙人》、《远游篇》、《前缓声歌》同意。"这是说曹植的这些诗里"求神仙，翱翔六合之外"的幻想乃是感伤人世俗情，发抒难言之隐的。这里提到的《上仙箓》、《神游》、《前缓声歌》等已佚。又他的《五游咏》：

> 九州不足步，愿得凌云翔。逍遥八纮外，游目历遐荒。披我丹霞衣，袭我素霓裳。华盖芬晻蔼，六龙仰天骧。曜灵未移景，倏忽造昊苍。阊阖启丹扉，双阙曜朱光。徘徊文昌殿，登陟太微堂。上帝休西棂，群后集东厢。带我琼瑶佩，漱我沆瀣浆。踟蹰玩灵芝，徙倚弄华芳。王子奉仙药，羡门进奇方。服食享遐纪，延寿保无疆。

这又从升仙的遐想到追求服食长生，把神仙幻想与养生实践结合起来，仍是因为现实中坎壈困顿，怨悒难平，时光流逝，功业无成，只能在想象的神仙世界中寻求心灵安慰。结合前面介绍的他的《游仙》之作来考察，可以知道仙道题材在他的创作中占据重要地位。他的这类诗情兼雅怨，表达的心态和曹操志得意满情境下的神仙幻想显然不同；他的更加真挚的现实感受和精神苦闷化为浓郁的仙游情怀，用生动的想象、富艳的辞采表现出来，无论是思想内容还是写作手法都富于创意。

刘勰《文心雕龙·明诗》篇说："乃正始明道，诗杂仙心。何晏之徒，率多浮浅。惟嵇志清峻,阮旨遥深,故能摽焉。"乐府、"三曹"抒写"仙心"的这一体作品对后世作者造成重大影响。继他们之后,嵇康、阮籍等人在仙道题材创作中都有所成就,到郭璞更取得突破性的进展,这在前面已经叙及。就文学发展历程说,值得注意的是,从先秦方士到葛洪、陶弘景等道士们构造、宣扬的神仙幻想、神仙故事、神仙境界,经过两汉到六朝文人们消化、改造,在创作中加以发挥,逐渐人生化、艺术化了。这也给后来这一题材的创作开拓出一条新路。更多的作者利用这一题材,在思想内容和艺术手法上进行开拓,创造出更多优美的诗篇,使中国诗歌史上这一独具特色的诗歌创作类型不断结出丰硕的果实。

李白

考察乐府诗和"三曹"以下仙道诗歌的创作会发现,这些作品构思取材基本是早期神仙信仰和后来道教里的仙界、仙人传说和表现他们的仙典、仙语。这也表明当时的道教对诗人们有着更为直接的影响。到唐代,情形发生了具有根本意义的变化,一些有才华、有创意的诗人往往对仙道题材另加发挥。他们不再局限于利用那些早期的仙道材料,而是另出创意,重新构造神仙世界的形象、意境、语汇,抒写个人的幻想与情意,从事有意识的艺术创作。这也体现这一时期道教对于诗歌创作更深一层的影响。其中成就突出的当属李白、李贺和李商隐。他们三个人接受神仙思想的具体情形又有所不同,表现在诗作里的艺术发挥亦大不相同。这也体现仙道题材给艺术创作提供的空间十分广阔。

李白(701—762)对道教的热衷终生不衰。他早年在蜀中即开始学道,出川后周流四方,先后居于嵩山、剡溪(在浙江嵊州市境内),求仙访道,结交著名道士司马承祯(647—735,字子微,号"白云子",师事道士潘师正,受上清经法,能诗善书,活跃在睿宗、玄宗朝,与陈子昂、卢藏勇等诸文士广有交谊)、吴筠等人。天宝(742—756)初,被征入朝,受到唐玄宗器重,他的好道名声也起了一定作用。后来他斥逐出京,到青州(今山东青州市)紫极宫从北海高天师受道箓,又访道安陵(在今河南鄢陵县境),遇盖寰,为造真箓,即在形式上成了道士。他有《感兴八首》诗,其中说"十五游神仙,游仙未曾歇",道教对他的思想、生活和创作的影响是相当巨大的。仙道是李白创作的重要题材。他的这部分作品思想内容十分丰富、复杂，构成其创作重要的、成就突出的部分。他被后人目为"诗仙"，他的作品被称赞为"天仙之词"。

李白是古代文人中鲜有其比的热衷求仙实践的人，但他并不是虔诚的信徒。给他写墓碑的范传正评论说：

> ……公以为千钧之弩，一发不中，则当摧撞折牙，而永息机用，安能效碌碌者苏而复上哉！脱屣轩冕，释羁缰锁，因肆情性，大放宇宙间。饮酒非嗜其酣乐，取其昏以自富；作诗非事于文律，取其吟以自释；好神仙非慕其轻举，将不可求之事求之，欲耗壮心、遣余年也。（《唐左拾遗翰林学士李公新墓碑》）

范传正的父亲范伦和李白有交谊，两家为"通家之旧"，墓碑是承李白孙女请托作的。这种对诗人心迹的解说应当是真切的。

李白满怀激情地抒写自己好仙、羡仙、热衷求仙以及幻想成仙的心情和情景，往往是用来抒写他摆脱现世羁束、争取个性自由的精神追求，表达他对于现实社会体制的疏离、厌恶、抗争和对于另一种理想生活境界的向往。例如《古风》之十：

> 黄河走东溟，白日落西海。逝川与流光，飘忽不相待。春容舍我去，秋发已衰改。人生非寒松，年貌岂长在。吾当乘云螭，吸景驻光彩。

"逝者如斯"是人生面临的永恒矛盾。对于徒有壮志、才不得施如李白来说，感受这一矛盾的悲情则更为深重。他悲悼时不我待，幻想神仙世界给他提供解脱人生困境的出路，表示要到神仙世界中去，让青春永驻。当然，这只能是虚无缥缈的幻想。又如另一首《古风》：

> 昔我游齐都，登华不注峰。兹山何峻秀，绿翠如芙蓉。萧洒古仙人，了知是赤松。借予一白鹿，自挟两青龙。含笑凌倒景，欣然愿

相从。

这是早年游山东求仙的"回忆"。华不注峰在今济南市北,是一座孤耸的山峰。诗人把在这里遇仙、同游描述得如真似幻,细腻地展现自己萧然出世的心路历程。古代文人一般视求举觅官、立身扬名为生命,李白决心追随仙人遨游,希望从现实压迫和精神苦闷中挣脱出来。这样的心态,还可举出名作《梦游天姥吟留别》。作品开头说:"海客谈瀛洲,烟涛微茫信难求。越人语天姥,云霞明灭或可睹",他明确表白海上仙岛"难求",所以用世上名山替代,作为自己梦游所在。梦游美好瑰丽的神仙世界之后,美梦破灭,他冷静地思索,激愤地表白对现实中"权贵"的轻蔑和否定:

> ……忽魂悸以魄动,恍惊起而长嗟。惟觉时之枕席,失向来之烟霞。世间行乐亦如此,古来万事东流水。别君去兮何时还,且放白鹿青崖间,须行即骑访名山。安能摧眉折腰事权贵,使我不得开心颜。

这样,美好绮丽的梦幻终于破灭了,神仙世界本来不可求,他转而要骑白鹿去寻访现实的名山胜境,度过解脱现实羁束的自由自在的生活。又《怀仙歌》:

> 一鹤东飞过苍海,放心散漫知何在。仙人浩歌望我来,应攀玉树常相待。尧舜之事不足惊,自余嚣嚣直可轻。巨鳌莫载三山去,我欲蓬莱顶上行。

"致君尧舜"本是古代一般士大夫的人生理想,"尧舜之事"代表的是他们所献身的经国事业,但在诗人看来,这种事业比起幻想中的蓬莱仙岛上的神仙生活是不足重的。

这样,构成李白神仙观念的基调的,是挣脱现实羁束的强烈意愿,是对于个性自由的热烈追求,是对专制体制威压的不屈意志和勇敢抗争。这构成李白神仙题材作品的第一方面内容。

李白的人生态度是积极入世的。他怀抱着"伸管、晏之谈,谋帝王之术，奋其智能，愿为辅弼，使寰区大定，海内清一"（《代寿山答孟少府移文书》）的理想。如果说他早年写仙道题材主要是寄托对于理想人生和意志自由的向往，那么入朝被斥之后，随着年事渐长，理想破灭，神仙幻想则成为一种泯合现实矛盾的无奈的安慰。他的《寄王屋山人孟大融》诗说：

> 我昔东海上，劳山餐紫霞。亲见安期公，食枣大如瓜。中年谒汉主，不惬还归家。朱颜谢春晖，白发见生涯。所期就金液，飞步登云车。愿随夫子天坛上，闲与仙人扫落花。

这就直白地表明，自己与统治者"不惬"而不得不"归家"，年事渐衰，因而幻想得到"金液"仙药，飞升成仙。但这当然只是不可能实现的希冀。李白时时清醒地意识现实与幻想间的矛盾，他在《暮春江夏送张祖监丞之东都序》里说：

> 吁咄哉！仆书室坐愁，亦已久矣。每思欲遐登蓬莱，极目四海，手弄白日，顶摩青穹，挥斥幽愤，不可得也。

他的诗也经常写到同样的意思，如"仙人殊恍惚，未若醉中真"（《拟古》之三），"圣贤既已饮，何必求神仙"（《月下独酌》之二），等等，他明确意识到所幻想的仙人、仙界，所憧憬的飞升成仙、与仙人遨游，全然虚无缥缈，不是真实的。这种美好愿望破灭的自觉，带给他刻骨铭心的、不可疏解的痛苦和哀愁。他天宝元年（742）游泰山，写《游泰山六首》，其第二、三首说：

> 清晓骑白鹿，直上天门山。山际逢羽人，方瞳好容颜。扪萝欲就语，却掩青云关。遗我鸟迹书，飘然落岩间。其字乃上古，读之了不闲。感此三叹息，从师方未还。
> 平明登日观，举手开云关。精神四飞扬，如出天地间。黄河从西来，窈窕入远山。凭崖揽八极，目尽长空间。偶然值灵童，绿发双云鬟。笑我晚学仙，蹉跎凋朱颜。踌躇忽不见，浩荡难追攀。

这里写游泰山，发挥超然的想象，把真实的景物与幻想的遭逢融为一体，抒写人世蹉跎、神仙难求的悲哀。这种失落感带给他的，是幻想破灭的更深一层的痛苦。这样，神仙幻想并非真实的现实世界，他要到酒醉中寻求安慰和解脱，《拟古十二首》之三、八说：

> 长绳难系日，自古共悲辛。黄金高北斗，不惜买阳春。石火无留光，还如世中人。即事已如梦，后来我谁身。提壶莫辞贫，取酒会四邻。仙人殊恍惚，未若醉中真。

> 月色不可扫，客愁不可道。玉露生秋衣，流萤飞百草。日月终销毁，天地同枯槁。蟪蛄啼青松，安见此树老。金丹宁误俗，昧者难精讨。尔非千岁翁，多恨去世早。饮酒入玉壶，长生以为宝。

这是对宇宙万物生灭变化的规律的十分理性的认识，据此对人生又怀抱相当达观的态度。不过这种貌似达观甚至是颓唐的表现中实则包含着更加深刻的悲凉和伤感。诗人细腻、真切地抒写出人生困境和心灵苦闷，表达精神解脱的苦苦追求，构成他神仙题材作品的又一方面内容。

基于自身的痛切感受和清醒认识，他又常常利用仙道题材对社会现实进行批判。如《古风》中这样的作品：

> 西上莲花山，迢迢见明星。素手把芙蓉，虚步蹑太清。霓裳曳广带，飘拂升天行。邀我登云台，高揖卫叔卿。恍恍与之去，驾鸿陵紫冥。俯视洛阳川，茫茫走胡兵。流血涂草野，豺狼尽冠缨。

这是用游仙的构思来影射"安史之乱"，超越的神仙世界和世间的血腥战乱形成鲜明对照，对血涂草野的残酷现实不能忘怀而表达深切的愤懑与同情。还有如《登高丘而望远海》：

> 登高丘，望远海。六鳌骨已霜，三山流安在。扶桑半摧折，白日沉光彩。银台金阙如梦中，秦皇汉武空相待。精卫费木石，鼋鼍无所凭。君不见，骊山茂陵尽灰灭，牧羊之子来攀登。盗贼劫宝玉，精灵竟何

能。穷兵黩武今如此,鼎湖飞龙安可乘。

据旧注,这首诗明著秦皇、汉武穷兵黩武而妄求神仙长生的历史教训,讽刺唐玄宗天宝末年用兵南诏和西域,指斥他求仙无益。这则是借用神仙题材对统治者的倒行逆施加以抨击了。这也是李白仙道诗的一方面内容。这类作品里有关神仙、仙界的描写已完全没有信仰的意味,只是作为现实批判的隐喻对象了。

神仙幻想、神仙追求乃是李白精神世界和诗歌创作的重要内容。他创作这一题材的作品,不是沉溺于虚无缥缈的幻想或消极避世的颓唐,反而表现他对现实矛盾认识之深刻和批判抗争意识之激烈。他用超人的才情和飘逸的笔墨把自己的感受抒写出来,极大地开拓、发展了传统仙道题材的写作艺术。他的这部分诗歌从一个特殊角度真切反映了时代精神而独放异彩,成为在百花齐放的盛唐诗坛上具有标志性的成就。

李贺

李贺(790—816)被称为"鬼仙"。在古代诗歌仙道题材创作中,他的作品无论是内容还是写法都极富特色。他是李唐王室的疏远宗枝,生活在中唐国是日非、矛盾重重的社会环境中,自负有杰出才能,怀抱强烈的力挽危局、建功立业的意识。但现实状况是"我当二十不得意,一心愁谢如枯兰。衣如飞鹑马如狗,临歧击剑生铜吼。旗亭下马解秋衣,请贳宜阳一壶酒"(《开愁歌华下作》),不仅处境坎坷,又体弱多病,穷愁不得解脱,促使他沉溺幻想、倾向神秘的境界。和李白相比较,从题材看,李白诗里所表现的神仙和神仙世界取材还多有传统的,李贺所表现的则主要是民俗或民间传说的神巫、幽灵;从创作主旨看,"盛世"的李白主要是用以寄托摆脱现实羁束、实现意志自由的理想,而处身日渐衰败社会环境中又身陷困顿的"王孙"李贺,则更多抒发失意、落魄的幽愤孤怀,发出悲凉感慨的歌吟。这就形成他这类作品内容与形式上的特色,如杜牧评论说:"盖《骚》之苗裔,理虽不及,辞或过之。《骚》有感怨刺怼,言及君臣理乱,时有以激发人意。乃贺所为,得无有是?"(《李贺集序》)这是指出李贺诗与屈《骚》风格更为接近,多抒写牢骚怨怼,又着力追求辞采的奇诡华艳。他在艺术上的创新也体现在这些方面。

李贺也和古代一般文人同样,常常明确表示对神仙的否定。如《马诗二十三首》之二十三:

> 武帝爱神仙,烧金得紫烟。厩中皆肥马,不解上青天。

这是讽刺炼丹求仙的,被认为是借汉武帝以影射讽刺唐宪宗的。又如《官街鼓》:

> 晓声隆隆催转日,暮声隆隆催月出。汉城黄柳映新帘,柏陵飞燕埋香骨。槌碎千年日长白,孝武秦皇听不得。从君翠发芦花色,独共南山守中国。几回天上葬神仙,漏声相将无断绝。

这同样是对秦皇、汉武求仙之愚妄加以讥讽,表白他的经世志愿和政治上的责任心。而诗中杰特不凡的构想,"槌碎千年日长白"、"几回天上葬神仙"的意境和语言,充分表明诗人尚奇好异的特殊心态,也体现诗人呕心沥血,力求矜创的艺术追求。

在李贺仙道题材作品中,最令人感动的,是那些表现强烈生命意识、抒写人生"宿命"烦忧的篇章。如《天上谣》:

> 天河夜转飘回星,银浦流云学水声。玉宫桂树花未落,仙妾采香垂佩缨。秦妃卷帘北窗晓,窗前植桐青凤小。王子吹笙鹅管长,呼龙耕烟种瑶草。粉霞红绶藕丝裙,青洲步拾兰苕春。东指羲和能走马,海尘新生石山下。

这首诗用游仙的构思,杂用神仙事典,以华艳绮丽的语言,描绘出幻想的天上境界,银河流水、神龙耕种、羲和走马,想象新颖而奇辟,实际表现的是人世间沧海桑田的变化,发抒对于生命流逝的感慨。这里也用了"秦妃"(弄玉)、"王子"(王子乔)传统神仙典故,但设想出全然新颖的另外的境界,奇警动人。又如《苦昼短》一诗：

> 飞光飞光，劝尔一杯酒。君不识青天高，黄地厚。惟见月寒日暖，来煎人寿。食熊则肥，食蛙则瘦。神君何在，太一安有？天东有若木，下置衔龙烛。吾将折龙足，嚼龙肉，使之朝不得回，夜不得伏。自然老者不死，少者不哭。何为服黄金，吞白玉？谁是任公子，云中骑白驴？刘彻茂陵多滞骨，嬴政梓棺费鲍鱼。

这里诗人同样表白对于神仙虚妄的清醒认识，更对神仙方术猛烈加以抨击。但他又幻想能够制止时光流逝，让生命永存，寄托对于实现理想人生的希冀。这又体现他的神仙幻想理性、自信的一面，与李白的神仙思想有相同之处。又如他的《浩歌》诗：

> 南风吹山作平地，帝遣天吴移海水。王母种桃千遍红，彭祖、巫咸几回死。青毛骢马参差钱，娇春杨柳含细烟。筝人劝我金屈卮，神血未凝身向谁？不须浪饮《丁都护》，世上英雄本无主。买丝绣作平原君，有酒惟浇赵州土。漏催水咽玉蟾蜍，卫娘发薄不胜梳。看见秋眉换新绿，二十男儿那刺促。

在这里，诗人更深刻地意识到，神仙尚且不能永存，那么如此短暂的人生，功业难成，欢乐难再，青春的"刺促"不只让人哀伤，更使人绝望，幻想的神仙世界从而使他对人生"宿命"的感受越加痛切，也激发起更为强烈的人生意愿。这也是作品魅力的所在。

　　能够体现李贺创作特色的，还有一类以神女为题材的作品。其中有西王母这样的道教传统女神，更多的则是像巫山神女、李夫人、杜兰香、苏小小等神怪传说中的"人物"，还有"不见祀典"的如贝宫夫人之类"杂神"。所用诗歌体制除了一般古、近体，还有《神弦曲》、《神弦》等降神乐歌。他的这类诗带有浓厚的神巫色彩。他的诗被称"鬼仙之词"，主要指这类作品。这类诗内容大体无关教理，写法也与传统仙道诗截然不同。它们着意创造神秘莫测、朦胧幽晦、凄婉诡异的意象，以至古今不少人钩玄索隐，但难以得出确解。它们如无题的乐章，以恢诡神奇的意境传达内心隐情，给人以特殊的心灵感动和美的享受。典型地反映这种风格特色的，如《苏小小墓》：

> 幽兰露，如啼眼。无物结同心，烟花不堪剪。草如茵，松如盖。风为裳，水为珮。油壁车，夕相待。冷翠烛，劳光彩。西陵下，风吹雨。

这是演绎南朝名妓苏小小传说的。乐府里的《苏小小歌》说："我乘油壁车，郎乘青骢马。何处结同心，西陵松柏下。"李绅的《真娘墓诗序》又说嘉兴县前有苏小小墓，风雨之夕，或闻其上有歌吹之音。李贺应是根据这些传闻加以构想，专从侧面点染环境、车乘、装饰，创造凄清冷艳的境界，比喻奇辟，如梦如幻，对一个想象中的爱情失落的女性亡灵寄托感伤。再如《兰香神女庙》：

> 古春年年在，闲绿摇暖云。松香飞晚华，柳渚含日昏。沙炮落红满，石泉生水芹。幽篁画新粉，娥绿横晓门。弱蕙不胜露，山秀愁空春。舞珮翦鸾翼，帐带涂轻银。兰桂吹浓香，菱藕长莘莘。看雨逢瑶姬，乘船值江君。吹箫饮酒醉，结绶金丝裙。走天呵白鹿，游水鞭锦鳞。密发虚鬟飞，腻颊凝花匀。团鬓纷珠窠，浓眉笼小唇。弄蝶和轻妍，风光怯腰身。深帏金鸭冷，奁镜幽凤尘。踏雾乘风归，撼玉山上闻。

前面已经介绍过六朝传说中的神女杜兰香，她降临洞庭包山张硕家，授以神仙飞升之道。唐时有庙在昌谷女山上，据传是神女上升处。李贺诗无"杜"字，有人认为所写与杜兰香无涉，应是地方上的无名神女。这首诗从庙的环境写起，然后写到庙里神像，再联想到神女降临的情景，最后以神女归去作结。刻意创新的语汇和极尽修饰的手法描摹出神秘绮丽的场景，美丽神女似有若无，如幻如化。它如《神弦》、《神仙曲》、《瑶华乐》、《巫山高》、《神弦别曲》等，写法、风格类似。如上所说，李贺这类诗大多表现神女，应与唐时道教流行的女仙信仰不无关系，但更主要的是他借助女性神灵创造委婉柔媚的情境，传达出深微杳渺的感情和倾心神秘的艺术趣味。

李贺有些诗的主旨无关神仙，而是借用仙道题材在艺术上另作生发。如名篇《李凭箜篌引》，借用神奇瑰丽的神仙境界，赞颂内廷供奉乐师李凭弹箜篌的高超技艺；《金铜仙人辞汉歌》，写曹魏迁移汉武帝承露仙人盘传说，抒发对时易世移的感伤。这样的作品利用影射、隐喻手法，描摹窈渺恍惚的意境，奇情异趣，为诗歌史上所罕见。

钱锺书在《谈艺录》里指出："细玩昌谷集，舍侘傺牢骚，时一抒泄而外，尚有一作意，屡见不鲜。其于光阴之速，年命之短，世变无涯，人生有尽，每感怆低回，长言咏叹。"他举出李贺的诗句做例子："《天上谣》则曰：'东指羲和能走马，海尘新生石山下。'《浩歌》则曰：'南风吹山作平地，帝遣天吴移海水。王母桃花千遍红，彭祖巫咸几回死。'《秦王饮酒》则曰：'劫灰飞尽古今平。'《古悠悠行》则曰：'白景归西山，碧华上迢迢。今古何处尽，千岁随风飘。'"这样，对于李贺，神仙幻想提供了艺术想象的材料，他用来描绘梦幻的神灵，创造心中的仙境，抒发自己的幽愤孤怀。陆游又曾评论说："贺词如百家锦衲，五色炫耀，光夺眼目，使人不敢熟视，求其补于用，无有也。"（范希文《对床夜语》）实际某些艺术创作的价值正在于无用之用。李贺在他短促的衰病生涯中，在艺术上刻意追求，呕心沥血，写出惊采绝艳的词章，创造出艺术化的仙鬼幽冥世界，又体现他的审美追求，千古之下让人欣赏、感动。他的"鬼仙之词"，形成唐诗中的所谓"李长吉体"，特别对仙道题材的创作多所开拓，使之进一步现实化、艺术化，成为诗歌史上的独特贡献。

李商隐

李商隐（813？—858）和道教有相当密切的因缘，这种因缘同样和他的经历、处境，也和当时道教发展状况以及唐代文人热衷仙道的传统有直接关系。

李商隐于大和三年（829）入天平军节度使令狐楚（766—837，活跃在宪宗至敬宗朝，历任中外要职，是"牛李党争"牛党的重要人物。天平军治郓州，今山东东平县。李商隐早年被他器重，是后来无意间卷入党争、仕途失意的起因）幕，作《天平公座中呈令狐令公》，诗中说：

罢执霓旌上醮坛，慢妆娇树水晶盘。更深欲诉蛾眉敛，衣薄临醒玉艳寒。白足禅师思败道，青袍御史拟休官。虽然同是将军客，不敢公然仔细看。

唐时僧、道出入权贵门庭是一时风气，令狐绹幕府有和尚，也有女冠。这首诗描写斋醮中的女道士的倜傥娇艳，流露欣羡的心情，是他以后更多接触、交往女道士的开端。后来他有较长时间的学道经历。大和八年（834），李商隐进京应考不第，回洛阳时写《东还》诗说：

自有仙才自不知，十年长梦采华芝。秋风动地黄云暮，归去嵩阳寻旧师。

这虽然是失意的排遣之作，也可见他确曾度过学道生涯。到开成元年（837），他奉母居于济源（今河南济源市），那里的玉阳山是当年唐睿宗女玉真公主修道的地方，他又曾在那里"学仙"。现存《戊辰会静中出贻同志二十韵》诗可见他认真学道的具体情形，全文如下：

大道谅无外，会越自登真。丹元子何索，在己莫问邻。蔳璨玉琳华，翱翔九真君。戏掷万里火，聊召六甲旬。瑶简被灵诰，持符开七门。金铃摄群魔，绛节何焜煌。吟弄东海若，笑倚扶桑春。三山诚迥视，九州扬一尘。我本玄元胄，禀华由上津。中迷鬼道乐，沉为下土民。托质属太阴，炼形复为人。誓将复宫泽，安此真与神。龟山有慰荐，南真为弥纶。玉管会玄圃，火枣承天阴。科车遏故气，侍香传灵氛。飘飘被青霓，婀娜佩紫纹。林洞何其微，下仙不与群。丹泥因未控，万劫犹逡巡。荆芜既以剪，舟壑永无湮。相期保妙命，腾景待帝辰。

"戊辰"是大中二年（848）。所谓"入静"，是道教养炼方法的一种，分为顿、渐二法。所谓"渐法"即"存思"，"顿法"即"守一"。按规定，大静三百天，中静二百天，小静一百天。这首诗写的就是"出静"时的体验。这种修炼心神的"内功"，为上清派所特别提倡，和外丹的长生之术思路迥异。首联"登真"指成仙；次联是化用《黄庭经》"心神丹元字守灵"，"真人在己莫问邻"的意思，是说真神即在自身，不烦外求。以下"蒨璨"十二句，描写仙界的奇丽景象与神秘科仪；"我本"六句，是说自己迷恋"鬼道"即人间荣乐，沉埋世间，炼形为人；"誓将"以下是说决心补脑还精，保真安神，必将受到仙真抚慰，飞腾升仙。"龟山"指魏华存升仙的龟原，"南真"即魏华存，她即是前面说过的降临茅山灵媒处传授上清经典的仙真。从这首诗可以知道，李商隐是欣赏和修炼过上清派的内功的。他期望能升仙到昆仑玄圃，与群仙遨游，保命长生，永在天庭侍奉天帝。

　　李商隐热衷仙道，倾心神秘，和他坎坷不平的人生境遇也有关系。他步入仕途，正是朝廷中"牛李党争"("牛李党争"是朝廷内部不同官僚集团争权夺利的斗争，一派以李吉甫、德裕父子为首，另一派以牛僧孺、李宗闵为首，斗争从唐宪宗元和初年开始，历穆宗、敬宗、文宗、武宗朝，直到宣宗初年，历时四十余年)激烈的时候。他出仕、中举，一直得到属于牛党的令狐楚、令狐绹父子的照应。令狐楚开成二年(837)故去，第二年，他又接受泾原节度使(指泾州，今甘肃泾川县)王茂元聘请入幕，并娶茂元女为妻，而王属李党。他的这段经历，被牛党指斥为"诡薄无行"、"放利偷和"，从此陷入党争漩涡。虽然他志大才高，又写一手漂亮的当时朝廷应用的骈俪文字，却始终不得大用，屈沉为幕府僚佐，以至远走桂管(治桂阳，今广西桂林市)、东川(治梓州，今四川三台县)谋生计。写作仙道题材的诗歌，显然也是他坎壈生涯的精神寄托。

　　李商隐生活在道教兴盛环境下，有认真学仙的经历，对道教教理和律仪又十分熟悉，相关题材的写作也就得心应手。他写了不少表示好道、羡仙的诗，如《玄微先生》、《赠白道者》、《寄华岳孙逸人》等。前一首说：

　　　　仙翁无定数，时入一壶藏。夜夜桂露湿，村村桃水香。醉中抛浩劫，宿处起神光。药裹丹山凤，棋函白石郎。弄河移砥柱，吞日倚扶桑。龙竹裁轻策，蛟绡熨下裳。树栽嗤汉帝，桥板笑秦王。径欲随关令，龙沙万里强。

诗人在这里塑造一位"仙翁"形象:自由自在,醉酒佯狂,不受羁束,笑傲王侯。写的既然是"仙",当然要写到变化、药物之类法术,但所描绘的基本是一种理想的人生境界。另外有些作品,如《郑州献从叔舍人裦》诗,表达对学道生活的神往,"蓬岛烟霞阆苑钟,三官笺奏附金龙。茅君奕世仙曹贵,许掾全家道气浓"云云,词语相当精美,用典也十分贴切,虽然是应酬之作,却也体现他创作的艺术特色。

但李商隐对神仙信仰的虚妄荒诞认识又是清醒的。他也和李白、李贺等人一样写诗讽刺帝王求仙,如《华岳下题西王母庙》两首的第一首:

> 神仙有分岂关情,八马虚追落日行。莫恨名姬中夜没,君王犹自
> 不长生。

按一般注释,这首诗是用周穆王周游天下访问西王母故事来讽刺武宗求仙的,"中夜殁"的"名姬"指为武宗殉身的王妃。同类作品还有《汉宫》、《瑶池》、《瑶池二首》、《海上谣》等。从时代背景看,他活动的晚唐时期,一方面唐武宗掀起崇道狂热,另一方面道教教理的发展又处在由重外丹向重内丹的转变之中,这种转变也从内部冲击了传统的神仙观念和神仙术。文人中韩愈、李翱等为代表的批判佛、道的思潮也在发挥巨大影响。身处这种环境中的李商隐,不可能确立坚定的信仰心。他把所熟悉的道教材料转化为诗的意象,开拓出艺术创作的新生面。

李商隐诗歌创作的重要特征是沉溺于自我,着力抒写个人的心态隐微。这是形成他的创作特色的一个关键因素。具有典型意义的是他的一批流传广远、感人肺腑的《无题》诗(有些有题,例如采用首句二字为题,题旨不明,同于无题)。它们的主旨被人们钩玄索隐,聚讼纷纭,有两类具有代表性的看法:一种是别求政治寓意,因为李商隐身处朝廷党争夹缝之中,遭际困顿,所以从他的诗中寻求身世感慨,寄托讽喻;再一种认为这类诗多是故作隐晦来表达和女道士的恋情,至于恋情的对象又有不同说法,比如认为是写和女冠宋华阳姊妹的关系,等等。但无论哪一种看法,都没有确切证据可作定论。王蒙提出一个平实却有说服力的看法:"诗人这里写的不是一时一地一人一事而是自己的整个心境,或是虽有一时一地一人一事的触动,

着力处仍在于去写深藏的内心,这正是此类诗隐秘丰邃不同凡响之处。"他指出"作者构建的是自己独特的心灵风景"。从这样的角度出发,这些作品的"本事"或主旨不明并无碍读者接受、欣赏所表现的"心灵风景"。这种用独特精致的笔触描绘出来的"心灵风景"的片断,如无题的乐章或画幅,传达诗人的内心感受,令人感动,让人激赏。如《常娥》诗:

> 云母屏风烛影深,长河渐落晓星沉。常娥应悔偷灵药,碧海青天夜夜心。

这是演绎古老的嫦娥奔月故事。古今对这首诗的主题也有各种解释,如自伤怀才不遇、讽刺女道士、悔与王氏结婚等等。不论真实的立意如何,这二十八个字所提供的意象是新颖、鲜明的:不管神仙世界如何美好,令人神往,却是凄清枯淡,寂寞难耐的,离开人间、上升月宫的嫦娥留下的只是无穷的悔恨。立意更为模糊的还有如《一片》、《碧城》等,后人解释的歧意更多,但诗中提供的仙人形象、仙界风景、神仙典故以及特殊的道教语汇绮丽而优美,感情表达得深幽绵邈又耐人寻味,读者虽然难于确切解读,却能够得到不尽的美感。还有如历来被人称赞的《重过圣女祠》:

> 白石岩扉碧藓滋,上清沦谪得归迟。一春梦雨长飘瓦,尽日灵风不满旗。萼绿华来无定所,杜兰香去未移时。玉郎会此通仙籍,忆向天阶问紫芝。

圣女祠在陈仓(今陕西宝鸡市东)、大散关之间,大中九年(855),李商隐跟随东川节度使柳仲郢回长安,诗是路上所作。诗人敷衍流行的两个谪仙降临故实,但主旨同样难得解明。其中有所寄托、比喻是显然的,但比喻什么,寄托何在,诗人有意深隐,并未点明。后人的解释只能是猜测。有人认为是讽刺女道士的淫佚的,更多的人则主张是抒写自身境遇的;说是自喻,看法又有种种,如表达回归朝廷的心愿,感慨进身没有援手,等等,不具述。但如果就诗论诗,诗人把传统的神女降临情境表达得迷离恍惚,如幻如画;其中"一春"一联,只点染雨水飘瓦和风卷旗幡,庙宇的荒凉、神灵的幻象,境界全出。有的人主张这首诗关键在颔联，写神女飘忽不定，终于离去，使得"玉郎"通仙籍、升天阶只能留作回忆了。如这样的诗，无论作者主观立意如何，其中祠庙风景的描写、神女降临的想象、诗人精致的技巧和语言，留给人的印象是清晰、优美、令人回味无穷的。另有些诗借用神仙题材来抒发感慨，题旨比较明晰，如《七月二十八日夜与王郑二秀才听雨后梦作》：

> 初梦龙宫宝焰然，瑞霞明丽满晴天。旋成醉倚蓬莱树，有个仙人拍我肩。少顷远闻吹细管，闻声不见隔非烟。逡巡又过潇湘雨，雨打湘灵五十弦。瞥见冯夷殊怅望，蛟绡休卖海为田。亦逢毛女无聊极，龙伯擎将华岳莲。恍惚无倪明又暗，低迷不已断还连。觉来正是平阶雨，未背寒灯枕手眠。

这首诗借用梦幻来隐喻身世，抒发沦落之感：曾经有过如美丽神仙境界的幻想，但只如梦幻一般；这梦境越是繁华、热烈，就更衬托出梦醒后的失落感。如这样的作品，即使对于诗人的立意毫无了解，其新颖奇特的构思、丰富优美的想象、细致生动的摹写，也足供读者欣赏了。

李商隐有诗说："事神徒惕虑，佞佛愧虚辞。"（《咏怀寄秘阁旧僚二十六韵》）明确表示自己虽热衷佛、道，但在人生坎坷经历中，宗教的幻想与追求终于破灭了。他把好道、学仙的经历、知识、感受、体验等等化为诗情，写出风格独特、优美的诗章，在诗歌艺术上做出了重大贡献。

如果纵观从魏晋时期的"三曹"、嵇、阮到唐代的李贺、李商隐的创作，诗人们处理仙道题材的态度、方式的变化，显然有发展线索可循：这类创作的内容不断拓展，技法不断丰富，从总体趋势看则宗教的旨趣越来越淡化，利用这一题材从事艺术创作的自觉越来越明确，以至后世许多诗人利用这一题材的许多作品已完全与道教无关，仙界、仙人、仙话等只被作为象征、隐喻了。这也是在中国的社会环境和文化传统中宗教被"政治化"、"现实化"、"艺术化"的结果。

作品释例

汉乐府(三首,逯钦立《先秦汉魏晋南北朝诗》)

《平调曲·长歌行》

仙人骑白鹿①,发短耳何长。导我上太华,揽芝获赤幢②。来到主人门,奉药一玉箱。主人服此药,身体日康强。发白复更黑③,延年寿命长。岧岧山上亭④,皎皎云间星。远望使心思,游子恋所生。驱车出北门⑤,遥观洛阳城。凯风吹长棘⑥,夭夭枝叶倾⑦。黄鸟飞相追⑧,咬咬弄音声。伫立望西河⑨,泣下沾罗缨⑩。

《杂曲歌辞·艳歌》

今日乐上乐,相从步云衢。天公出美酒,河伯出鲤鱼。青龙前铺席,白虎持榼壶。南斗工鼓瑟,北斗吹笙竽。妲娥垂明珰⑪,织女奉瑛琚⑫。苍霞扬东讴⑬,清风流西歈⑭。垂露成帷幄,奔星扶轮舆⑮。

---

① 白鹿:《神仙传·卫叔卿》:"乘浮云,驾白鹿,集于(汉武帝)殿前。"
② 幢(zhuàng):旗帜。
③ "发白"句:《列仙传·朱璜》:"白发尽黑,鬓更长三尺余。"
④ 岧岧(tiáo tiáo):高耸貌;张衡《西京赋》:"干云雾而上达,状亭亭以岧岧。"薛综注:"亭亭,岧岧,高貌也。"
⑤ 北门:洛阳北门外邙山,东汉、魏、晋王侯公卿多葬于此;梁鸿《五噫歌》:"陟彼北邙兮,噫!顾瞻帝京兮,噫!"
⑥ 凯风:和暖的风,南风,《诗·邶风·凯风》:"凯风自南,吹彼棘心。"该诗内容一说是赞美孝子,后常以指代感念母恩孝心;陶潜《和郭主簿》诗之二:"凯风因时来,回飙开我襟。"棘:木名,即酸枣树;《诗·魏风·园有桃》:"园有棘,其实之食。"毛传:"棘,枣也。"
⑦ 夭夭:美盛貌;《诗·周南·桃夭》:"桃之夭夭,灼灼其华。"
⑧ 黄鸟:鸟名,即黄莺;《诗·秦风·黄鸟序》:"黄鸟,哀三良也。国人刺穆公以人从死,而作是诗也。"三良指秦穆公时的奄息、仲行、针虎;曹植《三良》诗:"黄鸟为悲鸣,哀哉伤肺肝。"
⑨ 西河:古称黄河南北流向的部分河段;《书·禹贡》:"黑水、西河惟雍州。"
⑩ 罗缨:丝制冠带;繁钦《定情诗》:"何以结恩情,美玉缀罗缨。"
⑪ 明珰:用珠玉串成的耳饰,珰(dāng),耳饰。
⑫ 奉:通"捧"。瑛(yīng)琚:佩玉;《诗·魏风·木瓜》:"投我以木瓜,报之以琼琚。"毛传:"琚,佩玉名。"
⑬ 苍霞:青云。扬东讴:谓在东方歌唱。
⑭ 流西歈:谓在西方歌唱;歈(yú),歌唱。
⑮ 扶轮舆:傍着车子;扶,通"旁";舆,车箱。

《瑟调曲·陇西行》

邪径过空庐，好人常独居。卒得神仙道，上与天相扶。过谒王父母，乃在太山隅。离天四五里，道逢赤松俱。揽辔为我御，将吾天上游。天上何所有，历历种白榆①。桂树夹道生，青龙对伏趺②。凤凰鸣啾啾，一母将九雏。顾视世间人，为乐甚独殊。好妇出迎客，颜色正敷愉③。伸腰再拜跪，问客平安不。请客北堂上，坐客毡氍毹④。清白各异樽，酒上玉华蔬⑤。酌酒持与客，客言主人持。却略再拜跪⑥，然后持一杯。谈笑未及竟，左顾敕中厨。促令办粗饭，慎莫使稽留⑦。废礼送客出，盈盈府中趋⑧。送客亦不远，足不出门枢。取妇得如此，齐姜亦不如⑨。健妇持门户，亦胜一丈夫。

曹植诗（二首，逯钦立《先秦汉魏晋南北朝诗》）

《仙人篇》

仙人揽六著⑩，对博太山隅。湘娥拊琴瑟⑪，秦女吹笙竽⑫。玉樽盈桂

---

① 历历：排列成行貌；刘向《九叹·惜贤》："登长陵而四望兮，览芒圃之蠡蠡。"王逸注："蠡蠡犹历历，行列貌也。"

② "青龙"句：谓青龙相对在基座上；趺(fū)，碑刻基座。

③ 敷愉：和悦貌。

④ 毡氍毹：铺设毛毯；毡，铺垫；氍毹(qú shū)：毛布或毡毯之类；《三辅黄图·未央宫》："温室以椒涂壁，被之文绣……规地以罽宾氍毹。"

⑤ 玉华蔬：谓精美的菜肴。

⑥ 却略：退身，表恭敬。

⑦ 稽留：延迟。

⑧ 盈盈：仪态美好貌。

⑨ 齐姜：周朝齐国姜姓，齐姜指齐君宗女，以贤慧著称；《诗·陈风·衡门》："岂其取妻，必齐之姜？"郑玄笺："何必大国之女然后可妻，亦取贞顺而已。"

⑩ 六著：一种博戏；徐陵《玉台新咏序》："投壶玉女，为欢尽于百骁；争博齐姬，心赏穷乎六著。"

⑪ 湘娥：湘妃，湘水神；或以为即湘夫人；张衡《西京赋》："感河冯，怀湘娥。"李善注引王逸曰："言尧二女，娥皇、女英随舜不及，堕湘水中，因为湘夫人。"

⑫ 秦女：指秦穆公女弄玉。

酒①，河伯献神鱼②。四海一何局③，九州安所如④。韩终与王乔⑤，要我于天衢⑥。万里不足步，轻举凌太虚。飞腾踰景云⑦，高风吹我躯。回驾观紫微⑧，与帝合灵符。阊阖正嵯峨，双阙万丈余⑨。玉树扶道生，白虎夹门枢⑩。驱风游四海，东过王母庐⑪。俯观五岳间⑫，人生如寄居。潜光养羽翼，进趋且徐徐⑬。不见轩辕氏，乘龙出鼎湖。徘徊九天上，与尔长相须⑭。

《远游篇》

远游临四海，俯仰观洪波。大鱼若曲陵⑮，承浪相经过。灵鳌戴方丈⑯，神岳俨嵯峨⑰。仙人翔其隅，玉女戏其阿。琼蕊可疗饥⑱，仰首吸朝

---

① 桂酒：用玉桂浸制的酒，泛指美酒。《汉书·礼乐志》："牲茧栗，粢盛香，尊桂酒，宾八乡。"颜师古注引应劭曰："桂酒，切桂置酒中也。"
② 河伯：传说中黄河神。《庄子·秋水》："于是焉，河伯欣然自喜，以天下之美为尽在己。"
③ 一何局：多么狭隘，狭窄。
④ 九州：古代分中国为九州，说法不一，一据《书·禹贡》作冀、兖、青、徐、扬、荆、豫、梁、雍；后以"九州"泛指天下。《楚辞·离骚》："思九州之博大兮，岂惟是其有女？"
⑤ 韩终：秦始皇时方士，传为仙人。王乔：王子乔。
⑥ 要：通"邀"，约请，邀请。
⑦ 景云：祥云，瑞云；应贞《晋武帝华林园集诗》："凤鸣朝阳，龙翔景云。"李善注："《孝经援神契》曰：'王者德至山陵则景云出。'孙柔之曰：'一名庆云。'《文子》曰：'景云光润。'"
⑧ 观：丁晏《曹集诠评》谓《艺文类聚》做'过'"，疑是。
⑨ 双阙：《古诗十九首·青青陵上柏》："两宫遥相望，双阙百余尺。"
⑩ 白虎：驺虞，仁兽，不害生物。门枢：门扇的转轴。《汉书·五行志下之上》："视门枢下，当有白发。"颜师古注："枢，门扇所由开闭者也。"借指门户；《乐府诗集·相和歌辞·陇西行》："送客亦不远，足不过门枢。"
⑪ 王母庐：西王母所居。《太平御览》卷七六四录《五岳山名图》："昆仑三角，其一角正北干晨星，名曰阆风巅；其一角正西，名曰悬圃台；其一角正东，名曰昆仑宫，上有玉楼十二，景云映日，朱霞九光，西王母之治所，真官仙灵之所宗。"
⑫ 五岳：五大名山总称。古书记述所指不同，一般指东岳泰山、南岳衡山、西岳华山、北岳恒山、中岳嵩山。
⑬ 进趋：此谓追求，求取；《列子·说符》："（孟氏）羡施氏之有，因从请进趋之方。"
⑭ 相须：同"相需"，相依存，相待；《诗·小雅·谷风》："习习谷风，维风及雨"毛传："风雨相感，朋友相须。"
⑮ 曲陵：屈曲的高丘；形容出水的鱼脊。
⑯ 灵鳌：传说中巨龟。戴方丈：负载东海上方丈岛。《楚辞·天问》："鳌戴山抃，何以安之？"王逸注引《列仙传》："有巨灵之鳌，背负蓬莱之山而抃舞。"
⑰ 神岳：指方丈岛上山峰。俨嵯峨：昂立高耸；嵯峨，山高峻貌。
⑱ 琼蕊：玉英，仙药；张衡《西京赋》："屑琼蕊以朝餐，必性命之可度。"

霞。昆仑本吾宅,中州非我家。将归谒东父①,一举超流沙。鼓翼舞时风②,长啸激清歌。金石固易敝,日月同光华。齐年与天地,万乘安足多③。

李白诗(七首,王琦注《李太白全集》)

《怀仙歌》

一鹤东飞过沧海④,放心散漫知何在⑤。仙人浩歌望我来,应攀玉树常相待。尧舜之事不足惊⑥,自余嚣嚣直可轻⑦。巨鳌莫载三山去,我欲蓬莱顶上行。

《古风》之五

太白何苍苍⑧,星辰上森列。去天三百里,邈尔与世绝⑨。中有绿发翁⑩,披云卧松雪。不笑亦不语,冥栖在岩穴。我来逢真人,长跪问宝诀。粲然启玉齿,授以炼药说。铭骨传其语,竦身已电灭⑪。仰望不可及,苍然五情热⑫。吾将营丹砂,永与世人别。

---

① 东父:东王父。
② 时风:和风;《书·洪范》:"曰谋,时寒若;曰圣,时风若。"
③ 万乘:此指帝王之位。
④ 沧海:此指神话中海岛;《海内十洲记》:"沧海岛在北海中。地方三千里,去岸二十一万里,海四面绕岛,各广二千里,水皆苍色,仙人谓之沧海也。"
⑤ 放心:放纵之心;《书·毕命》:"虽收放心,闲之惟艰。"
⑥ "尧舜"句:传上古尧、舜治理天下太平之事;《易·系辞下》:"黄帝尧舜,垂衣裳而天下治。"《礼记·大学》:"尧舜率天下以仁,而民从之。"
⑦ 嚣嚣:喧哗貌;《诗·小雅·车攻》:"之子于苗,选徒嚣嚣。建旐设旄,搏兽于敖。"毛传:"嚣嚣,声也。"
⑧ 太白:太白山,在陕西省眉县东南,关中诸山最高峰。
⑨ 邈尔:遥远;邈(miǎo),远。
⑩ 绿发:形容头发黑亮;吴均《和萧洗马子显古意诗》之三:"绿鬓愁中改,红颜啼里灭。"
⑪ 竦身:纵身高跳。
⑫ 苍然:悲伤的样子;苍,通"怆"。五情热:喜、怒、哀、乐、怨五情交织。

307

《古风》之十九

西上莲花山①，迢迢见明星②。素手把芙蓉，虚步蹑太清③。霓裳曳广带④，飘拂升天行。邀我登云台⑤，高揖卫叔卿⑥。恍恍与之去⑦，驾鸿凌紫冥⑧。俯视洛阳川，茫茫走胡兵⑨。流血涂草野，豺狼尽冠缨⑩。

《游泰山六首》之三

平明登日观⑪，举手开云关⑫。精神四飞扬，如出天地间。黄河从西来，窈窕入远山⑬。凭崖揽八极⑭，目尽长空间。偶然值青童⑮，绿发双云鬟。笑我学仙晚，蹉跎凋朱颜。踌躇忽不见，浩荡难追攀。

---

① 莲花山：华山；《太平寰宇记》卷二九："又按《华山记》云：顶有池生千叶莲花，服之羽化，因名华山。"

② 明星：明星玉女，神女；《太平广记》卷五九引《集仙录》："明星玉女者，居华山，服玉浆，白日升天。"

③ 虚步：乘空而行。蹑：攀登，登上；《史记·司马相如列传》："然后蹑梁父，登泰山，建显号，施尊名。"太清：三清之一，道教谓元始天尊所化法身道德天尊所居之地，其境在玉清、上清之上，唯成仙方能入此，故亦泛指仙境；葛洪《抱朴子·杂应》："上升四十里，名为太清，太清之中，其气甚刚，能胜人也。"

④ 霓裳：飘拂轻柔的舞衣，此指神仙的衣裳，相传神仙以云为裳；《楚辞·九歌·东君》："青云衣兮白霓裳，举长矢兮射天狼。"

⑤ 云台：西岳华山的北峰，在今陕西华阴市境，古代多有道士、隐者隐居于此。

⑥ 高揖：双手抱拳高举过头作揖，古代表敬重的礼节；谢灵运《述祖德诗》之二："高揖七州外，拂衣五湖里。"

⑦ 恍恍：亦作"恍惚"，心神不定的样子。

⑧ 紫冥：天空；《魏书·高允传》："发响九皋，翰飞紫冥。"

⑨ "俯视"二句：指"安史之乱"叛军占据中原；茫茫：纷杂，众多；《隋书·音乐志上》："茫茫亿兆，无思不遂。"

⑩ 冠缨：帽带，结于颔下使帽固定于头上；引申指高官。

⑪ 日观：泰山峰名，以观日出处得名；郦道元《水经注·汶水》引应劭《汉官仪》："泰山东南山顶名曰日观。日观者，鸡一鸣时，见日始欲出，长三丈许，故以名焉。"

⑫ 云关：云雾笼罩如关隘；孔稚珪《北山移文》："岫幌，掩云关，敛轻雾，藏鸣湍。"

⑬ 窈窕：亦作"窈窱"，深远貌；卢照邻《双槿树赋》："纷广庭之霏靡，隐重廊之窈窱。"

⑭ 八极：八方极远之地；《庄子·田子方》："夫至人者，上窥青天，下潜黄泉，挥斥八极，神气不变。"《淮南子·原道训》："夫道者，覆天载地，廓四方，柝八极，高不可际，深不可测。"高诱注："八极，八方之极也，言其远。"

⑮ 青童：传说中仙童；《太平广记》卷十一《大茅君》："汉元寿二年，八月己酉，南岳真人赤君、西城王君及诸青童并从王母降于盈室。"

《梦游天姥吟留别》①

海客谈瀛洲②,烟涛微茫信难求。越人语天姥,云霞明灭或可睹。天姥连天向天横,势拔五岳掩赤城③。天台四万八千丈,对此欲倒东南倾。我欲因之梦吴越,一夜飞渡镜湖月④。湖月照我影,送我至剡溪⑤。谢公宿处今尚在⑥,渌水荡漾清猿啼⑦。脚著谢公屐⑧,身登青云梯⑨。半壁见海日,空中闻天鸡⑩。千岩万转路不定,迷花倚石忽已暝。熊咆龙吟殷岩泉⑪,慄深林兮惊层巅⑫。云青青兮欲雨,水澹澹兮生烟。列缺霹雳⑬,丘峦崩摧。洞天石扇⑭,訇然中开⑮。青冥浩荡不见底⑯,日月照耀金银台⑰。霓为衣兮风为马⑱,云之君兮纷纷而来下⑲。虎鼓瑟兮鸾回车,仙之人兮列如麻。忽魂悸以魄动,恍惊起而长嗟。惟觉时之枕席,失向来之烟霞。世间行乐亦如此,古来万事东流水。别君去兮何时还,且放白鹿青崖间⑳,须行即骑访

① 天姥:天姥山,在今浙江嵊县与新昌县之间;《太平寰宇记·江南东道八·越州》引《后吴录》:"剡县有天姥山,传云登者闻天姥歌谣之响。"
② 海客:航海的人;或指商人;李白《估客乐》:"海客乘天风,将船远行役。"
③ 赤城:赤城山,在今浙江天台县北;孙绰《游天台山赋》:"赤城霞举而建标。"《海录碎事》引顾野王《舆地志》:"赤城山有赤石罗列,长里余,遥望似赤城。"
④ 镜湖:又称"鉴湖",在今浙江绍兴市会稽山北麓。
⑤ 剡溪:今曹娥江上游,在今浙江嵊县南。
⑥ 谢公:谢灵运,曾游浙东诸山;谢灵运《登临海峤初发疆中作》:"暝投剡中宿,明登天姥岑。高高入云霓,还期那可寻。"
⑦ 渌水:清澈的水。清猿:指猿声清亮。
⑧ 谢公屐:谢灵运登山使用的木屐;《南史·谢灵运传》:"寻山陟岭,必造幽峻,岩嶂数十重,莫不备尽登蹑。常着木屐,上山则去其前齿,下山去其后齿。"
⑨ 青云梯:形容山势高耸入云;谢灵运《登石门最高顶》:"惜无同怀客,共登青云梯。"
⑩ 天鸡:任昉《述异记》:"东南有桃都山,上有大树,名曰'桃都',枝相去三千里。上有天鸡,日初出,照此木,天鸡则鸣,天下鸡皆随之鸣。"
⑪ 殷岩泉:山石流出的泉水发出殷殷之声;殷,震动;司马相如《长门赋》:"雷殷殷而响起兮,声象君之车音。"
⑫ 慄(lì):恐惧;《诗·秦风·黄鸟》:"临其穴,惴惴其慄。"毛传:"惴惴,惧也。"
⑬ 列缺:闪电。扬雄《校猎赋》:"辟历列缺,吐火施鞭。"应劭注:"辟历,雷也;列缺,天隙电照也。"霹雳:亦作"辟历",雷声。
⑭ 石扇:别本作"石扉",石门,道教洞天的门。
⑮ 訇然:巨响;訇(hōng),象声词。
⑯ 青冥:青苍幽远;《楚辞·九章·悲回风》:"据青冥而摅虹兮,遂儵忽而扪天。"
⑰ 金银台:郭璞《游仙诗》:"神仙排云出,但见金银台。"
⑱ 霓为衣:彩虹的衣裳。风为马:傅玄《吴楚歌》:"云为车兮风为马。"
⑲ 云之君:云神;此处指云中的神仙。
⑳ 白鹿:仙人魏叔卿乘浮云、骑白鹿来到汉武帝殿前,见前《神仙传》。

名山。安能摧眉折腰事权贵①，使我不得开心颜。

《拟古十二首》之八

月色不可扫，客愁不可道。玉露生秋衣，流萤飞百草。日月终销毁，天地同枯槁。蟪蛄啼青松②，安见此树老。金丹宁误俗③，昧者难精讨。尔非千岁翁，多恨去世早。饮酒入玉壶④，长生以为宝。

《题元丹丘山居》⑤

故人栖东山⑥，自爱丘壑美。青春卧空林，白日犹不起。松风清襟袖，石潭洗心耳⑦。羡君无纷喧，高枕碧霞里。

李贺诗（六首，王琦《李长吉歌诗汇解》）

《天上谣》

天河夜转漂回星，银浦流云学水声⑧。玉宫桂树花未落⑨，仙妾采香垂珮缨⑩。秦妃卷帘北窗晓⑪，窗前植桐青凤小⑫。王子吹笙鹅管长⑬，呼龙

---

① 摧眉折腰：低眉弯腰，卑躬屈膝的样子。

② 蟪蛄：寒蝉，一名蜈蝼，春生夏死，夏生秋死；《庄子·逍遥游》："朝菌不知晦朔，蟪蛄不知春秋，此小年也。"

③ 宁（nìng）：曾，竟；《诗·邶风·日月》："胡能有定，宁不我顾。"郑玄笺："宁犹曾也。"

④ 入玉壶：谓成仙；玉壶，用《后汉书·方术传下·费长房》典：费长房欲求仙，见市中老翁悬一壶卖药，市毕即跳入壶中，后随入壶。但见玉堂严丽，酒食俱备，乃是仙境。

⑤ 元丹丘：李白友人，曾隐居河南颍阳，今河南登封市西。

⑥ 栖东山：谓隐居；用《晋书·谢安传》典，谢安早年辞官隐居会稽东山，经朝廷屡次征聘，方复出，官至司徒，为东晋重臣。

⑦ 洗心耳：洗耳，皇甫谧《高士传·许由》："尧让天下于许由……由于是遁耕于中岳颍水之阳，箕山之下，终身无经天下色。尧又召为九州长，由不欲闻之，洗耳于颍水滨。"

⑧ 银浦：银河。

⑨ 玉宫：月宫。桂树：传说月中有桂树，高五百丈，下有一人，名吴刚，学仙有过，谪令常斫桂树，树创随合；《太平御览》卷四虞喜《安天论》："俗传月中仙人桂树，今视其初生，见仙人之足，渐以成形，桂树后生焉。"

⑩ 仙妾：女仙。珮缨：同"佩缨"，指香囊；缨，用以系香囊；《礼记·内则》："衿缨皆佩容臭。"郑玄注："容臭，香物也，以缨佩之。"

⑪ 秦妃：指秦穆公女弄玉。

⑫ 植桐：种植梧桐；《毛诗注疏》卷二四："凤凰之性，非梧桐不栖，非竹实不食。"

⑬ 王子：王子乔，好吹笙作凤鸣。鹅管：指笙，形容笙上之管状如鹅毛管。

耕烟种瑶草①。粉霞红绶藕丝裙②，青洲步拾兰苕春③。东指羲和能走马④，海尘新生石山下⑤。

《浩歌》

南风吹山作平地，帝遣天吴移海水⑥。王母种桃千遍红⑦，彭祖、巫咸几回死⑧。青毛骢马参差钱⑨，娇春杨柳含细烟。筝人劝我金屈卮⑩，神血未凝身向谁⑪？不须浪饮《丁都护》⑫，世上英雄本无主。买丝绣作平原君⑬，有酒惟浇赵州土⑭。漏催水咽玉蟾蜍⑮，卫娘发薄不胜梳⑯。看见秋

---

① 瑶草：传说中香草；东方朔《与友人书》："相期拾瑶草，吞日月之光华，共轻举耳。"

② 红绶：红色绶带；绶，丝带，古代用以系佩玉、官印、帷幕等，此指衣带。

③ 青洲：即青丘，传说中的洲；《海内十洲记》："长洲一名青邱，在南海辰巳之地。地方各五千里，去岸二十五万里。上饶山川及多大树，树乃有二千围者，一洲之上专是林木，故一名青丘。"兰苕：兰花；郭璞《游仙诗》："翡翠戏兰苕，容色更相鲜。"李善注："兰苕，兰秀也。"

④ 羲和：神话传说中驾御日车的神；《楚辞·离骚》："吾令羲和弭节兮，望崦嵫而勿迫。"王逸注："羲和，日御也。"

⑤ 海尘：《神仙传·王远》："麻姑自说云：'接待以来，已见东海三为桑田……'远叹曰：'圣人皆言海中行复扬尘也。'"

⑥ 天吴：水神名；《山海经·海外东经》："朝阳之谷，神曰天吴，是为水伯。"

⑦ "王母"句：《汉武帝内传》："又命侍女索桃。须臾，以盘盛桃七枚……母曰：'何谓？'帝曰：'欲种之耳。'母曰：'此桃三千年一生实耳。中夏地薄，种之不生如何？'"

⑧ 彭祖：传说中仙人；据《列仙传·彭祖》，因封于彭，故称，善养生，有导引之术，活到八百高龄。巫咸：传为黄帝时人；《太平御览》卷七九引《归藏》："昔黄神与炎帝争斗涿鹿之野，将战，筮于巫咸。"又《楚辞·离骚》："巫咸将夕降兮，怀椒糈而要之。"王逸注："巫咸，古神巫也，当殷中宗之世。"道教亦作古仙人。

⑨ 骢马：青白色相杂的马。参差钱：形容马的毛色，指连钱骢。

⑩ 屈卮：有曲柄的酒杯。

⑪ "神血"句：王琦解："谓精神血脉不能凝聚长生于世上，此身果谁属乎！"

⑫ 《丁都护》：乐府吴声歌曲；《宋书》卷一九《乐志》："《督护歌》者，彭城内史徐逵之，为鲁轨所杀，宋高祖使府内直督护丁旿收敛殡埋之，逵之妻，高祖长女也，呼旿至阁下，自问敛送之事，每问辄叹息曰'丁督护'，其声哀切，后人因其声，广其曲焉。"

⑬ 平原君：战国赵武灵王子，惠文王弟，名胜，封于平原，故号平原君。相惠文王及孝成王。秦围邯郸，危急，用毛遂计，与楚定纵约，又求救于魏信陵君，使赵转危为安。喜宾客，食客多至数千人，太史公称为"翩翩浊世之佳公子"；高适《邯郸少年行》："未知肝胆向谁是，令人却忆平原君。"

⑭ 赵州土：据《元和郡县图志》卷一九："平原君墓在（洺州肥乡）县东南七里。"此处是联系赵国而称。

⑮ "漏催"句：形容漏壶流水不止；漏，漏壶，古代利用滴水多寡来计量时间的一种仪器，也称"漏刻"；玉蟾蜍，漏壶形状。

⑯ 卫娘：本指汉武帝皇后卫子夫，以发美得宠，事见《汉武故事》；后因以"卫娘"借指冶容女子。

眉换新绿①，二十男儿那刺促②！

《帝子歌》③

　　洞庭帝子一千里，凉风雁啼天在水。九节菖蒲石上死④，湘神弹琴迎帝子⑤。山头老桂吹古香，雌龙怨吟寒水光。沙浦走鱼白石郎⑥，闲取珍珠掷龙堂⑦。

《绿章封事》⑧

　　青霓扣额呼宫神⑨，鸿龙玉狗开天门⑩。石榴花发满溪津，溪女洗花染白云。绿章封事谘元父⑪，六街马蹄浩无主⑫。虚空风气不清冷，短衣小冠作尘土⑬。金家香衖千轮鸣⑭，扬雄秋室无俗声⑮。愿携汉戟招书鬼⑯，休令恨骨填蒿里⑰。

---

　　① 秋眉：犹言衰眉。换新绿：谓脱落乌黑光泽。
　　② 刺促：忙碌急迫，劳碌不休。
　　③ 帝子：指娥皇、女英，尧的两个女儿，故称。《楚辞·九歌·湘夫人》："帝子降兮北渚，目眇眇兮愁予。"王逸注："帝子，谓尧女也。"谢朓《新亭渚别范零陵》诗："洞庭张乐地，潇湘帝子游。"
　　④ 菖蒲：多年生水生草本植物；《水经注·伊水》："石上菖蒲，一寸九节，为药最妙，服久化仙。"
　　⑤ 湘神：湘水之神；《楚辞·九歌》所歌的"湘君"、"湘夫人"。
　　⑥ 白石郎：传说中水神。《乐府诗集·清商曲辞四》《神弦歌·白石郎》之一："白石郎，临江居，前导江伯后从鱼。"
　　⑦ 龙堂：龙宫；《楚辞·九歌·河伯》："鱼鳞屋兮龙堂，紫贝阙兮朱宫。"王逸注："言河伯所居，以鱼鳞盖屋，堂画蛟龙之文……形容异制，甚鲜好也。"
　　⑧ 绿章封事：道教斋醮的青词；绿章，用青藤纸书写，呈绿色；封事，封口信函。夜醮：据《隋书·经籍志》："夜中于星辰之下陈设酒脯、饼饵、币物，历祀天皇太一，祀五星列宿，为书如上章之仪以奏之，名之为醮。"
　　⑨ 青霓：青霓之服，道士服装，指代吴道士。扣额：扣头。
　　⑩ 鸿龙玉狗：看守天门的怪兽。
　　⑪ 元父：元气之父，天帝。
　　⑫ 六街：指长安城；长安城中左右六条南北大街。浩无主：浩荡没有主宰。
　　⑬ 短衣小冠：无官职人的装束。
　　⑭ 金家：指权贵之家；《汉书·盖宽饶传》："上无许史之属，下无金张之托。"颜师古注引应劭曰："金，金日磾也。张，张安世也。"金、张二氏子孙相继，七世荣显。衖(lòng)，同"弄"，巷。
　　⑮ 扬雄（前53—后18）：或作"杨雄"，不得志于时。秋室，犹寒室。
　　⑯ "愿携"句：扬雄曾为郎，执戟宿卫，因以戟招魂。书鬼，指扬雄，王莽篡权后曾校书天禄阁。
　　⑰ 蒿里：山名，相传在泰山之南，为死者葬所；乐府《蒿里曲》："蒿里谁家地，聚敛魂魄无贤愚。"

《李凭箜篌引》①

吴丝蜀桐张高秋②，空白凝云颓不流。江娥啼竹素女愁③，李凭中国弹箜篌④。昆山玉碎凤凰叫⑤，芙蓉泣露香兰笑⑥。十二门前融冷光⑦，二十三丝动紫皇⑧。女娲炼石补天处⑨，石破天惊逗秋雨。梦入神山教神妪⑩，老鱼跳波瘦蛟舞。吴质不眠倚桂树⑪，露脚斜飞湿寒兔⑫。

《仙人》

弹琴石壁上，翻翻一仙人⑬。手持白鸾尾⑭，夜扫南山云。鹿饮寒涧下⑮，鱼归清海滨⑯。当时汉武帝，书报桃花春⑰。

---

① 李凭：朝廷供奉艺人；杨巨源有《听李凭弹箜篌诗》，顾况有《听李供奉弹箜篌歌》。箜篌：古代一种拨弦乐器。

② 吴丝蜀桐：吴地的丝弦，蜀地的桐木，指箜篌材质。张高秋：谓在秋高气爽的季节演奏；张，开张。

③ 江娥：指湘君。

④ 中国：国中，都城中。

⑤ "昆山"句：形容琴声；昆仑山产玉；《韩诗外传》："玉出于昆山。"

⑥ "芙蓉"句：形容琴声感召花草动容；泣露，形容露水下滴；刘勰《新论》："秋叶泫露如泣。"

⑦ 十二门：长安城四面，每面三门，合十二门。

⑧ 二十三丝：据《通典》卷一四四："竖箜篌，胡乐也，汉灵帝好之，体曲而长，二十三弦，竖抱于怀中，用两手齐奏，俗谓之擘箜篌。"紫皇：《太平御览》卷六五九引《秘要经》："太清九宫，皆有僚属，其最高者，称太皇、紫皇、玉皇。"此指皇帝。

⑨ 女娲：神话中的人类始祖，据传说她曾用黄土造人，炼五色石补天。

⑩ 神妪：神女；《搜神记》卷四："永嘉中，有神见兖州，自称樊道基，有妪号成夫人。夫人好音乐，能弹箜篌，闻人弦歌，辄便起舞。"

⑪ 吴质：即"吴刚"；段成式《酉阳杂俎·天咫》："旧言月中有桂，有蟾蜍，故异书言，月桂高五百丈，下有一人常斫之，树创随合。人姓吴名刚，西河人，学仙有过，谪令伐树。"

⑫ 露脚：露滴。寒兔，指月中蟾蜍；月旦清寒，故称。

⑬ 翻翻：犹"翩翩"，飞行轻快貌。

⑭ 白鸾：鸾为传说中的一种凤鸟，仙禽。

⑮ "鹿饮"句：仙人卫叔卿所骑白鹿放归寒涧，此喻求仙虚妄。

⑯ "鱼归"句：仙人有乘鱼者，如《列仙传》里仙人琴高乘赤鲤，这里说鱼已归海，亦谓求仙虚妄。

⑰ 桃花春：谓桃花开放；《汉武帝内传》："王母仙桃三千年一开花，三千年一生实。"

李商隐诗（十二首，冯浩《玉溪生诗笺注》）

《七月二十八日夜与王郑二秀才听雨后梦作》

初梦龙宫宝焰然①，瑞霞明丽满晴天。旋成醉倚蓬莱树②，有个仙人拍我肩③。少顷远闻吹细管，闻声不见隔非烟。逡巡又过潇湘雨④，雨打湘灵五十弦⑤。瞥见冯夷殊怅望⑥，鲛绡休卖海为田⑦。亦逢毛女无聊极⑧，龙伯擎将华岳莲⑨。恍惚无倪明又暗⑩，低迷不已断还连⑪。觉来正是平阶雨，未背寒灯枕手眠。

《常娥》

云母屏风烛影深，长河渐落晓星沉⑫。常娥应悔偷灵药⑬，碧海青天夜夜心。

---

① 龙宫：龙王宫殿，在大海之底；关于龙王设想出自佛典；《法华经·提婆达多品》："尔时文殊师利坐千叶莲花，大如车轮，俱来菩萨亦坐宝宝莲花，从于大海娑竭罗龙宫，自然涌出。"

② 旋：不久，立刻。

③ "有个"句：此处用郭璞《游仙诗》之三："左挹浮丘袖，右拍洪崖肩。"浮丘、洪崖都是仙人。

④ 逡巡：顷刻，极短时间。潇湘：指湘江，因湘江水清深故名。

⑤ 湘灵：此指舜妃；《山海经·中山经》："帝之二女居之，是常游于江渊，澧沅之风，交潇湘之渊。"谢朓《新亭渚别范零陵诗》："洞庭张乐池，潇湘帝子游。"五十弦：李商隐《锦瑟》诗："锦瑟无端五十弦，一弦一柱思华年。"

⑥ 瞥见：一眼看见。冯夷：传说中黄河之神，即河伯，泛指水神；《庄子·大宗师》："冯夷得之，以游大川。"

⑦ 鲛绡：亦作"鲛鮹"，传说中鲛人所织绡；任昉《述异记》卷上："南海出鲛绡纱，泉室潜织，一名龙纱。其价百余金，以为服，入水不濡。"

⑧ 毛女：传说中华山仙女；《列仙传·毛女》："毛女者，字玉姜，在华阴山中，猎师世世见之，形体生毛，自言秦始皇宫人也，秦坏，流亡入山避难，遇道士谷春，教食松叶，遂不饥寒，身轻如飞，百七十余年，所止岩中有鼓琴声云。"无聊：郁闷貌；王逸《九思·逢尤》："心烦愦兮意无聊。"

⑨ 龙伯：古代传说中龙伯国巨人；《列子·汤问》："龙伯之国有大人，举足不盈数步而暨五山之所，一钓而连六鳌。"华岳莲：华山有莲花峰，据《华山记》："山顶有池，生千叶莲花，因名。"

⑩ 无倪：没有边际；李白《古风》之四一："飘飘入无倪，稽首祈上皇。"王琦注："倪，际也。"

⑪ 低迷：神志模糊，嵇康《养生论》："夜分而坐，则低迷思寝；内怀殷忧，则达旦不瞑。"

⑫ 长河：此指银河。

⑬ "常娥"句：《淮南子览冥》："羿请不死之药于西王母，恒娥窃以奔月。"

《玉山》

玉山高与阆风齐①，玉水清流不贮泥。何处更求回日驭②，此中兼有上天梯。珠容百斛龙休睡③，桐拂千寻凤要栖。闻道神仙有才子，赤箫吹罢好相携④。

《无题》

相见时难别亦难，东风无力百花残。春蚕到死丝方尽，蜡炬成灰泪始干。晓镜但愁云鬓改，夜吟应觉月光寒。蓬山此去无多路，青鸟殷勤为探看⑤。

《赠华阳宋真人兼寄清都刘先生》⑥

沦谪千年别帝宸⑦，至今犹谢蕊珠人⑧。但惊茅、许多元分⑨，不记刘、卢是世亲⑩。玉检赐书迷凤篆⑪，金华归驾冷龙鳞⑫。不因杖屦逢周史，徐

---

① "玉山"句：《山海经·西山经》："又西三百五十里，曰玉山，是西王母所居也。"郭璞注："此山多玉石，因以名云。《穆天子传》谓之群玉之山。"阆风：阆风巅；《楚辞·离骚》："朝吾将济于白水兮，登阆风而𬞟马。"王逸注："阆风，山名，在昆仑之上。"

② 回日驭：日神羲和驾车在天上运行，日形如轮，周而复始，至西极回车。

③ "珠容"句：传说宝珠出自骊龙额下；《庄子·列御寇》："夫千金之珠，必在九重之渊，而骊龙颔下。子能得珠者，必遭其睡也。"

④ "闻道"二句：此指萧史，善吹箫，秦穆公以女弄玉妻之，教弄玉吹箫作凤鸣，数年后，皆随凤凰飞去。

⑤ 青鸟：据班固《汉武故事》："七月七日，上（汉武帝）于承华殿斋，正中，忽有一青鸟从西方来集殿前。上问东方朔，朔曰：'此西王母欲来也。'有顷，王母至，有两青鸟如乌，侠侍王母旁。"后遂以青鸟为仙界使者。

⑥ 华阳：华阳观，在长安永崇里，本为华阳公主故宅。清都：青都观，长安道观，后更名开元观。

⑦ "沦谪"句：此指刘先生为天上谪仙；帝宸，天帝宫殿。

⑧ "至今"句：此指宋真人；蕊珠人，蕊珠宫中人，女仙。

⑨ 茅、许：茅，茅盈、茅固、茅衷三兄弟；许，许谧、许翙叔侄，均曾在茅山活动。这里比喻刘先生和华阳宋真人的关系。

⑩ 刘、卢：刘琨（271—318），西晋末年曾任并州刺史，据太原孤城抵御匈奴和羯人南下，后败归辽东，欲与鲜卑合力恢复中原，被鲜卑猜忌而死；卢谌（284—350），西晋末年洛阳失陷，随父北依姨父刘琨，与琨交谊密切，屡有赠答；刘琨《答卢谌》："郁穆旧姻，嬿婉新婚。"琨妻即谌之从母，谌妹嫁琨弟。这里比喻刘先生和自己的关系。

⑪ "玉检"句：此谓得到宋真人赐予书函；玉检，玉制书信封检；凤篆，道教书写所用云篆、凤文。

⑫ "金华"句：此谓刘先生别去；金华，金华山，《神仙传》："皇初平，丹溪人也，年十五，而家使牧羊。有道士见其良谨，将至金华山石室中四十余年……"

甲何曾有此身①。

《碧城三首》②

碧城十二曲阑干③，犀辟尘埃玉辟寒④。阆苑有书多附鹤，女床无树不栖鸾⑤。星沉海底当窗见，雨过河源隔座看。若是晓珠明又定⑥，一生常对水精盘⑦。

对影闻声已可怜，玉池荷叶正田田⑧。不逢萧史休回首，莫见洪崖又拍肩。紫凤放娇衔楚佩⑨，赤鳞狂舞拨湘弦⑩。鄂君怅望舟中夜，绣被焚香独自眠⑪。

七夕来时先有期⑫，洞房帘箔至今垂。玉轮顾兔初生魄⑬，铁网珊瑚未有枝⑭。检与神方教驻景⑮，收将凤纸写相思⑯。武皇内传分明在，莫道人间总不知。

---

① "不因"二句：此以自喻，谓得逢真人，自己得到重生；周史，指老子，周文王时为守藏史，至武王时为柱下史；徐甲，传为老子西行仆从。
② 碧城：《太平御览》卷六七四录《上清经》："元始居紫云之阙，碧霞为城。"
③ 阑干：同"栏杆"。
④ "犀辟"句：犀辟尘埃，《述异记》卷上："却尘犀，海兽也，然其角辟尘，致之于座，尘埃不入。"玉辟寒，玉性暖，《梁书·刘孝绰传》："梦想温玉，饥渴明珠。"
⑤ 女床：神话中山名；《山海经·西山经》："西南三百里，曰女床之山……有鸟焉，其状如翟而五采文，名曰鸾鸟。"张衡《东京赋》："鸣女床之鸾鸟，舞丹穴之凤皇。"薛综注："女床，山名，在华阴西六百里。"
⑥ 晓珠：指日；《淮南子·墬形训》："若木在建木西，末有十日，其华照下地。"十日状如连珠。
⑦ 水精盘：指圆月。
⑧ 田田：莲叶盛密貌；《乐府诗集·相和歌辞·江南》："江南可采莲，莲叶何田田。"
⑨ 紫凤：神鸟。楚佩：屈原《离骚》："纫秋兰以为佩。"
⑩ 赤鳞：江淹《别赋》："惊驷马之仰秣，耸渊鱼之赤鳞。"
⑪ "鄂君"二句：鄂君子晳，楚王母弟，官为令尹，爵为执珪；刘向《说苑》："鄂君子晳之汎舟于新波之中也，乘青翰之舟，……于是鄂君子晳乃搂修袂行而拥之，举绣被而覆之。"
⑫ "七夕"句：指七夕牛女回合。
⑬ 玉轮：指月；顾兔：传说月中有兔，《楚辞·天问》："厥利维何，而顾菟在腹？"王逸注："言月中有菟，何所贪利；居月之腹，而顾望乎？"生魄：旧谓月有光部分为明，无光部分为魄，望后月明渐减，月魄渐生，谓之生魄。
⑭ "铁网"句：《海录碎事》："珊瑚洲在大秦国，水底有磐，珊瑚生其上，大秦人常乘大舶，载铁网，令水工取之。"
⑮ 驻景：驻颜，延年不老。
⑯ 凤纸：金凤纸；《玉海》卷六四："唐初将相官告用销金笺及金凤纸书之，余皆鱼笺花笺。"道教青词亦用之。

道教文学十讲

316

《辛未七夕》①

恐是仙家好别离,故教迢递作佳期②。由来碧落银河畔③,可要金风玉露时④。清漏渐移相望久⑤,微云未接过来迟。岂能无意酬乌鹊⑥,惟与蛛蛛乞巧丝⑦。

《霜月》

初闻征雁已无蝉,百尺楼南水接天。青女素娥俱耐冷⑧,月中霜里斗婵娟。

《昨日》

昨日紫姑神去也⑨,今朝青鸟使来赊⑩。未容言语还分散,少得团圆足怨嗟。二八月轮蟾影破⑪,十三弦柱雁行斜⑫。平明钟后更何事,笑倚墙边梅树花。

《一片》

一片非烟隔九枝⑬,蓬峦仙仗俨云旗⑭。天泉水暖龙吟细,露盎春多凤

---

① 辛未:大中五年辛未,公元851年。

② 迢递:遥远。

③ 碧落:道教用语,青天。

④ 可要:将要,表示期待。金风玉露:秋风白露;西方为秋而主金;金风指秋风。

⑤ "清漏"句:谓时光流逝,相望已久,清漏,计时的漏壶,渐移,漏壶上的指针逐渐移动。

⑥ 酬乌鹊:报答乌鹊;《古今事文类聚》前集卷一〇引《淮南子》(不见今本):"乌鹊填河而渡织女。"

⑦ "惟与"句:《荆楚岁时记》:"(七月七日)是夕,人家妇女结采缕穿七孔针,陈几筵酒脯瓜果于庭中以乞巧,有蟢子网于瓜上,则以为符应。"

⑧ 青女:掌管霜雪女神;《淮南子·天文训》:"至秋三月……青女乃出,以降霜雪。"高诱注:"青女,天神,青霄玉女,主霜雪也。"素娥:嫦娥;谢庄《月赋》:"引玄兔于帝台,集素娥于后庭。"李周翰注:"(常娥)窃药奔月,因以为名。月色白,故云素娥。"

⑨ 紫姑神:厕神;相传为人家妾,为大妇所嫉,每以秽事相役,正月十五日激愤而死。

⑩ 赊:迟缓;王僧孺《鼓瑟曲有所思》:"光阴复何极,望促反成赊。"

⑪ 蟾影破:谓十六日月已缺。

⑫ 十三弦:指筝。雁行:形容筝的弦柱。

⑬ 非烟:烟雾弥漫貌。九枝:九枝灯。

⑭ 仙仗:仙家仪仗。俨云旗:云旗矗立。

舞迟①。榆荚散来星斗转②,桂花寻去月轮移。人间桑海朝朝变,莫遣佳期更后期。

---

① 露畹:指池塘;畹,三十亩(或十二亩、三十步为一畹);屈原《离骚》:"余既滋兰之九畹兮,又树蕙之百亩。"
② 榆荚散:《齐民要术》卷五:"至春,榆荚落时……"斗转:北斗转向,表示季节变化。

【第九讲】

宋、金新道教诗词

道教新发展——内丹道教兴盛

宋代进入中国古代社会的"近世"时期(由日本学者提出把中国史划分为"古代"、"中世"、"近世"三个阶段,汉代以前为"古代",魏晋至五代为"中世",宋代以降为"近世"。这种看法被相当一部分学者所认可,对于认识、解释思想史的发展颇有助益),历史发展实现重大转型。入宋,汉魏以来作社会统治主体的士族阶层已经破败,在以地主阶级各阶层为主体的更为广泛的统治基础上,建立起强固的皇权专制政体和为之服务的官僚体制。思想文化领域的重大演变则有理学即"新儒学"兴起。理学被作为朝廷正统意识形态,得到国家权威的大力提倡和保护,不断强化其思想统治地位。这样,晋宋以来形成的传统的"三教并立"局面失去均衡。本来释、道教理乃是构筑宋代理学体系的重要资源。但理学昌盛却剥夺了释、道二教在思想理论层面的优势,进而发挥了对它们的遏制作用。加之佛、道二教长期发展中形成诸多矛盾和弊端(这主要体现在严重"御用化"、"贵族化"以及寺、观经济膨胀、宗风腐败等,加之教理发展渐趋凝滞,又逐步失去思想创新的生机),客观环境和自身状态都迫使其转型而另寻出路。虽然宋代以降传统形态的佛、道二教仍被当做御用宗教、主要依附朝廷的荫庇和士大夫居士的外护得以继续生存,但另谋发展的新的观念、新的信仰、新的派系逐渐形成,不断涌现。它们主要在民众中求发展。佛教主要是具有浓厚民众性格的信仰活动兴盛(如俗谚所谓"家家阿弥陀,户户观世音"表明的,与晋宋以来发达的义学研究和唐代宗派佛教形态截然不同的民间信仰活跃,成为支撑佛教发展的群众基础);道教则出现许多新的教派(另外有许多新兴民间宗教发展起来,它们在教理上和组织上多与佛、道二教有关联,普遍地教理浅陋,基本在民间发展,并往往与僧、道活动有密切关系),其中最主要的是全真道。中国宗教的总体形势就这样发生重大变化。

关于全真道,陈垣指出:"全真之初兴,不过'苟全性命于乱世,不求闻达于诸侯'之一隐修会而已。世以其非儒非释,漫以道教目之,其实彼固名全真也，若必以为道教，亦道教中改革派耳。"(《南宋初河北新道教考》)本来利用炉火合炼金石药料成为金丹的外丹术流传长远，直到唐代一直是道教养炼技术的主流。但是经过长期实践，其无效和弊害已逐渐暴露无余，注重精思存想一派的内丹术乘势兴起。实际前面已经提到的《黄庭内景经》已包含某些内丹观念的因素；到唐初，道士王远知、吴筠对内丹思想均有所发展。内丹教理以传统的存神、养心、守一、内观等心性养炼方术为基础，综合传统医理、气功等技术和古代传统哲理、佛教禅宗的某些内容，设想以人身为鼎炉，以人体的精、气、神为药物，加以养炼，凝结成"内丹"，达到不死升仙的目的。北宋真宗、徽宗崇道，装神弄鬼，教风堕落。特别是徽宗时期，已是北宋国势垂危之际，崇信道士林灵素，替他在汴京建上清宝箓宫，徒众达两万之多，称霸京中，乌烟瘴气，最后被斥退故里而死。这种上层御用道教误国害民，在民众间威信尽失。当时政治腐败，外族侵逼，连年动乱，社会矛盾、民族矛盾十分尖锐，民众走死逃亡，渴求救济。一批提倡内丹术的新的道教教派构造新的神谱，制造新的经典，推动道教发生具有根本性质的变革。其中以新一代神仙钟(离权，据传字云房，一字寂道，号正阳子，汉咸阳人，官至大将军，兵败入终南山，遇东华帝君，授以至道，后隐于晋州羊角山。其传说起于五代、北宋，后来被全真道尊为"正阳祖师"，又是民间传说中的八仙之一)吕(洞宾，据传原名吕喦，字洞宾，号纯阳子，唐德宗贞元十二年[796]生永乐县[今山西芮城县]，出身、形迹异说颇多，亦是传说人物，《宋史·陈抟传》记载他是"关西逸人，有剑术，年百余岁"，据说他从钟离权得内丹道要，隐居终南山，被全真道奉为"北五祖"之一，也是民间传说中的八仙之一)相号召、具有浓厚"三教调和"性质的全真道声势最为浩大、影响也最为广泛，此外还有正一派、神霄派、清微派等较小的教派。实则钟、吕如许多宗教教派的早期祖师一样，乃是在这些教派形成过程中逐渐创造或增饰的传说化人物，从一定意义上说乃是艺术创作的产物。他们的"事迹"后来成为文学创作的素材，如下面将要讲到的神仙道化剧，他们往往被作为主角，本书下一讲将另作介绍。

众多教派中较早形成的是北宋时期的张伯端一派。晋宋以来，江南道教得到长足发展，龙虎山(位于江西省贵溪市境内，据传东汉中叶天师张道陵曾在此炼丹，丹成而龙虎现，山因而得名；又据传张陵第四代孙张盛在三国或西晋时在龙虎山定居，其后裔世居龙虎山，道教正一派创立，遂被立为祖庭，至今天师道已承袭六十三代)乃是道教一个主要派系天师道的基地。张伯端(983—1082),本名平叔,更名用成,后被尊称为"紫阳真人",在南方另倡内丹教理。他传法给石泰,以下薛道光、陈楠、白玉蟾递代传承。这一派主要活动在南方,称"丹法南宗",张和以下所传四人合称为南宗"五祖"。

全真道真正创始人是王重阳(1112—1170),本名中孚,更名嚞,字知明,号重阳子,咸阳(今陕西咸阳市)人。他自称于金正隆四年(1159)在终南甘河镇遇仙,遂遁入道门。后来到山东宁海州(今山东牟平县),曾在弟子马钰家后园结庵而居,匾所居曰"全真",是为全真道得名之始。他先后得到马钰、谭处端、丘处机、王处一、刘处玄、孙不二等六人为弟子,后称北宗"七真"。他立七宝会,结金莲社,创立教团。全真教主张"三教从来一祖风",以《道德经》《孝经》《般若心经》为所据经典,主张修道即修心,不尚符箓,不事丹药,以识心见性、除情去欲、忍耻含垢、苦己利人为修道宗旨。这一派道教很快传播到今山东、河南、河北、陕西等地区,称"丹法北宗",是新道教中影响巨大的主流一派。

宋、金新道教的祖师们大都是士大夫出身。他们生当乱世,失去立功扬名的机会。特别是在金朝崛起的"北宗"一派,活动在契丹、女真等北方民族两朝统治之下,作为汉族读书人,受到排挤、欺凌,成为这些人走向宗教出世之路的主因。这些人接受过传统文化教养,熟悉儒、佛学理和经典。他们把儒家的正心诚意、尽心知性与佛教的心性本净、明心见性纳入到内丹的养炼功夫之中,革新道教,有综合、会通三教的性质;在北方民族大举南下的环境中,又具有抵制这些民族对中国固有文化的破坏、保存和发扬传统文化的意义。后来蒙古汗国在漠北兴起,从成吉思汗开始,对各种宗教采取兼容策略。全真教祖师丘处机曾被招请到西域雪山,晋谒成吉思汗于行宫。这些都是"新道教"得以迅速、广泛传播,扩大势力与影响的机缘。

全真道祖师们的学养大都比较全面,擅长诗文写作。道教本来有利用诗颂的传统;唐五代以降,文化传播形势下移,民间文艺创作发达,包括通俗诗词创作繁荣。唐、宋禅宗大兴制作偈颂之风,所作在知识阶层中流行。这种种客观情况,都推动新教派的祖师们把制作诗词歌赞作为传教的重要手段。教主张伯端、王重阳制作的"经典"基本采取诗词体裁,后继各代祖师也都留下许多诗词作品。全真教流行、发展在民间,利用民众喜闻乐见的民歌、曲艺、戏曲、民间传说等普及文艺体裁来进行宣传，给这个教派不断补充新的内容。民间宗教与民众文艺相互交流，相互促进各自的发展，在历史上全真教的情形可看作是典型例子。

这样，全真道的祖师许多堪称道教诗人。他们的诗词抒写独具特色的教派思想和修道体验，或讲论教理，或训诫弟子，或遣兴抒怀，表现内容相当广泛；作为面向民众的宣教创作，他们的诗词脱卸文人的雅正格调，也不走传统道教仙歌诡异深秘的路子，一般都通达晓畅，广用比喻、象征、隐喻、双关等活泼、生动的手法，不避俚俗和谐趣。特别是那些利用民间俗曲体裁的作品，便于吟唱，体现鲜明的民间讲唱特征。这些都是诗词体制、写法和风格方面的创新，也是"新道教"对于文学领域的贡献。当然，写作这些作品出于明确的宗教宣传目的，作品普遍带有浓重的说教意味，表达上则不同程度地程式化、概念化。这也是宗教文学一般的缺陷。

张伯端

张伯端（983—1082），少好学，广涉儒、释、道三教经典，为太学生，举进士不第，为府吏数十年。据《临海县志》《古今图书集成·神异典》），一日误以侍婢窃鱼，至婢自经而死，深悔过愆，因赋诗入道：

> 刀笔随身四十年，是是非非万千千。一家温饱千家怨，半世功名百世愆。紫绶金章今已矣，芒鞋竹杖自悠然。有人问我蓬莱路，云在青山月在天。

这或许是后出传说，但反映一个落魄文人对于社会不平的不满和追求功名的反省，做出与官宦世界决绝的决断，应当是符合张伯端一类人的心路的。他在官尽焚所作案卷，以触犯"火焚文书律"，被遣戍岭南。英宗治平（1064—1067）中，至成都，遇师传金丹药物火候之诀，又辗转到秦陇，上天台。他提出的基本教义是"教虽分三，道乃归一"，倡导"道、佛双融"，主要是容纳儒家伦理和禅宗思想，开创内丹南宗一派。在养炼实践方面，他主张炼精气以"修命"，养心神以"修性"，二者合练而"性命双修"。后世把他看作传说中钟、吕的内丹教理的传承者。

他有《悟真篇》、《紫阳真人语录》等传世。今本《悟真篇》以诗词形式讲解他提出的内丹教理,共计七律十六首,七绝六十九首,五律一首,词《西江月》十三首。道教经典本来相当普遍地利用诗颂韵语,但如此全部使用格律精严的近体诗词来宣说,是开创体例的。这当然也有他本人受过写作诗词的训练为条件。他的弟子白玉蟾称赞说:"元丰一皂吏,三番遭配隶。遗下《悟真篇》,带些烟霞气"。道典里的诗颂歌诀多用隐喻和象征手法,夹杂仙语仙典,一般读起来难免晦涩难懂又枯燥寡味,比较起来,《悟真篇》的语言比较浅俗,有些篇章抒写人生哲理,讲说超然出世的体验,颇富真情实感,形成白玉蟾所说的特有的"烟霞气"。作为通俗诗,它们总体上虽诗味不浓,还是谆谆善诱,颇见情韵,特点是相当鲜明的。由《悟真篇》开端,新出现的道教教派都把通俗诗词作为弘教的主要手段,创作大批作品,这成为全真道活动的一大特点,也是对于文学的贡献。

《悟真篇》里的诗词论说丹道,多似训世格言,具有玄言诗的意味。如第一、二首:

> 不求大道出迷途,纵负贤才岂丈夫。百岁光阴石火烁,一生身世水泡浮。只贪利禄求荣显,不顾形容暗瘁枯。试问堆金等山岳,无常买得不来无。

> 人生虽有百年期,寿夭穷通莫预知。昨日街头犹走马,今朝棺内已眠尸。妻财抛下非君有,罪业将行难自期。大药不求争得遇,遇之不炼是愚痴。

这里鼓吹修炼的所谓"大药",指内丹。如此宣说人生无常,出世求道,观念显然是消极的。但其中确有得自现实体验的人生哲理,把它用浅显、凝练的语言表达出来,是会取得一定的宣传效果的。又如《西江月》第二首:

> 此道至神至圣,忧君分薄难消。调和铅汞不终朝,早睹玄珠形兆。志士若能修炼,何妨在世居朝。工夫容易药非遥,说破人须失笑。

这里"调和铅汞"指内丹修炼（铅、汞本是炼丹的基本原料，内丹所指为元精、元气、元神，需经过"铅汞若相合，锻炼自成宝"，因此《悟真篇》篇里说"时人要识真铅汞，不是丹砂与水银"），"玄珠"指修成的内丹，如此利用隐语是道教诗颂的普遍做法。上述三例可以代表《悟真篇》诗词的总体格调：它们在说理和语言运用上显示一定技巧，但基本内容讲的是内丹教理，需要有相当的相关知识才能理解，总体上艺术情趣是单薄的。

张伯端还有《悟真性宗直指》等著作，同样是多利用诗颂歌诀来演说内丹教理。其中有几篇长歌，显然借鉴了禅宗祖师长篇歌行的写法，利用比喻、象征形象地说理，颇具意趣。如《悟真外篇》里的《石桥歌》：

> 吾家本住石桥北，山锁山关森古木。桥下涧水彻昆仑，山下有泉
> 香馥郁。吾居山内实堪夸，遍地均栽不谢花。山北穴中隐藏虎，出穴
> 哮吼出风霞。山南潭底藏蛟龙，腾云降雨山蒙蒙。二兽隐伏斗一场，
> 玄珠隐伏是真祥。景堪美，吾暗喜，自斟自酌熏熏醉。醉弹一曲无弦
> 琴，琴里声声教仔细。可煞醉后没人知，昏昏默默却如痴。仰观造化
> 功夫妙，日还西出月东归……

这是采用自叙手法，是宗教祖师自作"圣传"的传统体例。但诗里所写看似本地风光，实则全作隐语："吾家"的"家"本指炼丹；"石桥"是阴跷脉的谐音，指人身尾闾前处；"山锁山关"，指背部三关；"桥下涧水"指阴跷脉，它上通泥丸，即脑神，又称"昆仑"；山中的"龙"、"虎"指真汞、真铅，即内丹里的元精、元气、元神；"二兽"相斗则情、性合一，成就混元真一的元气——"玄珠"。面对如此美好的风光，内心感受到炼就内丹的愉悦。这首长歌下面还有十一小节，同样利用比喻、象征手法，对丹功加以形容、描绘。这种作品当做诗读，晦涩难解，但运用长篇歌行体裁，使用隐喻手法来描摹形容，音节流利畅达，表现上还是有特点的。

总体看来，张伯端利用诗词创教、宣教，寓意失之深晦，表达枯燥，艺术上殊少可取之处，还是创作这类作品的草创、探索阶段。不过他开创了新教派（还有直到明清时期的各种民间宗教教派）写作通俗诗词（后来更多使用民间俗曲）的传统，由此发展出后来全真道以及各种民间宗教兴盛的诗词创作，

留下大批艺术表现上具有一定特色的作品,其开拓之功是值得肯定的。

白玉蟾

南宗金丹派中文学成就突出的是白玉蟾(1194—1284),原姓葛,名长庚,生于琼州(今海南海口市);父早亡,母他适,遂改姓白,名玉蟾,又号海琼子、海南翁、琼山道人、武夷散人等。他自幼聪慧,谙熟五经,亦涉猎佛书,擅诗赋书画;曾举童子科。后因任侠杀人,遂浪迹江湖,备尝艰辛。嘉定五年(1212),遇道士陈楠(?—1213,字南木,号翠虚子,开创丹法南宗清修派,为"南五祖"之一),受金丹秘诀;十年,收彭耜、留元长为弟子;十五年到临安(今浙江杭州市),伏阙言事,受到阻挠,从此广收弟子,专事传播丹道。他改变南宗师资单传的方式,组织称为"靖"的道团,得到官府认可,遂名满江南,推动一时沉滞不前的南宗得以中兴。他羽化后诏封"紫清真人"。他的丹道理论在当时、对后世影响很大。他又长于著述,生前已有《玉隆集》、《上清集》、《武夷集》行世,后结集成《修真十书》。由于他学养甚高,经历丰富,写作诗文,成绩颇为可观,在宋元以后的道士创作中是相当杰出的。

白玉蟾的诗词内容广泛,有描述炼丹内功的,赞颂神仙先贤的,题赠宫观洞山的,等等,而最具特色、最为动人的是那些抒写修道经历和体验的作品。他云游的足迹遍及两湖、闽、广、西蜀,辛苦求道,流浪四方,历尽艰危,常常是蓬头跣足,野服弊衫,形似疯癫,备尝疾苦。他以充满感情的语言,描摹路途艰辛,抒写切身感受,情真意切,动人肺腑。如《上清集》里的《云游歌》之一:

> 云游难,云游难,万里水烟四海宽。说著这般滋味苦,教人怎不鼻头酸。初别家山辞骨肉,腰下有钱三百足。思量寻思访道难,今夜不知何处宿。不觉行行两三程,人言此地是漳城。身上衣裳典卖尽,路上何曾见一人。初到江城宿孤馆,鸟啼花落千林晚。明朝早膳又起行,只有随身一柄伞……

这样通俗地吟唱,絮絮道来,细致地历叙一路艰辛,如对亲人倾诉肺腑,颇有煽情的效果。他也利用歌吟来讲丹道，如同是《上清集》里的《快活歌》之二：

> 破衲虽破破复补，身中自有长生宝。拄杖奚用岩头藤，草鞋不用田中蘽。或狂走，或兀坐，或端立，或仰卧。时人但道我疯癫，我本不癫谁识我。热时只饮华池雪，寒时独向丹中火。饥时爱吃黑龙肝，渴时贪吸青龙脑。绛宫新发牡丹花，灵台出生薏苡草。却笑颜回不为夭，又道彭铿未是老。一盏中黄酒更甜，千篇《内景》诗尤好。没弦琴儿不用弹，无生曲子无人和。朝朝暮暮打憨痴，且无一点闲烦恼……

这里"华池"，丹家指口，唾液为炼丹的"神水"；黑龙、青龙指真铅、真汞，即元气；绛宫、灵台都是指心；中黄即所谓"玄牝之门"，乃生人生物的玄窍、修真成道的根基。这样以歌唱讲丹道理论，浅近亲切，已不像张伯端那样晦涩枯燥，表现手法大进了一步。

传统道教创造神仙谱系，是为信仰树立偶像。全真派的祖师们更努力地塑造自我形象。他们利用叙事歌行歌唱自己的求道经历，叙说历尽万难的修道经历，表白百折不回的求道意志。值得注意的是，他们并不把自己描写成天生的一方神圣，而是述说一个普通人修道终于成功的过程。如《水调歌头·自述》之三、之八两首：

> 苦苦谁知苦，难难也是难。寻思访道，不知行过几重山。吃尽风屡雨僽，那见霜凝雪冻，饥了又添寒。满眼无人问，何处扣玄关。　好因缘，传口诀，炼金丹。街头巷尾，无言暗地自生欢。虽是蓬头垢面，今已九旬来地，尚且是童颜。未下飞升诏，且受这清闲。

> 一个清闲客，无事挂心头。包巾纸袄，单瓢只笠自逍遥。只把随身风月，便做自家受用，此外复何求。倒指两三载，行过百来州。　百来州，云渺渺，水悠悠。水流云散，于今几度蓼花秋。一任乌飞兔走，我亦不知寒暑，万事总休休。问我金丹诀，石女跨金牛。

这是灵活地利用传统词调，但写法上不是如一般词体重在述情，而是用来叙事;并使用浅俗的口语,如民间谣曲,对人亲切地倾诉。这两阕词自叙艰苦求道生活的感受,表达风餐露宿生活中无牵无挂、"清闲"而"逍遥"的乐趣,抒发既不执著于飞升金丹、又不慕荣华富贵、视朝命如敝屣的潇洒自如的胸怀。写这些词时,白玉蟾已是过九十的晚年,但笔下丝毫不见衰惫之态,洋溢着一种不懈进取的朝气。最后一句"石女跨金牛",意本《悟真篇》所谓"牛女情缘道本",以牛郎、织女比喻阳精真铅和阴精真汞,阴阳相融结成金丹。如此利用隐语,是全真道诗词的一种传统写法,在白玉蟾的作品里,这种幽晦的表现并不多见。

白玉蟾题写山水宫观的作品,有些运笔亦颇清新可喜。如描写武夷山"九曲"风光的《九曲杂咏·一曲升真洞》:

> 得得来寻仙子家,升真洞口正蜂衙。一溪春水凝寒碧,流出红桃几片花。

这里描写的九曲升真洞为仙人所居,水碧桃红,烘托出清洗尘垢的灵明心境。洞口流出几片桃花,用《桃花源记》典,不露痕迹,引人遐想。

白玉蟾所写神仙、丹道题材的诗词,也很有特色。如下面一首《沁园春·修炼》:

> 要做神仙,炼丹功夫,譬似闲。但姹女乘龙,金公御虎,玉炉火炽,土釜灰寒。铅里藏银,砂中取汞,神水华池上下间。三田内,有一条径路,直透泥丸。　一声雷振昆山,真橐籥飞冲,夹脊双关。见白雪漫天,黄芽满地,龟蛇缭绕,乌兔抓翻。自古乾坤,这些坎离,九转烹煎结大还。灵丹就,未飞升上阙,且在人寰。

这首词用隐语写内丹修炼,是典型的金丹歌诀。如前指出,这类作品谈不到什么艺术情趣,不过构思和修辞功夫还是相当高明的。

白玉蟾散文写得也很好。如《玉隆集》里的《涌翠亭记》,描写游历江西武城风光:

骚翁逸人，品藻山水，平章风月，皆曰江南山水窟，江西风月窝。嘉定戊寅，琼山白玉蟾携剑过玉隆，访富川，道经武城。双凫陵烟，一龙批月，憩武城之西，望大江之东，抚剑而长呼，顾天而长啸。环武城皆山也，苍崖翠壑，青松白石，寒猿叫树，古涧生风，峭壁数层，断岸千尺，翼然如舞天之鹤，宛然如罩烟之龙者，柳山也；白萍红蓼，紫竹苍沙，鱼浮碧波，鸥卧素月，琉璃万顷，舳舻千梭，窈然如霞姬之帔，湛然如湘娥之縠者，修江也。山之下而江，江之上而亭，亭曰涌翠，盖取东坡"山为翠浪涌"之句。观其风物，披其景象，如章贡之郁孤台，如浔阳之琵琶亭者，涌翠亭也……最是春雪浮空，高下玉树，夜月浸水，表里冰壶，渔歌断处，碧芷浮天，帆影落时，绿芜涨岸，菰蒲萧琴，舟楫往来，其乐自无穷也。作亭者谁？李亚夫也。一日，桐城谭元振、上清黄日新，与予抱琴而憩其上，风吹鹤袂，人讶水仙，磅礴数篇，淋漓百盏，月影在地，马仆候门，援笔不思，聊述山水风月之滋味耳。知此味者，然后可以觞咏乎斯亭。主人曰："然予亦酩酊，明日追思，世事如电沫，人生如云萍，蓬莱在何处，黄鹤杳不来。"抱琴攫剑，复起舞于亭之上。神霄散史书。

如此藻绘形容，情景交融，意境鲜明，行文晓畅，不废骈词俪语；上幅描绘风景，下幅以人物点缀，特别是最后用主人语点题，抒写人生感慨，又以其抱剑起舞做结，戛然而止，余意无穷。

金丹派后继、白玉蟾的弟子彭耜、再传弟子王庆升等亦有诗词传世，也颇为可观。

王重阳

王重阳（1112—1170）是全真道北派创始人。他早通经史，科举出身，有相当的文学素养，传教亦多利用诗词韵语，保存在《重阳全真集》、《重阳教化集》和《重阳分梨十化集》三本集子里。有今人白玉祥辑校《王重阳集》。

王重阳的作品采取全真道诗词一般的构思方式，或抒怀，或咏物，字面看来易懂易解，往往隐含深微义理，例如《述怀》：

> 慧刀磨快劈迷蒙，锉碎家缘割已空。火焰高焚端子午，水源深决润西东。上中下正开心月，精气神全得祖风。既见旧时亲面目，更无今日假英雄。五重玉户光生彩，一粒金丹色变红。自在真人归岳顶，手携芝草步莲宫。

这里所咏乃是内丹修炼之道，开头抒写自己向道的决心和理想，中间用比喻手法描述以自身为鼎炉、养炼精气神、五脏生辉的情景。这实际是宣扬丹道的歌诀，其中大量使用道教语汇、事典，一般读者很难了解真意。

他的另一类面向民众说教的作品则通俗易懂，较有特色。他多使用常见的词牌，颇似民歌格调，苦口婆心，频频叮咛，表现一个宗教导师谆谆善诱的姿态。如《苏幕遮·劝世》：

> 叹人身，如草露。却被晨晖，晞转还归土。百载光阴难得住。只恋尘寰，甘受辛中苦。　告诸公，听我语。跳出樊笼，好觅长生路。早早回头仍反顾。七宝山头，做个云霞侣。

有些咏物诗词也同样，如《南乡子》：

> 好纸造成鸢，占得风来便有缘。放出空中云外路，无边，休恋桩儿用线牵。　端正莫教偏，仰面人人指点贤。从此逍遥真自在，如然，断却丝麻出世缠。

这是咏风筝，实则象征挣脱人世烦恼羁束的自由潇洒的人生，这也是全真道世俗层面的追求；描述简练、形象，寓意鲜明、贴切。另一首寄调《望蓬莱》，有序曰："烧了庵作。果有二弟子自海宁来，复修盖住。"

> 重阳子，物物不追求。云水闲游真得得，茅庵烧了事休休。别有好归头。　存基址，决有后人修。便做玲珑真决烈，怎生学得我风流。

先已赴瀛洲。

这是就烧庵一事抒怀,把不为物欲所累、与尘俗决裂的洒脱情怀抒写得相当透彻。他在《活死人引子》序文里说:"先生初离俗,忽一日自穿一墓,筑冢高数尺,上挂一方牌,写'王公灵位'字,下深丈余,独居止二年余,忽然却填了。"这应是他个人修道的一段真实经历,体现他生死一如、离世弃俗的心态。他有《活死人墓赠宁伯功》组诗三十首,前有引子曰:

> 活死人兮王喆乖,水云别是一欢谐。道名唤作重阳子,谑号称为没地埋。

其前四首:

> 活死人兮活死人,自埋四假便为因。墓中睡足偏惺洒,擘碎虚空踏碎尘。
> 活死人兮活死人,不谈行果不谈因。墓中自在如吾意,占得逍遥出六尘。
> 活死人兮活死人,与公今日说洪因。墓中独死真嘉话,并枕同棺悉做尘。
> 活死人兮活死人,火风地水要知因。墓中日服真丹药,换了凡躯一点尘。

这里就"活死人"反复咏叹,并非是一般的癫狂傲世,也不是歌颂死亡的虚无,主旨在表白视死如生、解散四大、脱弃凡俗乃是真解脱、乃是得到真永生的道理。其中"四假"、"六尘"等概念,是佛家的,这在全真道诗词里也是相当普遍的现象,表明其思想融合释、道的特征。

元代民间曲辞流行,王重阳的词大量利用这些曲调,在艺术上亦具创意。例如《小重山·喻牛子》:

> 堪叹犊儿不唤牛。性如湍水急,碧波流。只知甘乳作膏油,长随

母,摆尾摇头。　　渐渐骋无休。奔驰山谷路,入溪沟。未从缰绊恣因由。贪香草,怎晓虎狼忧。

像这样的作品,浅显易懂,描摹生动,不乏幽默情趣。与白玉蟾相比较,王重阳的诗词表达更浅俗,少文饰,更多体现民间俗曲风格。白玉蟾的作品显然体现作者艺术追求的自觉,而王重阳作为热心传道的宗教家,写作则更注重宗教宣传了。

马钰

王重阳有七大弟子,俗称"北七真",即马钰、谭处端、刘处玄、丘处机、王处一、郝大通、孙不二。全真道得到广泛弘传,当然有诸多因素促成,他们师弟子善于宣传也有很大关系。这七位弟子继承和发扬王重阳善用诗词俗曲的传统,均热心从事诗词创作并取得相当成绩。其中第一大弟子马钰尤为突出。马钰(1123—1183),原名从义,入道后更名为"钰",字玄宝,号丹阳子。他弱冠有诗名,"身在儒门三十年"。大定七年(1167),在宁海遇到王重阳。王重阳百日锁庵,悉心教化,他终于悟道,遂随之修行布道,成为全真道遇仙派的创始人。他传世的布道作品,和王重阳一样,主要是诗词,有《洞玄金玉集》、《渐悟集》、《丹阳神光灿》等,今人赵卫东辑校为《马钰集》。

王重阳"锁庵百日",每十天赐一梨分送马钰夫妇食之,从分为两块增加到五十五块。"分梨"谐音"分离",五十五块意谓"达天地阴阳奇偶之数,明性命祸福生死之机",马钰因而悟道。在这一过程中,王重阳曾写作诗词来隐喻微旨。在王重阳《重阳分梨十化集》里有二人唱和的作品,如王重阳《诗与丹阳》:

> 百日扃门意已投,定须堪可作朋俦。马猿返性缘攀恋,桃杏为人也害羞。从此果能成决断,端然真个好因由。撑篙已在中流里,难下逍遥得岸舟。

《丹阳继韵》：

> 今朝誓状谨相投，做个灰心物外俦。炼气颐神常有乐，上街展手
> 略无羞。擘开世网归真趣，跳出樊笼得自由。参从本师云水去，逍遥
> 坦荡驾神舟。

从这样的唱和诗也可以看出王重阳这个道团的文学气氛。他们师弟子借诗颂来传承道法，也用诗颂来施行教化。马钰《洞玄金玉集》的开头部分是赞颂师傅的诗，第二首《赞重阳悯化妙行真人》：

> 云冠霞帔绛绡裙，身入圆光别紫清。妙行真人酬本愿，拯危救苦
> 度众生。

如此树立教主的神圣形象，是创建新教派的需要。又《述怀》诗之一：

> 逍遥自在三山客，坦荡无拘一散仙。清净斡开壶内景，无为踏碎
> 洞中天。

这里的"三山"、"壶内"、"洞天"都是道教仙话里的意象，用以抒写自己求道的志向。他的《丹阳神光灿》是一百首《满庭芳》，多数是赠人说法的。如《赠道友》：

> 怜妻爱妾，忧儿愁女，一心千头万绪。竞利争名，来往岂曾停住。
> 如蜂采花成蜜，谓谁甜，独担辛苦。迷迷地，似飞蛾扑火，好大暮故。
> 上启阿爷老子，火坑中，谁是留心悯汝。个个唆贤贪爱，他享富
> 贵。死来无人肯替，愿回头，疾些省悟。归物外，处无为清净，便是
> 仙路。

这样用通俗的语言、平常的比喻来叙写人情之常，抒发亲切体验，用以施行劝化，开启"愚蒙"，"省悟"后进，是容易产生效果的。这种作品作通俗诗

看,构思、语言都有一定特点,也同样体现民间俗曲的独特格调。

丘处机和李志常

丘处机(1148—1227),字通密,号长春子,是全真道龙门派创始者。在他活动时期,全真道声势正盛,金廷也对全真道着意加以利用。他结交达官贵人,积极参与社会活动,又曾进京,得到金世宗召见。金章宗泰和六年(1206),成吉思汗统一蒙古各部,建立大蒙古国,随后不断大举南侵。金宣宗贞祐二年(1214),蒙古大军包围金中都(今北京市),迫使金廷迁都南京(今河南开封市),是为历史上的"贞祐南迁"。在动乱局势中,全真道进一步得到发展,也引起蒙古统治者的重视。蒙古成吉思汗十四年(1219,南宋嘉定十二年)冬,成吉思汗在西征途中遣侍臣至莱州(今山东掖县)传旨召见丘处机。成吉思汗对于各种宗教如佛教、道教以至基督教等采取兼容并蓄加以利用的方针。十六年春,丘处机应召携弟子尹志平、宋德方、李志常等十八人启程,过燕京(今北京市)、宣德(今河北宣化市),取道漠北西行,当年十一月抵达撒麻耳干(今苏联乌兹别克斯坦撒马尔罕市);次年四月于大雪山(今阿富汗兴都库什山)谒见成吉思汗,对答合契,受到器重,赐"神仙"号并"大宗师"爵,命掌天下道教;十月,离开撒麻耳干东还,于成吉思汗十八年(1223)秋回到宣德。在成吉思汗接见时,他面陈治国安邦之策,对于蒙古统治者确定处理汉地的方针多所贡献。元好问说:"丘公往年召对龙庭,亿兆之民悬于治国保民之一言,虽冯瀛之悟辽主不是过,天下之所以服其教者特以此耳。"(《怀州清真观记》,《甘水仙源录》卷九)丘处机有著作多种,善诗词,收入《磻溪集》。

在全真道士诗歌中,丘处机作品的水准可与白玉蟾比肩,文采杰出,受到后世推崇。如咏物诗《鹤》:

> 一种灵禽体性高,丹砂为顶雪为毛。冥冥巨海游三岛,矫矫长风唳九皋。洒落精神超俗物,飞腾志气接仙曹。抟风整翮云霄上,万里峥嵘自不劳。

这是借咏鹤来抒写自己求道的意志,也是赞颂一种理想的人生境界,写得相当有气魄。又《王宅月桂》：

> 太原门下景幽深，一簇仙花压古今。根干发从云上面，祖宗来自月中心。香苞灼灼披红粉，茂叶重重锁绿荫。朵朵精神皆异俗，飘然特使众人钦。

原题下有注："借其意也。"表明这首诗是假咏物而另有喻意：和上面咏鹤一样，描写真实的月桂树，联想到根株来自幻想的天上月宫，风貌不同凡响，也是歌颂一种高洁超尘的精神。

下面将讲到的李志常记录的《长春真人西游记》里有许多丘处机西游往来创作的诗词，内容有教诲信众的，有赞美山水风光的，有描写异地风俗的，更感人的是那些抒写自己旅途心迹的。如途中"寄燕京道友"：

> 十年兵火万民愁，千万中无一二留。去岁幸逢慈诏下，今春须合冒寒游。不辞岭北三千里（皇帝旧兀里多），仍念山东二百州。穷急漏诛残喘在，早教身命得销忧。

"十年兵火"，连年征战，民无孑遗，他感时伤世，念念不忘故国民众，不顾自己年迈体衰，冒死西行远游，企图有所救补于万一。如此悯伤民命、不畏牺牲的精神令人感动。在西域雪山的河中，他有诗赠医官郑公曰：

> 自古中秋月最明，凉风届候夜弥清。一天气象沉银汉，四海鱼龙耀水精。吴越楼台歌吹满，燕秦部曲酒肴盈。我之帝所临河上，欲罢干戈致太平。

这是在雪山成吉思汗幕府中秋赏月的诗，描写月明景致，饮宴方酣，但最后是冷峻的一笔：自己远来西域，本想贡献猷谋，实现自己天下治平的愿望，逢此歌舞酒宴，感慨在无言之中。史载当时成吉思汗曾问他长生之道，他并不讲神仙飞升，而是教以治国之要，仁孝之道，表明他并不是单纯地宣扬宗教，也无意邀权势者的荣宠，而是念念于国计民生的。

丘处机描绘西域风光的诗，可与耶律楚材（1190—1244，出身契丹宗室，后被成吉思汗起用，对蒙古帝国奠基多有贡献。他秉承家学，精通汉文，博极群书，尤善诗文。诗风流畅沉稳，雄健豪放，特别是他曾随蒙古大军西征万里，熟悉边疆风土人情、山川景物，描绘西域边陲奇瑰壮丽风光之作尤有特色）同一题材的作品相媲美，是历史上不多见的表现西部边陲地区风貌和民情的作品。

“北七真”其他五人除了有宣教著作外，均善诗词。谭处端有《云水集》，刘处玄有《乐仙集》，王处一有《云光集》、《清真集》，郝大通有《太古集》，孙不二有《不二元君法语》，都是主要辑录诗词作品的集子。总的看来，这些作品作为宗教宣传品，立意在动员、教化群众，说理力求浅显易解，不讲究艺术技巧和趣味，诗情寡淡。但它们在民众间流行，作为宗教文学创作的一种典型，是有相当影响和一定的艺术价值的。

散文作品中最重要的是丘处机弟子李志常所述《长春真人西游记》二卷。李志常（1193—1256），字浩然，号真常子，又号通玄大师。丘处机西行，李志常是亲随弟子之一，曾陪同晋见成吉思汗，回归后著成《长春真人西游记》一书。该书以丘处机的活动为中心，以其往还经历为线索，记录他应召西行以及回京传道直到归真的事迹。记述中转录许多丘处机所作诗词，前面已经介绍过一些。这部旅行记体著作，按丘处机行事顺序，描写他为了实现天下治平的志愿，不顾年迈体衰，风尘仆仆，一路劳顿，跋涉山川，克服艰难险阻，往还西域，歌颂他悯世济人的心怀，塑造一位道教尊师的崇高形象；同时又质朴、真实地记录了经过各地的自然山水、风土人情，特别是描述了沿途蒙古、契丹、回纥等民族的生活习俗、宗教信仰，考察了唐人治理西域的历史遗迹和西辽（1124—1218，亦称“大石”，黑契丹，哈剌契丹，是女真族建立的金国灭辽后，辽将领耶律大石于西北召集残部，在达叶密立[今新疆额敏县]建立的契丹族国家，后来定新都于虎思斡鲁朵[今吉尔吉斯托克玛克附近布拉纳城]，势力一度扩展到中亚）移民生活情形，以及所到之处寓居汉人的活动状况，这部书遂成为这一历史时期西域多民族活动的真实、生动的画卷。王国维晚年校注此书，《序言》中曾谓：

    考全真之为道，本兼儒释，自重阳以下，丹阳、长春并善诗颂，志常尤文采斐然。其为是记，文约事尽，求之外典，惟释家《慈恩传》可与抗

衡，三洞之中未尝有是作也。（《长春真人西游记校注序》，《观堂集林》
卷一六）

原书孙锡序则称：

> 师（丘处机）之是行也，崎岖数万里之远，际版图之所不载，雨露之
> 所弗濡，虽其所以礼遇之者不为不厚，然劳惫亦甚矣。所至则徜徉容
> 与，以乐山水之胜，赋诗谈笑，视生死若寒暑，于其胸中曾不蒂芥，非有
> 道者，而能如是乎！门人李志常，从行者也，掇其所历而为之记，凡山
> 川道里之险易，水土风气之差殊，与夫衣服、饮食、百果、草木、禽虫之
> 别，粲然靡不毕载……

这样，这部书除了作为道教典籍，在道教史上占据重要地位，在中亚历史、
中外文化交流史、东西交通史、蒙元早期历史等领域都具有不可替代的价
值；作为文学作品，则是别具特色的长篇游记，塑造人物形象，描摹自然景
物，叙写生动、逼真，特别是对于西域风光的描写更别具特色，为历代著述
中所罕见，在散文史上占有一定位置。例如描绘当时成吉思汗所在河中的
风貌：

> 河中壤地宜百谷，唯无荞麦、大豆。四月中麦熟，土俗收之，乱堆
> 于地，遇用即碾，六月斯毕。太师府提控李公献瓜田五亩，味极甘香，
> 中国所无，间有大如斗者。六月中，二太子回，刘仲禄乞瓜献之，十枚
> 可重一担。果菜甚赡，所欠者芋栗耳。茄实若粗指而色紫黑。男女皆
> 编发。男冠则或如远山帽，饰以杂彩，刺以云物，络之以缨。自酋长以
> 下，在位者冠之，庶人则白么斯（布属）六尺许盘于其首。酋豪之妇缠头
> 以罗，或皂或紫，或绣花卉，织物象，长六七尺……

又西行途中风光：

> 又四程，西北渡河，其旁山川皆秀丽，水草且丰美，东西有故城基

址，若新街衢，巷陌可辨，制作类中州，岁月无碑刻可考，或云契丹所建……既而复西北，始见平地，有石河，长五十余里，岸深十余丈，其水清泠可爱，声如鸣玉。峭壁之间有大葱，高三四尺。涧上有松，皆十余丈。西山连延，上有乔松郁然。行五六日，峰回路转，林峦秀茂，下有溪水注焉……

　　西南行约二十里，忽有大池，方圆几二百里，雪峰环之，倒影池中。师名之曰天池。沿池正南下，左右峰峦峭拔，松桦阴森，高逾百尺，自颠及麓，何啻万株。众流入峡，奔腾汹涌，曲折湾环，可六七十里……

这样的描摹鲜明如画，可作优美的山水记来欣赏。

　　还应指出，宋元以来道教词曲创作相当兴盛。就词的创作说，据康熙《钦定词谱》，词牌以道教故事或道教活动命名的有四十二种。虽然就具体作品说，词牌并不决定内容，但当初制作词牌是与内容相关的。后来散曲中有"道情"一类。道情的内容不全是道教的，但其形成与创作和道教确有关系。著名道士张三丰的《道情》很有名，也是道教文学创作的成果；文人中写道情著名的有徐大椿《洄溪道情》、郑燮《板桥道情》、袁学澜《柘湖道情》等，都对道教的道情有所借鉴。宋元以来，道教对于民间词曲和曲艺的发展是有多方面贡献的。

作品释例

张伯端《悟真篇》（五首，王沐《悟真篇浅解》）

上卷第一、二首

　　不求大道出迷途，纵负贤才岂丈夫①。百岁光阴石火烁②，一生身世水泡浮。只贪利禄求荣显，不顾形容暗瘁枯。试问堆金等山岳，无常买得不来无③。

---

①　丈夫：大丈夫，真正有所作为的人。
②　石火烁：击石迸发出火花，比喻时间短暂；刘昼《新论·惜时》："人之短生，犹如石火。"
③　"无常"句：谓能用金钱买得无常不来吗？无，疑问词，犹"否"；"无常"本来也是佛教概念。

人生虽有百年期，寿夭穷通莫预知。昨日街头犹走马，今朝棺内已眠尸。妻财抛下非君有，罪业将行难自期。大药不求争得遇①，遇之不炼是愚痴。

中卷第一、三、十一首

先把乾坤为鼎器②，次将乌兔药来烹③。既驱二物归黄道④，争得金丹不解生⑤。

休泥丹灶费功夫⑥，炼药须寻偃月炉⑦。自有天然真火育⑧，何须柴炭及吹嘘。

梦谒西华到九天，真人授我《指玄篇》⑨。其中简易无多语，只是教人炼汞铅⑩。

白玉蟾（诗七首、文一篇，《修真十书上清集》，《正统道藏》）

《云游歌》二首之一

云游难，云游难，万里水烟四海宽。说著这般滋味苦，教人怎不鼻头酸。初别家山辞骨肉，腰下有钱三百足。思量寻思访道难，今夜不知宿何处。不觉行行三两程⑪，人言此地是漳城⑫。身上衣裳典卖尽，路上何曾见一人。初到江城宿孤馆，鸟啼花落千林晚。明朝早膳又起行，只有随身一

---

① 大药：此指内丹药物：精、气、神。

② 乾坤：按内丹教理，乾为天，在人为首，指泥丸宫上丹田；坤为地，在人为腹，指气海下丹田。鼎器：炼丹反应器，内丹教理指人身。

③ 乌兔：内丹概念，乌，金乌，太阳，喻心神；兔，玉兔，月亮，喻肾精。烹：指以意念烹炼药物，上水下火，两相交炼，以成金丹。

④ 黄道：指丹田。

⑤ 争得：怎得；白居易《浔阳春·春去》："四十六时三月尽，送春争得不殷勤？"

⑥ "休泥"句：谓不需要建炼丹炉；泥，炼丹鼎炉用六一泥制作。

⑦ 炼药：指体内"汞铅"，见下。偃月炉：炼丹炉的一种，夜间新月一点光明出露，喻丹药发火；这里指人身为炉。

⑧ 天然真火：指自身修炼的丹功。

⑨ "西华"二句：西华，指华山陈抟，据传作《指玄篇》，但未传世；或以为指刘海蟾、吕洞宾（据传吕也有《指玄篇》）。

⑩ 汞铅：即前"乌兔"，汞指心中正阳之气元神，铅指肾水真气元精。

⑪ 程：以驿站或住宿处为起止点的距离，一日行进的路程。

⑫ 漳城：指漳州，今福建漳州市。

柄伞。渐渐来来兴化军①，风雨潇潇欲送春，唯有一身赤骰髅②，橐中尚有三两文③。行得艰辛脚无力，满身瘙痒都生虱。茫茫到此赤条条，思欲归乡归不得。争奈旬余守肚饥，埋名隐姓有谁知。来到罗源兴福寺④，遂乃捐身作仆儿。初作仆时未半月，复与主僧时作别。火云飞上支提峰⑤，路上石头如火热。炎炎畏日正烧空，不堪赤脚走途中。一块肉山流出水，岂曾有扇可摇风。且喜过除三伏暑，踪迹于今复剑浦⑥。真个彻骨彻髓贫，荒郊一夜梧桐雨。黄昏四顾泪珠流，无笠无蓑愁不愁。偎傍茅檐待天晓，村翁不许茅檐头。闻说建宁人好善⑦，特来此地求衣饭。耳边且闻惭愧声⑧，阿谁肯具慈善眼。忆著从前富贵时，低头看鼻皱双眉。家家门前空舒手⑨，那有一人怜乞儿。福建出来到龙虎⑩，上清宫中谒宫主。未相识前求挂搭⑪，知堂嫌我身蓝褛⑫。恰似先来到武夷⑬，黄冠道士吒骂时。些儿馊饭冷熟水，道我孤寒沾辱伊。江之东西湖南北，浙之左右接西蜀。广闽淮海数万里，千山万水空碌碌。云游不觉已多年，道友笑我何风癫。旧游经复再去来，大事匆匆莫怨天。我生果有神仙分，前程有人可师问。于今历练已颠顶，胸中不著一点闷。记得兵火起淮西⑭，凄凉数里皆横尸。幸而天与残生活，受此饥渴不堪悲。记得武林天雨雪⑮，衣衫破碎风刮骨。何况身中精气全，犹自冻得皮进血。又思古庙风雨时，香炉无火纸钱飞。神号鬼哭天惨惨，露冷云寥猿夜啼。又思草履卧严霜，月照苍苔落叶黄。未得些儿真受用，如

---

① 兴化军：今福建莆田市。

② 骰髅(qì lì)：病骨。

③ 橐(tuó)：装东西的口袋。

④ 罗源：今福建罗源县。

⑤ 火云：此指夏季炎热。沈约《梁鼓吹曲·木纪谢》："木纪谢，火运昌，炳南陆，耀炎光。"支提峰：指前兴福寺塔；支提，梵语音译，塔的同义词；按戒律，无舍利者称支提。

⑥ 剑浦：今福建南平县。

⑦ 建宁：今福建建宁县。

⑧ 惭愧声：说"惭愧"，表示抱歉、拒绝。

⑨ 舒手：展手，表示没有，拒绝施舍。

⑩ 龙虎：龙虎山，在今江西省贵溪县，山上的上清宫为天师道著名道场。

⑪ 挂搭：云游僧、道在寺观寄住。

⑫ 知堂：宫观负责接待来客的人。蓝褛：同"褴褛"。

⑬ 武夷：武夷山，在今福建武夷山市。

⑭ 兵火：指金兵南下。开禧二年(1206)，金兵大举南侵，入滁州，下安陆，破真州。

⑮ 武林：杭州别称，以武林山得名。

何禁得不凄凉。偶然一日天开眼，陈泥丸公知我懒①。癸酉中秋夜外晴②，独坐松荫说长短。元来家里有真金，前日辛勤枉用心。记得长生留命诀，结茅静坐白云深。炼金丹，亦容易，或在山中或在市。等闲作此云游歌，恐人不识云游意。

《茶歌》

柳眼偷看梅花飞，百花头上东风吹。蛰源春到不知时，霹雳一声惊晓枝。枝头未敢展枪旗③，吐玉缀金先献奇。雀舌含春不解语④，只有晓露晨烟知。带露和烟摘归去，蒸来细捣几千杵。捏作月团三百斤⑤，火候调匀文与武。碾边飞絮卷玉尘，磨下落珠散金缕。首山黄铜铸小铛⑥，活火新泉自烹煮。蟹眼已没鱼眼浮⑦，飕飕松声送风雨⑧。定州红玉琢花瓷⑨，瑞雪满瓯浮白乳。绿云入口生香风⑩，满口兰芷香无穷⑪。两腋飕飕毛窍通，洗尽枯肠万事空。君不见，孟谏议，送茶惊起卢仝睡⑫。又不见，白居易，馈茶唤醒禹锡醉⑬。陆羽作《茶经》⑭，曹晖作《茶铭》⑮。文正范公对茶笑⑯，纱帽

---

① 陈泥丸公：陈楠，常以土掺符水，捏成小丸，给人治病，人称"陈泥丸"。
② 癸酉：此指南宋嘉定六年，公元1213年。
③ 枪旗：形容茶的嫩芽。
④ 雀舌：亦形容茶的嫩芽。
⑤ 月团：圆形茶饼。
⑥ 首山：在今河南襄城县南；《史记·孝武本纪》："天下名山八而三在蛮夷，五在中国。中国华山、首山、太室、泰山、东莱，此五山，黄帝之所常游，与神会……黄帝采首山铜，铸鼎于荆山下。"
⑦ 蟹眼、鱼眼：形容煮茶的水泡。
⑧ 飕飕（suǒ suǒ）：象声词，风声。
⑨ 定州：今河北定州市；定窑是古代著名瓷窑之一，窑址在今河北曲阳涧磁村、燕山村，古属定州。
⑩ 绿云：喻茶叶。
⑪ 兰芷：兰草与白芷，都是香草。
⑫ "孟谏议"二句：唐诗人卢仝有《走笔谢孟谏议寄新茶》："日高丈五睡正浓，军将打门惊周公。口云谏议送书信，白绢斜封三道印。开缄宛见谏议面，手阅月团三百片……"
⑬ "白居易"二句：《续茶经》引《蛮瓯志》："白乐天方斋，刘禹锡正病酒，乃以菊苗虀芦菔鲊馈乐天，换取六斑茶以醒酒。"
⑭ 陆羽：唐隐士，著《茶经》，民间祀为茶神。
⑮ "曹晖"句：据陆廷粲《续茶经》，曹晖作《茶铭》。
⑯ 文正范公：范仲淹，谥文正公。对茶笑：出典待查。

笼头煎石铫。素虚见雨如丹砂,点作满盏菖蒲花。东坡深得煎水法①,酒阑往往觅一呷。赵州梦里见南泉②,爱结焚香瀹茗缘③。吾侪烹茶有滋味④,华池神水先调试⑤。丹田一亩自栽培⑥,金翁姹女采归来⑦。天炉地鼎依时节⑧,炼作黄芽烹白雪⑨。味如甘露胜醍醐⑩,服之顿觉沉疴瘥⑪。身轻便欲登天衢,不知天上有茶无。

《九曲棹歌十首》(选三)⑫

《六曲》

仙掌峰前仙子家,客来活水煮新茶。主人遥指青烟里,瀑布悬崖剪雪花。

《八曲》

几点沙鸥泛碧流,芦花两岸暮云愁。鼓楼岩下一声笛,惊起梧桐飞叶秋。

《九曲》

山势晴峦天打围,一村鸡犬正残晖。稻田高下如棋局,几点鸦飞与鹭飞。

宋、金新道教诗词

---

① "东坡"句:苏东坡《锡杖泉》文中说到"予昔自汴入淮,泛江沂汉归蜀,饮江淮水盖弥年,既至,觉井水腥涩,百余日然后安之,以此知江之甘于井也……"云云。

② 赵州:唐禅师赵州从谂。南泉:唐禅师南泉普愿,赵州是他的弟子。有弟子参访赵州,赵州往往让他们"吃茶去",是禅宗著名公案。

③ 瀹茗:煮茶;瀹(yuè),煮;鲍照《园葵赋》:"曲瓢卷浆,乃羹乃瀹。"

④ 吾侪:我辈。

⑤ 华池:本义为传说中昆仑山上水池名,内丹术语以口为华池。

⑥ 丹田一亩:指腹腔。

⑦ 金翁:内丹概念,指肺液。姹女:内丹概念,肾脏元气。

⑧ 天炉地鼎:即鼎炉,指人身。

⑨ 黄芽:内丹概念,元神元气。白雪:内丹概念,丹的异名。

⑩ 醍醐(tí hú):本义是从酥酪中提制出的油,转义为美酒。

⑪ 沉疴(kē):重病。

⑫ 九曲:武夷山的一条溪水名,全长 62.8 公里余,曲折萦回于丹崖群峰之间。

《水调歌头·自述十首》（选二）

吃了几辛苦，学得这些儿。蓬头赤脚，街头巷尾打无为①。都没蓑衣笠子，多少风烟雨雪，便是活阿鼻②。一具骷髅骨，忍尽千万饥。　　头不梳，面不洗，且憨痴。自家屋里，黄金满地有谁知。这里一声惭愧，那里一声调教③，满面笑嘻嘻。白鹤青云上，记取这般时。

天下云游客，气味偶相投。暂时相聚，忽然云散水空流。饱饫闽中风月④，又爱浙间山水，杖履且逍遥⑤。太上包中下⑥，只得个无忧。　　是和非，名与利，一时休。自家醒了，不成得恁地埋头。任是南州北郡，不问大张小李，过此便相留。且吃随缘饭，莫作俗人愁。

《游仙岩记》⑦

黄叶飞云，新雁篆空⑧，庭蕙破玉⑨，篱菊铸金。游客来自琼州⑩，蓬发垂颐⑪，黧面赤足⑫，缉草文躯⑬，露胫半裎⑭，横锡袒肩⑮，气概越尘。所适

① 打无为：无为无事度日；打，俗语，表作为。

② 活阿鼻：阿鼻谓阿鼻地狱，佛教所说无间地狱；活阿鼻意谓形似鬼卒。

③ 调教：指训斥之声。

④ 饱饫：吃饱，转意为充分享受；饫(yù)，饱食；左思《吴都赋》："于是乐只衎衎而欢饫无匮，都辇殷而四奥来暨。"吕向注："饱而饮酒曰饫。"

⑤ 杖履：拄杖漫步；朱余庆《和刘补阙秋园寓兴》之三："逍遥人事外，杖履入杉萝。"

⑥ 太上：此指最高境界。

⑦ 仙岩：游仙岩，武夷山峰名，在天游峰西。

⑧ 篆空：形容雁行如篆字；篆，汉字一种字体。

⑨ 庭蕙：此指庭院中蕙兰；蕙，叶似草兰而稍瘦长，暮春开花，一茎可发八九朵。《楚辞·离骚》："余既滋兰之九畹兮，又树蕙之百亩。"

⑩ 游客：作者自指。琼州：古州名，辖境相当今海南省海口市、琼山市、琼海市及定安、澄迈、临高县。

⑪ 垂颐：垂到下颏；《急就篇》卷三："颊颐颈项肩臂肘。"颜师古注："下颔曰颐。"

⑫ 黧面：脸污黑，黧(lí)，黑黄色；柴静仪《晶用济》："长安三上不得意，蓬头黧面仍归来。"

⑬ "缉草"句：谓以草蔽身；文躯，装饰躯体，指蔽身。

⑭ 半裎(chéng)：半露身体；《孟子·公孙丑上》："尔为尔，我为我，虽袒裼裸裎于我侧，尔焉能浼我哉！"

⑮ 横锡：指肩锡杖；锡杖，本指僧人所用拄杖，杖头有一铁圈，振时作声；李山甫《酬刘书记见赠》诗："禅者行担锡，樵师语隔坡。"

上清之三华①，谒云谷君于薄暮②。竹锁翠烟，檐铎檄风③，凫灯微红，栖鹊呼雏。客乃弛怀④，饮瀑茹芝⑤，丁宵御枕⑥，偃仰无梦⑦，矍然凭窗⑧，鼓唇而歌曰：

梧桐枝上秋风起，碧水连天天映水。残鸦几点暮山紫，斜阳影落芦花里。蜂衙罢声蛙作市⑨，藜杖落肩寝簟机⑩。天黎明，月痕消，安得异人兮仙岩作逍遥。

云谷君起而歌曰：

酒初醒⑪，睡初醒，有客长歌绕玉屏⑫。我将治凫舄兮振瑶瓴⑬，顺风一叶碧潭清。收拾千岩万壑之爽气，归来高卧乎松棂⑭，与君结

---

① 上清之三华：本义为道教所指上清天，为灵宝君所治，此指云谷君所驻道观。
② 云谷君：姓名待考；云谷山在今福建建阳县西北七十里，接武夷山市界，朱熹曾筑庐读书于此，此人应居于此。
③ 檐铎：檐上风铃；铎(duó)，大铃。檄风：被风摇动。
④ 弛怀：放松心情。
⑤ 饮瀑：饮瀑布水。茹芝：吃灵芝；茹，吃，吞咽；《汉书·董仲舒传》："食于舍而茹葵。"颜师古注："食菜曰茹。"
⑥ 丁宵：到晚上；丁，当，逢；《诗·大雅·云汉》："耗斁下土，宁丁我躬。"高亨注："丁，当，遭逢。"
⑦ 偃仰：俯仰，谓辗转反侧；《后汉书·李固传》："固独胡粉饰貌，搔头弄姿，槃旋偃仰，从容冶步，曾无惨怛伤悴之心。"
⑧ 矍然：惊异貌；班固《东都赋》："主人之辞未终，西都宾矍然失容。"李善注引《说文》："矍，惊视貌也。"
⑨ 蜂衙：群蜂早晚聚集，簇拥蜂王，如旧时官吏到上司衙门排班参见；陆游《青羊宫小饮赠道士》诗："微雨晴时看鹤舞，小窗幽处听蜂衙。"
⑩ 藜杖句：谓放下藜杖躺卧在竹簟上；藜，灰菜，老茎做杖简陋；姚合《道旁亭子》："南陌游人回首去，东林过者杖藜归。"簟机：竹席床板。
⑪ 初醒：刚刚醒酒；醒(chéng)，酒醉后神志不清；《诗·小雅·节南山》："忧心如醒，谁秉国成。"毛传："病酒曰醒。"
⑫ 玉屏：九夷山峰名。
⑬ 凫舄(fú xì)：仙人穿的鞋子；《后汉书·方术传上·王乔》："(王乔)有神术，每月朔望，常自县诣台朝。帝怪其来数，而不见车骑，密令太史伺望。言其临至，辄有双凫从东南飞来。于是候凫至，举罗张之，但得一只舄焉。乃诏尚方诊视，则四年中所赐尚书官属履也。"瑶瓴：美玉做的瓶子，指云游携带的净瓶；瓴(líng)，陶瓦制的容器，似瓶。
⑭ 松棂：松木窗棂；棂(líng)，窗户或栏杆上雕有花纹的格子，此指松木为屋；江淹《杂体诗·效许询》："曲棂激鲜飙，石室有幽响。"李善注："棂，窗间孔也。"

诗盟。

翌晓，驾小艇，系柳于鲤鱼岩之下。平田铺綦，鸦鹭分黑白，乱山开画，松竹自笔墨。释览之（缆至）鸡笼石，山花炫眼，岩鸟聒耳，放浪登天竺峰，古寺空四壁，柏子袅深殿①。红峦际天，绿巘架空，猿啸黄昏，月横枯树，虎吼清夜，风号万窍。疏钟入云房，持瓢访丹井，盘陀无尘②，坐歌一诗云：

峰头鸠声呼晓雨，淡烟锁断岩前路。夜来湛露滴寒松③，断云无家风掣空。携锡兮理履，乘风欲归去。

云谷君至是，稽首话刀圭之妙④。客抚石而歌曰：

偃月炉中，乌兔朱砂，鼎内龙虎⑤，黑汞入红铅，红炉一粒圆。

云谷君、琼州客既归，猿啼古壑，鹤唳冷泉，水国无舟，曳竹陟陆，孤村牛眠，流水白云，萧条然如庐阜间。云谷君还，旧客已徜徉矣。因笔识其行。

王重阳（诗五首、词三阕，白如祥辑校《王重阳集》）

《咏慵》
自哂疏慵号可勤⑥，梦中因笔记良因。与人还礼宁开口⑦，见饭怀饥不

---

① "柏子"句：谓柏香缭绕在深深殿堂；袅，同"裊"，缭绕，缠绕；刘商《姑苏怀古送秀才下第归江南》诗："琳琅暗裊玉华殿，天香静裏金芙蕖。"
② 盘陀：石不平貌；寒山诗："盘陀石上坐，溪涧冷凄凄。"
③ 湛露：浓重的露水；《楚辞·九章·悲回风》："吸湛露之浮凉兮，漱凝霜之雰雰。"朱熹集注："湛，厚也。"
④ 刀圭：中药量器名，这里指丹药；葛洪《抱朴子·金丹》："服之三刀圭，三尸九虫皆即消坏，百病皆愈也。"王明校释："刀圭，量药具。武威汉墓出土医药木简中有刀圭之称。"
⑤ 龙虎：内丹概念，指元神、元气。
⑥ 自哂：自嘲。疏慵：懒散。元稹《台中鞫狱忆开元观旧事》诗："疏慵日高卧，自谓轻人寰。"
⑦ 宁开口：难道开口；宁，难道，表否定。

动唇。纸袄麻衣长盖体,蓬头垢面永全真。一眠九载方回转,由恐劳劳暗损神。

《鼓楼》

黄昏拂晓角声哀,急鼓同祛疫疠灾①。水滴按时分正刻②,铮鸣应点定更回③。百年光景宵宵逼,一世韶华夜夜催。奉劝索诗人早悟,莫教耳内五更来④。

《述怀》

慧刀磨快劈迷蒙⑤,锉碎家缘割己空。火焰高焚端子午⑥,水源深决润西东⑦。上中下正开心月⑧,精气神全得祖风。既见旧时亲面目⑨,更无今日假英雄。五重玉户光生彩⑩,一粒金丹色变红。自在真人归岳顶,手携芝草步莲宫⑪。

《自咏》

从此擘开真铁网,今朝跳出冗尘笼。便将明月堪拿弄,拨断闲云好害风。

---

① 急鼓:密集鼓声,此指打更的鼓声。
② "水滴"句:谓计时钟漏滴水划分出昼夜十二时百刻;每时分初、正。
③ "铮鸣"句:谓按时刻鸣铮打更;铮,同"钲",钟形打击乐器,可夜里用来打更。定更:确定五更;更,夜间计时单位,一夜分五更。
④ "莫教"句:应前面"定更回",谓不要听到五更铮声。
⑤ 慧刀:譬喻内丹修炼所得。
⑥ "火焰"句:谓心火正常运行;火焰,指内丹心火;《道枢·太清篇》:"心者,火也,其干丙丁,其中有气,名曰朱雀。"端子午:阴阳之气与日月运行相关联,子时到午时是正阳之气上升之时。
⑦ "水源"句:谓内丹真水滋润全身;水源,指内丹真水;《道枢·太清篇》:"肝者,木也,其干甲乙,其中有气,名曰青龙,道于夹脊之左,经络之上,流而入于其目,其化为泪。泪者,真水之余气也。"
⑧ "上中下"句:谓三丹田得到熔炼;上中下,分指三丹田,为精、气、神所舍;心月,丹田;李治《敬斋古今黈》卷六:"盖三丹田,精、气、神之舍也。曰下丹田,关元精之舍;中丹田,绛宫神之舍;则上丹田,泥丸为气之舍也。"
⑨ 亲面目:本来面目,指人的本有心性。
⑩ "五重"句:谓五官焕发光彩;玉户,指五官。
⑪ 莲宫:本为佛教语,寺院;这里指仙宫。

《南乡子》

好纸造成鸢①，占得风来便有缘。放出空中云外路，无边，休恋桩儿用线牵。　　端正莫教偏，仰面人人指点贤。从此逍遥真自在，如然，断却丝麻出世缠。

《小重山·喻牛子》

堪叹寰中这只牛。龙门角子稳②，骋风流。身如泼墨润如油。贪斗壮，牵拽不回头。　　苦苦几时休。力筋都使尽，卧犁沟。被人嫌恶无来由。闲水草，难免一刀忧。

《苏幕遮·劝世》

叹人身，如草露。却被晨晖，晞转还归土③。百载光阴难得住。只恋尘寰，甘受辛中苦。　　告诸公，听我语。跳出凡笼，好觅长生路。早早回头仍反顾。七宝山头④，做个云霞侣。

《自叹歌》

嗟余幼年父母惜，长思孝养当竭力。情知难报罔极恩，区区眷恋惟多积。如今不肯自焦劳，一味贫闲肯卖高⑤。喜得逍遥真自在，日中打睡恣陶陶。愚迷不识余家意，晓夜忙忙空斗智。四般拘执尽贪婪，酒色更兼财与气。争如风害便抽头，无虑无愁更远忧。云水青山待乐游，愿归三岛赴十洲⑥。出凡笼，入碧洞，假合身躯休戏弄⑦。怎时猿马总归空⑧，一轮明月

---

① 鸢(yuān)：鹞鹰；此指纸鸢，风筝。

② "龙门"句：形容牛角峥嵘；龙门，黄河流经山西省河津县西北和陕西省韩城市东北，两岸峭壁对峙，形似门阙，故名。

③ 晞转：天亮；晞，破晓。

④ 七宝山：指仙界；七宝，七种宝物，说法不同，佛教经典《法华经》说金、银、琉璃、砗磲、玛瑙、真珠、玫瑰为七宝。

⑤ 卖高：自己炫耀高超。

⑥ 三岛：传说中蓬莱、方丈、瀛洲海上三仙山。十洲：传说中海中神仙居住的十处名山胜境；《海内十洲记》："汉武帝既闻王母说八方巨海之中有祖洲、瀛洲、玄洲、炎洲、长洲、元洲、流洲、生洲、凤麟洲、聚窟洲。有此十洲，乃人迹所稀绝处。"

⑦ 假合：谓暂时聚合，终必离散。

⑧ 怎时：那时候。猿马：心猿意马，比喻心思流荡散乱，冲动难以控制。

唯余用。

丘处机(诗三首、词二阕)

《鹤》(《潘溪集》,《正统道藏》)

一种灵禽体性高,丹砂为顶雪为毛。冥冥巨海游三岛,矫矫长风唳九皋①。洒落精神超俗物,飞腾志气接仙曹。抟风整翮云霄上,万里峥嵘自不劳。

《寄燕京道友》②(王国维注《长春真人西游记》)

十年兵火万民愁,千万中无一二留。去岁幸逢慈诏下③,今春须合冒寒游。不辞岭北三千里(皇帝旧兀里多)④,仍念山东二百州⑤。穷急漏诛残喘在,早教身命得销忧。

《赠医官郑公》(王国维注《长春真人西游记》)

自古中秋月最明,凉风届候夜弥清。一天气象沉银汉,四海鱼龙燿水精⑥。吴越楼台歌吹满,燕秦部曲酒肴盈⑦。我之帝所临河上⑧,欲罢干戈致太平。

《无漏子》之三《假躯》(《潘溪集》,《正统道藏》)

一团脓,三寸气,使作还同傀儡。夸体段,骋风流,人人不肯休。　白玉肌,红粉脸,尽是浮华庄点⑨。皮肉烂,血津干⑩,荒郊你试看。

---

① 九皋:曲折深远的沼泽;《诗·小雅·鹤鸣》:"鹤鸣于九皋,声闻于野。"比喻身隐而名著。
② 燕京:今北京市。
③ "去岁"句:指金宣宗兴定五年(1219)成吉思汗自乃蛮派部遣使者招请。
④ 岭北:指阴山山脉之北。
⑤ 山东:太行山之东;杜甫《兵车行》:"君不闻汉家山东二百州,千村万落生荆棘。"
⑥ "四海"句:谓天下风云变幻;四海,天下;鱼龙,本指百戏;燿水精,谓星光闪烁;《左传·襄公二十八年》:"岁在星纪。"唐孔颖达疏:"五星者五行之精也。历书称:木精曰岁星,火精曰荧惑,土精曰镇星,金精曰大白,水精曰辰星。"
⑦ 部曲:指军队部属。
⑧ 帝所:指成吉思汗幕府。河上:在西域雪山。
⑨ 庄点:同"妆点"。
⑩ 血津:血液。

《念奴娇》(《御选历代诗余》)

春游浩荡,是年年,寒食梨花时节①。白锦无纹香烂漫,玉树琼苞堆雪。静夜沉沉,浮光霭霭②,冷浸溶溶月。人间天上,烂银霞照通彻。　　浑似姑射真人③,天姿灵秀,意气舒高洁。万点参差谁信道,不与群芳同列。浩气清英,仙材卓荦,下土难分别。瑶台归去,洞天方省清绝。

李志常《长春真人西游记》(节选,王国维注本)

……八日,携门人虚静先生。赵九古辈十人,从以二车,蒙古驿骑二十余,傍大山西行。宣使刘公④、镇海相公又百骑⑤。李家奴,镇海从者也,因曰:前此山下精截我脑后发,我甚恐。镇海亦云:乃满国王亦曾在此⑥,为山精所惑。食以佳馔。师默而不答。西南约行三日,复东南过大山、经大峡,中秋日抵金山东北⑦,少驻,复南行。其山高大,深谷长阪⑧,车不可行。三太子出军⑨,始辟其路。乃命百骑挽绳县辕以上⑩,缚轮以下。约行四程,连度三岭,南出山前,临河止泊⑪。从官连幕为营,因水草便,以待铺牛驿骑⑫,数日乃行。有诗三绝云:

八月凉风爽气清,那堪日暮碧天晴。欲吟胜慨无才思,空对金山皓月明。

---

① 寒食:节日名,在清明前一日或二日。相传春秋时晋文公负其功臣介之推,介愤而隐于绵山,文公悔悟,烧山逼令出仕,之推抱树焚死,人民相约于其忌日禁火冷食,相沿成俗,谓之寒食。

② 霭霭:盛大貌;陶潜《停云》诗:"霭霭停云,蒙蒙时雨。"

③ 姑射真人:《庄子·逍遥游》:"藐姑射之山,有神人居焉,肌肤若冰雪,淖约若处子……"

④ 宣使:宣抚使刘仲录。

⑤ 镇海相公:八剌喝孙,蒙古克烈部人,受成吉思汗命,在阿鲁欢一带屯田;镇海,城名。

⑥ 乃满:即"乃蛮",辽金时游牧于阿尔泰山与杭爱山之间的部族,至元太祖时始灭。

⑦ 金山:阿尔泰山。

⑧ 长阪:犹高坡。

⑨ 三太子:成吉思汗第三子窝阔台。

⑩ 县辕:抬高车辕;县,同"悬"。

⑪ 河:王国维注谓今乌古伦河。

⑫ 铺牛驿骑:驿站供给的牛马;铺和驿均指驿站。

其二云：

金山南面大河流，河曲盘桓赏素秋①。秋水暮天山月上，清吟独啸夜光球。

其三云：

金山虽大不孤高，四面长拖拽脚牢。横截大山心腹树，干云蔽日竞呼号。

渡河而南，前经小山，石杂五色，其旁草木不生，首尾七十里。复有二红山当路，又三十里，咸卤地中有一小沙井，因驻程挹水为食。傍有青草，多为羊马践履。宣使与镇海议曰："此地最难行处，相公如何则可？"公曰："此地我知之久矣。"同往诣师。公曰："前至白骨甸，地皆黑石，约行二百余里，达沙陀北边②，颇有水草。更涉大沙陀百余里，东西广袤，不知其几千里。及回纥城③，方得水草。"师曰："何谓白骨甸？"公曰："古之战场，凡疲兵至此，十无一还，死地也。顷者乃满大势，亦败于是。遇天晴昼行，人马往往困毙，唯暮起夜度，可过其半。明日向午，得及水草矣。少憩，俟晡时即行④，当度沙岭百余，若舟行巨浪然。又明日辰巳间⑤，得达彼城矣。夜行良便，但恐天气黯黑，魑魅罔两为祟，我辈当涂血马首以厌之⑥。"师乃笑曰："邪精妖鬼，逢正人远避，书传所载，其孰不知？道人家何忧此事？"日暮，遂行。牛乏，皆道弃之，驭以六马，自尔不复用牛矣。初在沙陀北，南望天际若银霞，问之左右，皆未详。师曰："多是阴山⑦。"翌日，过沙陀，遇樵者再问之，皆曰然。于是，途中作诗云：

---

① 素秋：秋季；按五行说，秋属金，色白，故称素秋。
② 沙陀：即下"大沙陀"，今博尔腾戈壁南面的沙漠。
③ 回纥：古代民族，晚唐西迁，这里指迁至葱岭西楚河畔的一支。
④ 晡时：申时，相当下午三时至五时。
⑤ 辰巳：辰时和巳时，七时至十一时。
⑥ 厌（yā）：以法术镇服或驱避可能出现的灾祸或致灾祸于人；"涂血马首"即是。
⑦ 阴山：此指天山东支博格达山。

高如云气白如沙，远望那知是眼花？渐见山头堆玉屑，远观日脚
射银霞。横空一字长千里，照地连城及万家。从古至今当不坏，吟诗
写向直南夸①。

八月二十七日，抵阴山后，回纥郊迎。至小城北②，酋长设蒲萄酒及名
果、大饼、浑葱③，裂波斯布，人一尺，乃言曰："此阴山前三百里，和州也④。
其地大热，蒲萄至伙。"翌日，沿川西行，历二小城，皆有居人。时禾麦初熟，
皆赖泉水浇灌，得有秋⑤，少雨故也。西即鳖思马大城⑥。王官、士庶、僧道
数百，具威仪远迎⑦。僧皆赭衣⑧，道士衣冠与中国特异。泊于城西蒲萄园
之上阁，时回纥王部族劝蒲萄酒，供以异花、杂果、名香，且列侏儒伎乐，皆
中州人。士庶日益敬侍，坐者有僧、道、儒。因问风俗。乃曰："此大唐时北
庭端府⑨，景龙三年⑩，杨公何为大都护⑪，有德政，诸夷心服，惠及后人，于
今赖之。有龙兴西寺二石刻在，功德焕然可观。寺有佛书一藏⑫。唐之边
城，往往尚存。其东数百里，有府曰西凉⑬。其西三百余里，有县曰轮
台⑭。"师问曰："更几程得至行在⑮？"皆曰：西南更行万余里即是。

其夜风雨作，园外有大树，复出一篇示众云：

---

① 直南：指中原地区。
② 小城：王国维注谓此小城和下面提到的两小城都在回纥通庭州的路上。
③ 浑葱：洋葱。
④ 和州：又名火州、哈喇和卓，高昌回鹘都城，在今新疆吐鲁番市东南。
⑤ 有秋：有收成。
⑥ 鳖思马：又名别失八里，突厥语"五城"的意思，在今新疆吉木萨尔北。
⑦ 威仪：服饰仪仗。
⑧ 赭衣：土红色衣服，本中原因犯服色。
⑨ 北庭端府：北庭都护府；武周长安二年（702），武则天于庭州（今新疆吉木萨尔北破城子）置
北庭都护府；端府，都护府。
⑩ 景龙三年：唐中宗李显年号，公元707—710年。
⑪ 杨公何：应名杨和，唐边将，传闻之讹。
⑫ 佛书一藏：《大藏经》一部。
⑬ 西凉：凉州，今甘肃武威市。
⑭ 轮台：唐轮台在今新疆米泉至昌吉之间，非今新疆轮台市。
⑮ 行在：皇帝驻地，此指成吉思汗驻地。

夜宿阴山下，阴山夜寂寥。长空云黯黯，大树叶萧萧。万里途程远，三冬气候韶①。全身都放下，一任断蓬飘。

九月二日，西行。四日，宿轮台之东，迭屑头目来迎②。南望阴山，三峰突兀倚天。因述诗赠书生李伯祥，生相人③。诗云：

三峰并起插云寒，四壁横陈绕涧盘。雪岭界天人不到，冰池耀日俗难观（人云向此冰池之间观看则魂识昏昧）。岩深可避刀兵害（其岩险固，逢乱世坚守则得免其难），水众能滋稼穑干（下有泉源，可以灌溉，每岁秋成）。名镇北方为第一，无人写向画图看。

又历二城，重九日，至回纥昌八剌城④。其王畏午儿与镇海有旧⑤，率诸部族及回纥僧皆远迎。既入，斋于台上，泊其夫人劝蒲萄酒，且献西瓜，其重及秤⑥。甘瓜如枕许，其香味盖中国未有也⑦。园蔬同中区。有僧来侍坐，使译者问："看何经典？"僧云："剃度受戒⑧，礼佛为师。盖此以东昔属唐，故西去无僧、道，回纥但礼西方耳⑨。"翌日，并阴山而西，约十程，又度沙场⑩，其沙细，遇风则流，状如惊涛，乍聚乍散，寸草不萌，车陷马滞，一昼夜方出，盖白骨甸大沙分流也。南际阴山之麓，踰沙，又五日，宿阴山北。诘朝南行，长阪七八十里，抵暮乃宿。天甚寒，且无水。

晨起，西南行约二十里，忽有大池⑪，方圆几二百里，雪峰环之，倒影池中，师名之曰天池。沿池正南下，左右峰峦峭拔，松桦阴森，高逾百尺，自巅

---

① 三冬：冬季三月。韶：美好。
② 迭屑：景教徒，基督教分支涅斯托里派。
③ 相人：相州人；相州，今河南安阳市。
④ 昌八剌城：又名昌八里、彰八里，在今新疆昌吉市境。
⑤ 畏午儿：今称维吾尔，即回纥人。
⑥ 秤：古量词，十五斤；《孔丛子·衡》："斤十谓之衡，衡有半谓之秤，秤二谓之钧。"
⑦ 中国：此指中原汉地；下"中区"同义。
⑧ 剃度受戒：佛教徒出家仪式，剃除须发，传授戒律。
⑨ 礼西方：此指信仰伊斯兰教，向西方（圣地麦加方向）礼拜。
⑩ 沙场：此指艾比河与精湖之间的沙漠。
⑪ 大池：今塞里木湖。

宋、金新道教诗词

及麓,何啻万株①。众流入峡②,奔腾汹涌,曲折湾环,可六七十里。二太子扈从西征③,始凿石理道④,刊木为四十八桥⑤,桥可并车。薄暮宿峡中,翌日方出,入东西大川,水草盈秀。天气似春,稍有桑、枣。次及一程,九月二十七日,至阿里马城⑥,铺速满国王暨蒙古塔剌忽只领诸部人来迎⑦,宿于西果园。土人呼果为"阿里马",盖多果实,以是名其城。其地出帛,目曰秃鹿麻⑧,盖俗所谓种羊毛织成者。时得七束,为御寒衣,其毛类中国柳花,鲜洁细软,可为线为绳,为帛为绵。农者亦决渠灌田,土人惟以瓶取水,戴而归。及见中原汲器,喜曰:"桃花石诸事皆巧。"桃花石,谓汉人也。师自金山至此,以诗纪其行云:

金山东畔阴山西,千岩万壑攒深溪。溪边乱石当道卧,古今不许通轮蹄。前年军兴二太子(三太子修金山,二太子修阴山),修道架桥彻溪水。今年吾道欲西行,车马喧阗复经此。银山铁壁千万重,争头竞角夸清雄⑨。日出下观沧海近,月明上与天河通。参天松如笔管直,森森动有百余尺。万株相倚郁苍苍,一鸟不鸣空寂寂。羊肠孟门压太行⑩,比斯太略犹寻常。双车上下苦敦擝⑪,百骑前后多惊惶。天池海在山头上,百里镜空含万象⑫。县车束马西下山,四十八桥低万丈。河南海北山无穷,千变万化规模同。未若兹山太奇绝,磊落峭拔如神功。我来时当八九月,半山已上皆为雪。山前草木暖如春,山后衣衾冷如铁。
……

---

① 何啻:何止。
② 峡:今果子沟。
③ 二太子:成吉思汗二子察合台。扈从:随从皇帝出行。
④ 理道:修道。
⑤ 刊木:砍伐树木。
⑥ 阿里马城:在今新疆霍城县境内,察合台汗国曾在此定都。阿里马,突厥语"苹果"。
⑦ 铺速满:"穆斯林"异译。塔剌忽只:蒙古语"达鲁花赤"异译,镇守官。
⑧ 秃鹿麻:一种棉织品,下面说"种羊毛织成",是误解。
⑨ "争头"句:形容山势险峻,怪石嶙峋。
⑩ 孟门:山名。在今河南辉县西,春秋时为晋国要隘。《左传·襄公二十三年》:"齐侯遂伐晋,取朝歌,为二队,入孟门,登大行。"
⑪ 敦擝:颠簸;擝同"颠"。
⑫ 镜空:犹映空。

附录

吕洞宾和陈抟都是富于传说意味的人物。他们都是五代宋初道士,大抵为同时代人,生平事迹都传说纷纭,真伪难辨。吕洞宾修内丹,兼摄禅宗;陈抟精《易》学,是象数派代表人物,对宋代理学发展产生一定影响。他们后来被神化,编造出种种奇闻异事;全真道更尊他们为祖师。在传为吕洞宾所编《纯阳真人浑成集》和元张辂编《太华西夷志》等著作里收录他们名下的诗词,乃是宋代道门和后来全真道托名之作。这些作品应出于能文善艺者之手,以浅俗乃至鄙陋之词喻精微之理,别具意趣,流传广远,无论是在教派中还是在文坛上都造成相当的影响。

署吕岩诗(六首)

《牧童》(《全唐诗》)

草铺横野六七里,笛弄晚风三四声。归来饱饭黄昏后,不脱蓑衣卧月明。

《赠罗浮道士》(《全唐诗》)

罗浮道士谁同流,草衣木食轻王侯。世间甲子管不得①,壶里乾坤只自由。数着残棋江月晓②,一声长啸海山秋③。饮余回首话归路,遥指白云天际头。

《答僧见》(《全唐诗》)

三千里外无家客,七百年来云水身。行满蓬莱为别馆,道成瓦砾尽黄金。待宾榼里常存酒,化药炉中别有春。积德求师何患少,由来天地不私亲。

---

① 世间甲子:甲子指干支纪年,"世间甲子"谓世事变化。
② 残棋:暗用南朝梁任昉《述异记》典,晋信安郡石室山王质至山上伐木,见童子数人棋而歌,归去视斧柯烂尽,无复时人,后以"烂柯"喻岁月流逝,人事变迁。
③ 长啸:暗用《晋书·阮籍传》典,阮籍尝于苏门山遇孙登,与商略终古及栖神导气之术。登皆不应,籍因长啸而退;因以长啸喻高士情趣。

《警世》(《全唐诗》)

二八佳人体似酥，腰间仗剑斩凡夫。虽然不见人头落，暗里教君骨髓枯。

《劝世吟二十九首》(选一)(《纯阳真人浑成集》,《正统道藏》)

为人不可恋嚣尘，幻化身中有法身①。莫炫心中摛锦绣，好于境上惜精神②。回来便访仙家侣，迷即难逃俗眷亲。为告聪明英烈士，休教昧了本来真。

《七言律诗》(选一)(《纯阳真人浑成集》,《正统道藏》)

随缘信业任浮沉③，似水如云一片心。两卷道书三尺剑，一条藜杖七弦琴。壶中有药逢人施，腹内新诗遇客吟。一嚼(爵)汞添千载寿④，一丸丹点一斤金⑤。

署陈抟诗(三首,《太华希夷志》,《正统道藏》)

《退官歌》

道能清，道能静，清静之中求正定⑥。不贪不爱任浮生，不学愚迷多铿吝。时人笑臣不求官，官是人间一大病。官卑又被人管辖，官高亦有人趋佞。或经秦，或经郑，东来西去似绳纼⑦。直至百年不曾歇，算来争似臣清静。月为灯，水为镜，长柄葫芦作气命⑧。出入虽无从者扶，左有金龟右鹤引⑨。朝日醉，长不醒，每每又被天书请。时人见臣笑呵呵，臣自心中别有景。

---

① 幻化身：化身，佛教语，本指佛陀示现于世的人身，此指现世人身。法身：佛教语，本指佛法、佛性，此指修炼成仙之身。
② "好于"句：谓对待外境须珍惜精神；境，佛教语，色、声、香、味、触、法六境。
③ 信业：相信业报；业，造作，指一切身心活动；佛、道认为做业则有报应。
④ 爵：古代礼器，此指盛药器具。汞：炼丹药物，水银，内丹指人的元精。
⑤ 丹：此指内丹。金：比喻成就内丹圆明真灵、坚固不坏。
⑥ 正定：佛教语，内心专注一境，不为外物扰乱。
⑦ 绳纼：绳索；纼(zhèn)，拴马、牛等的绳索。
⑧ 气命：性命。
⑨ 龟、鹤：《抱朴子·论仙》谓生必死，而龟鹤长存焉。

《睡歌》

臣爱睡，臣爱睡，不卧毡，不盖被。片石枕头，蓑衣覆地，南北任眠，东西随睡。轰雷掣电泰山摧，万丈海水空里坠，骊龙叫喊鬼神惊，臣当恁时正鼾睡。闲想张良①，闷思范蠡②，说甚曹操，休言刘备，两三个君子，只争些小闲气。争似臣向清风岭头，白云堆里，展放眉头，解开肚皮，打一觉睡。更管甚红轮西坠。

《辞朝诗》

十年踪迹踏红尘，为忆青山如梦频。紫陌纵荣争及睡③，朱门虽贵不如贫。愁闻剑戟扶危主④，梦听笙歌聒醉人。携取旧书归旧隐，野花啼鸟一般春。

① 张良（约前250—前186）：汉高祖刘邦谋臣，协助刘邦夺得天下。待大功告成之后，及时功成身退。据传他摒弃人间万事，专心修道养精，静居行气，轻身成仙。
② 范蠡：春秋楚国宛（今河南南阳市）人，辅佐越王勾践兴越国，灭吴国，功成名就之后激流勇退，化名鸱夷子皮，与西施西出姑苏，泛扁舟于五湖之中，遨游于七十二峰之间。
③ "紫陌"句：谓在京师享受荣华不及鼾睡；紫陌，京城大道，此指京城；王粲《羽猎赋》："济漳浦而横阵，倚紫陌而并征。"
④ 剑戟：本是两种武器，此泛指举措、办法。危主：身陷危局的君主。

【第十讲】

神仙道化剧

仙道作为戏曲重要题材

前面已经指出，宋代新兴的小说、戏曲更富艺术创作的自觉，更注重"虚构"，更多表现一般民众的生活与心理，也更多追求娱乐价值。因而这两种更通俗、更接近民众的文艺形式必然为佛、道二教所利用，佛、道二教作为社会生活的重要内容也必然成为小说、戏曲的重要表现对象。就现存作品总体比较起来，直接以佛教为题材的作品，较以道教为题材的为少。这是因为比起佛教那些佛、菩萨、高僧等"人物"来，道教的神仙如"地仙"、"谪仙"、"女仙"等许多都是活动在人间的特殊"人物"，有关他们的故事神奇变怪、又富于情趣，更适于在小说、戏曲中构造情节、塑造形象、加以生发（这与诗歌创作情况形成鲜明对比。历代诗歌创作中佛教题材的远较道教题材的为多。这与前面说过的历史上佛教发展形势更为兴盛有关系。更重要的是佛教在知识阶层中发挥更大、更普遍的影响）。当然，如果从宗教观念的影响说，佛教的轮回报应教义、慈悲救济观念、人生如梦的感慨等等，更广泛、更深入地渗透到各体文学创作之中。实际释、道二者在发展中一直密切交流，许多观念是一致的。后出的全真教更明显具有调和"三教"的品格。

具体到戏曲创作，故事情节即所谓"戏剧冲突"十分重要，仙道故事显然更适合用来表现，因此这方面题材的剧目很多，也就留下不少优秀作品。元陶宗仪《南村辍耕录》的《院本名目》著录金院本，有《庄周梦》、《瑶池会》、《八仙会》、《蟠桃会》等，从名目即可以知道是取材道教故事、宣扬道教观念的。值得注意的是以"八仙"为题目的剧目，表明当时"八仙"信仰已在形成（有关"八仙"里某些人的传说已见于唐、宋、元文献，包括小说、戏剧。到明代吴元泰《八仙出处东游记传》，确定"八仙"为铁拐李、钟离权、张果老、蓝采和、何仙姑、吕洞宾、韩湘子、曹国舅八人。八人中有的实有其人，有的则全然出于杜撰）。钟嗣成《录鬼薄》记载元杂剧剧目四百种，道教题材的约占十分之一即四十余种。清人吕天成《曲品》依据题材划分明、清传奇为六门："一曰忠孝，一曰节义，一曰仙佛，一曰功名,一曰豪侠,一曰风情。""仙佛"归为一类,总体计算剧目不多。不过佛、道题材作品实际演出的频率更高,流行较广,影响是相当大的。

元代是中国古典戏剧发展史上的关键时期,元曲创造了中国戏曲艺术的一大高峰,剧作大家林立,许多堪称经典的优秀作品行世,进而并决定了以后中国戏曲发展的方向和道路。在元曲创作里,"神仙道化剧"是占据重要地位又颇具特色的专门一类,出现了马致远那样具有代表性的作家,取得了独特的艺术成就,也是道教文学的重大成果。

明人臧懋循编《元曲选》,收录元人作品九十四种、明初人作品六种;今人隋树森根据脉望馆抄校本《元明杂剧》等资料编成《元曲选外编》,收录元人杂剧六十二种。这两部元曲总集里可归为神仙道化剧一类的剧目共计十八种,即《陈抟高卧》、《岳阳楼》、《任风子》、《黄粱梦》(马致远)、《张天师》(吴昌龄)、《铁拐李》(岳伯川)、《竹叶舟》(范子安)、《庄周梦》(史九敬仙)、《七里滩》(宫大用)、《升仙梦》、《金安寿》(贾仲明)、《城南柳》(谷子敬)、《误入桃园》(王子一)、《刘行首》(杨景贤)、《玩江亭》、《蓝采和》、《碧桃花》(无名氏)。这些作品除了个别的出于元末明初,都是元中叶以前的;从作者看,参与写作的几乎涵盖所有元曲名家。这一大类作品取材和主题相当广泛:有直接以神仙为题材的,有表现道教或与之相关的人物、故事的;有描写祖师、真人悟道成仙经过的;有讲述他们度脱凡人和精灵鬼怪事迹的;也有宣扬道教神仙信仰或抒写隐居生活情趣的。特别是其中金元之际的早期作品,时当乱世,作品中往往寄托作者的忧患意识和人生感慨,体现更为积极的思想内容。还有一类作品借用神仙题材寓颂扬祝贺之意,用在上层社会酒宴集会中演出,则意义不大了。

由于全真道兴盛,神仙道话剧里有相当一部分是演述全真道祖师故事的。前面已经说过,全真道是宋金之际由张伯端、王重阳等创建起来的。后来建构教派祖统,以钟离权、吕洞宾为祖师,创造出许多有关他们的传说,且不断附会以新的情节。这种创作、神化祖师的过程,本身也可看做是艺术创作过程。元杂剧利用这些创作成果,进行再创造,成为具有更高艺术价值的作品。从这样的意义说,神仙道化剧的创作,既适应了全真道发展的需要,又体现戏剧艺术的发展过程。

神仙道化剧里的人物即使实有其人,故事情节也基本是根据传说,出于虚构的(这和某些小说如讲史话本《五代史平话》或章回小说《三国演义》的创作显然是大不相同的)。这种虚构造成更丰富、强烈的戏剧性。它们的基本构思方式是把虚拟的人物和故事组织到现实生活的框架里,把人世间的矛盾冲突与神仙传说的想象巧妙地结合在一起,而以修道成仙作为解决冲突的出路。这种主题体现浓重的宗教宣传意味,消极色彩是相当明显的。但在优秀剧作家笔下,剧作中对于社会矛盾、现实苦难、人生困境等等的表现往往达到相当深度,剧作者又能够充分地发挥元曲这种戏剧形式的特长,利用人物对话、演唱来铺排场面、展开叙事、塑造人物,从而使作品体现一定的思想意义,又取得良好的观赏效果。元曲在艺术方面的优长特别体现在唱,利用当时流行的曲子词和俗曲构成套曲,创作出优美的歌词,表演中长歌咏叹,委婉动人;另外就结构说,一部戏一般由四折构成,情节单纯而紧凑,戏剧冲突尖锐。这都强化了艺术效果。神仙道化剧当然也是如此。

神仙道化剧的基本主题有两个,一是度脱凡人出世,再是鼓吹仙隐意识。这两方面内容在具体作品中又是紧密关联的。在当时的社会环境下,这种"神仙道化"观念除了宗教宣传的意义之外,也反映了社会矛盾的某些侧面,特别是体现知识阶层在重重压抑之下解脱现实羁束、获取精神自由的幻想,是具有一定积极内涵的。

元曲后期创作中,以仙道为题材的作品内容更多凭空臆造,或借用唐宋传奇故事来演说教理,情节多是概念化、程式化的,语言和艺术表现也比较粗糙。这也是因为元曲整体发展形势已经衰落了。

神仙度脱主题

创作神仙道化剧成就最突出、最具代表性的作家是马致远(1250?—1321?),号东篱,大都(今北京市)人。他出生在蒙元立国之前,主要活动在元朝前期。青年时期热衷功名,度过一段四处漂泊生活;曾一度担任浙江省务提举;五十岁前后归隐林泉,以清风明月为伴,自诩"东篱本是风月主"。他信奉全真道,故有"万花丛中马神仙"之称。他从事杂剧、散曲创作,在当时梨园行里颇有名声,又被称为"曲状元"。所作散曲结集为《东篱乐府》;作杂剧十五种,传世七种,即《汉宫秋》、《陈抟高卧》、《任风子》、《荐

神仙道化剧

363

福碑》、《青衫泪》、《岳阳楼》和与人合作的《黄粱梦》；另有《误入桃园》，存残曲一支。明朱权《太和正音谱》在"群英所编杂剧"项下把他列在元人之首；臧懋循又把他的《汉宫秋》置于其所编《元曲选》之首。他艺术上最为成熟的作品是以汉昭君出塞为题材的《汉宫秋》；而在全部元曲创作中最能代表他的创作成就、艺术上最富特色的作品则是神仙道化剧。

马致远后半生接受全真派教理，所创作的神仙道化剧以全真教人物为主人公，从内容看是典型的以宣扬教义为主旨的作品。但他作为优秀艺术家，作品没有局限在表现宗教观念。作为一个在异民族压迫下生存的知识分子，经历丰富，对社会与人生有相当深入的观察与认识。他虽然把全真教当做解决现世的苦难与矛盾、人生的灾难与困境的对策与出路，作品所描绘的仙道故事也显得虚幻、荒唐，但是在那些虚幻、荒唐的人物、场景背后却体现社会和人生的真实内容，反映具有相当深度的批判意识。至于在艺术层面，作为功力成熟的戏剧艺术家，他娴熟地运用元曲这一艺术形式，特别表现出处理仙道这种虚构题材与人物的独特才能。这样，他的神仙道化剧创作又在相当程度上做到思想内容与艺术形式的完美结合，把这一戏剧类型的创作艺术提升到一个新高度。

按全真教所构造的传承关系，内丹丹法由汉钟离权传唐吕洞宾，吕洞宾传王重阳，以下王重阳传马钰等"北七真"。被全真道奉为祖师的吕洞宾，应当是唐、宋之间的人，据传名嵒，洞宾是他的字。关于他的生平事迹，多有后世传说，模糊神秘，难以考实。据传他五代时从钟离权得道，而又传钟离权是汉代人。实际他们都是"先虚后实"的传说人物。自北宋初年不断创造出来的更多传说附会到他们身上。北宋仁宗（1023—1064）朝，王则利用"弥勒教"起事，据王铚《默记》记载，他声称有一个叫李教的习巫术的人为谋主，李教酒醉曾在娼馆题辞"吕洞宾李教同游"，朝廷遂有"诏天下捕李教及吕洞宾二人"。这是早期有关吕洞宾的传说。后来全真道形成，钟、吕又被编入传教祖统之中，并把这一派教理附会到他们身上，组织成钟、吕内丹体系。钟、吕则由一般的神仙传说中人变成这一派道教的祖师。在传说过程中，又创造出一批表达全真道内丹观点的诗词归属到他们名下。

马致远作为全真道信徒，当然熟悉有关他们的传说故事。而这种神奇人物，特别是有关他们的新奇诡异的传说，正适合利用戏剧形式来表现。

不过在马致远的剧作里，原来传说中的怪异不经成分删剪不少，又增添了富于现实意义的内容。他与多人合编的《黄粱梦》演绎钟离权度脱吕洞宾传说；他的《岳阳楼》写吕洞宾度脱柳精，则是另行虚构的精怪故事；《任风子》写马钰受王重阳点化之后再去度脱任屠，情节是任意捏合的。他就这样把全真教不断编撰起来的传说作为构造剧情的基本框架，发挥艺术想象力和写作才能，重新组织情节，构造矛盾冲突，又发挥元曲作为综合艺术的特长，特别是注意提炼唱词（这是元曲表演或作为案头读物语言中最为精粹、最有表现力的部分），创作出人物性格鲜明、情节生动感人、语言优美精练、无论是演唱还是阅读都经得起推敲的作品。

马致远与人合作的《黄粱梦》是神仙道化剧里度脱题材具有代表性的作品。这部作品讲述的是吕洞宾因梦悟道经历。本来佛、道二教里都有遇师——考验——觉悟三段情节所构成的故事类型。把第二段变换成入梦，乃是这种情节的一种变形。唐传奇里有沈既济的《枕中记》和李公佐的《南柯太守传》，都是利用这种情节的典型作品。它们在观念上糅杂佛、道，宣扬出世修道，反映知识阶层中一种相当有影响的思想倾向，流传广远。宋话本中有《黄粱梦》，已佚，据推测内容应当和《枕中记》相同。杂剧《黄粱梦》即是从这一系列创作蜕化而来的。马钰的《卜算子》词里曾说到："吕公大悟黄粱梦，舍弃华轩，返本还原，出自钟离作大仙。"这表明，《枕中记》传说后来已成为全真教义的寓言，被全然"道教化"了。马致远等创作《黄粱梦》，把《枕中记》原有的情节和主题保存下来，做出新的阐发，赋予作品较深刻的现实批判意义。

这部杂剧的第一折东华帝君上场诗说：

> 阆苑仙人白锦袍，海山银阙宴蟠桃。三峰月下鸾声远，万里风头鹤背高。贫道东华帝君是也，掌管群仙籍录。因赴天斋回来，见下方一道青气，上彻九霄，原来河南府有一人，乃是吕岩，有神仙之分，可差正阳子点化此人，早归正道。

按全真道说法，东华帝君王玄甫是第一代祖师，后来元代敕封为全真大教主；正阳子即钟离权。这样，杂剧开头的定场诗就明确了神仙度脱主题。

杂剧以传说中的吕洞宾为主人公,写他幼习儒业,为了上京赶考,"策蹇上长安,日夕无休歇。但见槐花黄,如何不心急"。这是一个孜孜求举的仕子,热衷于功名利禄的文人。神仙道化剧多把求取功名的士大夫作为主人公,与全真道领袖人物的身份有关系。邯郸道上的黄花店是吕洞宾途中歇息的一站。以下即按唐人《枕中记》的框架展开情节:他请店里的王婆婆做饭,这时候已经升仙的钟离权看见黄花店里有紫气冲天,断定本来有仙风道骨的吕洞宾必定在店里,遂孜孜赶到黄花店。王婆婆也不是凡人,乃是骊山老母,她是和钟离权一起规劝吕洞宾出世修仙的神仙。但吕期望的是"学成文武双全,应过举,做官可待,富贵有期",一心想"身穿锦缎轻纱,口食香甜美味",竟对"草衣木食,干受辛苦"的仙家境况鄙弃不顾。这样,两种人生观、价值观的对立就成为戏剧矛盾冲突的焦点。接着就利用传统的入梦情节来演绎士大夫的人生理想及其破灭的悲剧:由于旅途劳顿,黄粱饭未熟,吕洞宾就困倦睡着了;钟离权利用这个时机,通过心灵感应,让吕在梦中如愿取得功名,体验宦海浮沉。梦中的吕洞宾现身唐代,他弃文就武,官拜兵马大元帅,领兵征讨蔡州吴元济(这是利用中唐"淮西之乱"情节。唐宪宗元和九年[814],淮西节度使吴少阳死,其子吴元济据蔡州[今河南汝南市],拥众叛乱,朝廷发兵进讨,战事三年,叛乱始平定),向岳父高太尉辞别,高太尉把盏斟酒,酒气攻心,吕洞宾吐了两口血,梦中的高太尉实际是钟离权变化的;吕洞宾出战,财迷心窍,受贿卖阵,得到三斗珍珠,一提黄金,领军回还;不料出征仅一年,妻子高翠娥变心,他在家门口捉奸,想杀死淫妇,恰在此时,卖阵受贿败露,朝廷传旨要他的首级,他的妻子落井下石,召唤街坊邻里,欲置他于死地,他不得不放弃不义之财,休了妻子,因为圣上体天"好生之德",他绝处逢生,免除一死,被发配到远恶军州沙门岛(即今黄海、渤海交界处的长山列岛,始出现在唐末五代记载中,宋代是流放犯人的地方。如此把唐、宋故实编撰在一起,显示传说罔顾历史真实的传说性质)。他带领一双儿女,历尽千辛万苦,对骊山老姆现化的老道姑说:

当日我征西时,我丈人与我送行,吃了三杯酒,吐了两口血,当日断了酒;次后到阵上,卖了阵,圣人知道,饶我一命,将我送配无影牢城,我因此断了财;来到家中,我浑家瞒着我有奸夫,被我亲自拿住,我

道教文学十讲

366

就将浑家休了,断了色;今日到此处⋯⋯我将气也不争了。

梦醒之后,钟离权点拨他说:"这十八年间,酒、色、财、气,你都见了也。"这就把士人所追求的理想的价值归结作酒、色、财、气四者。钟离权进一步指点他:

　　【倘秀才】你早则省得浮世风灯石火,再休恋儿女神珠玉颗。咱人百岁光阴有几何?端的日月去,似撺梭,想你那受过的坎坷。

　　【滚绣球】你梦儿里见了么?心儿里省得么?这一觉睡早经了二十年兵火,觉来也依旧存活。瓢古自放在灶窝,驴古自映在树科。睡朦胧无多一和,半霎儿改变了山河。兀的是黄粱未熟荣华尽,世态才知鬓发皤,早则人事蹉跎。

吕洞宾一梦,让他知道酒、色、财、气乃是人生陷阱。遂翻然悔悟,知道必须戒绝这些,才能脱离险境。这样就鲜明地点出本剧主旨:现世的功名利禄不值得追求与留恋,必须摆脱酒、色、财、气的羁绊,修养身心、走"求仙悟道"的道路。杂剧《黄粱梦》把《枕中记》厌世求道的主题引申了:主人公由沉溺功名利禄终于觉醒,乃是对于当时占统治地位的价值观的一种反省;他最后被度脱并走上修仙道路,则体现士人对于现实压迫的危惧感并力求逃脱的愿望。这部作品就这样比较深刻地表现了当时社会条件下知识阶层所处的困境,体现一定的批判现实的意义。当然,剧作设想的人生出路显然是消极、虚妄的。

　　岳伯川的《吕洞宾度铁拐李岳》同样是度脱故事,比较起来更富于现实批判色彩。岳伯川生平事迹不可考,只知道他是元前期人,所作杂剧除了《吕洞宾度铁拐李岳》,还有《罗公远梦断杨贵妃》,仅存残曲,写的也是神仙传说。《吕洞宾度铁拐李岳》的主人公是郑州地方担任六案都孔目的岳寿,一个地位不高的吏役阶层人物。剧本里描写的他也并无大恶,在贪赃枉法的腐败官场里还算是比较清廉的人。吕洞宾知道他有神仙之分,想度脱他,反而被他指使手下张千吊在门前;当时正赶上敕使韩琦(1008—1075,这是个真实人物、北宋政治家、著名将领,与范仲淹率军防御西夏,人称"韩范")到郑州廉防,吓得地方官走的走了,逃的逃了,可他觉得自己"不曾扭曲作直,所以不走不逃",准备迎接;韩琦装扮成庄家老子,来到门前,把吕洞宾放了;张千不认识这位高官,不仅辱骂他,又敲诈钱财;当岳寿认出韩琦,一场惊吓而死;灵魂到阴府,吕洞宾救了他,让他到东关里李屠家借尸还魂,所借的尸首就是铁拐李;还魂后,岳家和李家又都争夺他,闹得不可开交;吕洞宾再次出面,他终于跟着吕洞宾,远离尘世,度脱成仙了。这出戏故事情节显得荒诞,整体结构也不协调:四折中间加个"楔子",前两折描述岳寿惊死,楔子讲地狱阎罗审判,吕洞宾解救,后两折写还魂和最终跟随吕洞宾出家。不过剧本的开头第一折揭露元代地方吏治黑暗、腐败,大胆尖锐,刻画入微。作者有意把岳寿表现成还算廉洁的官吏,他却是"名分轻薄,俸钱些小,家私暴。又不会耕种锄刨,倚仗着笞杖徒流绞";并提到一个案例:"想前日解来强盗,都只为昧心钱,买转了这管紫霜毫。减一笔,教当刑的责断;添一笔,教为从的该敲。这一管扭曲作直取状笔,更狠似图财致命杀人刀。出来的都关来节去,私多公少,可曾有一件儿合天道? 他每都指出卖磨,将百姓画地为牢"。在第三折里,岳寿又坦率承认:"可正是七寸逍遥管,三分玉兔毫,落在文人手,胜似杀人刀。"进而又揭露朝廷上下:"为甚我今日身不正,则为我往常心不直,和那鬼魂灵不能勾两脚踏实地。至如省里部里,台里院里,咱只说府里州里,他官人每一个个要为国不为家,怎知道也似我说的行不的。"从这样一个普通官吏的切身感受,暴露了官场、朝廷的腐败黑暗,丑陋险恶。第二折写受到惊吓濒死的岳寿,对妻子、随从、儿子嘱托,活画出一幅当时社会人情的风俗画:他怕妻子不能守节,谆谆嘱咐,设想死后妻子接触男人的种种情况,幽默风趣;又嘱咐张千接待新官,无奈地表示"他那擎天柱官人每得权,俺拖地胆曹司又爱钱。兄弟也,你须知我六案间,峥嵘了这几年,也曾在饥喉中夺饭吃,冻尸上剥衣穿。便早死呵不敢怨天";再嘱咐儿子"我死之后,你若长大,休做吏典,只务农业是本等。儿呵! 你学使牛学种田,你自养蚕自摘茧。农庄家这衣饭稳善,便刷卷呵我也只自安然。当军呵你自当,做夫呵快向前。剩纳些税粮丝绢,只守着本等家缘。你若不辞白屋农桑苦,免似你爷请受公门俸禄钱,无罪无愆",然后仍归结到逃脱世网羁束的观念,羡慕平民百姓的安乐生活。这样,剧本宣扬神仙度脱,用相当篇幅揭露了官场腐败、吏治残酷,表达身在其中的人的危惧、痛苦。这样,幻想的度脱主题曲折地反映了下层吏役、文人的处境,他们对现实的不满与怨恨,他们渴求安定生活的愿望。

无名氏所撰《蓝采和(钟离权度脱蓝采和)》也以神仙度脱为题材。蓝采和同样是全真道仙谱里的人物。据南唐沈汾《续仙传》,他本不知何许人,形似癫狂,机敏谐谑,作歌曰:"踏踏歌,蓝采和,世界能几何?红颜一椿树,流年一掷梭。古人混混去不返,今人纷纷来更多。朝骑鸾凤到碧落,暮见桑田生白波。长景明晖在空际,金银宫阙高嵯峨。"元曲《蓝采和》不是把他当做神仙来描写,而编撰另一个他得到度脱的故事,写他本是勾栏里的杂剧艺人,做五十大寿,钟离权来度脱他。本来在寿筵前一天,钟离权曾到勾栏规劝他,他断然拒绝,并锁上勾栏门加以阻拦;到大摆寿筵那一天,钟离权又来到勾栏外,哭三声笑三声,因此发生争执,钟离权预言说:"你今日是寿星,明日敢做了灾星也。"后来钟离权设计,让他误了官身,又让吕洞宾扮作州官,派遣衙役把他捉进官府,打四十大板,还要判刑,他真的成了"灾星";钟离权这时再度出现,请求州官放了他,度脱他入道为弟子。这出戏不是如《黄粱梦》写入梦,而是幻化主人公遇到灾难,让人从中认识现实人生的险恶,现世利益的卑微,作为启迪人觉醒出家的契机。世事的变幻无常,把蓝采和坚信的肯定现世人生、追求人间享乐的传统观念颠覆了。这样的作品宗教训喻意味更浓重些。

另有马致远的《马丹阳三度任风子》、杨景贤的《马丹阳度脱刘行首》、史樟(史九敬仙)的《庄周梦》等,都是以神仙度脱为题材的。神仙道化剧利用度脱情节来构造戏剧矛盾,塑造作为觉醒悟道榜样的人物形象,对于宣扬全真道是有益的。大体说来,这类作品演述的故事情节荒唐,说教色彩浓重,概念化明显。不过作为元曲创作的一体,对于杂剧艺术的发展是有所贡献的。

仙隐主题

元杂剧另一个具有普遍意义的主题是宣扬仙隐观念。在古代,隐逸对于某些知识分子一向是理想的人生出路之一。特别是身处乱世,或痛感仕途危机,或进身之路受阻,总之,兼济理想破灭,只好希望或真正走向独善的隐逸山林之路。道教兴起，特别由于"地仙"观念形成，求仙与隐逸世间在意识中相统合，仙隐追求遂发展起来。神仙传里描绘的许多神仙中人，度过或追求的实际是逍遥自在的隐逸生活。郭璞的《游仙诗》和后来许多诗人的仙道题材作品也都宣扬仙隐观念。而仙隐无论是作为人生理想，还是现实生活方式，对于许多由于各种原因而落魄失意的知识分子显然具有特殊的吸引力。前面说过，元杂剧作者基本属于这一类知识分子。如果说神仙道化剧的度脱表现的是他们的愿望与幻想，仙隐则给他们提供了得以希冀乃至实现的追求与出路。描写这一主题的典型作品有马致远的另一部杂剧名作《陈抟高卧》（《太华山［西华山］陈抟高卧》）。

这出戏的情节同样是根据传说敷衍的。陈抟（？—989）是五代、北宋初年著名道士，字图南，号扶摇子，事迹见《宋史》。他早年熟读儒家经典，博通百家之言，有济世之志，曾应五代后唐科举，不中，遂放弃仕进，求仙访道，隐居武当山九室岩，服气辟谷二十余年，后移居华山云台观和少室山石室；后周世宗曾召之入宫，问以炼丹飞升之术，他答称："陛下为四海之主，当以致治为念，奈何留意黄白之事乎？"世宗命为谏议大夫，不就，赐号"白云先生"；北宋太平兴国（976—984）年间曾入京，太宗待之甚厚，曾遣宰相宋琪问"玄默修养之道"，答以"不知神仙黄白之事"，规劝"君臣协心，同德兴化致治"，益被信重，赐号"希夷先生"。他著述颇多，多已佚失。他研究《周易》，作《无极图》、《先天图》，邵雍（1011—1077，字尧夫，谥"康节"，自号安乐先生、伊川翁，北宋哲学家，精《易》学）传其《易》学，据传周敦颐（1017—1073，字茂叔，号濂溪，北宋哲学家，著《太极图说》、《通书》，是宋明理学开创者之一）的《太极图》也是从他的《无极图》演化而来。他把《易》学与道教教理结合起来，摒弃道教的符箓金丹之术，用《易》学的阴阳消息、八卦方位来解说内丹修炼的"造化之机"，是宋儒《易》学象数一派的先驱，对于推动内丹派教理的形成也起了一定作用。他又把儒家正心诚意的修身功夫、佛教禅宗明心见性的禅悟和道家清静无为的修炼方法统合起来，提倡一种新的内修方式，对于北宋理学的发展，对于后来全真教的形成都造成相当大的影响。应是在吕洞宾传说形成之后，他被纳入到钟、吕神仙系统，传说他与吕洞宾等为道友。有关他的具有戏剧性的传说很多，多见于宋代文人的记录、题咏，也是所谓"箭垛式"人物。这些传说后来被整理、辑录在张辂的《太华西夷志》一书里。

这是全真道的一部仙传，是塑造教主形象的艺术创作。这样的人物正适宜作为戏剧表现的题材，有关传说又提供了构造戏剧情节的丰富材料。

宋邵伯温《邵氏闻见录》记载陈抟"常乘白骡，从恶少年数百，欲入汴州。中途闻艺祖登极，大笑坠骡曰：'天下于是定矣。'遂入华山为道士"。王辟之撰《渑水燕谈录》里记载宋太宗"欲征河东，先生谏止。会军已兴，令寝御园，百余日方起，兵还，果无功。恩礼特异，赐号希夷。久之，辞归，进诗以见志云：'草泽吾皇诏，图南抟姓陈。三峰千载客，四海一闲人。世态从来薄，诗情自得真。乞全麋鹿性，何处不称臣。'上知不可留，赐宴，使宰相两禁传坐为诗，以宠其归"。这些都把他表现为预识先机的隐逸之士，后者又有"寝御园百余日方起"的戏剧性传说。辛文房《唐才子传》里记载"周世宗召入禁中，试之，扃户月余始启，抟方熟寐鼾齁。觉即辞去，赋诗云：'十年踪迹走红尘，回首青山入梦频。紫陌纵荣争及睡，朱门虽贵不如贫。愁闻剑戟扶危主，闷听笙歌聒醉人。携取旧书归旧隐，野花啼鸟一般春。'"这些都反映有关他的传说不断增饰的情形。而《唐才子传》所述则突出了他"熟寐"嗜睡的典型性格特征，等等。

《陈抟高卧》即在这类传说的基础上，突出人物高卧隐逸一点，塑造一个不被势利诱惑、不慕富贵荣利、能够见机洁身远退的隐士的高洁性格。与《黄粱梦》宣扬神仙度脱主题不同，这部戏主要是宣扬一种避世逃名、韬晦远退的处世态度，赞赏主人公处身危局却能够全身远害的先见和机智，从而对下层文人的生活、处境、精神状态作了另一种相当深刻的描述，同样亦揭示当时社会矛盾的某些侧面，表扬一种与传统对立的价值观和人生观，因而较上述度脱主题的戏更具现实意义。

戏剧开场，陈抟上场即表白："吾徒不是贪财客，欲与人间结福缘。"是说他本是仙人，但并未弃绝人世。进而表明他身处五代乱世，意识到"这五代史里胡厮杀不曾住程，休则管埋名隐姓，却叫谁救那苦恹恹天下生灵"，他同情苦难的民众，企盼天下大治。当他发现"中原地分旺气非常，当有真命治世"，即下山来到汴梁，开卦肆。在朝廷使臣奉命传召他进宫时，他唱道：

俺那里草舍花栏药畦，石洞松窗竹几，您这里玉店朱楼未为贵。

您那人间千古事,俺只松下一盘棋。把富贵作浮云可比。

黄门请他面见皇帝,他表示:"道人原不求名利,名利何曾系道人。"他伺机点化心里已确认为真命天子的赵匡胤,指点用兵之道,并预期"治世圣人生,指日乾坤定";而当赵匡胤得到天下,他即"推开名利关,摘脱英雄网",飘然隐退。他说:

> 三千贯二千石,一品官二品职,只落的故纸上两行史记,无过是重茵卧列鼎而食。虽然道臣事君以忠,君使臣以礼,哎!这便是死无葬身之地,敢向那云阳市血染朝衣。

这样,一方面他关注民生、积极入世,怀有辅佐"治世圣人"治国安邦、实现兼济天下的志向;但又意识到作为统治者仆从,不可能掌握自己的命运,时时面临"狡兔藏,走狗烹"的危机。他对统治阶层所谓忠孝礼义的虚伪、勾心斗角的倾轧有着清醒认识。当他辅助的天子地位稳固后,就抛弃幻想,急流勇退,选择另一种潇洒自由的人生道路:

> 半生不识晓来霜,把五更寒打在老夫头上。笑他满朝朱紫贵,怎知我一枕黑甜乡。揭起那翠巍巍太华山光,这一幅锦绣帐。

这样,他审时度势,毫不恋栈,当机立断,视功名利禄如浮云,潇洒地度过安贫乐道的清修生活,不仅远避祸患,更得到精神上的彻底解脱。就浅近层面说,马致远通过他所塑造的陈抟这一神仙形象,抒写了他面对动乱时势和民族压迫的处世态度和人生追求,描绘了一种理想的人格与人生境界;从更深刻的层面说,马致远所描写的陈抟所面临的矛盾,正体现统治阶层巧取豪夺的丑恶本质,陈抟所选择的人生道路,也是乱世中某些知识精英理想的出路;就宗教观念与实践说,神仙度脱主题表现的是外力教化,这种仙隐主题表现的则是自身的觉醒,这也是它另一层次的现实意义。

杂剧中另有一类以降妖伏魔为题材的,如马致远的《岳阳楼》(《吕洞宾三醉岳阳楼》),写吕洞宾在岳阳楼点化柳树精和梅花精。这是完全出于虚构的故事。精灵为怪、降妖服魔是道教济世利人的重要法术之一。在自古相传的许多这类故事里，降伏的精怪往往又是度脱对象，结果由妖而成仙，更显示出道法的威力。马致远这出戏的情节是：吕洞宾在参加过王母娘娘的蟠桃会之后，看见下界有一道青气直冲云霄，断定出自岳州的岳阳郡，于是扮做卖墨先生，来到岳阳楼；岳阳楼下千百余年的柳树精自我介绍说："翠叶柔丝满树枝，根棵荣茂正当时，为吾屡积阴功后，上帝加吾排岸司。"表明他曾"屡积阴功"，已经有了成仙的条件；柳树精又说杜康庙前的梅花精，不积阴功，常常在岳阳楼作祟；柳树精怕梅花精害人，上楼巡检，遇到吕洞宾；吕洞宾点化柳树精和梅花精，首先让他们转形换体，托生为人，这显然是借鉴了佛教的六道轮回观念；又让柳树精出家学道，柳树精说自己是土木形骸，未得人身，不能成仙，吕洞宾说：

> 你也说的是，土木之物，无得人身，难成仙道。兀那老柳，你听着，你往下方岳阳楼下，卖茶的郭家为男身，名为郭马儿，着那梅花精往贺家托生为女身。着你二人成其夫妇，三十年后，我再来度脱你。

这样，不仅积有阴功的柳树精能够得到度脱，犯过罪孽的梅花精也同样。这又体现了佛法"普度众生"观念；而让二人转身为夫妇，则是构造故事情节的需要。在柳树精和梅花精转身成人三十年后，吕洞宾再次来到岳阳楼，他点化郭马儿（郭上灶），带领他到曹操遗迹的华容道和霸王故址乌江岸，癫狂苦笑地歌唱：

> 你看那龙争虎斗旧江山……我笑那曹操奸雄……我哭呵哀哉霸王好汉……为兴亡笑罢还悲叹，不觉的斜阳又晚。想咱这百年人则在这捻指中间……空听得楼前茶客闹，争似江上野鸥闲。百年人光景皆虚幻……我觑你一株金线柳，犹兀自闲凭着十二玉阑干。

因为郭马儿不能割断人间情爱，吕洞宾又设计赠送利剑让他杀妻，郭马儿于心不忍，只想把利剑带回家切菜，不料回家后妻子却被杀了；郭马儿一气之下，将吕洞宾告官；可是当官府断案时，妻子贺腊梅又出现了，郭马儿成了诬告者,官府下令斩首;在这危急时刻,吕洞宾救了郭马儿,郭马儿终于接受点化。

这出完全出自虚构、更富虚幻意味的戏,拼凑离奇情节,着力神化吕洞宾这位全真道祖师,宣扬神仙度脱的法力,缺乏积极的思想意义。但它出自马致远这样的天才剧作家笔下,颇有些生动的场面描写,还有些含义深刻、表述精粹的唱词等,是不无一定价值的。

总体看来,"神仙道化"观念本来具有"先天"的思想局限。这实际也体现"宗教文学"、"宗教艺术"的整体性格。历代天才作家、天才艺术家从事宗教题材、宗教主题创作,始终是带着宗教观念的锁链跳舞。他们有可能展现卓越的才能和技巧,但不能避免羁绊而顿足失措。这也体现宗教宣传与文学艺术创作两者之间的矛盾一面。

作品释例

马致远《邯郸道省悟黄粱梦》第一折(徐征等主编《全元曲》)

(冲末扮东华帝君上①,诗云)阆苑仙人白锦袍,海山银阙宴蟠桃。三峰月下鸾声远,万里风头鹤背高。贫道东华帝君是也。掌管群仙籍录。因赴天斋回来,见下方一道青气,上彻九霄。原来河南府有一人②,乃是吕岩,有神仙之分。可差正阳子点化此人③,早归正道。这一去使寒暑不侵其体,日月不老其颜。神炉仙鼎,把玄霜绛雪烧成④;玉户金关⑤,使姹女婴儿配

---

① 冲末:杂剧角色;元杂剧角色有末、旦、净、杂四大类,末是男角,又分为正末、副末、冲末、外末、小末等;男主角是正末,冲末为二末。东华帝君:道教神仙,又号华阳真人,被全真道奉为北五祖的第一祖,据说他把神符、秘法、金丹大道传给钟离权。
② 河南府:旧府名,治开封,今河南开封市。
③ 正阳子:钟离权的仙号。钟离权所传为正阳派,他被称为正阳祖师。点化:本意是点物成金,这里指诱导、教化某人。
④ 玄霜绛雪:仙药;《汉武帝内传》:"药有……玄霜、绛云。""云"为"雪"之讹。此指内丹药物。
⑤ 玉户金关:内丹术语,玉户指耳,金关指下丹田。

定①。身登紫府②,朝三清位列真君;名记丹书,免九族不为下鬼③。阎王簿上除生死,仙吏班中列姓名。指开海角天涯路,引的迷人大道行。(下)(正旦扮王婆上④,云)老身黄化店人氏,王婆是也。我开着这个打火店,我烧的这汤锅热着,看有甚么人来。(外扮吕洞宾骑驴背剑上⑤,诗云)策蹇上长安⑥,日夕无休歇。但见槐花黄,如何不心急。小生姓吕名岩,字洞宾。本贯河南府人氏。自幼攻习儒业,今欲上朝,进取功名。来到这邯郸道黄化店⑦,饥渴之际,不免做些茶饭吃。到的这店门首,将这蹇卫拴下⑧。将这二百文长钱,籴些黄粱⑨。兀那打火的婆婆⑩,央你做饭与我吃。行人贪道路,你快些儿。(王婆云)客官,你好急性也,饶一把儿火者⑪。(洞宾云)我巴不的选场中去哩⑫。(正末上,云)贫道复姓钟离,名权,字云房,道号正阳子,京兆咸阳人也⑬。自幼学得文武双全,在汉朝曾拜征西大元帅。后弃家属,隐遁终南山,遇东华真人,授以正道,发为双髻,赐号太极真人,常遗颂于世。(颂云)生我之门死我户,几个惺惺几个悟⑭。夜来铁汉自寻思,长生不死由人做。今奉帝君法旨,教贫道下方度脱吕岩。来到这邯郸道黄化店,见紫气冲天,当必在此。我想世间人好不识贤愚也呵!(唱)

---

① 姹女婴儿:内丹术语,姹女指肺气,婴儿指肝气;外丹术中姹女又是"汞"的代称。

② 紫府:道教仙人所居;晋葛洪《抱朴子·祛惑》:"及到天上,先过紫府,金床玉几,晃晃昱昱,真贵处也。"

③ 九族:以自己为本位,上推至四世之高祖,下推至四世之玄孙为九族;《书·尧典》:"克明俊德,以亲九族。"孔传:"以睦高祖、玄孙之亲。"一说父族四、母族三、妻族二为九族。

④ 正旦:元杂剧中的女主角;旦角分为正旦、副旦、贴旦、外旦、小旦、老旦、花旦、色旦、搽旦诸名目;正旦是女主角。

⑤ 外:外末。

⑥ 策蹇:乘跛足驴,喻工具不利,行动迟慢;策,鞭策;蹇,蹇驴;孟浩然《唐城馆中早发寄杨使君》:"访人留后信,策蹇赴前程。"

⑦ 邯郸:古县名;今河北邯郸市。

⑧ 蹇卫:驽钝的驴子;宋岳珂《桯史·大小寒》:"夜憩客邸,见壁间一诗……其辞曰:'蹇卫冲风怯晓寒,也随举子到长安。'"

⑨ 籴(dí):买进谷物。

⑩ 兀那:指示代词,犹那、那个。

⑪ 饶:添。

⑫ 巴不的:巴不得,迫切希望。选场:科举考场。

⑬ 京兆咸阳:京兆府咸阳县,今陕西咸阳市。

⑭ 惺惺:此谓聪明机灵。

【仙吕】①【点绛唇】②混沌初分③，生人厮混④。谁持论，旋转乾坤？这都是太上传心印⑤。

【混江龙】当日个曾逢关尹⑥，至今遗下五千文。大刚来玄虚为本⑦，清净为门。虽然是草舍茅庵一道士，伴着这清风明月两闲人。也不知甚的秋，甚的春，甚的汉，甚的秦，长则是习疏狂、耽懒散、伴妆钝⑧，把些个人间富贵，都做了眼底浮云。

（云）想世人争名夺利，何苦如此！（唱）

【油葫芦】莫厌追欢笑语频，但开怀好会宾，寻思离乱可伤神。俺闲遥遥独自林泉隐，您虚飘飘半纸功名进⑨。你看这紫塞军⑩、黄阁臣⑪，几时得个安闲分，怎如我物外自由身。

【天下乐】他每得到清平有几人？何不早抽身，出世尘，尽白云满溪锁洞门，将一函经手自翻，一炉香手自焚。这的是清闲真道本⑫。

（笑云）原来神仙在这里！（做入店见科⑬）（洞宾云）一个先生，好道貌也！（正末云）敢问足下高姓？（洞宾云）小生姓吕名岩，字洞宾。（正末云）你往那里去？（洞宾云）上朝应举去。（正末云）你只顾那功名富贵，全不想生死事急，无常迅速。不如跟贫道出家去。（洞宾云）你这先生，敢是风魔

---

① 仙吕：仙吕宫，乐曲宫调名，以宫声为主的音乐调式。

② 点绛唇：曲牌名；曲牌是曲调的名称，有多至数千个。同一宫调使用不同曲牌，每一曲牌都有一定的字数、句法、平仄、曲调，据以填词。如下面的《混江龙》、《油葫芦》、《金盏儿》等同属仙吕宫，构成套曲。

③ 混沌：指传说中世界开辟前元气未分、模糊一团的状态；班固《白虎通·天地》："太素混沌相连，视之不见，听之不闻，然后剖判。"

④ 厮混：混杂错乱。混（hùn），杂乱。

⑤ 太上：道教奉老子为教祖，尊之为太上老君。传心印：本是佛教禅宗语，谓以心传心；这里指传授真道。

⑥ 关尹：传说中函谷关令尹喜，老子西游出关，授以五千言即《老子》。

⑦ 大刚来：总括是。

⑧ 伴妆钝：故作迟钝；伴妆，同"伴装"。

⑨ 半纸功名：指官位；半纸指授予官位的文书"告身"。

⑩ 紫塞军：驻守边疆的军将；紫塞，北方边塞；崔豹《古今注·都邑》："秦筑长城，土色皆紫，汉塞亦然，故称紫塞焉。"

⑪ 黄阁臣：朝廷大臣；黄阁：汉代丞相、太尉和汉以后的三公官署避用朱门，厅门涂黄色，以区别于天子所居；卫宏《汉官旧仪》卷上："（丞相）听事阁曰黄阁。"

⑫ 的是：确实是。

⑬ 科：元杂剧术语，标记人物表情动作。

的。我学成满腹文章,上朝求官应举去,可怎生跟你出家! 你出家人有甚好处?(正末云)俺出家人自有快活处,你怎知道?(唱)

【金盏儿】上昆仑,摘星辰,觑东洋海则是一掬寒泉滚,泰山一捻细微尘。天高三二寸,地厚一鱼鳞,抬头天外觑,无我一般人。

(洞宾云)这先生开大言。似你出家的,有甚么仙方妙诀,驱的甚么神鬼?(正末云)出家人长生不老,炼药修真,降龙伏虎,到大来悠哉也呵!(唱)

【后庭花】我驱的是六丁六甲神,七星七曜君①。食紫芝草千年寿,看碧桃花几度春②。常则是醉醺醺,高谈阔论,来往的尽是天上人。

(洞宾云)俺做了官,也有受厌处。(正末云)你做官受用得几多?俺这神仙的快乐,与你俗人不同。你听我说那快乐处。(唱)

【醉中天】俺那里自泼村醪嫩③,自折野花新。独对青山酒一尊④,闲将那朱顶仙鹤引。醉归去松阴满身,泠然风韵,铁笛声吹断云根⑤。

(云)你跟我出家去来。(洞宾云)俺为官居兰堂⑥,住画阁⑦。你这出家人,无过草衣木食,干受辛苦,有什么受用快活处?(正末唱)

【金盏儿】俺那里地无尘,草长春,四时花发常娇嫩。更那翠屏般山色对柴门,雨滋棕叶润,露养药苗新。听野猿啼古树,看流水绕孤村。

(洞宾云)我学成文武双全,应过举,做官可待,富贵有期。你教出家去呵,怎生便得神仙做?(正末云)你自不知。你不是个做官的,天生下这等道貌,是个神仙中人。常言道,一子悟道,九族升天。不要错过了。(唱)

---

① 七星:北斗星,又称七元星君,计有七宫(天枢、天璇、天玑、天权、天衡、阊阳、瑶光)。七曜:星辰总称:日、月、金、木、水、火、土。

② 碧桃:桃树一种,花重瓣,不结实,供观赏和药用,古诗文中多特指传说中西王母给汉武帝的仙桃;许浑《故洛城》诗:"可怜缑岭登仙子,犹自吹笙醉碧桃。"

③ 村醪:村酒,醪(láo),本指酒酿,引申为浊酒;司空图《柏东》诗:"免教世路人相忌,逢著村醪亦不憎。"

④ 尊:"樽"古今字。

⑤ 铁笛:铁制的笛管,相传隐者、高士善吹,笛音响亮非凡;朱熹《武夷精舍杂咏·铁笛亭序》:"(武夷山中之隐者刘君)善吹铁笛,有穿云裂石之声。"

⑥ 兰堂:芳洁的厅堂;张衡《南都赋》:"揖让而升,宴于兰堂。"吕延济注:"兰者,取其芬芳也。"

⑦ 画阁:彩绘的楼阁;庾肩吾《咏舞曲应令》:"歌声临画阁,舞袖出芳林。"

【醉雁儿】你有那出世超凡神仙分，系一条一抹绦①，带一顶九阳巾②。君，敢着你做真人③。

（洞宾云）俺为官的，身穿锦段轻纱，口食香甜美味。你出家人草履麻绦，餐松啖柏，有甚么好处？（正末云）功名二字，如同那百尺高竿上调把戏一般，性命不保，脱不得酒色财气这四般儿④。笛悠悠，鼓冬冬，人闹吵，在虚空。怎如的平地上来，平地上去，无灾无祸，可不自在多哩。（唱）

【后庭花】酒恋清香疾病因，色爱荒淫患难根，财贪富贵伤残命，气竞刚强损陷身。这四件儿不饶人。你若是将他断尽，便神仙有几分。

（洞宾云）我十年苦志，一举成名，是荷包里东西，拿得定的。神仙事渺渺茫茫，有什么准程，教我去做他？（正末唱）

【醉中天】假饶你手段欺韩信⑤，舌辩赛苏秦⑥，到底个功名由命不由人，也未必能拿准。只不如苦志修行谨慎，早图个灵丹腹孕，索强似你跨青驴踯躅风尘⑦。

（洞宾云）听他说甚，不觉神思困倦，且睡一会咱。（做睡科）（正末云）正说着话，他就睡了，好蠢人也！（唱）

【一半儿】如今人宜假不宜真，则敬衣衫不敬人。题起修行耳怕闻，直恁的没精神⑧，一半儿应承一半儿盹。

（云）这人俗缘不断。吕岩也，你既然要睡，我教你大睡一会，去六道轮回中走一遭⑨。待醒来时，早已过了十八年光景，见了些酒色财气，人我是非。那其间方可成道。（诗云）气为强弱志为先，努力须当莫换肩。捱出这

① 一抹：一条，一片。绦（tāo）：束发的带子。
② 九阳巾：道士冠名。
③ 着：表示使令；王建《和蒋学士新授章服》："看宣赐处惊回眼，着谢恩时便称身。"
④ 脱不得：脱不了，方言，犹反正，表示情况虽有不同，而结果还是一样。
⑤ 韩信（？—前196）：汉初诸侯王，初属项羽，后归刘邦，辅佐刘邦建立汉王朝，后被诬谋反，为吕后所杀。
⑥ 苏秦：战国时谋士，奉燕昭王命从事反间活动，倡山东六国合纵攻秦，后反间活动曝露，被齐国车裂而死。
⑦ 索：须，应；徐铉《柳枝词》："共君同过朱桥去，索映垂杨听洞箫。"踯躅：徘徊不进貌；《乐府诗集·杂曲歌辞·焦仲卿妻》："踯躅青骢马，流苏金镂鞍。"
⑧ 恁地：亦作"恁的""恁底"，如此，这样；柳永《昼夜乐》："早知恁地难拼，悔不当初留住。"
⑨ 六道轮回：亦作"六趣轮回"，佛教语。谓众生各因其善恶业力，在天（天神）、阿修罗、人、畜牲、地狱、饿鬼六道中轮回生死。

番难境界，更添疾苦一番仙。（唱）

【金盏儿】比及你米淘了尘，水烧的滚，我教这一颗米内藏时运，半升铛里煮乾坤①。投至得黄粱炊未熟②，他清梦思犹昏，我教他江山重改换，日月一番新。

（云）您睡着了。贫道自赴蟠桃会去也。（唱）

【赚煞】羽衣轻，霓旌迅③，有十二金童接引。万里天风归路稳，向蓬莱顶上朝真。笑欣欣袖拂白云，宴罢瑶池酒半醺。争奈你个唐吕岩性蠢，偏不肯受汉钟离教训，又则索跨苍鸾飞上九天门④。（下）

（洞宾梦上，云）兀那王婆，那先生去了也。（王婆云）去久了。（洞宾云）饭熟也未？（王婆云）还饶一把火儿。（洞宾云）王婆，我也等不的你那饭了，误了我程途。我上的蹇驴，便索长行去也。（下）（王婆云）吕岩去了也。他那里知道我非凡人，乃骊山老母⑤，一化上仙法旨，着吕岩看破了酒色财气，人我是非，那其间才得返本朝元⑥，重回正道。

（诗云）汉钟离点化玄机，度吕岩省悟心回。待此人功成行满，同共赴阆苑瑶池。（下）

马致远《西华山陈抟高卧》第三折（徐征等主编《全元曲》）

（赵改扮驾引侍臣上⑦，诗云）两手揸摩新日月，一番整理旧乾坤。殿廷聚会风云气，华夏沾濡雨露恩。寡人宋太祖是也。数年之前，曾与汝南王兄弟在竹桥边买卦，遇见陈抟先生，被他拨开混沌乾坤⑧，指出太平天子。

---

① 铛（chēng）：古代的锅，用于烧煮饭食等；《太平御览》卷七五七引服虔《通俗文》："釜有足曰铛。"

② 投：介词，犹到，待，表示时间；《后汉书·范式传》："式便服朋友之服，投其葬日，驰往赴之。"

③ 霓旌：相传仙人以云霞为旗帜；刘向《九叹·远逝》："举霓旌之墆翳兮，建黄缟之总旄。"王逸注："扬赤霓以为旌。"

④ 苍鸾：即青鸾，传说中的一种神鸟；《汉武帝内传》："其次药有……蒙山白凤之肺，灵邱苍鸾之血。"

⑤ 骊山老母：传说殷周之际有骊山女为天子，唐宋后遂演化为女仙，尊为骊山老母。

⑥ 朝元：道教内丹修炼，谓五脏之气汇聚于天元（脐）。

⑦ 赵：宋太祖赵匡胤。

⑧ "被他"句：谓分析清楚混乱的天下形势；乾坤，天地，此指大局，局势。

寡人临御以来①,好生想他。昨差使臣物色访问,喜的他不弃寡人而来,今在寅宾馆中②,尚未朝见。寡人欲拟其官爵,然后召他入朝,他又百般不受。且先加他道号希夷先生,赐鹤氅、金冠、玉圭③,待朝会间,那时再作计较。黄门官领旨④,去寅宾馆请那先生来者。(侍臣领旨科,下)(正末上,诗云)家舍久从方外地,布袍重惹陌头尘。道人原不求名利,名利何曾系道人?贫道陈抟,下的西岳华山,来到东京汴梁,见了尘世纷纷,浮生攘攘。想我此行实非本意也呵。(唱)

【正宫】⑤【端正好】下云台⑥,来朝会,不听的华山里鹤唳猿啼。道人非为苍生起,只是报圣主招贤意。

【滚绣球】俺便是那闲云自在飞,心情与世违。可又不贪名利,怎生来教天子闻知?是未发迹,卦铺里,那时节相识,曾算着他南面登基。(使臣上,云)陈先生恭喜,官里赐来衣冠道号,望阙谢恩。(正末拜谢科,唱)因此上将龙庭御宝皇宣诏,赐与我鹤氅金冠碧玉圭,道号希夷。

(使臣云)先生在那隐居处,山野荒凉,得如俺这朝署中这般富贵么?(正末唱)

【倘秀才】俺那里草舍花栏药畦,石洞松窗竹几;您这里玉殿朱楼未为贵。您那人间千古事,俺只松下一盘棋,把富贵做浮云可比。

(使臣云)官里一心等着先生⑦,请先生早些入朝者。兀的又有使命到也!(驾上⑧,立住科)(正末唱)

【滚绣球】不住的使命催,奉御逼⑨,便教咱早趋朝内,只是野人般不知

---

① 临御:谓君临天下。
② 寅宾馆:客馆;《书·尧典》:"分命羲仲,宅嵎夷,曰旸谷,寅宾出日。"蔡沈注:"寅,敬也,宾,礼接之宾客也。"
③ 鹤氅:鸟羽制成的裘袍,此指道袍。玉圭(guī):古代帝王、诸侯朝聘或祭祀时所持玉器。
④ 黄门官:宦官。
⑤ 正宫:宫调名,正宫调,燕乐宫声七调的第一韵;以下"端正好"等曲同用这一宫调。
⑥ 云台:山峰名,西岳华山的北峰,在陕西省华阴县境。
⑦ 官里:犹"官家",指皇帝。
⑧ 驾:指皇帝,赵匡胤。
⑨ 奉御:本为朝廷供奉官,元明戏曲中一般指宦官。

个远近高低。至禁帏①，上凤池②，近临宝砌，列鹓鸾帘卷班齐③。玉阶前风摆龙蛇影，金殿上风吹日月旗，天仗朝衣④。

（见驾打稽首科⑤，唱）

【倘秀才】无那舞蹈扬尘体例⑥，只打个稽首权充拜礼。（驾云）故人别来无恙？今蒙不弃，喜慰平生，就在殿廷赐坐，好叙闲阔⑦。（正末唱）愿陛下圣寿齐天万万岁。如今黄阁功臣在，白发故人稀，见贫道自喜。

（驾云）希夷先生，今日得见仙颜，寡人喜不自胜。愿侍同朝，以为臣民之望，不知先生意下如何？（正末云）贫道山野懒人，不愿为官。（唱）

【叨叨令】向那华山中已觅下终焉计⑧，怎生都堂内才看旁州例⑨。议公事枉损了元阳气⑩，理朝纲怕搅了安眠睡。贫道做不的官也么哥⑪，做不的官也么哥！不要紫罗袍，只乞黄绸被⑫。

（驾云）先生如何做不的官？（正末云）听贫道说来便见。（唱）

【倘秀才】我但睡呵，十万根更筹转刻⑬，七八瓮铜壶漏水⑭，恨不的生扭死窗前报晓鸡。休想我惜花春早起，爱月夜眠迟，这般的道理。

（驾云）先生若肯做官，寡人与先生选一个闲散衙门，除一个清要的官

---

① 禁帏：指宫廷内；帏，帷帐。
② 凤池：凤凰池，指宫廷，唐刘知几《史通·史官建置》："暨皇家之建国也，乃别置史馆，通籍禁门，西京则与鸾渚为邻，东都则与凤池相接。"
③ 鹓鸾：想象中凤鸟名，"列鹓鸾"喻朝廷上排列的百官。班齐：排列整齐；班，朝廷排班，分等列序。
④ 天仗：朝廷仪仗。
⑤ 稽首：低头作礼。
⑥ 无那：无奈何，无奈；杜甫《奉寄高常侍》诗："汝上相逢年颇多，飞腾无那故人何！"舞蹈扬尘：手舞足蹈，尘土飞扬，形容跪拜的样子。体例：成规，惯例。
⑦ 闲阔：别后情景；阔，久别。
⑧ 终焉计：终老的打算。
⑨ 都堂：朝廷。旁州例：治理州县的条款。
⑩ 元阳气：道教谓阳气是人生命的根本。
⑪ 也么哥：元明戏曲中的衬词。
⑫ 黄绸：黄为道士服色。
⑬ 更筹：夜间报更用的计时竹签。转刻：时刻流转；刻，时间单位，一昼夜百刻。
⑭ 铜壶：指漏壶，古计时器，漏壶滴水，其中有箭浮水面，上刻符号表示时间。

职①,无案牍劳形②,必不妨于政事。(正末云)贫道怎做得官也呵。(唱)

【滚绣球】贫道呵,爱穿的薜萝衣③,爱吃的藜藿食④;睡时节幕天席地,黑喽喽鼻息如雷,二三年唤不起。若在那省、部里⑤,敢每日画不着卯历⑥。有句话对圣主先提,贫道呵,贪闲身外全无事,除睡人间总不知,空教人贴眼舒眉⑦。

(驾云)先生为己则是矣,但未知大人之道。大人以四海为家,万物一体,无我无人,勿固勿必⑧,所谓君子周而不比⑨。先生当扩其独乐之怀,普其兼善之量也⑩,替寡人整理些朝纲,可不是好?(正末唱)

【倘秀才】陛下道君子周而不比,贫道呵小人穷斯滥矣⑪。俺须索志于道、依于仁、据于德⑫,本待用贤退不肖,怎倒做举枉错诸直⑬,更是不宜。

(驾云)先生休要推辞。似这朝中为官,却不强如山中学道也?(正末云)这为官的好处,贫道也尽知了。(唱)

【滚绣球】三千贯两千石⑭,一品官二品职,只落的故纸上两行史记⑮,无过是重茵卧列鼎而食⑯。虽然道臣事君以忠,君使臣以礼,哎,这便是死

---

① 清要:清高紧要。

② 案牍:官府文书。谢朓《落日怅望》诗:"情嗜幸非多,案牍偏为寡。"劳形:让身体疲劳;《庄子·渔父》:"苦心劳形,以危其真。"

③ 薜萝衣:粗劣的衣服。

④ 藜藿食:泛指粗劣的饭菜。藜,灰菜;藿,豆叶。

⑤ 省、部:朝廷行政单位分省(如中书省、门下省等)、部(六部:吏、户、礼、兵、刑、工),指朝廷。

⑥ "敢每日"句:谓每天赶不上画卯;古时官署卯时(上午五至七时)开始办公。吏胥差役按时赴官署签到,听候差遣。

⑦ 贴(diān)眼:转眼。

⑧ 勿固勿必:没有固定规则,没有必须限制;《论语·颜渊》:"非礼勿视,非礼勿听,非礼勿言,非礼勿动。"

⑨ 周而不比:忠信而不结党;《论语·为政》:"君子周而不比。"周,忠信;比,结党营私。

⑩ 兼善:谓普遍施以福利;《孟子·尽心上》:"穷则独善其身,达则兼善天下。"

⑪ 穷斯滥:《论语·卫灵公》:"子曰:君子固穷,小人穷斯滥矣。"穷,困顿;滥,故作非为。

⑫ "俺须索"句:须索,必须;语出《论语·述而》:"子曰:志于道,据于德,依于仁。"

⑬ 举枉错诸直:起用奸邪者而罢黜正直者。反用《论语·为政》:"哀公问曰:'何为则民服?'孔子对曰:'举直错诸枉,则民服。'"错,安置。

⑭ 三千贯两千石:丰厚的俸禄;贯,串钱的绳索,千钱为一贯;二千石,汉代自朝官九卿至外官郡守俸禄等级为二千石。

⑮ 故纸:破旧纸张。史记:历史记载。

⑯ 重茵:亦作"重裀",双层坐卧垫褥。列鼎:排列盛食物的鼎器;古代贵族按爵品配置食品鼎数。

无葬身之地，敢向那云阳市血染朝衣①。（带云）贫道呵，（唱）本居林下绝名利，自不合划下山来惹是非②，不如归去来兮。

（驾云）你说为官不好，可说那学仙的好处与朕听者。（正末唱）

【倘秀才】道有个治家治国，索分个为人为己③，不患人之不己知④。石床绵被暖，瓦钵菜羹肥，是山人乐矣。

【三煞】身安静宇蝉初蜕，梦绕南华蝶正飞⑤。卧一榻清风，看一轮明月，盖一片白云，枕一块顽石。直睡的陵迁谷变，石烂松枯，斗转星移。长则是抱元守一⑥，穷妙理，造玄机。

【二煞】鸡虫得失何须计⑦，鹏鷃逍遥各自知⑧。看蚁阵蜂衙⑨，龙争虎斗，燕去鸿来，兔走乌飞。浮生似争穴聚蚁⑩，光阴似过隙白驹⑪，世人似舞瓮醯鸡⑫。便搏得一阶半职，何足算，不堪题。

（驾云）先生，你有什么便宜处，也说来者。（正末唱）

【煞尾】俺那里云间太华烟霞细，鼎内还丹日月迟；山上高眠梦寐稀，殿下朝元剑佩齐⑬；玉阙仙阶我曾履，王母蟠桃我曾吃，欲醉不醉酒数杯，上天下天鹤一只；有客相逢问浮世，无事登临叹落辉；危坐谈玄讲《道德》，静室

---

① "敢向那"句：《史记·秦始皇本纪》记载韩非使秦，秦用李斯谋留非，非死于云阳；云阳在今西安市附近。

② 不合：不该。

③ 索分个：须分别；索，须，应当。

④ "不患"句：《论语·学而》："子曰：不患人之不己知，患不知人也。"患：担心，顾虑。

⑤ "梦绕"句：用《庄子》梦蝶典，说自己正酣睡入梦；南华，《庄子》又称《南华真经》。

⑥ 抱元：保持元阳之气。守一：专一精思以通神；《庄子·在宥》："我守其一以处其和，故我修身千二百岁矣，吾形未常衰。"

⑦ "鸡虫"句：谓不必计较无关紧要的细微得失；杜甫《缚鸡行》："小奴缚鸡向市卖，鸡被缚急相喧争。家中厌鸡食虫蚁，不知鸡卖还遭烹。虫鸡于人何厚薄，吾叱奴人解其缚。鸡虫得失无了时，注目寒江倚山阁。"

⑧ "鹏鷃"句：《庄子·逍遥游》有谓，大鹏鸟飞上九万里高天，远适南海，受到斥鷃嘲笑："彼且奚适也？我腾越而上，不过数仞而下，翱翔蓬蒿之间，此亦飞之至也"，以喻大小等殊，齐物逍遥。这里用来比喻人各有志，各适其适；鷃(yàn)，鷃雀，古书里写的一种小鸟。

⑨ 蚁阵：蚂蚁如列阵。蜂衙：蜂巢如衙。

⑩ "浮生似"句：用唐李公作《南柯太守传》典，主人公入梦大槐安国本是蚁穴。

⑪ "光阴似"句：形容时光过得极快；《庄子·知北游》："人生天地之间，若白驹之过郤，忽然而已。"

⑫ "世人"句：比喻天地狭小；《列子·天瑞》："醯鸡生乎酒。"醯鸡在酒瓮中飞舞；醯鸡，蠛蠓。

⑬ 朝元：朝拜道教祖师太上老君；朝元本指元旦朝见皇帝，唐初，追号老子李耳为太上玄元皇帝。

焚香诵《秋水》①；滴露研朱点《周易》②，散诞逍遥不拘系。赴召离山到朝里，央及陈抟受宣敕。送上都堂入八位③，掌管台衡总百揆④。御史台纲索省会⑤，六部当该各详细；攘攘垓垓不伶俐⑥，是是非非无尽期。好教我战战兢兢睡不美。（下）

岳伯川《吕洞宾度铁拐李岳》第一折（徐征等主编《全元曲》）

（旦扮李氏上，诗云）花有重开日，人无再少年。休道黄金贵，安乐最值钱。妾身姓李，是岳孔目的浑家⑦，嫡亲的三口儿家属，丈夫在这郑州做着六案都孔目。有一个小厮，唤做福童。孩儿上学去了。孔目接新官未回，这早晚不见来。小的每安排下茶饭，则怕孔目来家，要食用咱⑧。（外扮吕洞宾上，云）我劝你世俗人跟贫道出家去来，我教你人人成仙，个个了道⑨，做大罗神仙也⑩。（做看科，云）这里也无人。贫道不是凡人，乃上八洞神仙吕洞宾是也⑪。因为下方郑州奉宁郡⑫，有一神仙出世，乃是岳寿，做着个六案都孔目。此人有神仙之分，只恐迷却正道。贫道奉吾师法旨，差来度脱他，须索走一遭去。可早来到岳寿门首。（做哭科，云）岳孔目好苦也。（做笑科）（俫儿上，云）自家岳孔目的孩儿福童便是。学里来家吃饭，家门首一个先生。师父作揖。（吕洞宾云）无爷的小业种⑬。（俫儿云）我好意与你作揖，你倒骂我。和俺奶奶说去。（见旦科，云）母亲，门首一个先生，骂我是无爷业种。（旦云）在那里？我去看。（做见吕科，云）你这先生好无礼

---

① 《秋水》：《庄子》篇名，此指《庄子》。

② 研朱：研朱砂；用于批点所读书籍。

③ 八位：同"八座"，朝廷重臣；东汉至唐，一般以尚书令、仆射和六部尚书为八座。

④ 台衡：宰辅；台，三台星；衡，玉衡，北斗柄三星，皆位于紫微垣帝座之前；陆机《赠弟士龙》："奕世台衡，扶帝紫极。"百揆：百官。

⑤ 御史台纲：御史台的纪纲；御史台是主要掌管弹劾纠察的官署；纲，纪纲；省会：了解，掌握。

⑥ 垓垓（gāi gāi）：多而杂乱的样子。

⑦ 孔目：衙门里掌管狱讼、帐目、遣发等事务的官吏；州县衙门中有分管吏、户、礼、兵、刑、工六房孔目，总其事者称六案都孔目或六案孔目。浑家：妻子。

⑧ 咱：语气词。

⑨ 了道：成道。

⑩ 大罗神仙：天仙；道教称三十六天中最高一重天为大罗天。

⑪ 八洞：道家称神仙居住人间有三十六处名山洞府，茅山为第八洞天。

⑫ 郑州奉宁郡：今河南荥阳市。

⑬ 业种：同"孽种"，骂人的话；佛教谓恶业恶报。

也,怎生在门首大哭三声,大笑三声,又骂孩儿是无爷业种?(吕洞宾云)你是个寡妇,领着个无爷业种。(旦云)这先生连我也骂起来了。我是个妇人家,不和你折证①,等我孔目回来,不道的饶了你哩。你则休走了也。(正末扮岳孔目领张千上,云)某郑州奉宁郡人氏,姓岳名寿。嫡亲的三口儿家属,浑家李氏,孩儿福童,我在这郑州做着个都孔目。这个兄弟姓张名千,因他能干,就跟着我办事。一月前上司行文书来,说俺郑州滥官污吏较多,圣人差的个带牌走马廉访相公②,有势剑铜铡③,先斩后奏。郑州官吏听的这消息,说这大人是韩魏公④,就来权郑州⑤,唬的走的走了,逃的逃了。兄弟,为甚我不走不逃?(张千云)哥哥为何不逃?(正末云)兄弟,您哥哥平日不曾扭曲作直,所以不走不逃。迎接大人不着,咱回家吃了饭再去迎接。(做行科)(张千云)哥哥,咱闲口论闲话。想前日中牟县解来那一火囚人⑥,不知哥哥怎生不断?哥哥试说与你兄弟咱。(正末云)前日中牟县解来的囚人,想该县官吏受了钱物,将那为从的写做为首的,为首的改做为从的。来到咱这衙门中,若不与他处决,可不道人之性命,关天关地。兄弟你那里知道俺这为吏的,若不贪赃,能有几人也呵。(唱)

【仙吕】【点绛唇】名分轻薄,俸钱些小,家私暴。又不会耕种锄刨,倚仗着答杖徒流绞⑦。

【混江龙】想前日解来强盗,都只为昧心钱,买转了这管紫霜毫⑧。减一笔,教当刑的责断⑨;添一笔,教为从的该敲。这一管扭曲作直取状笔,更狠似图财致命杀人刀。出来的都关来节去⑩,私多公少,可曾有一件儿合天

---

① 折证:辩白。

② "圣人"句:谓皇帝派遣的巡查敕使;带牌,指朝廷敕令的牌符;走马,朝廷赏赐骑马;廉访,访查官吏是否清廉;相公,对宰相的尊称;元代在全国设提刑按察使,后改称肃政廉访使,考察吏政善恶。

③ 势剑铜铡:皇帝授予大臣生杀全权的两种信物;势剑,尚方宝剑。

④ 韩魏公:韩琦(1008—1075),仁宗朝宰相,后封魏国公。

⑤ 权:临时署理职务。

⑥ 中牟县:古县名,今河南中牟县。一火,同"一伙"。

⑦ "倚仗"句:答杖徒流绞,五种刑罚:鞭答、杖打、迁徙、流放、绞杀。

⑧ 紫霜毫:狼毫笔,这里指判案的笔。

⑨ 责断:薄责断狱,从轻处罚。

⑩ 关来节去:暗通关节,行贿买通官吏。

道？他每都指山卖磨①，将百姓画地为牢。

（吕洞宾做笑科，去）岳寿，你今年今月今日今时，你死也。（张千做看见科，云）哥哥，有一个风魔先生，哭三声，笑三声，在咱门首闹哩。（正末怒，云）这先生好无礼也。他是盆儿，我是罐儿，他敢不知道岳孔目的名儿？我试看咱。（做见科，云）兀那先生，为甚在我门首哭三声，笑三声？这是怎说？（吕洞宾云）岳寿，你是个没头鬼，你死也。（正末云）呸！你看我晦气。连日接新官不着，来家吃饭，又被这泼先生骂我是没头鬼。（旦上，云）孔目，你不知，孩儿下学来吃饭，被这先生骂孩儿是没爷业种，又骂我是寡妇，好无礼也。（正末云）大嫂，你家里去，等我问他。兀那先生，我那孩儿恼着你什么来？你骂他。（吕洞宾云）岳寿，没头鬼，你死也，这孩儿就是无爷业种。（正末云）这泼先生好无礼也！（唱）

【油葫芦】你欺负俺孩儿年纪小，出家人厮扇摇②，吃的来滴滴邓邓醉陶陶，门前哭罢门前笑，街头指定街头闹。孩儿他娘引着，你骂他爷死了。（吕洞宾云）我是个出家人，你怎生近的我？（正末唱）也不索官中插状衙中告③，（带云）我要禁持你至容易，（唱）只消得二指阔纸提条。

（吕洞宾云）岳寿，你敢怎么我？（正末唱）

【天下乐】敢把你拖到官司便下牢。我先教你省会了，你和那打家贼并排压定脚。祇从人解了你缘④，首领每剥了你袍，（带云）休道是先生，（唱）我着你似生驴般吃顿拷。

（吕洞宾云）岳寿，没头鬼，你死也。（正末云）我怎生是没头鬼？（吕洞宾云）韩魏公新官到任，有势剑铜铡，想你这等扭曲作直的污吏，决难逃也。（正末云）韩魏公见我这等干办公勤，决不和我做敌对。（吕洞宾云）你休强口咱。（正末唱）

【金盏儿】你道是新官正决难逃⑤，俺这旧吏富易通交⑥。眼见得一官

---

① 指山卖磨：喻随意做主，凭空断案。
② 扇摇：煽惑动摇。
③ 不索：不须。插状：上状词。
④ 祇从人：侍从。
⑤ 正决：公正裁决。
⑥ 富易通交：谓善于变通逃脱。

二吏三年了,家私休想落分毫。他这新官倚俸禄,俺这旧吏靠窠巢。他这官清司吏瘦,俺这家富小儿娇。

(云)张千,把这厮高高吊起来,等我吃了饭,慢慢的问他。(张千云)你这先生无礼,怎敢骂我哥哥!且吊在这门首。(做吊科)(外扮韩魏公上,将解放,立住科)(吕下)(张千云)哥哥,一个出家人风僧狂道,和他一般见识,放了他罢。(正末云)兄弟,由你罢,你看他酒醒也不曾?(张千出门,不见吕科,云)那先生那里去了?是谁放了他?则有这个老头子在这里。兀那老子,是你放了那先生来?(韩魏公云)一个出家人,是老汉放了他来。(张千云)是你放了他?你敢吃了熊心豹胆?俺吊着的人,你放了,这村老汉寻死也。我和俺哥哥说去。(做见正末科,云)哥哥,恰才吊着的那先生,不知那里来的一个庄家老子,把那先生放的去了。我问是谁放了这先生来,那老子便道:是我解了绳子放了来。哥哥,这老子情理难容也。(正末云)俺门首吊着的人,一个庄家老子就解放了。那厮在那里?(张千云)见在门首哩。(正末云)张千,你将坐位整好了,放下问事帘来。张千,你近前,依着我问他去。(正末隔帘见韩魏公科,云)兀的是那庄家老子?(张千云)则他便是。(正末云)依着我问他去。(张千云)哥哥,你说来,依着你问他。(正末云)看了这厮,待说俺城里的,这城里不曾见这等一个人。待道是乡里的,这村老子动静可别着哩。张千,你问他者。(唱)

【醉扶归】你问他在村镇?居城郭?(张千云)兀那老子,俺哥哥问你城里住?村里住?(韩魏公云)哥哥,老汉村里也有庄儿,城里也有宅儿。(张千云)这老头子,硬头硬脑的,正是躲避差徭游食户,村里寻往城里去,城里寻往村里去。你则在这里,我回俺哥哥话去。(做见正末,云)哥哥,那村老子说:城里也有宅儿,村里也有庄儿。(正末云)这老子好无礼也,他回我这等话。张千,你敢问的差了也,你则依着我再问他去。(唱)你问他当军役?纳差徭①?(张千云)兀那老子,俺哥哥着我问你当差是军身?是民户?(韩魏公云)老汉军差也当,民差也当。因老汉有几文钱,又当站户哩②。(张千云)你军差也当,民差也当,因有钱又当站户?(韩魏公云)是。(张千云)他

神仙道化剧

---

① 当军役:作军户世袭服兵役。纳差徭:作民户服徭役。

② 站户:元朝户籍名称之一,当时在全国范围内建立站赤系统,政府签发部分人户专门承担站役。

是埋头财主。我回哥哥话去。（做见正末，云）哥哥，他说军差也当，民差也当，因有钱又当站户哩。（正末云）噤声！这厮好不干事，跟我这几年了，着这庄家老子使的两头回来走的，你则依着我再问去。（唱）你问他开铺席？为经商？可也做甚手作①？（张千云）兀那老子，你可开铺席，做经商的？是什么手作？（正末云）张千，你再问他。（唱）你与我审个住处，查个名号。（张千云）他是个庄家老子，只管要问他住处怎的？（正末唱）我多待不的三日五朝，将他那左解的冤仇报。（云）张千，休教走了这老子，等我慢慢的奈何也。（张千云）哥哥，他诸般儿当，诸般儿做，你可怎生奈何他？（正末云）你说我奈何不的他？我如今略说几桩儿，看我奈何的他，奈何不的他？（张千云）哥哥，你说我听。（正末唱）

【金盏儿】他或是使斗秤拿个大小，等个低高，（云）我禁的他么？（张千云）他不卖粮食，开个段子铺儿②，你怎生禁他？（正末云）更好奈何他哩。（唱）或是他卖段匹拣个宽窄，觑个纰薄③。（云）我奈何的他么？（张千云）他也不做买卖，每日闭着门，只在家里坐，你怎生奈何他？（正末云）我越好奈何他哩。（唱）或是他粉壁迟，水瓮小，拖出来我则就这当街拷。（张千云）他城里也不住，搬在乡里住，你怎生奈何他？（正末云）我正好奈何他。（唱）便是他避城中，居乡下，我则着司房中勾一遭④。（带云）他来的疾便罢，来的迟呵，加上个顽慢二字。（唱）我着他便有祸，（带云）他依着我便罢，若不依我呵，我下上个欺官枉吏四个字⑤。（唱）我着他便违条⑥。（带云）这老子是下户，我添做中户，是中户，我添做上户的差徭⑦。（唱）我着那挑河夫当一当直穷断那厮筋⑧，（带云）我更狠一狠呵，（唱）我着那打家贼指一指，（带云）轻便是寄脏，重便是知情。（唱）我直拷折那厮腰。

（张千云）哥哥，你这样做就没官府了？（正末云）且莫说是个百姓，就

---

① 手作：手工，手艺。
② 段子：指布匹。
③ 纰薄：布帛丝缕稀疏，质地单薄。
④ 司房：刑房，元、明州县衙门里负责记录口供、管理案卷的文书部门。
⑤ 下上：谓上下随意。
⑥ 违条：违法。
⑦ 下户、中户、上户：朝廷所定户等，决定服赋税徭役多寡。
⑧ 当直：值班。

是朝除官员①,怎出的俺手?(唱)

【后庭花】怕不初来时妆会么,看他间深里探会爪②。我见先他见后,他临行我放刁,笑里暗藏刀。代官来到③,不道咱轻放了。

(张千云)他拼的不做官,你怎生治他?(正末唱)

【金盏儿】有了状但去呵决私逃④,停了俸但住呵怎轻饶。离了官房没了倚靠,绝了左右没了牙爪。我直着他典了衣卖了马,方见俺心似铁,笔如刀。饶他便会钻天能入地,怎当俺拿住脚,放头稍。

(张千云)哥哥,实不相瞒,这几日跟哥哥早起晚眠,甚是辛苦,怎生与你兄弟做个面皮,我出去放了那老子,讨些酒钱养家。(正末云)你也说的是,我也要接新官去哩,依着你要些酒钱,放了他罢。(张千云)我出的这门来。兀那老子,你可也有福,我为你在哥哥面前磨了半截舌头。我看你也不是这城里人,你是盆儿,是罐儿?(韩魏公子)怎生是盆儿,罐儿?(张千云)我和你说。盆儿无耳朵,罐儿有耳朵。你不知道俺哥哥的名儿,若说起来,唬你八跌。他是岳寿,见做着六案都孔目,谁不怕他?有个外名儿,叫做大鹏金翅雕。(韩魏公云)怎生是大鹏金翅雕?(张千云)你这老子是不知道。我和你说,大鹏金翅雕是个神鸟,生的没世界大,天地间万物,都扑的吃了,好生利害。你认的我么?(韩魏公云)你是谁?(张千云)我是小雕儿。(韩魏公云)怎生是小雕儿?(张千云)俺这郑州奉宁郡,但除将一个清官来.俺哥哥着他坐一年便一年,着他坐二年便二年,若不要他坐呵,只一雕就雕的去了。俺哥哥是大鹏金翅雕,雕那正官。我是个小雕儿,雕那佐二⑤。方才要送你性命,我替你说着,饶了你了。(韩魏公云)多谢了哥哥,老汉回去也。(张千扯住科,云)你好自在性儿!我为你在我哥哥面前,怎生样劝解,你就要回去?你岂不闻管山的烧柴,管河的吃水?(韩魏公云)老汉不省的。(张千云)正是个庄家老子。我劝哥哥饶了你性命,有甚么草鞋钱与我些?(韩魏公云)可不早说。有、有、有!老汉昨日骑驴城中来,跌

---

① 朝除:朝廷任命。
② 探会爪:探一回爪,指伸手索贿。
③ 代官:替代官员。
④ 决私逃:不让私逃。
⑤ 佐二:副手、随从。

神仙道化剧

了我这腰。这钞袋里有碎银子，哥哥你自己取些罢。（张千云）这老子倒乖，哄的我低头自取，你却道有剪绺的①，倒着你的道儿。（韩魏公云）我不哄你。（张千取钞科）（做拿金牌科，云）这老汉是村里人，进城来诸般不买，先买了个擦床儿②。（细认是金牌③，做怕科）（韩魏公云）兀那厮，这郑州接谁哩？（张千云）接韩魏公哩。（韩魏公云）兀那厮，你抬起头来看，则我便是韩魏公。（张千云）我死也。（韩魏公云）你才说岳寿是大鹏金翅雕。（张千云）爷爷，唬做黑老鸦了。（韩魏公云）你说你是小雕儿。（张千云）唬做麻雀儿了。（韩魏公云）老夫跟前还要钞，那百姓怎了也？那厮你听者，可知道郑州官滥吏弊，人民顽鲁，把持官府。老夫今日非是私来，奉圣人的命，与我势剑金牌，为廉访使，审囚刷卷④，先斩后奏，除奸去暴，扶弱摧强。都只为你这滥官污吏，损害良民。（词云）我亲奉当今圣主差，敕赐势剑与金牌。只为郑州民受苦，私行悄悄入城街。那岳寿似困虎离山逢子路⑤，张千似病蛟出水遇澹台⑥。休道别人手里不要钞，则我老夫身上也还要钱买草鞋。说与你把持官府岳孔目，着他洗的脖子干净，绝早州衙试剑来。（下）（张千向古门道拜科，云）爷爷，不敢了也。（正末云）你看张千这厮，好不干事也，我着他放了那老子，去这早晚不见回来，我试看咱。（做见科，云）你看这厮。兄弟，你做甚么哩？你敢见鬼来？（张千云）我见你就和见鬼一般。（正末云）呸！这厮好无礼也。你起来，我问你，那庄家老子那里去了？（张千云）唬杀我也。哥，你接谁哩！（正末云）接韩魏公。（张千云）那老子就是韩魏公。我问他讨钱来，他着我看金牌，唬杀我也。（正末云）你对他说甚么来？（张千云）不知那个早死迟托生的弟子孩儿，说你是大鹏金翅雕，说我是小雕儿。（正末云）阿呀！你送了我也，他说甚么来？（张千云）他说着你明日洗的脖子干净，州衙里试剑来。（正末云）则他便是韩魏

---

① 剪绺：偷窃钱物。
② 擦床儿：亦称"擦子"，嵌镶斜孔金属片用以擦削瓜果等成丝的木板或竹板。
③ 金牌：朝廷给使臣的牌符。
④ 刷卷：指元代由肃政廉访使清查所属各衙门处理狱讼案件文书，以明是否有拖延枉曲等情。
⑤ 子路：孔子弟子，名仲由，以勇力才艺著称。
⑥ 澹台：澹（tán）台灭明。《论语·雍也》："子游为武城宰。子曰：'女得人焉耳乎？'曰：'有澹台灭明者，行不由径，非公事未尝至于偃之室也。'"

公？他说着我洗的脖子干净，明日州衙里试剑来？不中，张千备马来，待我赶将上去。（做跌倒科）（旦出扶科）（张千云）哥哥苏醒者，吊了靴也。哥哥，苏醒者。（正末云）大嫂，引着福童孩儿，往衙门里见相公去，说岳寿再不敢放肆了也。大嫂，我眼见的无那活的人也。且扶我后房中去来。（唱）

【赚煞尾】赤紧的官长又廉[1]，曹司又拗[2]，我便是好令史，怎禁他三遍家取招[3]。我今日为头便把交[4]，争奈在前事乱似牛毛。有人若是但论着[5]，休想道肯担饶。早停了俸，追了钱，断罢了。不是我千错万错，大刚来一还一报。（带云）他道我是大鹏金翅雕。哎哟！（唱）谁想那百姓每的口也是祸之门，舌是斩身刀。（下）

---

① 赤紧的：实在是，真个是。

② 曹司：官署，诸曹郎中职司所在；此指百官。

③ 取招：求取供词。

④ 把交：交代。

⑤ 论：此指告状。

结
束
的
话

以上十讲,简略地介绍中国道教文学的发展状况、成就与影响。总括起来,内容大体包括如下几个方面:

根据本书《开讲的话》所提出的广义的"道教文学"概念,按历史脉络有选择地介绍了中国道教文学的发展状况和各种体裁具有代表性的作者和作品;

在必要处对道教的历史、教理和一些重要概念作了简要说明,以帮助读者了解道教文学在道教整体发展中所处地位、作用与贡献;

在必要处交待了相关时代文学发展的一般状况,以帮助读者了解道教文学与世俗文学相互交流和影响的情形,认识道教文学的特点及其所取得的独特成就与影响;

在讲解中把道教文学的具体现象、作者、作品置于历史的总体脉络中加以解说,阐明从总的趋势看,随着历史向前发展,道教文学创作的艺术自觉不断增强,作品的艺术欣赏功能和效果不断强化,作品的思想、艺术水准也在不断提高。

讲解上述内容,是当初笔者在香港中文大学讲课时提出的任务,也作为这次在书局各位帮助下编撰成书拟定达成的目标。这些内容涉及广泛、庞杂而艰深,而书的篇幅有限,作者的能力也有限,能够在多大程度上达到这个目标,得靠读者评判了。

作为余论,有关中国历史上宗教与文学的关系,前辈学界的两段话值得认真领会。一段是钱穆的:

> 孔子根据礼意,把古代贵族礼直推演到平民社会上来,完成了中国古代文化趋向人生伦理化之最后一步骤……因此我们若说中国古代文化进展,是政治化了宗教,伦理化了政治,则又可说他艺术化或文学化了伦理,又人生化了艺术或文学。这许多全要在古人讲的礼上面去寻求。(《中国文化史导论(修订本)》)

这段话说明了从孔子活动的中国传统文化奠基时期起,宗教在逐渐演化为政治工具,体现为伦理教化,成为文学艺术创作的重要内容。在中国文化这种重实践理性、富人本精神的传统中,宗教的神圣性和绝对性大为淡化了。道教和佛教是中国历史上的两大宗教,它们都曾有过相当兴盛的时期,在某些朝代更曾备受尊崇,可是它们任何一个从来没有取得思想意识领域的统治地位。在历代人口总数中教团人数始终居少数,一般民众中亦少见信仰的狂热与虔诚。但是,这两大宗教却在文化领域得到广阔的发展空间,包括创造出丰富多彩、影响巨大而深远的宗教文学。这样,佛、道二教对于中国文化层面,包括文学领域的贡献十分巨大,这也成为中国历史上宗教生存与发展形态的基本特征之一。

另一段话是陈寅恪的:

> ……二千年来华夏民族所受儒家学说之影响,最深最巨者,实在制度法律公私生活之方面,而关于学说思想之方面,或转有不如佛道二教者。(《冯友兰中国哲学史下册审查报告》,《金明馆丛稿二编》)

这里对儒家与释、道在中国历史发展中的作用和影响作了比较。中国历史上儒、释、道三者号称鼎足而立,被看做是中国传统文化的三大支柱。但是儒家历朝居思想意识领域的统治地位,道教与佛教无论受到怎样的尊崇,在政治上、在社会生活中都不可能与之争胜。然而道教与佛教又是在中国悠久、丰厚的文化传统中发展起来的形态成熟的、高度组织化、制度化的宗教,它们又体现为两个内涵丰富的思想系统、文化系统,在宇宙观、人生观、认识论和学术诸领域提出众多有价值的新课题、新观念、新思想。特别是它们特别关注并着力解决人生所面临的"终极关怀"的种种问题,与每个人的实际生活、思想、情感息息相关。因此在思想学说方面发挥的作用、造成的影响如陈寅恪所说儒家"转有不如佛道二教者"。这种巨大作用与影响亦十分深入地体现在历代文学艺术创作之中。就文学领域说,道教与佛教提供了众多新的主题、题材、人物、故事、事典、语言、表现方法等。可以说汉魏以来中国文学的发展与创新,更多地得到道教与佛教的刺激和推动。具体到本书讨论的道教文学,值得注意的是,虽然总体看历史上道教活动

道教文学十讲

的规模、兴盛程度及其历史作用远不及佛教，但如本书前面介绍的，其自身取得的文学成就、其在整个文学领域造成的影响却不逊于佛教。

认真玩味上述陈寅恪和钱穆的两个论断，再来回顾本书介绍的道教文学的内容，可以更深刻地认识中国宗教发展的独特形态与性格，认识中国宗教文化、宗教文学的成就、贡献与影响。

客观地说，本书介绍的"道教文学"，无论是可作为文学作品欣赏的道教经典，还是教内外信众表达、宣扬信仰的作品；也无论是历代教团内部的创作，还是一般文人或民间的作品，总括统计起来，在全部古代文学创作中所占比例并不大，其中优秀作品、能够称为文学经典的作品亦不多。但是它们对于道教的生存与发展，它们在社会生活中、在文学领域造成的影响却是相当重大、不容小觑的。本书粗略的介绍足以说明，道教文学乃是全部文学遗产中独具特色的部分，是一份值得珍贵的文化遗产，是应当予以足够地重视、认真地研究和继承的。

中国的"宗教文学"研究如今还处在起步阶段。与佛教文学相比较，道教文学研究显得更为薄弱。这与道教研究的整体水平有直接关系，也和文学研究中历来忽视有关宗教的内容有关系。而道教教理艰深，相关文献晦涩难解，也给研究平添很大障碍。但是，无论是深入了解道教和道教的历史，还是深入研究古典文学，道教文学都是不容回避的课题。而对于有志于从事研究的人，课题的艰难正是兴趣之所在；研究现状薄弱又正表明这一学术领域具有广阔的开拓空间，又给研究者提供了充分发挥聪明才智的余地。

限于作者的学识、能力，本书介绍的内容只能是粗浅的、初步的。希望这本书能够引起读者的兴趣，并期待有更多的人对相关课题加以关注，更多的人参与到这一领域的探索、研究中来。如果在这方面能起到一些作用，借用佛教的说法，作者本人和书局负责编辑的各位也就"功不唐捐"了。